다문화주의 시민권

Multicultural Citizenship

저 자
월 킴리카(Will Kymlicka)

책임번역
장동진

공동번역
황민혁 · 송경호 · 변영환

2011년도 대한민국학술원 선정
우수학술도서

東 明 社

다문화주의 시민권

초판 발행 2010년 11월 10일
초판 2쇄 발행 2018년 10월 18일

지은이 윌 킴리카(Will Kymlicka)
책임번역 장동진
공동번역 황민혁, 송경호, 변영환
펴낸이 최국주
펴낸곳 동명사
출판등록 1950년 11월 1일(제1-76호)
주소 (우 10881) 경기도 파주시 회동길 50(문발동)
전화 031-955-7200(대표)~2, 7203(편집부), 7204(물류)
팩스 031-955-7205
전자우편 webmaster@dmsbook.com
홈페이지 www.dmsbook.com

ISBN 978-89-411-7111-9 93340
값 19,000원

Multicultuarl Citizenship
by
Will Kymlicka

역자서문

우리는 막연히 한국사회가 단일 언어에 기초하여 그리고 비교적 동질적 인종과 문화에 기반한 민족국가를 유지하여 왔다고 생각하는 경향이 있다. 이러한 한국사회의 동질성에 대한 가정은, 경험적으로 볼 때, 어느 정도 타당성이 있다고 평가될 수 있다. 하지만, 깊이 분석하여 본다면, 이러한 동질적 민족국가의 개념은 하나의 신화일 수 있다. 즉 현대 한국에 이르는 기나긴 지난 역사를 되돌려 음미해 볼 때, 많은 인종 및 문화 집단들이 한반도에 흘러 들어와 동화됨으로써 현대의 한국민족을 형성하였다고 볼 수 있다.

한국인들이 동질적 혈연성을 유지하여 왔을 것이라는 생각도 막연한 환상일 수 있다. 이것 역시 기나긴 동화의 과정을 거쳐 나타난 결과일 뿐이다. 우리가 애초부터 언어적, 혈연적, 문화적 동질성을 유지해온 단일민족이라는 생각에는 많은 상상된 신화가 깃들여 있다. 현대 한국에 많은 외국인들이 들어와 상주하거나 정착해 사는 것과 마찬가지로, 과거의 역사적 과정에서도 당시로서 많은 외국인 및 이방인들이 한반도에 흘러 들어와 동화되어 정착하여 한국문화를 형성하는데 기여하였음을 부인하기 힘들다.

현재 급속한 지구화의 진전으로 한국사회에 많은 외국인들이 들어와 단순히 외국인으로 상주하거나, 아니면 한국의 시민으로 정착하여 살아가고 있다. 이러한 현상은 기존의 한국인들이 막연히 가지고 있던 단일민족국가의 신화에 상당한 도전을 제기한다. 최근에 우리가 경험하고 있는 외국인 노동자, 국제결혼, 한국계 중국인, 북한이탈주민, 그리고 상주하는 외국인의 증가는 한국 사회가 점차 단일민족국가의 언어적 및 문화적 동질성으로부터 점차 다문화화(multiculturalization)의 과정으로 접어들고 있다는 현실을 반영하고 있는 것으로 생각된다. 세계화의 진전으로 우리 사회가 다문화적 사회로 진전되어 가고 있음은 어쩔 수 없는 역사적 과정으로 생각된다. 이것은 일상적 한국인이 가지고 있는 생각 및 관념, 그리고 정부의 정책적 차원에 새로운 도전을 제기한다. 한국사회와 한국인은 다문화 현상과 다문화 이론에 관한한 아직 유아적 단계에 있다고 할 수 있다.

미국이나 캐나다, 또는 호주와 같은 이민 국가들은 상이한 언어, 문화를 지닌 이질적인 인종들이 함께 사는 과정에서 많은 갈등을 역사적으로 경험하면서, 그리고 이를 해결하는 과정에서 다문화적 현실에서 "함께 사는 방법과 논리"를 개발시켜 왔다. 이러한 논리들이 이론적으로 표명된 것이 '다문화주의'(multiculturalism)라고 할 수 있다. 킴리카(Will Kymlicka)의 『다문화주의 시민권』(*Multicultural Citizenship*)은 다문화주의의 이론적 작업에서 중심적 위치를 점한다고 하여도 과언이 아니다.

다문화주의 이론을 대표한다고 할 수 있는 킴리카의 『다문화주의 시민권』은 다음과 같은 주장을 함유하고 있다. 먼저 그 요점은, 기존의 자유주의 이론들이 개인의 평등과 자유를 공정히 실현하기 위해 공통적 시민권의 개념(common rights of citizenship)에 의존하였지만, 이러한 공통적 시민권 개념은 집단간(group differences) 차이를 적절히 수용하지 못함으로써 결과적으로 개인간의 평등한 자유를 실현시키는 데 실패하였다고 주장한다는 점에 있다. 킴리카는 특히 민족(nation)과 인종문화집단(ethnic groups)에 초점을 맞추어 집단차별적 권리(group differentiated rights)를 이들 집단에게 부여할 것을 주장한다. 킴리카는 다문화주의 모델로, 소수민족(national minorities), 이민자집단(immigrant groups), 고립주의적인 인종종교 집단(isolationist ethnoreligious groups), 메틱스(Metics), 그리고 미국 흑인(African-Americans)의 다섯 가지 유형으로 구분한다. 특히 문화적 다양성과 관계하여 킴리카는 다민족 국가(Multination States)와 다인종문화국가(Polyethnic States)를 구분한다. 다민족국가는 한 국가 내에 여러 민족이 공존하고 있는 국가를 지칭하며, 다인종문화국가는 주로 이민을 통해 이루어지게 되는 다양한 인종문화적 집단들이 존재하는 국가를 의미한다. 이러한 구분과 함께 킴리카는 집단차별적 권리를 해결책으로 제시한다. 즉 다민족 국가에 적용될 수 있는 '자치정부권리'(self-government rights), 인종문화적 소수집단들이 자신의 문화적 독특성과 자긍심을 표현할 수 있게 하는 '다인종문화적 권리'(polyethnic rights), 그리고 소수민족 또는 인종문화적 소수집단이 광범위한 전체사회에서 경시되지 않도록 이들의 목소리를 보장하기 위한 특별집단대표권(special group representation rights)을 주장한다.

그러나 킴리카의 이러한 집단차별적 권리는 다음 두 가지 조건을 충족시켜야 한다. 즉 소수자집단권리가 a) 해당 집단의 구성원들의 기본적 자유와 권리를 제한하는 내부적 제재는 거부되어야 하고, b) 집단간 평등의 관계를 증진시킬 수 있어야 한다는 것이다. 이러한 조건하에 집단차별적 권리는 개인 자유를 증진시킬 수 있다는 것이다. 이러한 이유로 킴리카의 다문화주의는 자유주의적 다문화주의(liberal multiculturalism)라 할 수 있다.

다문화주의 이론 또는 킴리카의 자유주의적 다문화주의 이론이 한국현실을 설명하고 또 한국적인 다문화진전에 대한 직접적인 대안이 될 수는 없다. 그렇지만 현재 진행되고 있는 다문화화의 진척현상이 앞으로 어떠한 갈등의 모습으로 나타날지에 대한 예측과 함께 이에 어떻게 대처하는 것이 보다 화합된 한국사회를 운영하고 또 국제사회에 공헌하고 협력할 수 있는가에 대한 많은 단서들을 제공해 줄 수 있을 것으로 생각한다.

이 책을 번역함에 있어, 번역상 많이 고민이 되었던 개념들이 있다. 특히 ethnic, ethnicity, multiethnic 개념인데 통상 한국 학계의 일부에서 이미 '종족적'으로 번역되고 있는 실정이다. 그렇지만, 우리의 일상적 언어감각과 잘 부합하지 않는다는 느낌이 들어, ethnic을 '인종문화적'으로 번역하였다. 이와 병행하여 race는 단순히 '인종'으로 번역하였다. 그리고 group-differentiated rights 역시 여러 가지 우리말 번역이 가능하리라 생각이 들지만, '집단차별적 권리'로 통일하였다. 한편 the larger society는 '보다 큰 전체사회' 또는 '보다 광범위한 전체사회'로 번역하였다. 그리고 societal culture 역시 단순히 사회적 문화 또는 다른 번역이 가능하겠지만 '사회고유문화'로 번역하였다. homeland는 맥락에 따라 '모국' 또는 '생활터전' 등으로 번역하였다. membership은 문맥에 따라 소속감, 귀속성, 구성원지위, 구성원자격 등으로 번역하였다. 이외에도 한국말 번역이 까다로운 용어들은 문맥에 따라 다소 변형하여 번역하였다. 예를 들어, commitment는 때로는 공약, 신념, 지지 등으로 맥락에 따라 번역하였다.

이 책의 번역에 참가한 사람은 책임번역자인 본인과 함께, 나의 연구실에서 함께 공부하였던 황민혁, 송경호, 변영환이다. 책임번역자는 번역해당저서의 감사의 글, 그리고 1, 2, 3 장과 함께 10장 결론을 번역하였다. 그리고 황민혁은 4, 5장을 번역하였다. 그리고 변영환은 6, 7장을 번역하였다. 송경호는 8, 9장을 번역하였다. 특히 책임번역자는 황민혁, 변영환, 송경호가 번역한 4, 5, 6, 7, 8, 9장을 문장 및 각주 하나하나를 대조하여 검토하면서 해당 번역자들과 일부 상의하여 용어와 문맥을 가다듬어 수정하였다. 그리고 난 후 다시, 책임번역자가 번역한 1, 2, 3 장 및 10장 결론을 같은 방법으로 다시 검토하여 수정하였다. 이러한 번역의 과정은 2009년 8월 경에 시작되었으며, 2010년 1월과 2월에 집중적으로 작업이 진행되어 초고번역은 2010년 3월 11일에 일단 마무리 되었다. 이러한 1차 번역과정을 거쳐 2차적으로 3월 11~25일간 책임번역자가 번역의 일관성을 유지하기 위해 번역 초고의 전체를 검토하고 수정하였다. 이후 책임번역자는 인쇄된 교정원고를 7월 19~21일간 다시 한번 전체적으로 검토·수정하였다. 그리고 최종적으로, 공동번역자인 황민혁이 7월말부터 8월 중하순까지 문장 하나하나를 검토한 원고를 토대로 하여, 책임번역자와 함께 상의하여 8월말에 수정하여 마무리하였다.

공동번역자인 황민혁은 현재 연세대 대학원 정치학과 석사를 졸

업하고, 연세대 국가관리연구원에서 연구보조원으로 일하고 있다. 그리고 송경호는 연세대 대학원 정치학과 석사를 거쳐 박사과정 중, 군관계로 휴학을 하여 현재 공군장교로 국가에 봉사하고 있다. 변영환은 연세대 대학원 정치학과 석사과정을 거쳐 박사과정 중 미국유학을 떠나 현재 City University of New York의 정치학과 박사과정에서 공부 중이다.

많은 시간과 노력에도 불구하고, 이 책의 번역에 여전히 오역과 불분명한 점, 부족하고 미진한 번역들이 많으리라 생각한다. 해당 분야의 전문가는 물론 독자 제현의 관대한 이해를 부탁한다. 그리고 이 책이 전문가는 물론 대학생 및 대학원생 그리고 일반인들에게도 널리 읽혀져서, 우리 사회에서 다문화현상, 그리고 다문화주의 이론에 대한 이해가 깊어져서 미래의 한국사회의 화합과 안정성을 유지할 수 있는 밑거름이 될 수 있었으면 한다.

2010년 10월

연희관 119호 연구실에서

책임번역자

감사의 글

항상 그러하듯이, 나는 수잔 도날드슨(Susan Donaldson)에게 가장 큰 감사의 빚을 지고 있다. 사실상, 내가 쓰는 모든 것은 첫 번째로 수잔에 의해 읽혀지고 있으며, 이 책에 담겨있는 모든 발상은 우리들의 토론에 의해 형성된 것이다. 노발리스(Novalis)가 "어떤 신념이든 다른 영혼이 그것을 신뢰해 주는 순간, 그 신념이 무한하게 강해진다는 것은 확실하다."라고 말했을 때, 아마도 그는 수잔의 충고와 의견에 대한 나의 의존에 관해 말했을지도 모르겠다.

지난 몇 년에 걸쳐 이 책이 점차 모습을 갖추는 동안, 나는 학문적 일과 정부일 사이를 오가고 있었다. 이 두 개의 일 모두에 나는 조그만 즐거움을 얻고 있었다. 이러한 소요적 삶을 유지할 수 있게 하는 나의 능력은 광범위한 사람과 기관의 후원에 의존하여 왔다. 이들은 공공정책 연구소(the Institute for Research on Public Policy)의 피터 히프(Peter Heap)와 레즐리 세이들(Leslie Seidle)을 포함하여, 캐나다 다문화주의와 시민권(Multiculturalism and Citizenship Canada) 연구소의 그렉 골드(Greg Gauld), 웨스트민스터 윤리학 연구소(the Westminster Institute for Ethics)의 베리 호프매스터(Barry Hoffmaster), 신 생식기술에 관한 왕실 위원회(the Royal Commission on New Reproductive Technologies)의 쥬디쓰 놀테(Judith Nolte), 칼톤 대학(Carlton University)의 존 레이든 (John Leydon), 그리고 오타와 대학(the University of Ottawa)의 힐리아드 아로노비치(Hilliard Aronovitch)이다. 이들이 나의 길에 보내준 관심있는 성원은 물론 내가 피하고 싶었던 일을 나에게 면제해준 데 대하여 이들 각자에게 감사를 표한다. 나는 또한 캐나다의 사회과학 및 인문학 연구 위원회(the Social Sciences and Humanities Research Council of Canada)의 자금 지원에 대해 감사를 표하고 싶다.

오타와 대학과의 나의 소속관계는 매우 느슨하였지만, 그럼에도 불구하고 보상은 매우 좋았다. 캐나다에 있는 영어권 공동체와 프랑스어권 공동체 모두에 봉사해야 하는 의무를 지닌 이중언어 대학으로서, 오타와 대학은 소수자집단권리를 연구하기에는 이상적으로 적합하였다. 철학과에 있는 나의 동료인 웨인 노만(Wayne Norman)과 도날드 레니한(Donald Lenihan)에게 소수자집단권리문제에 대한 수 시간의 토론에 대해 감사를 표하고 싶다. 나는 웨인에게 아주 특별한 신세를 지고 있는데, 그는 이 책에 대한 전반적 논평을 해 주었다. 제9장은 우리가 공동으로 저작한 일부 작업에 기초하고 있다. 나는 또한 1994년 봄에 오타와 대학에서 가르쳤던 대학원 세미나의 학생들로부터 많은 것을 배울 수 있었는데, 이들은 이 저서의 이전의 초안과 관계된 많은 문제점들을 즐거이 지적해 주었다.

나는 또한 브라이언 앤더슨(Brian Anderson), 리즈 찰리보이스(Lise Charlebois), 그리고 패트리샤 이반(Patricia Ivan)의 탁월한 연구 보조에 대해 감사를 하고 싶다. 그리고 베벌리 슬로펜(Beverley Slopen), 도미닉 비아트(Dominic Byatt), 그리고 팀 바톤(Tim Barton)에게는 출판과정을 원활히 해 준데 대해 감사하고 싶다. 그리고 아주 많은 친구들과 동료들의 논평, 토론 및 논문들에 대해서도 감사한다. 이들에는 로베르토 알리잔드로(Roberto Alejandro), 마이클 애쉬(Michael Asch), 쥬디쓰 베이커(Judith Baker), 다니엘 벨(Daniel Bell), 알렌 뷰캐난(Allen Buchanan), 앨란 케언스(Alan Cairns), 조세프 카렌스(Joseph Carens), 코헨(G. A. Cohen), 라파엘 코헨-알마고(Raphael Cohen-Almagor), 데이비드 디젠하우스(David Dyzenhaus), 아비게일 아이젠버그(Avigail Eisenberg), 레즐리 그린(Leslie Green), 에이미 굿만(Amy Gutmann), 모쉬 할버탈(Morshe Halbertal), 로버트 하우제(Robert Howse), 톰 허카(Tom Hurka), 제인 젠슨(Jane Jenson), 데이브 노트(Dave Knott), 찬드란 쿠카타스(Chandran Kukathas), 가이 라포리스트(Guy Laforest), 브라이언 랭길(Brian Langille), 제이콥 레비(Jacob Levy), 도미니크 레이뎃(Dominique Leydet), 마이클 맥도날드(Michael McDonald), 스테펜 마씨도(Stephen Macedo), 패트릭 매클럼(Patrick Macklem), 콜린 맥레오드(Colin Macleod), 앤드류 메이슨(Andrew Mason), 데이비드 밀러(David Miller), 타리크 모두우두(Tariq Modood), 마가렛 무어(Margaret Moore), 글린 모간(Glyn Morgan), 제임스 닉켈(James Nickel), 수잔 몰러 오킨(Susan Moller Okin), 마이클 올리버(Michael Oliver), 톰 팔머(Tom Palmer), 비쿠 파레크(Bhikhu Parekh), 필리몬 페오니디스(Filimon Peonidis), 앤 필립스(Anne Phillips), 로버트 포스트(Robert Post), 쿠르트 푸리엔스버그(Kurt Priensberg),

모리스 리카드(Maurice Rickard), 아더 립스타인(Arthur Ripstein), 존 러셀(John Russell), 알란 라이언(Alan Ryan), 시빌 슈와르젠바하(Sibyl Schwarzenbach), 미셀 세이무르(Michel Seymour), 마이클 스미쓰(Michael Smith), 앤드류 스타아크(Andrew Stark), 존 토마시(John Tomasi), 마크 튜닉(Mark Tunick), 메리 엘렌 터펠(Mary Ellen Turpel), 제러미 왈드론(Jeremy Waldron), 피터 화이트(Peter G. White), 멜리싸 윌리엄스(Melissa Williams), 그리고 아이리스 매리온 영(Iris Marion Young)이 있다.

나는 나의 부모에게 특별한 감사를 표하려 한다. 이들은 항상 나의 연구를 후원해 주셨으며, 자신들의 삶과 아주 긴밀하게 연결된 이 연구에 특별한 관심을 가져왔다.

끝으로 나는 코디(Codie)와 루크(Luke)에게 감사한다. 대부분의 개들처럼, 이들은 인간이 문자언어에 쏟아 부은 상당한 양의 시간 때문에 지치고 짜증났을 것이다. 그러나 이들은 몇몇의 긴긴 밤들을 나의 동료가 되어 주었는데, 나는 이에 감사한다.

이 책에 있는 많은 주장들은 지난 수년에 걸쳐 내가 쓴 일련의 논문들에서 이미 작업해 온 것들이라 할 수 있다. 그렇지만, 대부분 광범위하게 다시 쓰여졌다: 'Three Forms of Group-Differentiated Citizenship in Canada', in Seyla Benhabib (ed.), *Democracy and Difference: Changing Boundaries of the Political* (Princeton University Press, forthcoming) (제2장); 'Individual and Community Rights', in Judith Baker (ed.), *Group Rights* (University of Toronto Press, 1994) (제3장); 'Liberalism and the Politicization of Ethnicity', *Canadian Journal of Law and*

Jurisprudence, 4/2 (1991) (제4장); 'Dworkin on Freedom and Culture', in J. Burley (ed.), *Reading Dworkin*(Basil Blackwell, forthcoming) (제5장); 'Group Representation in Canadian Politics', in L. Seidle(ed.), *Equity and Community: The Charter, Interest Advocacy, and Representation* (Institute for Research on Public Policy, 1993) (제7장); 'Two Models of Pluralism and Tolerance', *Analyse und Kritik*, 14/1 (1992) and 'The Rights of Minority Cultures: Reply to Kukathas', *Political Theory*, 20/1 (1992) (제8장); *Recent Work in Citizenship Theory*(Department of Multiculturalism and Citizenship, Government of Canada, 1992), and 'Return of the Citizen', *Ethics*, 104/2 (1994) (with W. J. Norman) (제9장).

목 차

제 1 장

서 론

1. 문제의 쟁점들

오늘날 대부분 국가는 문화적으로 다양하다. 최근의 평가에 의하면, 세계의 184개 독립국가들은 600개 이상의 살아있는 언어집단과 5,000개의 인종문화집단을 포함하고 있다고 한다. 시민들이 동일한 언어를 사용하거나, 동일한 인종문화적 민족집단(ethnonational group)에 속한다고 말할 수 있는 국가는 아주 드물다.[1)]

이 다양성은 일련의 중요하고 잠재적으로 견해가 갈리는 문제들을 제기한다. 소수자와 다수자집단들은 언어권리, 지역적 자율성, 정치적 대표, 교육과정, 토지소유권, 이민과 귀화정책, 심지어 국

1) 이러한 평가와 (그리고 이의 부정확성)에 관하여, Laczko 1994; Gurr 1993; Nielsen 1985를 참조하라. 아이슬란드(Iceland)와 한국은 다소간 문화적으로 동질적이라고 할 수 있는 국가의 두 개의 예로서 일반적으로 인용된다.

가(national anthem)와 공휴일의 선정과 같은 민족적 상징과 같은 문제들에 대하여 점점 더 의견충돌을 보여 주고 있다. 이러한 문제들에 대하여 도덕적으로 수긍할 수 있고 또 정치적으로 실현 가능한 해답을 찾는다는 것은 오늘날 민주주의가 당면한 가장 큰 도전이라 할 수 있다. 동구 유럽과 제3세계에서 자유민주적 제도를 구축하려는 시도들은 폭력적인 민족주의적 갈등으로 근본토대가 침식되고 있는 실정이다. 서구에서는, 이민자들, 토착민들, 그리고 다른 문화적 소수자집단의 권리에 대한 폭발적인 논쟁들은 수십 년 동안 정치적 생활을 지배해 왔던 가정들의 많은 부분에 의문을 제기하게 하였다. 냉전의 종식이래, 인종문화적 갈등은 세계에서 정치적 폭력의 가장 공통적인 원천이 되어 왔으며, 이 갈등은 가라앉을 기미를 보이지 않는다.[2)]

이 책은 이러한 문제들에 대해 새로운 접근을 제시한다. 이 모든 문제를 해결할 수 있는 단순한 해결책이라든가 요술 같은 공식들은 없다. 일부의 갈등들은 분쟁 당사자들이 공정성이나 관용의 감각에 의해 움직인다 하더라도 다루기 어렵다. 그런데 사실 공정성이나 관용의 감각은 모두 흔히 결여하고 있는 문제이다. 더욱이, 모든 분쟁은 자신만의 독특한 역사와 환경을 지니고 있는데, 이것은 공정하고 작동 가능한 해결책을 고안해 내는데 고려할 필요가 있는 문제이다. 나의 목적은 한 걸음 물러나서 이러한 전경의 보다 일반적 관점을 제시하는 것이다. – 즉 고려할 필요가 있는 일부의 주요 개념과 원칙들을 확인해내고, 그렇게 함으로써 소수자집단권

2) 전 세계적으로 일어나는 소수자집단권리 주장들에 관한 조사에 대해, Sigler 1983 ; Gurr 1993; Van Dyke 1977 ; Capotorti 1979, Hannum 1990을 참조하라.

리에 대한 자유주의적 접근을 제시하기 위한 기본적인 건축 블록(building blocks)들을 명료히 하고자 하는 것이다.

서구의 정치전통은 이러한 문제들에 대해 놀라울 정도로 침묵해왔다. 기록된 역사를 통하여 볼 때, 대부분의 조직화된 정치공동체는 다인종문화적(multiethnic)이었다. 이것은 인간사에서 정복과 장거리 무역 이 양자가 곳곳에 존재했다는 증거이기도 하다. 그렇지만, 대부분의 서구 정치이론가들은 동료 시민들이 공통의 혈통, 언어, 그리고 문화를 공유하는 이상화된 정치공동체(polis)의 모델을 가지고 작업을 해왔다. 심지어 다수의 인종문화적 및 언어적 집단들을 통치하였던 수 개 국어를 사용하는 사람들로 이루어진 제국(polyglot empires)에서 살았던 이론가들조차도 문화적으로 동질적인 고대 그리스의 도시국가들이 정치공동체의 본질적 모델 또는 표본적 모델인 것처럼 저술해 온 것은 흔한 일이다.[3)]

이러한 동질적 정치공동체의 이상을 달성하기 위해, 실제 역사상 정부들은 문화적 소수자집단들과 관계된 다양한 정책들을 추구해 왔다. 일부 소수자집단들은 대량축출(우리가 오늘날 말하는 '인종청소' ethnic cleansing)나 인종학살(genocide)을 통해 물리적으로 제거되기도 했다. 다른 일부의 소수자집단들은 강제적으로 동화되고, 다수자 집단들의 언어, 종교 및 관습을 채택하도록 강제당했다. 그리고 또 다른 경우에서는, 소수자집단들은 이방인 거주자들(resident aliens)로 처우되고, 물리적으로 격리되고 경제적

3) 서양 정치사상에 있어서 문화적 동질성의 가정에 관하여, McRae 1979; Van Dyke 1977 ; Walzer 1982 : 1-3 ; McNeill 1986: 23 을 참조하라. 역사상 문화적 이질성과 그 원인들에 관하여, McNeill 1986을 참조하라. 이러한 다양성이 지속적으로 확장되고 있는 것에 관하여, Castles & Miller 1993 : 8을 참조하라.

차별을 받게 되고, 정치적 권리들이 거부되었다.

문화적 소수자집단들을 보호하고, 다수자집단 문화와 소수자집단 문화 간의 잠재적 갈등을 규제하기 위해 역사적으로 다양한 노력이 이루어져 왔다. 금세기 초창기에, 쌍무적 조약을 통해 다른 국가에 있는 동료 민족들의 처우에 대한 문제를 규제해 왔다. 예를 들자면 독일은, 폴란드가 폴란드에 있는 인종문화적 독일인들(ethnic Germans)에게 상호적인 입장에서 동등한 권리를 제공하는 한, 자신의 국경 내에 거주하는 인종문화적 폴란드인(ethnic Poles)에게 특정의 권리와 특권을 부여하는 데 동의한 바 있다. 이 조약체제는 더 확장되었으며, 국제연맹(the League of Nations) 하에서 보다 다자주의적(multilateral) 기초를 갖추게 되었다.

그렇지만, 이러한 조약들은 부적절하였다. 한 가지를 들자면, 소수자집단은 단지 이들 소수자집단에 관심이 있는 인근의 '동족국가'(kin state)가 있을 때만 차별과 억압으로부터 보호가 보장되었다. 더욱이, 그러한 조약이라는 것은 불안정적인 것이었다. 왜냐하면, 그러한 동족 국가가 존재했던 곳에서는, 이들 국가가 보다 약한 국가들에 침입하거나 간섭하기 위한 근거로 조약규정들을 사용하는 것이 흔한 일이었기 때문이다. 그렇게 하여 나치 독일(Nazi Germany)은 폴란드와 체코슬로바키아가 자신들의 영토에 있는 조약으로 규정된 인종문화적 독일인들의 권리를 위반하였다는 것을 빌미로 하여 이들 국가에 대한 침입을 정당화했다.

2차 세계대전 후, 소수자집단권리에 대한 다른 접근이 필요하다는 것이 명백해졌다. 많은 자유주의자들은 '인권'(human rights)에 대한 새로운 강조가 소수자집단권리문제를 해결할 수 있을 것이라

희망했다. 취약한 집단들을 지정된 집단의 구성원을 위한 특별한 권리를 통해 직접적으로 보호하기보다는, 집단적 구성원지위(group membership)와 관계없이, 모든 개인들에게 기본적인 시민적 및 정치적 권리를 보장한다면 문화적 소수자집단들이 간접적으로 보호될 수 있을 것으로 희망하였다. 즉 언론, 집회 및 양심의 자유와 같은 기본적 인권은, 비록 개인에게 부여되긴 하였지만, 다른 권리와 함께 공동체 내에서 행사되는 것이 전형적이었으며 그렇게 함으로써 집단생활에 대한 보호를 제공해 준다는 것이다. 이러한 개인적 권리들이 확고히 보호된다면, 더 이상의 권리들이 특정한 인종문화적 또는 소수민족집단들에게 부여될 필요가 없다고 자유주의자들은 생각하였다.:

> 인권증진을 위한 전후 운동의 일반적 경향은, 인종문화적 집단에 속한 구성원지위를 거론하지 않고, 모든 인간의 기본적인 개인적 권리를 보장한다는 보다 광범위한 문제하에 소수민족들의 문제를 묻어 두어 왔다. 이의 중심적 가정은 소수민족들의 구성원들이 특정한 성격의 권리를 필요하지도 않거나, 그럴만한 마땅한 자격이 있는 것도 아니거나 아니면 허용될 수 있는 것도 아니라는 것이다. 인권의 원칙은 소수자집단권리를 대체하는 것으로서 제시되어 왔던 것이다. 이것은 소수자집단의 구성원들이 개인적인 평등한 처우를 향유할 수 있지만, 자신들의 인종문화적 특수주의(혹은 예외주의)(ethnic particularism)의 유지를 위한 장치를 정당하게 요구할 수 없다는 강력한 함의를 지니고 있다.(Claude 1955 : 211)

이러한 철학에 인도되어, 유엔은 자신의 세계 인권선언(Universal Declaration of Human Rights)에서 인종문화적 및 소수민족들의 권리에 대한 모든 언급을 제거하기에 이르렀다.

집단특수적 소수자집단권리(group-specific minority rights)로부터 보편적 인권으로의 전환은 많은 자유주의자들에 의해 수용되었는데, 그 이유의 일부는 그것이 종교적 소수자집단들이 보호되었던 방식의 자연스러운 연장으로 여겨졌기 때문이었다. 16세기에, 유럽 국가들은 어느 종교가 자신들의 영토를 통치해야 하는가에 대해 구교(Catholics)와 신교(Protestants)간의 갈등으로 분열되어 있었다. 이 갈등들은 마침내 해결되었는데, 그것은 특정한 종교적 소수자집단들에게 특별한 권리를 부여해서가 아니라 교회(church)와 국가(state)를 분리하여 각자의 개인적인 종교적 자유를 철저히 보호함으로써 이루어진 것이었다. 종교적 소수자집단들은 간접적으로 보호되었던 것이다. 즉 사람들로 하여금 국가의 차별이나 불승인의 두려움 없이 다른 동료-신앙인들(co-religionists)과 함께 자유롭게 교제할 수 있도록 개인적인 종교적 숭배의 자유를 보장함으로써 종교적 소수자집단들이 보호되었던 것이다.

많은 전후 자유주의자들은 교회와 국가의 분리에 기초한 종교적 관용이 마찬가지로 인종문화적 차이를 다룰 수 있는 모델을 제공한다고 생각하여 왔다. 이 견해에 의하면, 종교와 마찬가지로 인종문화적 정체성(ethnic identity)은 사람들이 자신의 사생활 영역에서 자유롭게 표현할 수 있는 문제이지, 국가의 관심사는 아니라는 것이다. 국가는 자신들의 특수한 문화적 소속감을 표현할 수 있는 사람들의 자유를 반대하지도 않지만, 또한 그러한 표현을 조장해주지도 않는다는 것이다 – 오히려, 네이든 글레이저(Nathan Glazer)의 표현을 빌리자면, 이것은 '선의적 무관심'(benign neglect)과 부합한다 (Glazer 1975: 25; 1983: 124). 인종문화적 및 민족적 집단의 구성원들은 차별과 편견으로부터 보호되며, 이들은 자신의 인종문화적 유산이나 정체성이 무엇이든지 간에 자신이 원한다면 이를, 타자의 권리와 마찰을 일으키지 않고, 유지하려고 하는 것이 자유롭게 허용된다는 것이다. 그러나 이들의 노력은 순전히 사적인 것이며, 이것은 공적 기관이 문화적 소속감(cultural membership)이나 인종문화적 정체성에 법적 정체성을 부여하거나 법적 무자격성(legal disability)을 부여할 영역은 아니라는 것이다. 이러한 국가와 인종문화성(ethnicity)의 분리는 인종문화적 집단에 대한 어떠한 법적 또는 정부적 승인을 하는 것이나, 또는 권리, 자원 및 의무의 배분에 있어서 어떠한 인종문화적 기준을 채택하는 것을 차단하는 것을 의미한다.[4)]

특히 좌파선상에 있는 많은 자유주의자들은 불리한 입장의 인종적 집단(disadvantaged racial groups)에 대한 적극적 배려 정책(affirmative action)의 경우에 있어서는 예외적인 입장을 견지했다. 그러나 어떤 의미에서 이것은 국가와 인종문화성의 분리라는 기본적 원칙을 인정하는 예외에 불과했다. 적극적 배려정책이란 일반적으로 잠정적 조치로서 옹호되었는데, 이것은 '피부색-불문'(colour-blind)의 사회를 보다 급진적으로 지향하기 위해 필요했던 것이다. 적극적 배려정책은 차별의 세월을 치유함으로써, 우리가 만약 처음부터 국가와 인종문화성의 분리를 준수하였다면 존재하였을 그러한 사회로 우리가 보다 근접해 갈 수 있도록 하려는

4) 이러한 입장에 대한 자유주의적 지지에 관해, Glazer 1975 : 220 ; 1978 : 98 ; 1983 : 124 ; Gordon 1975 : 105 ; Porter 1975 : 295 ; van den Berghe 1981*b* : 347 ; Ajzenstat 1984 : 251-2 ; Rorty 1991 : 209 ; Kukathas 1991 : 22 ; Edwards 1985 ; Brotz 1980 : 44를 참조하라.

의도를 지닌 것이다. 그래서 인종차별에 관한 유엔 협약(the UN Convention on Racial Discrimination)은 적극적 배려 프로그램이 잠정적이고 치유적인 성격을 지닐 경우에만 그러한 프로그램을 지지한다. 국가와 인종문화성의 분리의 이상을 포기하기는커녕, 적극적 배려 정책은 국가와 인종문화성의 분리라는 이상을 달성하기 위한 하나의 방법일 뿐이다.

특히 우파선상에 있는 일부 자유주의자들은 '인종을 고려하는'(count by race) 정책을 통해 '피부색 불문'의 사회를 추구하는 것은 오히려 반대의 결과를 가져온다고 생각한다. 이들은 적극적 배려 정책은 이 정책이 해결하고자 하는 바로 그 문제를 오히려 악화시킨다고 주장한다. 이들에 의하면, 이 정책은 사람들로 하여금 집단적 차별성을 더 의식하게 하며, 다른 집단들에 대해 더 적대적이 되게 한다는 것이다. 치유적인 적극적 배려조치들의 필요성에 관한 자유주의자들간의 이러한 논란은 많은 자유민주국가들에서 흔히 볼 수 있는 익숙한 문제이다.5)

그러나 우파와 좌파 모두 대부분의 전후 자유주의자들이 계속적으로 거부하고 있는 것은 특정 집단의 구성원들의 권리나 신분에 있어서 **영구적** 차별화(*permanent* differentiation)의 발상이다. 특히, 이들은 집단특수적 권리(group-specific rights)가 역사적 차별을 치유하기 보다는 지속적인 문화적 차이들을 수용하는데 필요하다는 주장을 거부한다. 우리는 다음에 따라오는 장들에서, 전 세계의 전후 자유주의자들이 특정의 인종문화적 또는 민족적 집단들이 영구적인 정치적 정체성 또는 헌법적 지위를 보장받아야 한

5) 이러한 논쟁에 관해, Rosenfeld 1991; Sowell 1990 을 참조하라.

다는 발상을 거듭하여 반대해 왔다는 사실을 보게 될 것이다.[6)]

그렇지만, 소수자집단권리는 인권의 범주 하에 포함될 수 없다는 것이 점차적으로 명백해졌다. 전통적인 인권 기준은 간단히 말해 문화적 소수자집단에 관계되는 가장 중요하고도 논란이 되는 문제들을 해결할 수 없는 것이다: 어떠한 언어들이 의회, 관료 및 법정에서 인정되어야 하는가? 모든 인종문화적 또는 민족 집단이 각각 공적으로 지원되는 모국어로 하는 교육을 받아야만 하는가? 내부적 경계(입법적 지역구, 지방, 주)는 문화적 소수자집단들이 자신의 지역에서 다수자가 될 수 있도록 획정되어야만 하는가? 정부 권력은 중앙 수준으로부터, 특히 문화적으로 민감한 문제인 이민, 의사소통, 그리고 교육에 관해 특정 소수자집단들에 의해 통제되는 보다 지방적이거나 지역적인 수준으로 양도되어야만 하는가? 정부 직책은 민족적 또는 인종문화적 비례의 원칙에 따라 분배되어야만 하는가? 토착민들(indigenous peoples)의 전통적인 토지는 이들의 이익 보호를 위해 지정 보류되고, 그렇게 하여 정착인들과 자원 개발업자에 의한 잠식으로부터 보호되어야만 하는가? 소수자 통합의 책임은 무엇인가? 어느 정도 수준의 문화적 동화가 이민자와 망명자들이 시민권을 얻기 전에 이들에게 요구될 수 있는가?

문제는 전통적인 인권 원칙들이 이러한 문제들에 대해 잘못된

---

6) 다양한 예들에 대해, Barsh & Henderson 1980 : 241-8 ; 1982 : 69-70 ; Clinton 1990 ; Gordon 1975 ; 1978 ; 1981 ; Glazer 1975 : 220 ; Van Dyke 1982 : 28-30 ; Svensson 1979 : 430-3 ; Adam 1979 ; Deganaar 1987 ; Knopff 1982 : 29-39 ; Laforest 1991 ; Ajzenstat 1988 : ch. 8 ; F. Morton 1985 : 73-83 ; Schwartz 1986 : ch. 1 ; Brotz 1980 : 44-5 ; Asch 1984 : 75-88, 100-4 ; Weaver 1985 : 141-2 를 참조하라. 보다 많은 문헌과 토론에 관해, Kymlicka 1989*a* : ch. 7 ; 1991 을 참조하라.

해결책을 우리에게 준다는 것이 아니다. 문제는 오히려 인권 원칙들이 전혀 해답을 제시해 주지 못한다는 점이다. 언론 자유의 권리는 적절한 언어정책이 무엇인지를 우리에게 말해 주지 않는다. 투표의 권리는 정치적 경계가 어떻게 획정되어야 하는지 또는 어떠한 권력이 여러 층의 정부 수준 간에 분포되어야만 하는지를 우리에게 말해 주지 않는다. 이동의 자유(the right to mobility)는 적절한 이민 및 귀화정책이 무엇인지를 우리에게 말해 주지 않는다. 이러한 문제들은 각 국가 내에서 통상적인 다수결 의사결정 과정에 맡겨져 왔다. 그 결과는 문화적 소수자집단들이 다수자들의 손에 의해 심각한 부정의에 취약하게 노출되도록 만들고, 그리고 인종 문화적 갈등을 악화시키도록 하여왔다는 것이 내가 주장하고자 하는 바이다.

이러한 문제들을 공정하게 해결하기 위해서, 우리는 전통적인 인권 원칙들을 소수자집단권리 이론으로 보완할 필요가 있다. 그러한 이론에 대한 필요성은 동구 유럽과 구소련 지역에서 절실하다는 것이 명백해졌다. 지방 자치, 경계 획정, 언어 권리, 그리고 귀화 정책에 관한 분쟁들은 폭력적 갈등에 처한 대부분의 지역을 사로잡은 바 있다. 이러한 소수자집단권리문제가 해결되지 않고서는 안정적 평화가 회복되거나 기본적 인권이 존중될 것이라는 희망은 기대하기 어렵다.

그렇기 때문에, 소수자집단권리문제가 국제관계에서 관심의 대상으로 부상한 것은 놀라운 일이 아니다. 예를 들어, 유럽의 안보와 협력에 관한 회의(CSCE : the Conference on Security and Co-operation in Europe)은 1991년에 소수민족 권리에 관한 선언(a declaration on the Rights of National Minorities)을 채택하였으며, 그리고 1993년에 소수민족에 관한 고등 판무관(a High Commissioner on National Minorities)을 창설하였다. 유엔은 민족 또는 인종문화적, 종교적 및 언어적 소수자들에 속하는 사람들의 권리에 관한 선언(a Declaration on the Rights of Persons Belonging to National or Ethnic, Religious and Linguistic Minorities)(1993)과 토착민 권리에 관한 세계선언 초안(a Draft Universal Declaration on Indigenous Rights)(1988) 양자를 논의하여 왔다. 유럽 평의회(the Council of Europe)는 1992년에 소수자 언어 권리에 관한 선언을 채택한 바 있다(지역 또는 소수자 언어에 관한 유럽헌장 the European Charter for Regional or Minority Languages). 다른 예들도 들 수 있다.[7)]

그렇지만, 이러한 선언들 역시 여전히 논란이 많다. 일부는 동구유럽 지역에서의 갈등의 확산을 방지할 목적으로 너무 성급하게 채택되었다. 그 결과, 이들 선언은 아주 모호하고, 그리고 정의가 무엇을 요구하는지에 대한 명백한 감각 보다는 교전중인 소수자집단들을 달래려는 필요에 그 동기가 있는 것으로 종종 여겨진다. 이러한 권리들에 대한 정당화의 기반과 이들의 한계는 여전히 불분명하다.

나는 전통적인 인권 원칙을 소수자집단권리로 보완하는 것이 정당하며, 또한 사실상 불가피하다고 생각한다. 다문화적 국가에서 포괄적인 정의론은, 한편으로는 집단 구성원지위와 관계없이 개인

7) 이러한 진전들의 요약에 관해, Lerner 1991 ; Thornberry 1991 ; Bloed 1994 ; Hannum 1993 을 참조하라.

에게 부여되는 보편적 권리, 그리고 다른 한편으로는 특정의 집단 차별적 권리(group- differentiated rights)나 소수자 문화에 대한 '특별한 지위', 이 양자 모두를 포함하게 될 것이다.

소수자집단권리를 인정하는 것은 명백한 위험을 안고 있다. 소수자집단권리의 언어는 나치스에 의해 사용되고 악용되었을 뿐만 아니라, 인종분리와 격리를 옹호하는 변명론자들에 의해서도 사용되고 악용된 바 있다. 그것은 또한 전 세계에 있는 비관용적이고 호전적인 민족주의자들과 근본주의자들(fundamentalists)이 자신의 집단 바깥에 있는 사람들에 대한 지배, 그리고 자신의 집단 내에 있는 반대론자들에 대한 억압을 정당화하기 위해 사용되어 왔다. 그렇기 때문에, 자유주의적 소수자집단권리 이론은 소수자집단권리가 어떻게 인권과 공존할 수 있는지를 설명해야 할 뿐만 아니라, 소수자집단권리가 어떻게 개인적 자유, 민주주의, 그리고 사회정의의 원칙들에 의해 제한되고 있는지를 설명해야만 한다. 이것이 이 책의 목적이다.

2. 저서의 개요

현대 사회는 점점 더 '다문화적'(multicultural)으로 되어 가고 있다고 말하는 것은 상식이다. 그렇지만, 이 애매한 말은 종종 중요한 특징들을 모호하게 만든다. 제2장의 첫 번째 부분은 여러 가지 형태의 문화적 다원주의(cultural pluralism)를 다루고 있다. 특히, 나는 '다민족 국가'(multination states) (문화적 다양성이 이전의 자치적이고, 전통적으로 응집된 문화들을 보다 광범위한 전체국가로 흡수하면서 발생하였던 국가)와 '다인종문화 국가'(polyethnic states) (문화적 다양성이 개인과 가족 이민을 통하여 발생한 국가)를 구분할 것이다. 나는(다민족 국가에서의) '소수민족'(national minorities)과 (다인종문화 국가에서의) '인종문화 집단'(ethnic groups)을 구분하고, 인종(race), 인종문화성(ethnicity), 그리고 민족성(nationality)을 논의하고자 한다.

제2장의 나머지 부분은 인종문화적 및 민족적 집단들이 요구할 수 있는 상이한 종류의 소수자집단권리의 유형을 제시할 것이다. 특히, 나는 다음 사항을 구분할 것이다:

- 자치권 (self-government rights) (종종 특정 형태의 연방주의를 통하여, 소수민족에게 권력을 위임);
- 다인종문화 권리 (특정한 인종문화적 또는 종교적 집단들과 결부된 특정 형태의 관행에 대한 재정적 지원과 법적 보호);
- 특별 대표권 (광범위한 전체국가의 중앙 제도 내에 인종문화적 또는 민족적 집단들을 위한 의석의 보장)

나는 각각의 예를 다양한 국가들의 경우를 들어 제시할 것이며, 제도적 구현과 헌법적 보호의 입장에서 이들 간의 일부 주요 차이를 탐구해 보고자 한다.

이 세 가지 형태의 집단차별적 권리는 종종 '집단적 권리' (collective rights)로 묘사된다. 제3장에서 나는 집단적 권리와 개인적 권리의 관계를 탐구한다. 많은 자유주의자들은 집단적 권리는 본질적으로 개인적 권리와 갈등관계에 있다고 생각한다. 나는 '집단적' 권리의 두 가지 의미를 구분할 필요가 있다고 주장하고자 한다. 집단적 권리는 집단의 유대 또는 문화적 순수성의 이름하에 자신의 개인적 구성원들의 자유를 제한하는 집단의 권리로 언급될 수 있다('내부적 제재' internal restrictions). 또는 집단적 권리는, 소수자가 의존하고 있는 자원과 제도가 다수자 결정에 취약해지지 않도록 하는 것을 보장하기 위해 해당 집단에 대해 광범위한 전체사회에 의해 행사되는 경제적 또는 정치적 권력을 제한하는 집단의 권리를 지칭할 수 있다('외부적 보호' external protections). 나는 후자가 개인적 자유와 충돌할 필요가 없다는 것을 주장하려 한다. 사실상, 자유주의 이론의 소수자집단 권리를 구별해 주는 것은, 간단히 말해, 이것이 인종문화 집단과 소수민족들을 위한 외부적 보호를 수용하지만, 내부적 제재에 대해서는 매우 회의적이라는 점이다.

제4장에서, 나는 자유주의와 소수자집단권리간의 역사적 관계를 추적해 보고자 한다. 19세기와 양차 세계대전 사이의 기간에서 자유주의자들 사이에서 소수자집단권리에 대한 광범위한 지지가 있었다. 전후 자유주의 이론에서 변화가 나타난 이유는 복잡한데, 나는 이들의 일부를 분류해 보고자 한다. 설명의 일부는 대영제국의 쇠퇴와, 그리고 국제연맹(the League of Nations)의 실패에 있다. 또 다른 중요한 요인은 미국적 개념의 인종문화성 불문의 헌법(the American conception of an ethnicity-blind constitution)이 전 세계에 미친 영향력의 증가이다. 나는 이 미국적 개념이 다른 나라에는 반드시 적용될 수 있는 것이 아닌 독특한 요인들(예를 들어, 인종격리 racial segregation; 이민의 범위 the scope of immigration)에 의해 형성되었다고 주장하고자 한다. 사실상, 나

는 인종문화성불문 헌법에 대한 미국적 신념은 심지어 미국에게도 타당하지 않다고 주장할 것이다. 그 이유는 그것이 미국 인디언, 푸에르토리코인, 그리고 다른 사람들의 특별한 지위를 무시하고 있기 때문이다.

제5장에서, 나는 자유민주주의 이론 내에서 문화의 역할을 탐색할 것이다. 나는 우선 특정한 비전의 자유주의를 옹호하고자 한다 – 이것은 선택의 자유에 대한 신념과 개인적 자율성(의 한 형태)에 대한 신념에 기반하고 있다. 그리고 나서 나는 왜 이러한 자유주의적 비전이 다문화적 구성원권리에 대한 관심과 양립할 수 있을 뿐만 아니라, 심지어 이러한 관심을 요구하는지에 대한 이유를 설명할 것이다. 나는 개인적 선택은 언어와 역사에 의해 정의되는 사회고유문화(societal culture)의 존재에 의존하고 있으며, 대부분의 사람들은 자기 자신의 문화에 매우 강력한 애착을 지니고 있다고 주장할 것이다.

이러한 개념의 자유주의에 기초하여, 나는 제6장에서 인종문화적 집단과 소수민족들을 위한 집단차별적 권리를 옹호하는 세 가지 주요 주장을 탐구할 것이다. 특히, 나는 **평등근거** 주장(*equality-based* arguments)과 다양한 **역사근거** 주장(*history-based* arguments)을 구분할 것이다. 평등근거 주장은 해당 소수자집단이 집단차별적 권리에 의해 교정될 수 있는 일종의 부당한 불이익에 직면하고 있다는 것을 보여주는 것을 목적으로 한다. 한편 역사근거 주장은 해당 소수자집단이 이전의 주권, 조약, 또는 다른 역사적 합의나 선례에 기초하여, 집단차별적 권리를 주장할 수 있는 특정한 역사적 근거를 지니고 있다는 것을 보여주고자 하는 목적이 있다. 나는 또한 **문화적 다양성**(*cultural diversity*) 자체의 본질적 가치에 호소하는 주장을 살펴 볼 것이며, 동시에 이것이 평등근거 주장과 역사근거 주장 양자와 어떻게 연결되고 있는지를 다루어 보려 한다.

제7장은 정치적 대표의 문제, 특히 특정한 인종문화적 또는 민족적 집단의 구성원들을 위한 중앙 입법부에서 의석을 보장할 수 있는 제안들에 초점을 맞출 것이다. 나는 그러한 제안들에 의해 제기된 실천적 및 이론적 곤란성의 일부를 논할 것이며, 정치적 의사결정과정에서 소수자집단을 위한 의견 표현을 보장할 수 있는 대안적 방법들을 고려해 보려 한다. 나는 또한 자치권 self-government rights(중앙정부로부터 소수자 공동체로 권력이 위임되어야 한다고 요구하는)과 대표권 representation rights(중앙정부에서 소수자집단을 위한 대표의 보장을 요구하는)간의 긴장을 논의할 것이다.

제8장에서, 나는 자유주의자들이 소수자집단들이 자신의 구성원들의 기본적인 시민적 및 정치적 자유들을 제한할 수 있는 권리를 요구할 경우에 어떻게 반응해야만 하는가를 논의할 것이다. 나는 자유주의 이론의 소수자집단권리는 그러한 '내부적 제재'를 정당화 할 수 없다고 일찍이 말한 바 있다 – 즉, 자유주의 이론은 어떤 집단이 집단의 유대성, 종교적 정통성(religious orthodoxy), 또는 문화적 순수성의 이름으로 자신의 구성원들을 억압하는 것이 도덕적으로 정당하다는 발상을 받아들일 수 없다. 이것은 개인적 자율성에 대한 자유주의적 공약을 위반하는 것이다. 그렇지만, 일부 소수자집단들은 그러한 내부적 제재를 갈망하며, 자율성에 대한 자유주의적 공약을 공유하지 않는다는 것 역시 분명하다. 그렇다면, 자유주의 국가들이 비자유주의적 소수자집단들에 대해 자유

주의적 규범을 강제해야만 한다는 것이 뒤따르는 논리인가? 이것은 관용의 의미와 그 한계에 관한 복잡한 문제들을 제기한다. 나는 자유주의 이론 내에서 관용의 가치와 개인적 자율성의 관계를 논의할 것이며, 비자유주의적 소수자집단들에 대한 자유주의적 가치를 부과하는 문제의 정당성을 평가하는데 있어 고려해볼 필요가 있는 요소들 일부를 개괄하고자 한다.

제9장에서, 나는 소수자집단 문화에 대한 집단차별적 권리가 안정적 사회질서 유지에 필요한 공유된 정체성의 개발을 방해할 것이라는 우려의 문제를 다루고자 한다. 많은 사람들은 집단차별적인 시민권리가 집단들로 하여금 전체사회의 공유된 목적 보다는 자신들의 차이성 보존에만 더 관심을 기울이도록 할 것이라는 우려를 나타낸다. 시민권은 통합적 기능을 수행할 것이라고 가정된다. 그렇지만 만약 시민권이 공통적인 법적 및 정치적 정체성의 개념이 아니라면 이러한 기능을 수행할 수 있을까? 나는 대표 권리(representation rights)와 다인종문화 권리(polyethnic rights)가 소수자집단을 통합하는 것과 일치할 수 있으며, 사실상 이러한 통합에 기여할 수 있음을 주장할 것이다. 반면에, 자치 권리는 사회적 화합에 심각한 위협을 제기한다. 그 이유는 이 자치 권리가 소수민족으로 하여금 자신들이 스스로를 통치할 수 있는 본질적 권리를 지닌 독립적 존재로 간주할 수 있도록 조장하기 때문이다. 그렇지만, 오히려 자치 권리를 부인하는 것은 또한 분리(secession)를 조장함으로써 사회적 화합을 위협할 수 있다. 다민족 국가에서 사회적 화합의 기반을 확인하는 것은, 내가 생각하기에, 오늘날 자유주의자들이 당면한 가장 긴급한 문제 중의 하나이다.

마지막 장에서, 나는 다문화적 시민권의 미래에 관하여 일부 결론적인 생각들을 피력할 것이다. 모든 정치적 유형에 있는 많은 사람들이 인종문화적 및 민족적 정체성이 인간 역사에서 과도적 단계에 있는 현상일 것이라고 희망하고 또 그렇게 가정하여왔다. 이러한 편협한 주장들은 이제 전 세계가 경제적 및 정치적으로 점차 통합되어감에 따라 사라지게 될 것이다. 현실에서, '세계화'(globalization)는 소수자집단들에게 자신의 독특한 정체성과 집단생활을 유지할 수 있게 하는 보다 많은 공간을 종종 창출해 왔다. 세계화는 이제 문화적으로 동질적인 국가를 심지어 비현실적인 것으로 만들기에 이르렀으며, 각 국가내의 다수자들에게 다원주의와 다양성에 더 많이 개방적이 되도록 강요하여 왔다. 인종문화적 및 민족적 정체성은 자유무역과 지구적 의사소통의 세계에서 변하고 있다. 그렇지만, 다문화주의의 도전은 여전히 머물러 있게 될 것이다.

제2장

다문화주의 정치

현대 사회는 자신의 정체성의 인정을 요구하는 소수자집단들은 물론, 이들의 문화적 차이를 수용하는 문제에 점점 더 직면하고 있다. 이것은 종종 '다문화주의'의 도전으로 표현되고 있다. 그러나 '다문화적'(multicultural)이라는 용어는 많은 상이한 형태의 문화적 다원주의(cultural pluralism)를 포함하고 있으며, 이들 각각은 자신의 고유한 도전들을 제기하고 있다. 소수자집단들이 정치적 공동체에 통합되어 가는 다양한 방식들이 있다. 이를테면, 이전에 자치를 이루고 있던 사회들의 정복과 식민의 방법으로부터 개인들과 가족들의 자발적 이민의 방법들이 있다. 통합의 방법에서 이러한 차이들은 소수자집단의 성격, 그리고 보다 광범위한 전체사회에 이들이 바라는 관계의 종류에 영향을 미친다.

그래서 다문화주의의 목표나 결과에 관한 일반화는 매우 오도될 수 있다. 사실상, 다문화주의에 관한 공적 논의의 상당 부분은 이러한 결함으로 곤란을 겪는다. 예를 들어, 다문화주의의 반대자들은 다문화주의가 소수자집단들을 빈민화 시키며 이들이 주류사회로 통합되는 것을 방해한다고 종종 말한다. 찬성자들은 통합에 관한 이러한 우려는 문화적 제국주의(cultural imperialism)를 반영한다고 응답한다. 쌍방의 이러한 비난 모두 소수자집단들간의 차이를 무시하는 과도한 일반화이며, 이들 소수자집단들의 실제적 동기들을 잘못 해석하고 있다.

이 장에서, 나는 문화적 다양성의 두 가지 광범위한 패턴에 초점을 맞추고자 한다. 첫 번째 경우에서, 문화적 다양성은 이전에 자치적이었던, 그리고 영토적으로 집중이 되어있던 문화들을 보다 광범위한 전체사회로 통합하였던 것으로부터 발생한다. 이렇게 통합된 문화들을 나는 '소수민족'(national minorities)이라 부르고자 하는데, 이들은 전형적으로 다수 주류 문화와 병행하여 자신들을 고유한 사회로 유지시키고자 원하며, 자신들의 고유한 사회의 유지를 보장하기 위해 다양한 형태의 자율성이나 자치를 요구한다.

두 번째 경우에서는, 문화적 다양성은 개인적 및 가족적 이민으로부터 발생한다. 그러한 이민자들은 종종 내가 '인종문화적 집단'(ethnic groups)이라 부르는 느슨한 협회(loose associations)로 뭉쳐지게 된다. 이들은 전형적으로 보다 광범위한 전체사회로 통합되는 것을 원하며, 이러한 광범위한 전체사회의 완전한 구성원으로 인정될 것을 원한다. 이들은 종종 자신들의 인종문화적 정체성에 대한 보다 큰 인정을 추구하긴 하지만, 이들의 목적은 보다 광범위한 전체사회와 병행하여 분리된 자치 민족(a separate and self-governing nation)이 되기보다는 주류 사회의 제도와 법들이 문화적 차이를 보다 수용할 수 있도록 수정을 요구하는 것이다.

이것들은, 물론 단지 일반적 패턴이지, 자연의 법칙(laws of nature)은 아니다. 그리고 이러한 일반적 범주의 각각은 우리가 논의를 진척시킴에 따라 보다 더 깊은 정교함과 세부 조건을 요구하게 될 것이다. 그러나 우리는, 소수자집단들의 역사적 병합과정이 자신들의 집단적 제도, 정체성 그리고 열망을 어떻게 형성하였는지를 살펴보지 않고서는, 다문화주의의 정치를 이해하고 평가하는 것을 시작할 수는 없을 것이다. 나는 이러한 두 개의 광범위한 범주의 성격을 묘사하는 것을 시작하고(제1절), 그리고 나서 이러한 각각의 범주와 연관된 구체적인 요구들을 검토하고자 한다(제2절).

1. 다민족 국가와 다인종문화 국가

문화적 다양성의 한 가지 원천은 하나 이상의 민족들로 된 국가 내에서의 공존의 문제이다. 여기에서 '민족'(nation)은 역사적 공동체를 의미하는데, 다소간 제도적으로 완결적이고, 특정 영토나 고국을 점령하고 있으며, 독특한 언어와 문화를 공유하고 있다. 이러한 사회학적 의미에서 '민족'은 '인민'(people)이나 '문화'(culture)의 개념과 긴밀히 연결되어 있다 - 사실상 이러한 개념들은 종종 각각의 입장에 따라 정의되곤 한다. 하나의 민족 이상을 포함하는 나라는, 그렇기 때문에, 민족국가(a nation-state)가 아니라 다민족 국가이며, 보다 소단위의 문화들은 '소수민족'을 형성한다. 상이한 민족들이 하나의 단일 국가로 통합되는 것은 비자발적으로 이루어질 수 있다. 예를 들어 한 문화적 공동체가 다른 공동체에 의해 침략을 당하여 정복되거나, 또는 하나의 제국으로부터 다른 제국으로 이양되거나, 또는 모국영토가 식민지 정착자들에 의해 유린될 때 발생한다. 그러나 다민족 국가의 형성은 또한 자발적으로도 발생할 수도 있다. 예로서 상이한 문화들이 자신들의 상호 이익을 위해 연방을 형성하는데 동의하는 경우를 들 수 있다.

많은 서구 민주주의 국가들은 다민족적이다. 예를 들어, 미국에는 상당수의 소수민족들이 있다. 즉 미국 인디언(American Indians), 푸에르토리코 인(Puerto Ricans), 미국이 텍사스, 뉴멕시코(New Mexico, 그리고 캘리포니아(California)를 1846-8년의 멕시코 전쟁(the Mexican War) 이후에 병합하였던 결과로 미국 남서부 지역에 살고 있는 멕시코인의 후예들(치카노들 *Chicanos*), 그리고 토착 하와이인들, 괌의 차모로인들(the Chamorros of Guam), 그리고 다양한 다른 태평양 섬주민들(Pacific Islanders)이 있다. 이러한 집단들은 모두 정복이나 식민화를 통해 비자발적으로 미국에 통합되었다. 만약 상이한 세력균형이 존재했더라면, 이 집단들은 자신들 고유의 주권 정부를 유지하였거나 창립할 수 있었을지도 모른다. 그리고 독립의 논의가 때때로 푸에르토리코나 보다 큰 인디언 부족들 단위에서 부상하기도 한다. 그렇지만, 이러한 집단들의 역사적 선호는 미국을 이탈하려고 한 것은 아니었으며, 오히려 미국 내에서 자치를 추구하는 것이었다.

이들이 점차 통합되어 감에 따라, 이들 집단의 대부분은 특별한 정치적 지위를 획득하였다. 예를 들어, 인디언 부족들은 자기 자신의 정부, 법원 및 조약 권리(treaty rights)를 지닌 '내국속민(內國屬民, domestic dependent nations)으로 인정되었다. 푸에르토리코는 '연방자치령'(a Commonwealth)이며, 괌은 보호령(Protectorate)이다. 이러한 민족들은 각각 특별 자치권을 지닌 미국정체의 연방으로 편입되어 있다.

이러한 집단들은 또한 언어와 토지 사용에 관한 권리를 지니고 있다. 괌과 하와이에서는 토착 언어(차모로 Chamorro와 하와이어 Hawaiian)는 학교, 법원 및 정부와 관계되는 여타 문제를 다룸에 있어 영어와 동등한 지위를 지니고 있으며, 스페인어는 푸에르토리코의 유일한 공식 언어이다. 언어 권리는 또한 1848년의 과델루페 히달고 조약(the 1848 Treaty of Guadelupe Hidalgo)하에서 남서부에 거주하는 치카노인들(Chicanos)게 보장된 바 있었다. 하지만 이 권리들은 영어 사용 정착자들이 인구의 다수를 차지하게 되자 곧 폐지되었다. 토착 하와이인들, 알래스카 에스키모인들, 그리고 인디언 부족들은 또한 법적으로 인정된 토지 권리를 지니고 있다. 이 토지 권리는 이들의 배타적 사용을 위해 일부의 토지를 보존해 놓고 있으며, 그리고 특정한 규제적 체제에서의 대표의 보장을 제공해 주고 있다. 간단히 말해, 미국에 있는 소수민족들은 독특한 문화적 공동체로서 자신들의 지위를 반영하고 보호할 것을 염두에 둔 일련의 권리를 지니고 있으며, 이들은 이러한 권리들을 보유하고 확대하기 위해 투쟁해 왔다.[1)]

---

1) 미국에 있는 소수민족의 권리 조사에 관해, O'Brien 1987을 참고하라. 미국 헌법과 정치 이론에서 이러한 집단들의 비가시성(invisibility)에 관하여, Ball 1989, Resinik 1989, Aleinikoff 1994를 참고하라. 미국 인디언 부족들에 의한 분리의 문제에 관해, Jensen 1993을 참조하라. 치카노인들을 위한 언어 권리의 폐지는 캐나다의 메티스(the Métis in Canada)의 운명과 유사하다. 메티스의 민족적 권리는 마니토바(Manitoba)가 국가연합(Confederation)으로 들어갔을 때 인정되었으나, 이후 영국 정착자들이 이 지방의 다수를 점하자 폐지되었다. Glazer 1983 : 277을 Weinstein 1986 : 46-7, Chartrand 1991, 1993: 241과 비교해 보라

이러한 집단의 대부분은 상대적으로 규모가 작으며 지리적으로 고립되어 있다. 이와 함께 이들은 전체 미국 인구의 일부분을 차지하고 있을 뿐이다. 결과적으로, 이러한 집단들은 미국인들의 자기 정체성에서 주변적으로 인식되어 왔으며, 사실상 소수민족의 존재 자체, 그리고 이들의 자치 권리는 미국정치인들과 이론가들에 의해 종종 거부되거나 경시되어 왔다.

다른 나라에서는, 소수민족의 존재는 보다 명확하다. 캐나다의 역사적 진전은 세 개의 독특한 민족적 집단들(영국인, 프랑스인, 그리고 원주민)의 연합을 포함하게 되었다.[2] 캐나다 정치공동체로 퀘벡인과 원주민 공동체의 초기의 수용은 비자발적인 것이었다. 인디언의 원래 생활터전들(homelands)은 프랑스인 정착자들에 의해 점령당했으며, 이들은 다시 영국인들에 의해 정복되었다. 분리의 가능성은 퀘벡인들에게는 아주 현실적인 문제였지만, 이러

---

2) 이 세 집단들이 자신들을 민족으로 간주한다는 것은 이들이 자신들의 협회와 제도들을 표현하기 위해 선택한 명칭들을 보면 명확하다. 예를 들어, 퀘벡 주의 주 입법부는 '민족의회'(National Assembly)로 불려지고 있으며, 주요 인디언 지위 기구(the major organization of Status Indians)는 '제일 민족들의 의회'(Assembly of First Nations)로 알려져 있다. 원주민들이 단일 민족이 아니라는 점을 유의해야 한다는 것은 중요하다. '원주민'(Aboriginal)이라는 용어는 세 가지 범주의 원주민(인디언, 이뉴이트, 그리고 메티스)을 포함한다. 그리고 인디언이라는 용어 자체도 허구적인 법적 개념이다. 이 개념 이면에는 자신들의 고유한 역사와 독립된 공동체 정체성을 지닌 수많은 종류의 독특한 원주민 인민집단들(이 존재하는 것이다. 캐나다에 있는 원주민들은 일련의 역사적이고 문화적으로 독특한 사회로부터 유래된 11개의 언어적 집단으로 구분할 수 있다. 원주민 인구에서 35개 내지 50개의 독특한 '인민집단들'(peoples)이 있는 것으로 추정되어 왔다. 또한 프랑스계 캐나다인을 단일 민족으로 묘사하는 것도 잠재적으로 사실을 오도할 가능성이 있다. 퀘벡 지방에 있는 프랑스어 사용 다수자들은 자신을 민족 – '퀘벡인'(Quebecois) – 으로 생각한다. 그러나 퀘벡의 바깥에서도 프랑스어를 사용하는 사람들이 있으며, 캐나다에 있는 프랑스 민족은 그 정체성이 항상 퀘벡 지방과 긴밀히 연결되어 있는 것은 아니다. canadien에서 la nation canadienne-francaise, 그리고 franco-quebecois 로부터 quebecois에 이르는 자기 정체성의 변화 문제에 관하여, McRoberts 1988, Crete & Zylberberg 1991 : 424 를 참조하라. 원주민과 그리고 보다 일반적으로 퀘벡인들에 의한 민족신분(nationhood)의 언어 사용 문제에 관해, Cairns 1993 : 188, Chartrand 1995, Long 1992, Jensen 1993을 참조하라.

한 집단들의 역사적 선호는 – 미국에 있는 소수민족들의 경우에서처럼 – 연방을 떠나는 것이 아니라, 연방 내에서 자신의 자율성을 증대시키기 위해 연방의 조건을 재협상하는 것이었다.

캐나다 역사에서 많은 전환적 순간들은 영국인, 프랑스인, 그리고 원주민들 간의 연방의 조건을 재협상하려는 이러한 시도들에 집중이 되었다. 연방의 조건들은 일련의 헌법으로 보호된 서류에 기술되었는데, 이에는 원주민과의 조약 및 토지권, 그리고 영국지배의 북미의 영어 사용 식민지와 프랑스어 사용 식민지간에 체결된 1867년의 연합조약(the 1867 Confederation between the English-and French-speaking colonies of British North America)이 포함된다.

보다 최근의 재협상의 노력은 1992년 10월에 끝났는데, 당시 헌법을 수정하려는 제안(샬럿타운 의정서 the Charlottetown Accord)이 국민투표에서 부결되었다. 이 의정서는 원주민들에게 '고유한 자치권' (inherent right of self-government)을 확립하고, 퀘벡에 '캐나다와 북미에서 주류다수 프랑스어와 문화를 지닌 유일한 사회'의 특별한 지위를 부여할 수 있는 것이었다.

많은 다른 서구 민주주의 국가들 또한 다민족적이다. 그 이유는 이들이 강제적으로 토착 인구를 병합하였거나(예를 들어, 핀란드, 뉴질랜드), 아니면 이들이 둘 또는 그 이상의 유럽적 문화들간의 많든 적든간에 자발적 연방에 의해 형성되었기 때문이다(예를 들어, 벨기에와 스위스). 사실상, 전 세계에 걸쳐 많은 국가들은, 이들의 경계가 이전의 문화와 종종 이전의 자치정부의 문화들이 차지하였던 영토를 포함하도록 획정되었다는 의미에서, 다민족적이다. 이것은 이전의 공산주의 블록(예로 Dryer 1979; Connor 1984), 그리고 제 3 세계(Rothchild & Olorunsola 1983; Selassie 1993; B. Davidson 1992)에 걸쳐 있는 대부분의 국가들에 비추어 맞는 말이다.

이러한 나라들을 '다민족' 국가라고 말하는 것이 이들 시민들이 자신들을 이러저러한 이유로 단일민족이라고 생각하고 있다는 사실을 부인하는 것은 아니다. 예를 들어, 스위스 사람들은 자신들의 문화적 및 언어적 분절성에도 불구하고 강력한 공통의 충성심을 가지고 있다. 사실상, 다문화적 국가는 다양한 민족 집단들이 자신들이 함께 살고 있는 보다 광범위한 전체 정치공동체에 대한 충성심이 없다면 생존할 수가 없을 것이다.

일부 논평자들은 이러한 공통의 충성심을 민족적 정체성의 한 형태로 기술하고 있으며, 그래서 스위스를 민족국가(a nation-state)로 생각한다. 나는 이것이 잘못되었다고 생각한다. 우리는 국가에 대한 소속감인 '애국주의'(patriotism)와 민족적 집단의 구성원의 소속감인 민족적 정체성(national identity)을 구분해야만 한다. 대부분의 다민족 국가에서처럼 스위스에서는, 민족적 집단들은 보다 광범위한 전체 사회가 자신들의 고유한 민족적 존재를 인정하고 존중해주기 때문에 보다 광범위한 전체 국가에 대한 충성심을 느낀다. 스위스 사람들은 애국적이라 할 수 있다. 그러나 이들이 충성심을 보이고 있는 '스위스'라는 나라(the Switzerland)는 독특한 특징을 지닌 민족들의 연방으로 정의될 수 있다. 이러한 이유로, 스위스는 다민족 국가로 가장 적절히 간주될 수 있으며, 스위스가 발생시키고 있는 공통의 충성의 감정들은 공유된 애국심을 반영하는 것이지, 공통의 민족적 정체성은 아니다.

문화적 다원주의의 두 번째 근원은 이민(immigration)이다. 어떤 나라가 만약 다른 문화로부터 다수의 개인들과 가족들을 이민자들로 받아들이고, 이들에게 자신들의 인종문화적 특수성을 유지시킬 수 있도록 하여 준다면, 이 나라는 문화적 다원주의를 표출하게 될 것이다. 이것은 언제나 오스트레일리아, 캐나다, 미국에서 삶의 중요한 부분이 되어 왔다. 이들 국가들은 세계에서 1인당 가장 높은 비율의 이민을 지닌 세 나라이다. 사실상, 전 세계의 모든 합법적 이민의 절반 이상이 이 세 국가 중의 하나로 흘러 들어간다.

1960년대 이전에는, 이러한 나라들로 오는 이민자들은 자신들의 고유한 유산을 포기하고 이러한 나라들에 현존하는 문화적 규범에 완전히 동화하도록 기대되었다. 이것은 '앵글로 동화주의'(Anglo-conformity) 이민 모델로 알려져 있다. 사실상, 일부 집단들은 동화될 수 없는 것으로 알려지게 되면 이들의 입국은 거부되었다 (예를 들어, 캐나다와 미국에서 중국 이민에 대한 규제, 오스트레일리아에서의 '백호주의' *white-only* 이민 정책). 동화는 정치적 안정성을 위해 본질적인 것으로 간주되었으며, 다른 이방문화에 대한 인종문화중심적 비하를 통해 보다 더 합리화되었다.

앵글로 동화주의에 대한 이러한 공유된 공약은 미국식 '용해로'(melting-pot)와 캐나다식 '인종문화적 모자이크'(ethnic mosaic)의 널리 알려진 그렇지만 잘못된 대조로 모호해 지게 되었다. '인종문화적 모자이크'가 이민자 문화의 보존에 대한 존경의 함의를 지니고 있지만, 실제로는 그것은 캐나다로 오는 이민자들이 두 개의 지배적인 문화에 동화해야 하는 선택을 의미할 뿐이었다. 캐나다는 두 개의 민족으로 이루어져(binational) 있지만, '프랑스인과 영국인이 상호간에 보여주는 불안한 관용은 동화를 거부하거나 아니면 동화할 수 없을 것으로 여겨지는 외국인들에게는 확장되지 않았다'.[3)]

그렇지만, 1970년대가 시작되면서, 이민자 집단들로부터의 압력에 직면하여, 이 세 국가 모두 동화주의 모델(the assimilationist model)을 거부하고, 보다 관용적이고 다원주의적 정책을 채택하기에 이르렀다. 이 정책은 이민자들에게 자신들의 인종문화적 유산의 다양한 측면을 허용하고 또 사실상 이를 권장하는 것이었다. 이민자들이 음식, 의상 및 종교에 관한 자신들의 옛 풍속의 일부를 자유로이 유지할 수 있어야 하며, 또 이러한 관행을 유지할 수 있도록 서로 교류할 수 있어야 한다는 것은 이제 널리 인정되기에 이르렀다 (비록 만장일치로 인정된다고는 할 수 없지만). 이것은 이제 더 이상 비애국적(unpatriotic) 또는 '비미국적'(unamerican)으로 간주되지 않는다.

그러나 이러한 종류의 문화적 다양성과 소수민족의 다양성을 구

---

3) Porter 1987 : 154 ; cf. Reitz & Breton 1994 ; Palmer 1976. 이민 집단들이 캐나다에서 보다 더 응집적인 것처럼 보이는 한, 이것은 아마도 이들 캐나다 집단들이 미국 인종문화 집단들 보다 더 높은 비율의 최근 이민자들을 포함하고 있는 사실 때문일 것이다. 이 사실은 다시 캐나다의 보다 더 높은 이민 비율에 기인한다. 1981년에, 캐나다 주민의 16.1%가 외국출신이며, 이에 비해 미국의 경우는 6.2%이다(Laczko 1994 : 28-9). 그렇지만, 정착 이민자들과 그들의 자녀에 대한 통합의 과정은 양국에서 유사하다. '용해로'melting pot 라는 용어는 역시 다소 잘못되었다. 이것은 인종문화 집단들의 문화적 관행들을 혼합하기 보다는, 상호간 결혼을 통하여 다양한(백인) 인종문화적 집단들을 생물학적으로 혼합하는 것을 우선적으로 지칭한 것이었다. 루즈벨트(Theodore Roosevelt) 대통령에 의하면, '많은 구대륙(Old World) 인종(races)의 대표들은 새로운 형태로 혼합되어 가고 있다', 그러나 모든 새로운 형태들이 하나로 용해되는 용해로는 1776년부터 1789년간에 형성되었으며, 그리고 우리의 민족성은 워싱턴 시절의 사람들에 의해 그 모든 본질적인 특징들이 확정적으로 결정되었다(Gordon 1964: 122에서 인용). 이것은, 이 장의 후반부에서 논의하는 것처럼, 특히 언어에 관해서 볼 때 사실이다.

별하는 것은 중요하다. 이민자 집단들은 '민족'(nations)이 아니며, 이들은 자신의 거주영토(homelands)를 가지고 있지 않다. 이들의 특징은 우선적으로 이들의 가족생활과 자발적 협회에서 찾아 볼 수 있으며, 이 특징은 이들의 기존 제도에의 통합과 불일치하는 것은 아니다. 이들은 여전히 지배적 문화(들)의 공적 제도 내에서 참여를 하며 그리고 지배적 언어(들)를 사용한다. 예를 들어, 이민자들(노인들에게는 적용되지 않지만)은 오스트레일리아와 미국에서는 시민권을 획득하기 위해서는 영어를 배워야만 하며, 영어를 배우는 것은 어린이 교육의 의무적 부분이다. 캐나다에서는 이민자들은 두 공식 언어중의 하나(프랑스어 또는 영어)를 반드시 배워야만 한다.

공통언어를 보장하려는 공약은 이민자 정책의 역사에서 지속적인 특징으로 자리매김하여 왔다. 사실상, 제럴드 존슨(Gerald Johnson)이 미국에 관해 말한 것처럼, '그 어떠한 구대륙의 다언어 제국도, "모든 사람이 평등하게 태어났다는 명제를 신봉하고 있는" 자유주의적 공화국(the liberal republic) 만큼, 자신의 전체 주민에게 단일 언어를 부과하는 데 있어 그렇게 무자비한 적은 없었다는 사실은 역사의 조그만 아이러니 중의 하나이다.'[4] 앵글로 동화주의(Anglo-conformity)에 대한 거부는 이민자들이 영어사용자가 되는 것을 보장해주는 그러한 공약에서의 약화를 의미하는 것은 아니었다. 영어 사용자가 된다는 것은, 이들 이민자들이 이 국가의 경제, 학술 및 정치적 생활에서의 주류에 수용되려 한다면,

4) Johnson 1973 : 119. 또한 Tollefson 1989 : 3장과 4장 그리고 Carlson 1975를 참조하라. 미국에서 언어 권리의 역사에 관한 포괄적 검토에 관해, Kloss 1977을 참조하라.

본질적인 것으로 간주되고 있다.

그래서 이민자 집단들이 점점 더 자신들의 인종문화적 특수성을 표현할 권리를 주장해 온 것은 사실이지만, 이들은 대체로 영어사용(또는 캐나다에서의 프랑스어 사용) 사회의 공적 제도 내에서 그렇게 하기를 원했던 것이다. 동화를 거부함에 있어, 이들은 소수민족들이 전형적으로 요구하는 것처럼, 동등한 사회(a parallel society)를 세울 것을 요구하는 것은 아니었다. 그래서 미국과 오스트레일리아에는 많은 '인종문화 집단'(ethnic groups)이 있다. 이들은 보다 광범위한 영어사용 사회 내에서 느슨하게 산발적으로 형성된 하부문화(loosely aggregated subcultures)를 이루고 있으며, 그래서 내가 '다인종문화성'(polyethnicity)이라고 부르는 양상을 표출해 내고 있다. 캐나다에서도 유사하게, 영어 및 프랑스어 사용 사회 내에서 각각 모두 인종문화적 하부문화가 존재하고 있다.

이론상, 만약 이민자들이 함께 정착하여 자치정부 권력을 획득한다면, 이들이 소수민족이 되는 것도 가능하다. 결국, 이러한 것은 대영제국에 걸쳐있었던 영어사용 식민지들, 푸에르토리코의 스페인 식민지들, 그리고 퀘벡의 프랑스 식민지들에게서 일어났던 일이다. 이들 식민지들은 자신들을 '이민자들'로 간주하지 않았다. 그 이유는 다른 문화로 통합해 들어가려고 하는 기대를 하지 않았으며, 오히려 새로운 영토에서 자신들의 고유한 사회를 재생산해 내려고 하였기 때문이다. 이것이 제도적으로 완전한 사회를 창조하려고 한다는 점에서 개인적 이민과 구별되는 식민지화의 본질적 특징이라 할 수 있다. 원리상으로 본다면, 오늘날 이민자들이, 만약 정착 및 언어권리, 그리고 새로운 정치단위를 형성함에 있어 광범위한 정부지지를 얻는다면, 자신들을 식민지 사람으로 간주하도록 허용하거나 권장하는 것은 가능하다. 그러나 이민자들은 그러한 지지를 요구한 적이 없거나 받아 본적이 없다.(이것이 공정한가 아닌가 하는 여부는 다른 문제이며, 5장에서 이를 논의하려 한다.)

이러한 '다인종문화적' 모델이 더 이상 미국에 있는 히스패닉 이민자들(Hispanic immigrants)에게 적용되지 않는다는 것은 널리 알려진 인식이다. 이러한 이민자들은 영어를 배우거나 영어사용 사회에 통합해 들어가려는데 흥미가 없는 것으로 말해지고 있다. 이것은 잘못된 인식으로서, 사람들이 히스패닉 주민(Hispanics)을 하나의 단일한 범주로 간주하고 스페인어 사용 소수민족들(푸에르토리코인 Puerto Ricans 과 멕시코계 미국인 Chicanos)의 요구를 최근 라틴 아메리카로부터 온 스페인어 사용 이민자들의 요구와 혼동하기 때문에 발생한다. 심지어 최근 도착한 이민자들 내에서 조차, 다른 두 종류의 히스패닉 이주자들 – 쿠바 난민들(Cuban refugees)과 불법 멕시코계 이주노동자들(illegal Mexican migrant workers) – 을 구분하는 것은 중요한 일이다.

마이애미에 살고 있는 쿠바 난민들은 자신들을 이민자가 아닌 망명자로 생각한다. 이들이 미국에 도착했을 때, 이들은 쿠바로 귀환하는 것이 그리 멀지 않을 것이라고 가정했다. 미국 정부는 이러한 가정을 권장했는데, 그것은 부분적으로 냉전기간 동안 정치적 이유에 의해서였다. 결과적으로, 쿠바 망명자들은 통합되고자 하는 동기가 없었으며, 보다 광범위한 전체사회 (미국사회) 역시 이들로 하여금 통합하도록 권장하지도 않았다. (이것은 인도-차이나 반도Indo-China로부터 온 망명자들과는 달랐다. 이들 망명자의 많은 사람들은 미국에 거주할 계획을 가지고 있었으며, 그래서 이들은 이민자들처럼 상당 부분 동일한 통합의 패턴을 보여주고 있다 – Tollefson 1989.)

유사하게, 미국에서 불법적으로 일하고 있는 멕시코인들은 미국을 떠나는 문제에 있어서는 언제나 한발 물러 서 있는 편이다. 이들은 시민권을 신청할 수 있는 입장에 있지 않으며, 언제나 추방될 심각한 위험에 처해 있기 때문에, 이들 역시 통합될 동기가 없었거나 그렇게 권장을 받은 적도 없었다. 더욱이, 이들은 이민자들에게 제공되는 언어교육에 대한 접근도 결여되고 있다.

만약 우리들이 이러한 특별한 경우들을 제외하고, 그리고 대신 거주하고 시민이 되고자 하는 의도를 지니고 미국으로 온 히스패닉 이민자들을 살펴본다면, 경험적 증거들은 이들이 여타의 이민자들과 마찬가지 정도로 영어를 배우고 또 주류사회에 참여하고자 하는 데 헌신하고 있다는 점을 보여준다. 사실상, 라틴계 이민자들(Latino immigrants)의 경우에는 '영어 집단에의 동화가 백 년 전에 보여주었던 것 보다는 지금이 훨씬 빠르게 진행되고 있다'[5].

이러한 사실은 '히스패닉'(Hispanic)의 범주를 신중하게 사용하여야 한다는 점을 말해준다. 1960년대 이래 미국의 인구조사는 '히스패닉'을 공통의 인종문화적 집단이나 근원으로 간주해 왔다. 그

5) de la Garza & Trujillo 1991: 215에서 인용되었던 M. Combs & L. Lynch. 오그부(John Ogbu) 또한 히스패닉 이민자들(Hispanic immigrants)과 비이민자인 멕시코계 미국인(non-immigrant Chicanos)을 주류사회로의 통합과 성공에 대한 이들의 태도의 견지에서 구별하는 것이 중요하다는 점에 관하여 논의한다(Ogbu 1988). 히스패닉 이민집단들은 이중언어 교육에 대한 관심을 표명해 왔으나, 이들은 스페인어 언어 교육을 영어교육의 대체로서가 아니고 보충적인 것으로 간주하고 있다. 이것은 푸에르토리코에서 행해지고 있는 스페인어 언어 교육과는 같지 않다. 푸에르토리코에서는 스페인어가 지배적 언어이며, 사실상 많은 푸에르토리코인들은 영어를 전혀 배우지 않는다.

러나 대부분의 히스패닉 사람 자신들은 자신들의 인종문화적 또는 민족적 정체성을 보다 특별한 형태로 간주하고 있다 – 예를 들자면, 푸에르토리코인(Puerto Ricans), 멕시코계 미국인(Chicanos), 쿠바인(Cubans), 멕시코인(Mexicans), 스페인사람(Spaniards), 또는 과테말라사람(Guatemalans). 이것은 바로 이 집단들이 미국에서 경험하였던 상이한 역사 자체를 반영한다. 히스패닉 사람들이 이러한 차이들을 뛰어 넘어 공통의 정체성과 정치적 의제를 개발할지의 여부를 주목해 본다는 것은 흥미있는 일이 될 것이다. 만약에 이들이 그렇게 하고, 또 그것이 독립된 민족적 정체성의 형태를 띠게 된다면, 소수민족의 문제가 미국의 정치적 논쟁에서 주변부로부터 중심으로 이동하게 될 것이다. 그렇지만, 현재로서 '히스패닉'은 각각 자신의 고유한 정체성과 요구를 지닌 소수민족, 이민자, 그리고 망명자의 범위를 포함하는 통계학적 범주에 불과하다.[6)]

이민은 '신대륙'(New World)의 현상만은 아니다. 많은 다른 국가들도 비록 미국, 캐나다 및 오스트레일리아와 같은 규모는 아니라 할지라도, 이민자들을 받아들이고 있다. 제2차 세계대전이래, 영국과 프랑스는 자신들의 이전의 식민지로부터 이민자들을 받아왔다. 이민자들을 거의 받지 않는 다른 국가들은 그럼에도 불구하고 전세계로 부터 오는 망명자들을 받아들이고 있다 (예를 들자면 스웨덴). 또 다른 국가들에서는, 원래는 단지 일시적 거주자들로 간주되었던 '이주 노동자들'(guest- workers)은 **사실상** 이민자가 되어가고 있다. 예를 들어, 독일에 있는 터어키계 이주 노동자들은 그들의

---

6) 그러한 통합된 기준을 형성하려고 하는 시도로서, Chavez 1991을 참조하라. 그는 모든 히스패닉 집단들(아마도 푸에르토리코인들을 제외하고)로 하여금 이민자 동화 모델(the immigrant model of integration)을 채택할 것을 권장하고 있다.

가족들과 함께 영구적 거주자들이 되었으며, 독일이 종종 이들의 자녀들(그리고 이제는 손녀손자들)에게는 유일한 고향으로 알려지고 있다. 이 모든 나라들은 점점 더 '다인종문화성'(polyethnicity)을 표출해내고 있다.[7)]

명백하게도, 단일 국가 조차도 다민족적(민족 공동체를 식민화, 정복 또는 연합한 결과로서)이면서 다인종문화적(개인 및 가족적 이민의 결과로서)이 될 수 있다. 사실상 이 모든 패턴들은 캐나다에 존재하고 있다 – 인디언들은 프랑스 정착자들에 의해 유린되고, 비록 프랑스인과 영국인의 현재 관계는 자발적 연방으로 간주될 수 있지만 프랑스인들은 영국인에 의해 정복되었으며, 그리고 영국인과 프랑스인은 이민자들을 받아 왔는데, 이들에게 자신의 인종문화적 정체성을 유지하는 것을 허용하였다. 그래서 캐나다는 미국과 마찬가지로 다민족적이면서 동시에 다인종문화적인 사회라 할 수 있다.

이러한 호칭들은 '다문화적'(multicultural)이라는 용어 보다 덜 통용된다. 그러나 '다문화적'이라는 용어는 혼란을 불러일으킬 수 있는데, 그 이유는 이 용어가 다민족적(multinational)이라는 용어와 다인종문화적(polyethnic)이라는 용어 사이에서 애매모호하기 때문이다. 이 모호성은 캐나다 정부의 '다문화주의'(multiculturalism) 정책에 대한 부당한 비판으로 연결되었다. 다문화주의 정책은 캐나다 정부가 이민자들의 동화 보다 다인종문화성을

7) 이러한 현상은 시민권(citizenship)의 본질과 이의 민족성(nationality 민족적 문화의 구성원으로 이해되는)과의 관계에 관한 논의를 유럽에서 점점 더 증대시키고 있다. 영국에 관해서는 Parekh 1990 ; 1991 ; Modood 1992 ; 프랑스에 관해 Colas *et al*. 1991 ; Leca 1992를 참조하라. 유럽 전반에 관해, Lenoble & Dewandre 1992 ; Brubaker 1989를 참조하라. 이주노동자의 지위에 관해서는 Layton-Henry 1990을 참조하라.

증진시키고자 하는 1970년대 이후의 정부정책에 대해 사용하는 용어이다. 일부 프랑스계 캐나다인들은 이러한 '다문화주의' 정책을 반대하여 왔다. 그 이유는 이들은 이 다문화주의 정책이 민족성에 대한 자신의 주장들을 이민자들의 인종문화성(immigrant ethnicity)의 수준으로 격하시킨다고 생각하기 때문이다.[8] 다른 사람들은 정반대의 우려를 지니고 있는데, 이들은 그 정책이 이민자 집단을 민족으로 간주하고, 프랑스와 영국 문화와 병행하여 제도적으로 완전한 문화들을 발전시킬 수 있도록 지원해주기 위해 고안되었다는 것이다. 사실상, 어느 쪽 우려도 정당화 될 수 없다. 그 이유는 '다문화주의'는 영국과 프랑스 문화의 민족적 제도 내에서 다인종문화성을 지지해 주는 정책에 불과하기 때문이다 (Burnet 1975: 36). '다문화적'이라는 용어가 이러한 혼란을 초래하기 때문에, 나는 '다민족적'과 '다인종문화적'이라는 두 용어를 문화적 다원주의의 두 가지 주요 형태를 지칭하는 것으로 사용하고자 한다.

일부의 사람들은 '다문화적'이라는 용어를 심지어 보다 광범위한

8) 전 퀘벡 수상인 르네 레베스끄(Rene Levesque)가 표현한 것처럼, 다문화주의는 ' "훈제한 청어"(Red Herring 사람의 주의를 딴 데로 돌리는 것)이다. 이 개념은 "퀘벡 문제"(the Quebec business)를 호도하기 위해 고안된 것이다. 즉 우리들 모두는 인종문화집단에 불과하며 그래서 퀘벡에 관한 특별한 지위를 염려할 필요가 없다는 인상을 주기 위해 고안되었다' (Wilson 1993: 656 n. 33에서 인용되었다). 유사한 우려가 뉴 질랜드의 마오리(the Maori)에 의해 제기되었다 – 즉 '다문화주의'의 수사는, 마오리의 주장을 비영국계 이민자들의 다인종문화적 주장들과 뭉뚱그려 처리함으로써, 마오리의 민족적 주장을 거부하기 위한 하나의 방법이다 (Sharp 1990: 228; Mulgan 1989: 8-9).
나는 많은 저자들이 '인종문화적 집단'(ethnic group)을 이민자 집단을 지칭하는 것이 아니라, 정치적으로 스스로 동원하지 않은 소수민족을 지칭하는 것으로 사용하고 있다는 점을 언급해야만 할 것 같다. 이러한 용어 사용에서는, 인종문화적 집단들은 전정치적인 민족집단(pre-political national groups)으로 간주되고 있다 (예로 Nielsson 1985). 분명한 것은 나는 '인종문화적'(ethnic)과 '민족적'(national)을 다르게 사용하고 있다는 점이다. 나는 이 용어들을 보다 광범위한 전체사회에의 통합에 관한 집단의 양태를 언급하는 것이지, 정치적 동원의 수준을 언급하기 위해 사용하는 것은 아니다. 나의 용어 사용에서는 침묵하고 있는 소수민족들은 물론, 그리고 고도로 동원된 이민자 집단들도 있을 수 있다. 용어학상의 쟁점에 관해서, Connor 1978을 참조하라.

의미로 사용한다. 즉 다양한 이유로 사회의 주류로부터 배제되었거나 주변화되었던 광범위한 범위의 비인종문화적 사회집단(non-ethnic social groups)을 포함하는 의미로도 사용한다. 이러한 용어 사용은 특히 미국에서 흔히 볼 수 있다. 미국에서는 '다문화적' 커리큘럼의 주창자들은 종종 장애자, 동성애자(gays and lesbians), 여성, 노동자, 무신론자, 그리고 공산주의자와 같은 집단들의 역사적 소외를 극복하기 위한 일련의 노력들을 지칭하고 있다.9)

이러한 현상은 '문화'라는 용어의 복잡성을 나타내준다. 이러한 집단들 중의 많은 집단들은 그 단어의 하나의 공통적 의미에서 – 즉 우리가 '동성애자 문화'(gay culture), 또는 심지어 '관료적 문화'(bureaucratic culture)라고 말할 때와 마찬가지로 집단이나 결사체의 독특한 관습, 관점, 혹은 열정을 말하는 경우에 – 집단의 독특한 문화를 지니고 있다. 이것은 아마도 가장 국지화된 의미의 '문화'일 것이다. 다른 한편의 극단에는, 가장 광범위한 의미에서 '문화'를 사용하는 경우인데, 서방 민주정체의 모두는 공통의 '문화'를 지니고 있다고 말할 수 있을 것이다 – 즉 이들 서방 민주정체들은 우리 선조들의 봉건적, 농업적, 그리고 신정적 세계와 대조되는 현대적, 도시적, 그리고 세속적인 산업화된 문명을 공유하고 있다.

이러한 두 가지 비인종적 문화의 의미는 집단이나 사람들의 '관습'

9) 문화의 이러한 다양한 의미는 상이한 나라들에서 '다문화주의'(multuculturalism)라는 용어에 부여하는 상이한 의미들에서 반영되고 있다. 캐나다에서는 다문화주의는 편견이나 차별의 두려움 없이 이민자들이 자신의 인종문화적 정체성을 표현할 수 있는 권리로 지칭되고 있으며; 유럽에서는 그것은 종종 민족적 공동체들간에 권력을 공유하는 것을 지칭하며 ; 미국에서는 그것은 종종 소외된 사회집단들의 요구를 수용해주는 것으로 이해된다.

이나 '문명'으로 문화를 규정하는 옥스퍼드 영어사전(OED)의 정의에 의해 파악되고 있다. 만약에 문화가 집단의 '관습'을 지칭하는 것이라면, 어떠한 현대 사회에서도 발견될 수 있는 다양한 생활방식의 고립집단, 사회적 운동, 그리고 자발적 단체들 모두 자신의 고유한 '문화'를 가지고 있다고 할 수 있을 것이다. 이러한 방식으로 정의를 내린다면, 심지어는 아이슬란드와 같은 가장 인종문화적으로 동질적인 국가조차도 그럼에도 불구하고 '다문화적'(multicultural)이라고 할 수 있을 것이다. 그 이유는 이러한 국가조차 계급, 성, 성적 성향, 종교, 도덕적 신념 및 정치적 이념에 기초한 다양한 형태의 결사체와 집단들을 포함하고 있기 때문이다.

만약 문화가 한 무리의 사람들의 '문명'(civilization)을 지칭하는 것이라면, 모든 현대 사회들은 동일한 문화를 공유한다고 말할 수 있을 것이다. 이렇게 정의한다면, 심지어 스위스와 같은 가장 다민족적(multinational) 국가나 오스트레일리아와 같은 가장 다인종문화적(polyethnic) 국가조차도, 다양한 민족적 및 인종문화적 집단 모두가 동일한 현대 산업화된 형태의 사회적 생활에 참여하고 있는 한, '다문화적'이라고 할 수는 없을 것이다.

나는 문화(그리고 '다문화적')이라는 용어를 다르게 사용하고자 한다. 나의 초점은 민족적 및 인종문화적 차이로부터 발생하는 바로 그러한 '다문화주의'에 맞추어질 것이다. 내가 앞에서 언급한 것처럼, 나는 '문화'라는 것을 '민족'(a nation)이나 '한 집단적 인민'(a people)과 같은 의미로 사용하고자 한다. – 즉 다소간 제도적으로 완결적이고, 특정한 주어진 영토나 모주거지(homeland)를 차지하고, 독립적 언어와 역사를 지니고 있는 통합적 공동체와 결부시켜

사용하고자 한다. 그리고 한 국가는, 만약 그 구성원들이 상이한 민족에 소속되거나(다민족 국가), 아니면 상이한 민족으로부터 이민을 왔다면(다인종문화 국가), 그리고 동시에 이러한 사실이 개인적 정체성과 정치적 생활의 중요한 양상이라면, 다문화적이라 할 수 있다.

이것이 '문화'와 '다문화적' 용어에 대한 단순한 나의 규정적 정의이긴 하지만, 그러한 정의가 이러한 용어들에 대한 하나의 일반적 용법과 일치한다고 나는 생각한다. 나는 다른 사람들이 다문화주의의 범위 내에 포함시키고 있는 특수한 생활방식의 집단, 사회적 운동, 그리고 자발적 협회와 같은 그러한 종류들을 포함시키지 않고 있다. 그 이유는 내가 이러한 집단들과 운동들에 의해 제기된 쟁점들이 중요하지 않다고 생각하기 때문인 것은 아니다. 반대로, 나는 인종문화적 및 민족적 차이들을 수용하는 것이 보다 관용적이고 포용적 사회를 만들기 위한 보다 광범위한 투쟁의 한 부분에 불과하다는 것을 전제로 하여 그렇게 하였다.

여성, 남성 동성애자와 여성 동성애자, 그리고 장애인들의 주변화는 인종문화 및 민족 경계를 가로질러 존재한다. – 이러한 현상은 소수민족과 인종문화집단 뿐만 아니라 주류문화와 동질적인 민족국가에서도 발견된다. – 그리고 이것은 모든 이러한 장소에서 투쟁이 되어야할 문제이다. 문화적 소수자들의 권리에 관한 적절한 이론은 그래서 불리한 처우를 받고 있는 사회적 집단들의 정당한 요구와 양립할 수 있어야만 하며, 나는 나의 이론이 이러한 테스트를 충족시키고 있다는 점을 보여줄 수 있기를 희망한다. 더욱이, 앞으로 내가 논의하겠지만, 이러한 사회적 운동들이 제기하는 정의의 요구와 인종문화집단들의 요구들 간에는 중요한 유사성들이 있다. 그 이유는 이 양 집단은 이들의 '차이성'(difference)으로 인하여 배제되고 또 주변화되었기 때문이다.

이러한 유사성을 전제로 하여, 일부 사람들은 이러한 사회적 집단들이 독특한 '문화' 또는 '하부 문화'(subcultures)를 형성하고 있으며, 이들이 받고 있는 억압에 대한 투쟁은 '다문화주의'를 위한 투쟁(a struggle for 'multiculturalism')이라고 말하고 싶어 한다.[10] 그리고 남성 동성애자와 여성 동성애자, 여성, 그리고 장애자들은 보다 광범위한 전체사회 내에서 독립적인 문화를 형성하고 있다는 인식이 있다. 그러나 이것은 퀘벡인들이 캐나다 내에서 독립적 문화를 형성하고 있다는 인식과는 구별될 수 있는 문제이

10) 이러한 접근에 대한 동기의 일부분은 인종문화적 및 민족적 차이들의 가치에 대한 수많은 비자유주의적 설명들이 전통에 대한 존경의 명목으로, 또는 문화의 '진정성'(authenticity)이나 '통합성'을 보호한다는 명목으로 소수자집단내의 억압을 합리화한다는 것으로 결말을 짓고 있다는 점이다(Yuval-Davis 1993). 이러한 위험성 지적에 반대해서 옹호하는 하나의 방법은 동성애자나 여성들이 자신의 고유한 문화를 형성하고 있으며, 이들의 문화의 통합성은 존중받아야 한다고 주장하는 것이다. 하부문화로서 동성애자에 관하여, Fitzgerald 1986 : 25-119 ; Murray 1979를 참조하라). 그렇지만, 나는 보다 직접적인 공격 노선을 취하고자 한다. 즉 문화적 권리의 옹호를 '전통'과 '진정성'에 대한 비자유적 숭배로부터 분리하여, 대신 이 문제를 개인적 자율성과 사회적 평등에 헌신하고 있는 자유주의적 정의론에 연결시키고자 한다(3-5장을 보라). 관련된 우려의 하나는 인종문화적 및 민족적 차이의 입장에서 다문화주의를 정의하는 것은 불이익을 받고 있는 집단들을 등한시 하게 할 수 있다는 점이다. 이러한 집단들의 요구가 다문화주의에 대한 화려한 관심 때문에 묻혀 버릴 수 있다는 점이다. 이러한 우려는 정당하다. 그러나 그 위험은 양방향으로 전개된다는 점을 유의해 볼 필요가 있다. 즉 일부 사람들은 '차이의 정치'(politics of difference)를 주장하고 있는데, 이들의 관심은 불이익을 받고 있는 집단들에 우선적인 초점이 맞추어져 있어, 민족 집단들의 독특한 요구를 흐려 뜨리고 있다. 이것은, 예를 들자면, '차이의 정치'에 관한 아이리스 영(Iris Young)의 영향력 있는 저술에서는 사실이라고 생각한다. 그녀가 집단차별적 시민권에 관한 자신의 설명에서 미국 인디언과 뉴질랜드의 마오리족의 요구를 외형상 포함시키긴 하였지만, 그녀는 사실상 이들을 자치민족(self-governing nations)으로서 보다는 주변화된 집단으로 간주함으로써 이들의 요구를 잘못 해석하고 있다 (I. Young 1990 : 175-83 ; 1993*a*). 어떠한 집단도 묻혀 버리지 않게 하는 가장 좋은 방법은 이들을 명백하게 구분하는 것이다.

다. 그리고 이러한 문화(와 '다문화주의')에 대한 인식상의 차이를 염두에 두는 것이 중요하다.

이 책의 목적을 위해, 나는 이 모든 집단을 '문화' 또는 '하부문화'로 묘사하지는 않을 것이다. 그리고 또한 도덕적 관점 또는 개인적 정체성에서 모든 집단관계적 차이를 포괄하는 우산 개념(an umbrella term)으로 사용하지도 않을 것이다. 그렇지만, 나는 이러한 포괄적 개념이 다른 맥락에서는 적절한 용법이 될 수 있다는 점을 인정한다. 문제는 우리가 사용하는 용어가 아니라, 우리가 어떤 특징을 염두에 두고 있느냐에 있다. 이 책 전체를 통하여 주장하겠지만, 나는 소수민족(보다 광범위한 국가에 통합되어 있지만 독립적 및 잠재적 자치정부의 사회들)과 인종문화적 집단(다른 사회에 진입하기 위해 자신의 민족 공동체를 떠나온 이민자들)을 구분하는 것이 중요하다고 생각한다. 우리는 이 양자 모두를 소위 '새로운 사회적 운동들'(new social movements) – 즉, 동성애자, 여성, 빈곤층, 장애자들의 단체와 운동들 – 과 구분할 수 있는데, 이들은 자신의 민족사회나 인종문화 집단 내에서 주변화되어 왔다. 이들 각 집단은 자신의 고유한 문제들을 제기하고 있는데, 각각의 장점에 따라 검토되어야만 할 것이다. 이 책에서의 나의 초점은 첫 두 개의 집단에 맞추어질 것이다. 그렇지만 나는 이들 두 집단이 세 번째 유형의 집단들과 어떻게 다양한 방식으로 연결되어 있는지를 보여주려고 노력할 것이다.

소수민족과 인종문화집단 양자의 이러한 구분은 놀랍게도 정치 이론가들 사이에서 등한시 되고 있다. 이러한 문제를 논의하는 몇몇 안 되는 현대 이론가중의 한사람은 왈쩌(Michael Walzer)이다.

그렇지만, 그는 이 구분을 '신대륙'(New World)과 '구대륙'(Old World)의 인종문화적 다양성의 차이로 재기술 하고 있다. 왈쩌에 의하면, 구대륙의 문화적 다원주의(cultural pluralism)는 '잠재적이며 뿌리 깊은 공동체들'(intact and rooted communities)로 구성되어 있는데, 즉 '수세기 동안 점유해온 영토에 기초한' 민족들로 이루어져 있다고 한다(1982: 9). 이러한 민족공동체로부터 언어와 문화를 박탈하려고 하는 시도들이 이루어지게 되었을 때에는, 그것은 '민족 해방'(national liberation)에 대한 요구를 발생시켰다고 한다.

그렇지만, 신대륙에서는, 다원주의가 '개인적 및 가족적 이민에 연유하였다'고 한다. 즉 이 이민은 '문화적 변화를 감당할 수 있는 사람들을 포함하는 것이었는데, 이들은 뿌리를 박탈당했을 뿐만 아니라, 스스로 자신의 뿌리를 근절했다고 할 수 있다. 이들을 신대륙으로 몰아가게끔 하였던 압력들이 무엇이든지간에, 이들은 이주를 선택했으며, 자신들과 똑같은 처지에 있었거나 심지어 자신의 가족 내에서조차도 다른 사람들은 머무르기를 선택하였다.' 결과로, '구대륙에서의 자결권(self-determination)에 대한 요구는 신대륙에서는 그 반향을 불러일으키지 못했다.' 스스로 뿌리를 근절하였기 때문에, 이민자들은 분리를 요구할 이유나, 공식 언어로서 영어를 거부해야 할 이유가 없었다. 그리고 이들이 앵글로 동화주의(Anglo-conformity)를 거부하기는 하였지만, '이들의 저항은 새로운 형태로 나타났다. 그것은 정치가 민족성을 따라야한다는 주장이 아니라, 오히려 정치는 민족성과 분리되어야 한다는 것이었다. – 이것은 마치 정치가 종교와 분리되었던 것과 같은 논리였다.

그것은 민족 해방을 요구하는 것이 아니라, 인종문화적 다원주의를 요구하는 것이었다'(Walzer 1982: 6-11; 1983*b*: 224).

유사하게, 네이든 글레이저(Nathan Glazer)는 '민족들의 연맹'(a federation of peoples)으로 이루어진 구대륙 국가들과, '산개되고, 혼합적이고, 동화되고 〔그리고〕 통합된' 이민자 집단들로 구성된 신대륙 국가들을 구분하고 있다(Glazer 1983: 227). 이민자들은 다른 민족 사회로 진입할 기대감으로 스스로 뿌리를 포기하였기 때문에, 이들은 '우리가 민족들(Nations)에서 볼 수 있는 그러한 종류의 구체적인 인종문화적 요구를 거의 제기하지 않았다. 민족들은 인종문화적 집단들이 보다 치밀하고, 자의식적이며, 문화유지적인 실체(more compact, self-conscious, culture-maintaining entities)를 형성한 경우라고 할 수 있다'. 이들은 예를 들자면 '한 국가의 정부에서 자신의 언어를 사용할 수 있는 권리, 또는 자신의 고유한 인종적 문화(distinctive ethnic culture)를 반영하는 제도들을 설립할 수 있는 권리, 또는 분리독립할 수 있는 권리를 가지고 있다. 구대륙에서와는 다르게, 이민자들은 미국의 일부가 되기 전에는 미국 영토에의 정착을 근거로 하여 민족적 권리를 주장할 수 있게 하는 인종문화적 결집이 결여' 되어 있다고 할 수 있다 (Glazer 1983: 276-83).

나는 '신대륙'과 '구대륙'의 다양성을 이러한 방식으로 논하는 것이 과도한 단순화의 위험이 있다고 생각한다. 신대륙의 문화적 다양성의 상당 부분이 유럽의 경우와 비교하여 이민으로부터 발생한다는 것은 사실이다. 그러나 소수민족들은. 이민이 구대륙에서 발생하는 것과 마찬가지로, 신대륙에서도 발견된다. (또한 후에 논의하겠지만, 이러한 범위 어느 곳에도 속하지 않는 아프리카계 미국인의 특별한 상황도 있다.) '신대륙에서는 수세기 동안 자신들이 점유해온 영토에 설립된… 잠재적이고 뿌리깊은 공동체가 존재하지 않는다(Walzer)는 것은 간단히 말해 사실이 아니다. 또한 '자신들이 미국의 일부가 되기 전에는 미국영토에 정착을 근거로 하여 민족적 권리를 주장할 수 있는' 치밀하고, 자의식적이며, 문화유지적인 실체들이 존재하지 않는다(Glazer)고 하는 것도 사실이 아니다. 이러한 주장은 다른 집단들과 함께, 미국인디언, 푸에르토리코인, 토착 하와이인들, 괌의 차모로인(Chamorros of Guam)의 존재를 무시한다. 스티븐 썬스트롬(Stephen Thernstrom)이 말한 것처럼, '그 선조들이 자발적 또는 비자발적인 경우를 불문하고 미국에 오지 않았던 상당한 수의 사람들이 있다. 대신, 미국이 대륙을 거쳐 카리브해와 태평양으로 무자비한 팽창을 하는 과정에서 이들과 마주치게 되었다'(Thernstrom 1093: 248).

왈쩌와 글레이저는 사실상 미국과 다른 신대륙 국가들에서 이러한 소수민족들이 존재한다는 것을 알고 있었다. 아마도 이들은 단순하게 아주 거친 일반화를 하고 있었던 것 같다. 그렇지만, 이것은 몇몇 학문적 저술에만 국한되는, 무해한 과도한 단순화의 문제만은 아니다. 이것은 이러한 국가들이 '이민국가'(immigrant countries)란 이유로 북남미에 걸쳐 있는 소수민족들 자체의 존재는 물론이고, 이들의 권리를 부인해온 오랜 역사를 반영하고 영속화 한다는 점이다.

여러 남미국가들, 오스트레일리아와 뉴질랜드의 대표들뿐만 아니라, 국제연맹과 유엔에서 미국의 대표들은 자신들은 이민국가이며 따라서 소수민족들이 없다고 일관성 있게 주장해 왔다. 유엔이 이러한 소수자들을 보호할 조치(시민적 및 정치적 권리에 관한 국제규약의 27조 *Article 27 of the International Covenant on Civil and Political Rights*)를 채택하였을 때, 여러 '신대륙' 국가들은 해당 조항이 소수자들이 존재하는 그러한 국가들에서만 적용되어야 한다는 하나의 조항이 추가되어야만 한다고 고집하였으며, 그렇기 때문에 해당 조항은 그들에게는 적용되지 않는다고 선언하였다.[11)]

이러한 입장은 아주 최근까지 신대륙 국가들이 토착민들의 처우에 관한 국제적 조사를 받는 것으로부터 보호하여 주었다. 결과적으로, 북미와 남미, 뉴질랜드, 그리고 오스트레일리아에 있는 토착민들의 권리는 사실상 아무 처벌을 받지 않고 위반되어 왔다. 브라질은 브라질에는 어떠한 소수민족도 없다는 자신의 주장을 특히 줄곧 고집하여 왔으며, 자신의 인디언 부족을 대량 학살했던 것이 그러한 주장을 실현하는 것과 위험스럽게도 긴밀히 연결되어 있는 것 같다.

사실상, 신대륙에서 소수민족을 무시해온 역사는 유럽인이 정착하기 전에 영토를 점유하였던 토착민들의 열등성에 관한 유럽인의 신념과 불가분 얽혀있다. 최근까지, 이들은 '법적 후견자의 보호하에 있는 자들'(wards) 혹은 '피지배 인종'(subject races)으로 간주되었다. 즉 이들은 민족으로 승격될 만한 정치적 발전이 결여되

11) 이것에 관하여, O'Brien 1987 : 276-80 ; Claude 1955 : 75 ; Lerner 1991 : 16을 참조하라. 사실상, 미국 유엔 대표단은 소수자 권리에 대한 국제적 보호문제를 반대할 당시 이민자 집단과 소수민족간의 차이를 강조하기도 하고 동시에 무시하기도 하면서 오락가락 하였다. 자주 이들은 미국이 이민에 기초한 사회라는 이유로 미국에서 인종문화적 다원주의는 독특한 것이라고 강조하였다. 그렇지만, 다른 때에는, 자신의 인종문화적 통합 모델은, 모든 국가들, 심지어 소수민족들이 있는 국가들에게 조차도 적용되어야만 한다고 주장하였다. Sohn 1981 : 272, 279 ; McKean 1983 : 70-1, 142-3을 참조하라.

고 있으며, 자치의 능력이 없으며, 백인 '우월자들'의 온정적 보호를 필요로 하는 자들로 인식되었다. 전통적 국제법은 토착민들을 국제법의 주체로 간주하지 않았으며, 이들과 체결된 조약들은 국제법에 의한 조약으로 간주되지 않고, 국내법에 해당되는 일방적 법령으로 여겨졌다. 이러한 인종차별주의적 태도는 점차 사라져가고 있다. 그렇지만, 이러한 태도들은 토착민들이 독특한 민족들이라는 인식으로 보다는, 이들은 주류사회로 통합의 진전이 요구되는 불리한 처우를 받는 '인종적 소수'(racial minority) 또는 '인종문화집단'(ethnic group)이라는 가정으로 대치되고 있다. 인디언들에 대한 정부정책이 인종적 대량학살, 추방, 격리 및 동화의 다양한 형태로 진행되었지만, 단 하나 불변하는 점은 정부들이 '원주민집단들(Aboriginal peoples)이 자신들의 문화 보다 열등하지 않고, 그렇지만 상이한 문화를 지닌 독특한 인민집단들(distinctive Peoples)로 진정으로 인정'해 본 적이 결코 없다는 점이다.[12)]

그렇기 때문에, 신대륙에는 소수민족이 없다고 주장하는 것은 잘못된 것이다 - 설사 대략적 일반화로서 그렇게 말하는 것 역시 잘못된 것이다. 이러한 주장의 역사적 진원은 토착민들에 대한 인종차별주의적 태도에 유래하는 것이며, 이것은 이들 토착민들의 정의에 대한 요구들을 계속하여 간과하게 만들었다. 북남미 대륙에 있는 대부분의 국가들은, 이 세상에 있는 대부분의 국가와 마찬가지로, 다민족적이며 다인종문화적이다. 그렇지만 이러한 사실들

12) Turpel 1989-90 : 33. '민족들'(nations)이라는 용어가 초창기 영국의 정책과 미국의 법에서 인디언들에게 적용되었지만, 이것은 이들의 주권에 대한 진정한 인정을 수반한 것은 아니었다. 국제법하의 토착민들의 역사적 지위에 관하여, Barsh 1983 ; Lerner 1991 : 초. 5 ; Thornberry 1991 : part iv를 참조하라.

을 인정할 준비가 되어 있는 나라는 극히 드물다. 미국에서는 자신의 나라가 다인종문화적이라는 데 대해서는 충분히 인정하고 있지만, 미국이 또한 다민족적이며, 그리고 소수민족들이 문화적 권리와 자치정부와 같은 특별한 주장을 할 수 있다는 점을 인정하는 데에는 어려움이 있다. 반면에, 벨기에와 스위스 같은 나라들은 언어권리와 자치정부의 주장들을 존중해주어야만 하는 소수민족들을 포함하고 있다는 사실을 오랫동안 인정해 왔다. 그렇지만, 이들은 자신들이 점차적으로 다인종문화적으로 되어가고 있으며, 결과로, 자신들의 전통적인 시민권개념이 더 이상 충분히 이민자들을 수용할 수 없다는 사실을 인정하는데 어려움을 겪는다. 캐나다는, '이중언어 구조내에서 다문화주의'(multiculturalism within a bilingual framework)의 정책과 자치정부에 관한 원주민의 권리를 인정함으로써, 다인종문화성과 다민족성 양자 모두를 공식적으로 인정하고 지지해왔던 몇몇 안 되는 국가 중의 하나이다.

민족적 집단은, 내가(이 책에서) 그 용어를 사용하는 바와 같이 인종(race)이나 혈통(descent)에 의해 정의되지 않는다는 점을 주목해 보는 것은 중요하다. 이것은 미국과 캐나다 모두에서 다수자 집단인 영어사용자 사회의 경우에는 명백하다. 이 양국에서는 한 세기가 넘도록 높은 비율의 이민이 유지되어 왔다. 처음에는 북유럽에서, 그 다음 남부 및 동부 유럽에서, 그리고 이제는 아시아와 아프리카에서 이민들이 들어 왔다. 결과적으로, 순전한 앵글로-색슨 계통에 속하는 영어사용자인 미국인 또는 캐나다인은 이제 (끊임없이 줄어드는) 소수자에 불과하다.

그러나 동일한 현상이 마찬가지로 소수민족들에게도 사실이다.

프랑스 캐나다(French Canada)로 들어오는 이민의 수준은 과거 수년 동안 낮았지만, 이제는 영국 캐나다 또는 미국만큼 높게 되었으며, 퀘벡은 서 아프리카(West Africa)와 카리브해 지역으로부터 프랑스어 사용 이민자들을 도입하려고 적극 추진하고 있다. 또한 북미의 토착민들과 영국계, 프랑스계 및 히스패닉 인구들 간의 상호 결혼의 비율 또한 높이 유지되어 왔다. 그 결과로, 이 모든 민족적 집단들은 인종적 및 인종문화적으로 혼합되어 있다. 순전히 갈리아 계(Gallic descent)인 프랑스계 캐나다인이나 순전히 인디언 계통의 미국 인디언들의 수 또한 끊임없이 줄고 있으며, 각각의 경우에 곧 소수자집단이 될 것이다.[13)]

그렇기 때문에 나는 소수민족에 관해 논함에 있어, 인종적 및 혈통적 집단에 관하여 이야기 하지 않고 문화적 집단에 관하여 이야기 하고자 한다.[14)] 물론 일부 민족적 집단들은 자신들을 혈통의 입장에서 정의한다. 가장 명백한 경우가 독일이다. 독일 민족에의

---

13) 인디언의 경우에는 복잡하다. 그 이유는 미국과 캐나다 모두에서 정부정책은 때때로 '혈통'(blood)의 입장에서 인디언들을 정의해 왔는데, 이것은 심지어 인디언 공동체들이 자신들을 규정하는 방식이 아니다 (Barsh & Henderson 1980 : 241-8, Chartrand 1995 ; Resnik 1989 : 715 ; cf. Mulgan 1989 : 14)

14) 그러한 이유로, 영국계 캐나다인과 프랑스계 캐나다 보다는, 영어사용과 프랑스어 사용 캐나다를 말하는 것이 보다 정확하리라 생각한다. 그 이유는 영국계 캐나다와 프랑스계 캐나다라는 용어들은 이러한 집단들이 마치 문화적 공동체로의 통합 보다는 오히려, 인종문화적 계통에 의해 정의되고 있다는 잘못된 인상을 주기 때문이다. 나는 프랑스계 캐나다의 원래적 자기 개념 규정은 혈통의 입장에서 그 구성원 자격을 규정하였다는 점을 언급해야만 할 것 같다. 그리고 퀘벡에 있는 실질적 소수자집단은 이러한 견해의 수정된 입장을 고수하고 있다. 1985년의 한 연구에서, 응답자의 약 40%가 자신의 선조들이 퀘벡에 오랜 기간 거주하였을수록, 그 사람은 더 '퀘벡인'이라고 할 수 있다고 생각한다고 하였으며, 20%는 이민자들은 자신들을 퀘벡인으로 부를 수 없다는 견해를 밝혔다. 이것은 퀘벡인의 정체성 개념이 혈통개념으로부터 프랑스어 사용사회로의 진입개념으로 발전하였다는 것이 불완전하다는 점을 시사해 준다 (Crete & Zylberberg 1991 : 425-30 ; cf. Lamoureux 1991 : 59). 그렇지만, 퀘벡 민족주의 정당(the nationalist Parti Quebecois)을 포함하여, 퀘벡에 있는 모든 주요 정당들은 이러한 혈통근거적 견해의 민족구성원자격을 명시적으로 거부하고 있다.

구성원 자격은 문화가 아닌 혈통에 의해 결정된다. 결과적으로, 러시아에서 전 인생을 살고, 독일어를 한마디도 하지 않는 인종적 독일인(ethnic Germans)들도 자동적으로 독일시민권을 취득할 자격이 있는 반면, 독일에서 전 인생을 살고 또 독일문화에 완전히 동화된 인종적 터키인들(ethnic Turks)은 시민권을 획득하는 것이 허용되지 않는다.

남아프리카에 있는 아프리카인들 역시 혈통근거적 민족 개념을 가지고 있다. 이들은 인종혼합 결혼을 금지하고자 하였으며, 그러한 결혼의 자녀들('유색인종' the Coloureds)을 자신들의 이웃과 조직으로부터 배제하였다. 그런데 이러한 유색인종들의 언어와 문화는 본질적으로 그들 고유의 것과 동일한데도 불구하고 그렇게 한다.(소위 아프리카인 문화를 보호할 목적으로 주장되고 있는 이러한 거주제한 residency restrictions은 아프리카어를 한마디도 하지 않는 백인 영어사용자들에게는 전혀 적용되지 않았다.)

민족적 구성원 자격에 대한 이러한 혈통주의적 접근은 분명 인종차별주의적 색채를 지니고 있으며, 명백하게 부정당한 것이다. 이것은 사실상 자유주의적 관점의 소수자집단 권리에 대한 테스트의 하나라고 할 수 있다. 자유주의적 관점은 민족적 구성원 자격을 혈통 보다는 문화적 공동체로의 통합의 관점에서 정의한다. 민족적 구성원 자격은, 누구나 해당 사회의 언어와 역사를 배우려고 하고 그 사회적 및 정치적 제도들에 참여하려고 한다면, 인종 또는 피부색에 상관없이, 누구에게나 원칙적으로 개방되어야만 한다.

일부 사람들은 진정한 자유주의적 관점의 민족적 구성원 자격은 특수한 문화에의 통합 보다는, 민주주의와 권리의 정치적 원칙들을 수용하는 것에만 기초하여야 한다고 제안한다. 이러한 비문화적 관점의 민족적 구성원 자격은 종종 미국의 '시민적'(civic) 또는 '헌법적'(constitutional) 민족주의를 비자유주의적 '인종문화적'(ethnic) 민족주의로부터 구분시켜 주는 것이라고 말해진다. 그러나 내가 앞에서 말한 것처럼, 이것은 잘못된 것이다. 미국으로 오는 이민자들은 민주주의적 원칙들에 대한 충성을 선언해야 할뿐만 아니라, 또한 자신들의 새로운 사회의 언어와 역사를 배워야만 하는 것이다. '인종문화적' 민족과 '시민적' 민족을 구분하는 것은 민족적 정체성에서 문화적 요소의 결여에 있는 것이 아니라, 오히려 인종(race)이나 피부색의 문제와 상관없이, 누구나 공통의 문화에 통합해 들어갈 수 있다는 사실이 문제가 되는 것이다.15)

이민과 소수민족통합은 현대 국가들에서 문화적 다양성의 가장

15) 시민적 민족주의와 인종문화적 민족주의를 구분하는 이러한 상식적인 오해들의 예로서, Habermas 1992 ; Ignatieff 1993 ; Pfaff 1993 : ch. 7, Walzer 1992*d*를 참조하라. 나는 이 문제를 Kymlicka 1995a에서 논의하고 있다. 이러한 오해에 대한 한 가지 이유는 미국역사를 오독(誤讀)하는 데서 연유한다. 미국독립전쟁(the Revolution) 시기에 미국인들의 압도적 다수가, 자신들이 막 대항해 싸웠던 나라인 영국과 마찬가지로, 동일한 언어, 문학 및 종교를 공유하고 있었다. 독특한 민족성(distinctive nationhood)의 감각을 발전시키기 위하여, 미국인들은 일정한 정치적 원칙들 - 자유, 평등, 민주주의 - 을 강조하였는데, 이 원칙들이 바로 자신들의 독립을 위한 반란을 정당화 시켜주었다. 이러한 이유로 인해 일부 사람들은 미국적 민족주의(American nationalism)는 문화적이라기보다는 이념적이라고 결론을 짓는다(Gleason 1982 : 59 ; Pfaff 1993 : 162). 그러나 그것은 잘못된 것이다. 영국인만큼, 미국인들은 공통문화에 대한 참여의 관점에서 민족적 구성원 자격을 생각하였다. 정치적 원칙들에 대한 강조가 물론 그러한 공통적 문화의 성격에 영향을 미친 것은 사실이며, 그래서 미국적 민족적 정체성이 영국이나 다른 영국 정착자들의 사회에서는 찾아 볼 수 없는 독특한 이념적 성격을 지니게 만들었다. 이념이 민족적 정체성의 문화적 요소를 형성한 것이지 이 문화적 요소를 대치시킨 것은 아니었다. 순수한 비문화적 정의로서 시민민족주의(civic nationalism)의 개념은 설득력이 없으며, 때로는 자기모순으로 연결된다. 예로서 하버마스의 '헌법적 애국주의' (constitutional patriotism)의 개념을 보라. 이것은, 시민자격(citizenship)은 한편으로는 언어와 같은 인종문화적 또는 역사적 특징들과는 독립적이어야만 한다는 입장, 그리고 다른 한편으로는 공통의 언어가 민주주의에 필수불가결하다는 사실, 이 양자 모두를 시사하는 것처럼 여겨진다.(Habermas 1992 : 6-7, 16-17 ; 1993 : 144-8 ; 그리고 Bader 1995에 있는 논의를 참조하라.)

공통적인 두 가지 원천이다. 이 두 가지 광범위한 범주들은 다른 나라들에게도 적용될 수 있으며, 대부분의 문화집단들은 이러한 범주들의 어디 하나에 속해질 수 있다. 그러나 모든 인종문화적 집단들이 이 두 가지 범주(즉 이민과 소수민족)에 산뜻하게 들어맞는 것은 아니다. 특히, 아프리카계 미국인들의 상황은 아주 독특하다. 이들은 자발적인 이민자 유형에 속하지 않는다. 그 이유는 이들은 노예로서 비자발적으로 미국에 오게 되었을 뿐만 아니라, 주류다수문화에 통합되는 것조차도(권장되기보다는) 거부되었기 때문이다(예를 들자면, 인종격리 ; 이종족간통혼 miscegination 및 문자 교육 금지법). 그리고 또한 이들은 소수민족 유형에도 부합하지 않는다. 그 이유는 이들은 미국내에 모국(homeland)이나 공통의 역사적 언어를 가지고 있지 않기 때문이다. 이들은 상이한 언어를 지닌 다양한 아프리카적 문화의 배경을 지니고 있으며, 이러한 문화들을 공통의 인종문화적 배경으로 결집하려는 어떠한 시도들도 없었다. 반대로, 동일한 문화(심지어 동일한 가족)로부터 온 사람들조차도 일단 미국에 오면 분열되는 게 전형적인 모습이었다. 더욱이, 이들은 자신들의 고유문화를 재생하려는 것조차도 법적으로 금지되었다(예를 들어, 교회를 제외한 모든 형태의 흑인집회는 불법이었다).

그렇기 때문에, 아프리카계 미국인들의 상황은 매우 비정상적이라고 할 수 있다.[16] 이들은 주류문화에로의 통합이 허용되지 않았

---

16) 일부 중앙 및 남아메리카 국가들에 있는 흑인들은, 비록 노예시기이후에 동일한 인종격리의 역사를 지니고 있는 것은 아니지만, 역시 비슷한 역사를 가지고 있다. 아주 느슨하게 연결된 경우들은 노예계약 인도인들(the indentured Indian)과 중국인 노동자들('쿨리 노동자들' coolie labourers)들을 들 수 있는데, 이들은 영국 정착자들에 의해 아프리카와 아시아 식민지사회로 들여오게 되었다. 이들은 식민지 사회로 동화되는 것

으며, 또한 자신들의 이전의 언어와 문화를 유지하는 것도 허용되지 않았다. 또한 새로운 문화적 단체 및 제도들을 만드는 것도 허용되지 않았다. 이들은 자신들의 모국이나 영토를 가지지도 못했지만 물리적으로 격리되었다.

아프리카계 미국인들을 이민자 집단이나 또는 소수민족 어느 하나로 재규정하려는 다양한 시도들이 있었다. 통합의 가능성에 회의적인 일부 아프리카계 미국인들은 민족주의의 언어를 채택하고 하나의 영토적 자치정부의 형태를 추구한 바 있다. 남부에 '흑인국가'(black state)를 건설하려는 발상은 1930년대에 일부 지지를 받았으며(그것은 미국 공산당에 의해 심지어 지지된 바 있다), 1960년대에 잠깐 동안 재부상하였다. 그러나 그 발상은 결코 현실적이지 못했다. 왜냐하면 남부에는 흑인과 백인들이 섞여 살고 있었을 뿐만 아니라 아프리카계 미국인들이 더 이상 남부에만 집중되어 있지도 않고 미국 전역으로 이주해 버렸기 때문이었다. 결과적으로, 아프리카계 미국인들이 다수를 형성하고 있는 주는 어디에도 없다.

어떤 경우에도, 대부분의 흑인들은 고유한 민족적 정체성을 가지고 있지도 않거나 원하지도 않는다. 이들은, 비록 백인들이 이들의 출생권리를 부인한다 할지라도, 미국이라는 국가에서 완전한 구성원 자격을 지닌다고 생각하며, 그래서 주류 사회 내에서 완전하고 평등한 참여를 위해 투쟁해 왔다. 이것을 성취하기 위해, 많

이 기대되지도 (또는 허용되지도) 않았으며, 또한 토착민 다수에 의해 환영되지도 않았다. 그 결과로 이들은 불안정한 신분을 유지하였는데, 이러한 상황은 흔히 탈식민화 과정에서 더욱 악화되었다.(예로서 피지(Fiji)의 경우를 보라- Carens 1992를 참조하라).

은 미국 자유주의자들은 이민통합 모델이 아프리카계 미국인들을 위해서도 작동할 수 있기를 희망하여 왔으며, 그리고 이것이 바로 시민권리운동(civil rights movement)에 깔려있는 전제적 가정이었다. 그러나 이것조차도, 자발적 이민자들과 아프리카계 미국인들간의 심원한 역사적 차이들을 고려해 볼 때, 너무 비현실적인 것으로 입증되었으며, 새로운 형태의 통합모델이 고안되어야만 한다는 사실이 점차 받아들여지게 되었다.17)

그래서 우리는 자발적 이민자들이거나 아니면 소수민족에게 적합한 정책들이 아프리카계 미국인들에게도 적합하다고 생각해서는 안 되며, 그 반대 역시도 기대해서는 안 되는 것이다. 반대로, 만약 어떤 동일한 조치들이 이 세 가지 유형의 맥락 모두에 적용될 수 있다면, 그것은 매우 놀랄만한 일이라고 할 수 있다. 그렇지만, 내가 4장에서 논의하겠지만, 상당한 수의 전후 미국 정치이론가들은 이러한 가정을 해 왔다.

소수민족이나 자발적 이민자 범주 어느 쪽에도 산뜻하게 들어맞지 않는 다른 문화집단들이 있다. 예를 들어, 이민자들과 마찬가지로 개인입장이나 가족들로 들어왔지만, 자발적으로 온 것이 아닌 난민들(refugees)이 있다. 또한 자발적으로 오긴 했어도, 자신들

17) 흑인 민족주의(black nationalism)에 관하여, Pinkney 1976 ; Stone 1976 ; Glazer 1983 : 277-8을 참조하라. 공공정책이'[아프리카계 미국인들](African-Americans)로 하여금 이민소수자들의 모델을 이해하고 채택할 수 있도록 할 수 있으며', 그렇게 하여 '유럽계 인종문화집단들이 변하여 온 동일한 종류의 집단이 될 수 있다'는 자유주의적 가정의 예들에 관해, Ogbu 1988 : 164-5 ; Glazer 1983 : 184' Walzer 1982 : 27을 참조하라. (인용된 부분은 각각 Ogbu와 Glazer의 저서로부터 인용된 것이다). 성공적 통합은 역사적 보장, 적극적 배려조치, 그리고(비영토적인) 독립적 제도들과 같은 일부 특수한 요소들을 포함해야 한다는 인식에 관해, Brown-Scott 1994를 참조하라. 아프리카계 미국인의 분열적 정체성(divided identity)에 관해, Gutmann 1993 : 185-7을 참조하라.

의 고유한 독립적인 자치 공동체(self-governing community)를 재창출하는 것이 허용될 것이라는 것을 약속을 받았기 때문에 온 이민자집단들이 있다(예를 들자면 캐나다의 후터라이트파 *the Hutterites in Canada*). 역으로 말해, 일부 소수민족들은 시간이 지남에 따라 흩어지거나 무력화됨으로 인해, 자치정부를 수립할 능력을 상실하게 되었다. 나는 이러한 문제들과 다른 심한 경우들을 5장과 8장에서 논하려 한다.

이러한 난처한 경우들(hard cases)과 회색지대를 전제할 때, 인종문화집단과 소수민족간의 구분에 역점을 두는 소수자집단권리 이론을 개발하려고 하는 것은 잘못된 것으로 여겨질 수도 있다. 아마도 우리는 대신 이 모든 집단들이 하나의 연장선상의 어느 한 지점에 위치하는 것으로 생각해야 하는 것이 마땅할 것이다. 그러나 수많은 경우의 자발적 이민자들과 소수민족들이 있다. 사실상, 전 세계에 걸친 인종문화민족 갈등(ethnonational conflict)에 관한 최근의 조사는 관계된 대부분의 집단들이 내가 제시한 두 가지 기본 패턴에 속한다는 결론을 내린 바 있다.[18] 더욱이 소수자집단 권리 이론은 또한 미래지향적이라 할 수 있다. 오늘날 존재하고 있는 난처한 경우들은 종종 과거의 부정의와 모순적 행위의 결과로 나타나게 되었다. 보다 공정하고 보다 일관성 있는 이민 정책이,

---

18) 거(Gurr)에 의하면, 인종문화적 갈등에 관계된 소수자집단들은 두 가지 주요 범주에 속한다. : 하나는 '지역적으로 응집된 집단들로서 자신의 자치권을 팽창적 국가에서 상실하였지만 여전히 자신의 문화적 및 언어적 고유성을 보존하고 있으며, 어느 정도의 정치적으로 독립된 존재(즉 소수민족들)를 보호하거나 재구축하기를 원한다.' 다른 하나의 집단들은 '보다 큰 광범위한 전체사회 내에서 규정된 사회경제적 또는 정치적 지위를 가지고 있으며 - 자신의 인종문화성, 이민기원, 경제적 역할 또는 종교 - , 그리고 그러한 지위를 보호하거나 유지하는 것에 관심을 가지고 있다'(즉 인종문화적 집단) - Gurr 1993 : 15를 참조하라.

시간이 지나면, 그러한 난처한 경우들을 예방할 수 있을 것으로 생각한다. 나는 이 문제를 5장에서 논의할 것이다.

2. 세 가지 형태의 집단차별적 권리

사실상, 모든 자유민주국가들은 다민족적 또는 다인종문화적이거나 아니면 양자 모두의 성격을 지닌다고 할 수 있다. '다문화주의의 도전'(challenge of multiculturalism)은 안정적이고 동시에 도덕적으로 정당화될 수 있는 방식으로 이러한 민족 및 인종문화적 차이들을 수용하려고 한다(Gutmann 1993). 이 절에서는 민주국가들이 소수민족 및 인종문화집단들의 요구에 반응하여 왔던 가장 중요한 방식 중의 일부를 논하고자 한다.

모든 자유민주국가들에서는, 문화적 차이들을 수용하기 위한 중요한 기제들 중의 하나가 바로 개인들의 시민적 및 정치적 권리들을 보호하는 것이다. 집단적 차이를 보호하기 위해 집회, 종교, 언론, 이동 및 정치적 단체의 자유의 중요성을 아무리 강조한다 해도 과도한 것은 아니다. 이러한 자유들은 개인들로 하여금 시민사회를 구성하는 다양한 단체 및 협회를 형성하고 유지할 수 있도록 해주며, 이들 단체들로 하여금 변하는 환경에 적응할 수 있도록 해주며, 그리고 보다 광범위한 전체 인구들에게 자신들의 견해와 이익을 증진시킬 수 있도록 해준다. 이러한 공통적 시민권에 의해 제공되는 보호는 사회에 있는 수많은 종류의 정당한 다양성의 형태를 보호해주는데 충분할 정도이다.

자유주의에 대한 여러 비판들은 – 일부 마르크스주의자들, 공동체주의자들, 그리고 여성주의자들을 포함하여 – 개인적 권리들에 초점을 맞추는 자유주의는 인간관계에 대한 원자주의적이고, 물질주의적이며, 수단적이거나 상충적 견해를 반영하고 있다고 주장해 왔다. 나는 이러한 비판이 아주 심각하게 잘못되었다고 생각한다. 개인적 권리들은 광범위한 영역의 사회적 관계를 유지시켜 주는데 사용될 수 있으며, 또 그렇게 사용되었던 것이 일반적이다. 사실상, 가장 기본적인 자유주의적 권리 – 양심의 자유 – 는 이 권리가 본질적으로 사회적 (및 비수단적인) 활동들을 보호해 주기 때문에 우선적으로 가치가 있다.[19)]

그렇지만, 일정 형태의 문화적 차이들은, 공통적 시민권을 넘어서, 특별한 법적 또는 헌법적 조치들을 통해 수용될 수 있을 뿐이라는 것이 많은 나라들에서 점차적으로 인정되고 있다. 일정 형태의 집단적 차이들은 이들의 구성원들이 집단특수적 권리들 – 즉 아이리스 영(Iris Young)이 '차별적시민권'(differentiated citizenship)이라 부르는 것(I. Young 1989 : 258) – 을 가져야만 수용될 수 있을 뿐이다.

한 예로, 최근 캐나다의 정부출판물은 다음과 같이 언급하고 있다:

> 캐나다의 경험에서는, 보편적 개인권리들만을 보호하는 것만으로는 충분하지 않았다. 여기, 헌법과 일반법들은 또한 특정 공동체의 구성원들로서 개인들에게 부여되었던 다른 권리들을 보호해주고 있다. 이러한 두 가지 형태의 권리들 모두를 수용하는 것은 우

19) 집단의 보호에 관한 개인적 권리의 중요성에 관하여, Buchanan 1989 ; Walzer 1990 ; Macdonald 1989 : 122-3 ; Tomasi 1991 ; Kymlicka 1990 : 4-6장을 참조하라.

> 리의 헌법의 독특성을 부각시키고, 차이를 수용하는 캐나다적인 평등의 가치를 반영하고 있다. 공동체 권리가 개인적 권리들과 함께 존재한다는 사실은 캐나다가 지향하고 있는 바의 가장 핵심적은 것을 말해준다.(Government of Canada 1991a: 3)

캐나다가 보편적인 개인적 권리와 집단특수적 '공동체 권리'(community rights)를 결합하는데 있어 독특하다고 말하는 것은 상당히 사실을 오도하고 있는 것이라 할 수 있다. 그러한 결합은 유럽, 아시아 및 아프리카에 있는 수많은 다른 연방체제에서도 존재한다. 앞에서 언급한 것처럼, 개인주의의 전형적 형태로 종종 알려지고 있는 미국의 헌법조차도, 미국 인디언과 푸에르토리코인들의 특별한 지위를 포함하여, 다양한 집단특수적 권리(group-specific rights)를 허용하고 있다.

내가 주목하고자 하는 것은 이러한 민족적 및 인종문화적 차이들을 수용하기 위한 특별한 집단특수적 조치들이다. 적어도 세 가지 형태의 집단특수적 권리들이 있다: (1) 자치권(self-government rights); (2) 다인종문화적 권리(polyethnic rights), 그리고 (3) 특별 대표권리(special representation rights). 나는 먼저 이들 각각에 대하여 몇 마디를 언급하고 난 후에, 다음에 따라오는 장들에서 자유민주적 이론을 위해 이들 권리들이 제기하는 쟁점의 일부를 다루어 보고자 한다.

1. 자치권(self-government rights). 대부분의 다민족 국가들에서는, 그 구성 민족들은 일종 형태의 정치적 자율성 또는 영토적 관할권을 요구하는 경향이 있는데, 그 목적은 자신의 문화의 완전

하고 자유로운 발전은 물론 자신의 인민의 최선의 이익을 보장하기 위함이다. 아주 극단적으로는, 민족들은 만약 자신들의 자결권이 보다 광범위한 전체국가 내에서 가능하지 않는다면, 분리를 원할 수도 있다.

자치권에 대한 민족 집단들의 권리는 국제법에서 (제한된) 인정을 받고 있다. 유엔 헌장에 의하면, '모든 인민들(all peoples)은 자결권을 가진다'라고 규정하고 있다. 그렇지만, 유엔은 '인민들'(peoples)을 정확히 규정하지 않고 있으며, 자결주의 원칙(the principle of self-determination)을 다만 해외 식민지에만 적용하고, 국가 내부의 소수민족들에게는 적용하지 않는다. 심지어 이들 국가내부의 소수민족들이 식민지와 마찬가지로 동일한 종류의 식민화와 정복의 과정을 겪었을 경우에도 적용하지 않는다. 해외 식민지들에만 자결권을 국한하는 것(소위 '소금물 테제' the 'salt-water thesis'로 알려져 있는)은 자의적인 것으로 널리 알려져 있으며, 수많은 소수민족들은 자신들 역시 '인민'(peoples) 또는 '민족'(nations)이며, 그렇기 때문에 자결권을 가진다고 주장한다. 이들은 특정한 자치의 권한을 요구한다. 이들은 이 자치권이 자신들이 보다 광범위한 전체국가에 (종종 비자발적으로) 통합됨으로 인하여 포기가 된 것은 아니라고 주장한다.[20]

자치권에 대한 주장을 인정하는 하나의 기제는 연방주의이다. 연방주의는 중앙정부와 지역적 하부단위들(주정부 단위들 provinces/

---

20) 일부 토착민들은 자신들 역시 유엔헌장하의 자결권을 가진다고 유엔에서 주장하여 왔다(*Mikmaq Tribal Society v Canada* (1984) UN Doc. E/CN.4/Sub.2/204 ; Grand Council of the Crees 1992를 참조하라). 소금물 테제, 그리고 국제법상의 자결권에 관한 논의로는, Pomerance 1982 ; Thornberry 1991 : 13-21, 214-18 ; Crawford 1988 ; Makinson 1988을 참조하라.

states/cantons)간에 권한을 분할하고 있다. 소수민족들이 지역적으로 응집되어 있는 곳에서는, 연방 하부단위들의 지역적 경계들을 소수민족들이 이 하부단위의 지역 중의 하나에서 다수가 될 수 있도록 획정할 수 있다. 이러한 상황 하에서는 연방주의는 소수민족에게 광범위한 자치를 제공할 수가 있을 것이다. 이것은 보다 광범위한 전체사회에 의해 투표에서 압도당하지 않고 특정 지역에서 결정권을 행사할 수 있는 능력을 보장해 주는 것이다.

예를 들어, 캐나다의 연방 권력분할체제하에서는, 퀘벡주(80%가 프랑스어 사용인)는 프랑스적 문화의 유지를 위해 결정적인 쟁점들에 관하여 광범위한 재판권을 가지고 있다. 즉 이민정책에 대한 상당한 영향력뿐만 아니라, 교육, 언어 및 문화에 관한 통제권을 가진다. 그 밖의 다른 9개 주들도 또한 이러한 권한들을 가지고 있다. 그러나 현재의 권력분할 체제와 그리고 사실상 전반적인 연방체제에 내재해 있는 주요 동기는 퀘벡인들을 수용하기 위한 필요에 있다. 연방을 형성할 당시에, 대부분의 영국계 캐나다 지도자들은 영국과 같은 단일적 국가체제를 선호하였으며, 프랑스계 캐나다인들을 우선적으로 수용하기 위해 연방체제에 동의하였다.

연방체제에서의 하나의 곤란점은 중앙집권화와 분권화간의 균형을 유지하는 문제이다. 대부분의 퀘벡인들은 좀 더 분권화된 권력분할을 원하는 반면, 대부분의 영국계 캐나다인들은 보다 강력한 중앙정부를 선호한다. 그렇기 때문에, 캐나다가 직면하고 있는 도전 중의 하나는 다른 주들에는 부여하지 않는 권한을 퀘벡인들에게 부여하는 방식과 같은 수긍할만한 형태의 '비대칭적 연방주의'(asymmetrical federalism)를 모색하는 것이다. 다른 연방국

가들도 유사한 문제에 직면하고 있다.[21)]

연방주의는 종종 민족적 다양성을 수용하기 위해 사용되며, 그래서 일부 논평자들은 연방구성단위에 부여된 권리와 권한을 소수민족의 '집단적 권리'(collective rights)에 포함시키고 있다(예로, F. Morton 1985: 77; Van Dyke 1982: 24-31). 물론, 많은 연방체제들은 문화적 다양성과는 전혀 관련이 없는 이유에 의해 성립되었다. 연방주의는 종종 (독일의 경우처럼) 단순히 행정적 분권화의 한 형태이거나, (오스트레일리아의 경우처럼) 식민화 과정에서 나타나는 우연한 역사적 산물이다. 연방주의와 문화적 다양성은 본질적인 연관성이 있는 것은 아니다. 그러나 연방주의는 소수민족을 수용하기 위한 하나의 공통적인 전략이라 할 수 있다. '인민들의 연방'(a federation of peoples)인 국가들은 또한 정치적 연방(a political federation)을 형성해야만 한다는 것은 놀랄만한 일이 아니다.[22)]

그렇지만, 미국의 경우, 소수민족의 자치권을 수용하기 위해 연방주의를 이용하지 않도록 하기 위한 심사숙고된 결정이 이루어졌다.

---

21) 분권화를 원하는 민족주의적 요구에 대한 영국계 캐나다인들의 반대에 관해, Stark 1992를 참조하라. 일정 정도의 사실상의 권력상의 비대칭성은 캐나다 연방주의의 오래된 특징이 되어 왔다. 그렇지만, 많은 캐나다인들은 이 비대칭성을 헌법에서 공식적으로 인정하려 하지 않는다(Gagnon and Garcea 1988 ; Taylor 1991 ; Cairns 1991을 참조하라). 이것이 바로 1992년의 샬럿타운 협정(the 1992 Charlottetown Accord)이 국민투표에서 부결되었던 이유이다. 일부의 사람들은 연방체제가 특별한 지위를 허용한다면, 그 연방체제는 지속될 수 없을 것이라고 주장하여 왔으나, 이것은 많은 나라의 경험에 의해 부인되고 있다. 다양한 형태의 비대칭적 연방주의에 관한 조사로, Elazar 1987: 54-7을 참조하라.

22) 독일의 경우, 연방주의는 민족주의적 또는 권위주의적 운동의 발생을 방지하기 위해 2차대전 후 연합국들에 의해 부과되었다. 연방주의와 문화적 다양성 간의 관계에 관한 유용한 논의로, Howse and Knop 1993 ; Minow 1990*b* ; Majone 1990; Gagnon 1993 ; Long 1991 ; Duchacek 1977 ; Elkins 1992 ; Norman 1994를 참조하라.

예를 들어, 나바호족(the Navaho), 또는 치카노인들(Chicanos), 푸에르토리코인들, 그리고 하와이 원주민들에 의해 지배되는 주들(states)을 만든다는 것은 아마도 19세기에는 아주 가능한 일일 수도 있었다. 그렇지만, 이러한 민족적 집단들이 수적으로 압도당하지 않는 한, 어떤 영토를 하나의 주(state)로 차지하는 것은 허용하지 못하도록 하는 심사숙고된 결정이 이루어졌다. 어떤 경우에는, 이러한 심사숙고된 결정은 인디언 부족들(Indian tribes)이나 히스패닉 집단들(Hispanic groups)이 수적으로 압도당하도록 경계를 획정함으로써 이루어지기도 했다(플로리다). 다른 경우에는, 영어사용 정착자들이 옛 주민들을 압도할 때까지 주로서의 지위(statehood) 승격을 연기함으로써 이러한 것(소수민족 자치권을 허용하지 않는 것)을 달성할 수 있었다(예로, 하와이 ; 남서부 the south-west). 소수민족이 수적으로 압도되지 않을 것 같은 경우에는, 새로운 형태의 비연방적 정치단위(non-federal political unit)가 만들어졌는데, 예를 들자면 푸에르토리코 '자치령'(the 'commonwealth' of Puerto Rico) 또는 괌 '보호령'(the 'Protectorate' of Guam)이 있다.[23)]

결과로, 50개주 어느 곳도, 퀘벡이 퀘벡인들에게 자치권을 보장해주는 형태로, 소수민족에게 자치를 보장해주는 곳으로 간주될 수 없었다. 자치는 대신 기존의 주들 내부에 있거나(예를 들어, 인디언 보호구역) 또는 연방체제 외부에 있는 정치제도를 통해(예를

---

23) 따라서 네이든 글레이저(Nathan Glazer)가 미국이 연방단위들로 분할된 것은 인종문화적 다양성에 앞서 진행되었다고 말한다는 것은 아주 잘못된 것이라 할 수 있다(Glazer 1983: 276-7). 이것은 원래의 13개 식민지들의 경우에는 맞는다고 할 수 있다. 그러나 새로운 주들의 편입과 경계들에 관한 결정은 의도적으로 소수민족들에 의해 지배되는 주들이 탄생하는 것을 피하기 위하여 이루어졌다.

들어, 푸에르토리코, 괌) 이루어졌다. 이러한 점이 미국의 소수민족들을 보다 취약하게 만들었다. 그 이유는 이들의 자치권한은 주의 권리(states' rights)와 동등한 헌법적 보호를 받고 있지 못하기 때문이다. 반면에, 그것은 각 소수자집단의 필요와 이익들에 부합할 수 있도록 그러한 권한들을 재규정하는데 있어서는 보다 신축성을 제공하여 왔다. 개별 주들의 권력을 수정하는 것보다 나바호족(the Navaho)이나 푸에르토리코인들(Puerto Ricans)에 적용되는 새로운 자치규정을 협상하는 것이 훨씬 용이하다.

만약 퀘벡에 있는 퀘벡인들처럼, 소수민족이 연방의 하부단위 중의 하나에서 다수집단을 형성한다면, 연방주의는 자치를 허용하는 기제로서 기능할 수 있게 될 뿐이다. 이것조차도 북미에 있는 대부분의 토착민들에게는 해당되지 않는다. 이들은 수에 있어서도 훨씬 적을 뿐만 아니라 이들의 공동체들은 주의 경계선상에 걸쳐(across state/provincial lines) 산재해 있는 경우가 흔하다. 더욱이, (나바호와 같은) 극히 일부의 예외를 제외하고, 이러한 연방 하부단위의 경계를 재규정하여 토착민들이 다수파가 될 수 있도록 주(state), 지방(province), 또는 영토(territory)를 만들 수 없을 것이다. 19세기에는 인디언 부족이 지배하는 주나 지방을 만드는 것이 가능했을 수도 있을 것이라 생각한다. 그렇지만 그 이후 정착자들의 대량 유입으로 그것은 이제 사실상 생각할 수 없게 되었다.

하나의 예외가 캐나다 북부에 있는 이뉴이트족(the Inuit)이다. 이들은 북서부 영토를 둘로 나누어서, 이들이 동부쪽 반('누나부트' 'Nunavut'라 불려지는)의 지역에서 다수집단을 형성할 수 있기를 희망한다. 이러한 연방경계의 재규정은 이뉴이트족의 자치권의 실행에 본질적인 것으로 간주되며, 이것은 최근 연방정부에 의해 승인되었다.

그렇지만, 북미에 있는 다른 토착민들에게는, 자치는 보호구역 체제(the system of reserved lands)(미국에서는 부족 '보호구역' tribal 'reservations'으로, 캐나다에서는 집단보호지역 band 'reserves'로 알려져 있는)와 주로 결부되어 왔다. 실체적인 권한들이 연방정부로부터 부족/집단 평의회로 이양되었는데, 이들 평의회들은 각각의 보호구역을 통치한다. 인디언 부족/집단들은 건강, 교육, 가족법, 경찰권, 형사법 및 자원개발에 관한 통제권을 점점 더 많이 획득해 가고 있다. 이들은 사실상 연방정부 및 주/지방정부의 관할권으로부터 할애 받은 집적된 권력으로 제 3의 정부지위가 되어 가고 있다.[24] 그렇지만, 행정적 곤란성들은 이러한 기세를 꺾고 있다. 인디언 부족/집단들은 이들이 바라는 권한의 종류에서는 서로 엄청난 차이를 보이고 있다. 더욱이, 이들은 영토적으로 현존하는 주/지방정부내에 위치해 있으며, 주/지방정부 기구들과 자신들의 자치를 조정해야만 하는 입장에 있다. 그렇기 때문에 캐나다와 미국에서 토착민 자치의 정확한 범위와 기제들은 불분명한 상태에 머무르고 있다.

비슷한 자치 체제들이 많은 다른 토착민들에 의해 존재하거나

---

24) 이러한 진전들에 관한 비교적 연구에 관해, Fleras and Elliot 1992를 참조하라. 캐나다에서 제3의 정부지위로서 원주민 자치 헌법-연합(Aboriginal self-government constitution -ally)을 확립시키는 제안은 1992년의 샬럿타운 협정(the 1992 Charlottetown Accord)에서 포함된 바 있다. 이러한 제3의 정부지위는 아마도 인디언 보호구역에 관한 집단 평의회(band councils)에 의해 행사된 '인종문화적 자치'(ethnic self-government)와 새로운 누나부트(Nunavut) 영토내의 이뉴이트 다수자(the Inuit majority)에 의해 행사된 '공공 자치'(public self-government) 이 양자 모두를 포함한다고 할 수 있다(Asch 1984 : ch. 7을 참조하라). 연방주의와 인디언 자치의 관계에 관해, Resnik 1989 ; Cassidy and Bish 1989 ; Long 1991을 참조하라.

추구되고 있다. 토착민들의 권리에 관한 최근의 한 국제선언은 정치적 자치(political self-government)의 중요성을 강조하고 있다. 그렇지만, 세계의 수많은 지역에서, 정치적 권력에 대한 희망은 거의 유토피아적이라고 할 수 있으며, 보다 긴급한 목표는 기존의 영토 근거지가 더 이상 정착자들과 자원개발업자들에 의해 침식당하는 것을 우선적으로 막는 것에 있다. 사실상, 최근의 한 연구는 오늘날 세계에서 인종문화적 갈등의 가장 큰 유일한 원인은 자신의 영토권에 대한 토착민들의 투쟁이라는 점을 보여주고 있다.[25)]

그런데, 자치의 요구는 소수민족의 구성원들에 의해 실질적으로 통제되고 또 사실상 자신들의 역사적 본거지(historical homeland) 또는 영토와 상응하는 정치적 단위에다 정치적 권력을 귀속시키는 형태를 띠게 되는 것이 전형적이라 할 수 있다. 이러한 요구들이 일시적 조처나 또는 우리가 언젠가는 제거할 수 있는(그리고 당연히 그렇게 해야만 하는) 억압의 형태에 대한 치유로서 간주되고 있지 않다는 점을 주목해 보는 것은 중요하다. 반대로, 이러한 권리들은 종종 '본질적'(inherent)이며, 그래서 영구적 권리로 기술되고 있다(이것은 바로 소수민족들이 이러한 권리들을 헌법에 정착시키고자 하는 하나의 이유이다).

2. 다인종문화적 권리(Polyethnic rights). 앞에서 언급한 것처럼, 지난 30년간 이민자 집단들은 '앵글로 동화주의' 모델(the 'Anglo-conformity' model)에 성공적으로 도전해 왔다. 이 모델은

25) Gurr 1993 : viii; cf. Nietschmann 1987.

이들 이민자 집단들이 자신들의 인종문화적 유산의 모든 양상을 포기하고 새로운 사회의 기존 문화적 규범과 관습들에 동화되어야만 한다는 것을 가정하고 있었다. 처음에는 이러한 도전은 단순히 주류사회에서 편견이나 차별의 두려움 없이 자신들의 특수성을 자유로이 표현할 수 있는 권리를 요구하는 형태를 띠었다. 그것은, 왈쩌가 언급하였던 것처럼, '정치는 민족성과 분리되어야만 한다. – 마치 정치가 종교로부터 분리되었던 것처럼 –'는 요구였다(Walzer 1982: 6–11).

그러나 인종문화적 집단들의 요구들은 중요한 방향으로 확장되어 왔다. 특히 가시적인 소수자집단들에 대한 차별과 편견을 근절하기 위해 적극적 조치들이 필요하다는 것은 명백하게 되었다. 이러한 이유로, 반인종주의 정책들(anti-racism policies)이 캐나다와 오스트레일리아에서 '다문화주의' 정책('multiculturalism' policy)의 일부로 간주되었는데, 예를 들어 소수자집단들의 역사와 기여를 인정하기 위하여 교육과정에 대한 변화들이 나타났다. 그렇지만, 이러한 정책들은 우선적으로 공통적 시민권(the common rights of citizenship)의 효과적인 행사를 보장하는데 초점이 맞추어져 있어, 사실상 집단차별적 시민권리(group-differentiated citizenship rights)라고는 할 수가 없다.

일부 인종문화적 집단들과 종교적 소수자집단들은 또한 자신들의 문화적 관행에 대해 다양한 형태의 공적 자금 지원을 요구해 왔다. 여기에는 인종문화적 단체, 잡지 및 축제들에 대한 자금지원 등이 포함된다. 대부분의 자유적 국가들이 우리의 문화적 자원의 풍요성과 다양성을 보존할 목적으로 예술과 박물관에 대한 자금

지원을 하고 있는 점을 감안할 때, 인종문화적 연구와 인종문화적 단체들에 대한 자금지원은 이러한 범주에 해당된다고 간주할 수 있다. 사실상, 일부 사람들은 이러한 자금 지원을 단순히 인종문화적 집단들이 예술과 문화에 대한 국가 자금 지원에서 차별을 받지 않도록 하는 것을 보장하기 위한 하나의 방법으로서 옹호한다. 일부 사람들은 공적 자금 기구들이 전통적으로 유럽적 전통의 문화적 표현 형태를 편향적으로 선호하여 왔으며, 인종문화적 집단들에 초점을 맞추는 프로그램들은 이러한 편견을 치유할 수 있다고 생각한다. 하나의 연관된 요구 – 5장에서 길게 논의될 것인데 – 는 학교에서 이민자 언어 교육의 제공 요구가 있다.

아마도 가장 논란이 되는 인종문화적 집단들의 요구는, 자신들의 종교적 관행을 전제하여, 자신들에게 불리한 법과 규칙들의 적용에 대한 면제를 요구하는 것이다. 예를 들어, 영국에서 유대인과 이슬람교도들이 일요일 휴무 또는 동물 도살 법으로부터 면제를 요구해 왔다. 캐나다에서는 시크족 사람들(Sikh men)이 자신들의 터번을 착용할 수 있도록, 오토바이 헬멧 착용법과 경찰인력들의 공식 복장 규정으로부터의 면제를 추구해 왔다. 미국에서는 정통파 유대인들(Orthodox Jews)은 군복무기간 동안 야물카(the yarmulka)를 착용할 수 있는 권리를 요구해 왔으며; 프랑스에 있는 젊은 이슬람교도 여성들은 **차도르**(*chardor*)를 착용할 수 있도록 학교복장규정에서 예외를 요구해 왔다.[26)]

26) 영국적 맥락에서 이러한 권리들에 관한 논의로, Parekh 1990 : 705 ; 1991 : 197-204 ; Modood 1992 ; Poulter 1987을 참조하라. 캐나다의 경우, E. Kallen 1987 : 325-32을 참조하라. 미국의 경우, Minow 1990*b* ; Sandel 1990을 참조하라. 프랑스에서의 이슬람교도 여학생들에 관해, Galeotti 1993을 참조하라. 이러한 조치들이 순전히 '상징적'(symbolic)이라고 종종 말해진다. 그러나 고용에 관계된 조치들은 매우

이러한 집단특수적 조치들은 – 나는 이것을 '다인종문화적 권리들'(polyethnic rights)이라고 부르고자 하는데 – 인종문화적 집단들과 종교적 소수자집단들로 하여금 자신들의 문화적 특수성을 표현하고, 그것이 지배적 사회의 경제 및 정치적 제도들에서 자신들의 성공에 장애가 되지 않고 자랑스럽게 생각할 수 있도록 도와주는 것을 지향하고 있다. 자치권리처럼, 이러한 다인종문화적 권리들은 일시적인 것으로 간주되지 않는다. 그 이유는 이러한 조치들이 보호하고자 하는 문화적 차이들은 우리가 제거하고자 하는 그런 종류의 것이 아니기 때문이다. 그러나 내가 5장과 9장에서 논의하는 것처럼, 자치권과는 달리, 다인종문화적 권리들은 보통, 자치가 아닌, 보다 광범위한 전체사회로의 통합을 증진시키려는 것을 의도하고 있다.

3. 특별 대표 권리들(Special representation rights). 소수민족과 인종문화적 집단들에 대한 전통적 관심은 자치 아니면 다인종문화적 권리중의 하나와 관련되어 왔지만, 여타의 비인종문화적 사회집단들뿐만 아니라 이러한 집단들에 의해 특별대표권리의 개념에 입각한 새로운 관심이 증대되어 왔다.

전 서방세계의 민주주의 국가들을 보면, 그 정치과정이 인구의 다양성을 반영하고 있지 못하다는 의미에서, '비대표적'(unrepresentative)이라는 우려가 증대되고 있다. 이러한 국가들의 대부분에서 입법기관들은 중산층의 신체 건강한 백인들에 의해 지배되고 있다. 보다

실질적이라 할 수 있다. 이것은 단순히 이들의 '삶의 스타일'(lifestyles)이 아닌 사람들의 '삶의 기회'(life chances)에 영향을 미치기 때문이다.

대표적인 과정이라면 인종문화적 및 인종적 소수자들, 여성, 가난한자, 장애자 등등을 포함할 수 있을 것이라고 말해진다. 역사적으로 혜택 받지 못한 집단들의 과소대표(under-representation) 문제는 일반적 현상이다. 미국과 캐나다의 경우, 여성, 인종적 소수자 및 토착민 집단들은 모두 이들의 인구적 비중을 감안하여 볼 때 이들이 차지하여야 할 의석의 1/3 보다 적게 차지하고 있다. 장애를 지닌 사람들과 경제적으로 불리한 계층 역시 심각하게 과소대표되고 있는 실정이다.27)

이러한 정치과정을 개혁하는 하나의 방법은 정당들이 보다 포용적이 되게끔 하는 것이다. 이러한 방법의 하나는 여성, 인종문화적 소수자, 또는 빈곤층이 정당 후보자나 정당지도자가 되는 것을 방해하는 그러한 장애들을 줄이는 것이다. 다른 하나의 방법은 특정형태의 비례대표제(proportional representation)를 채택하는 것이다. 이것은 후보자에 대한 보다 광범위한 포용성 문제와 역사적으로 결부되어 왔다.

그렇지만, 입법부에서 일정 수의 의석들을 불리한 계층이나 소외된 집단들을 위해 보류시켜 두어야만 한다는 발상에 대한 관심이 증대되고 있다. 예를 들어, 샬럿타운 협정에 관한 캐나다에서의 논의 기간 동안에, 여성, 인종문화적 소수자, 공식언어 소수자들, 그리고 원주민들(Aboriginals)의 보장된 대표(the guaranteed representation)를 요구하는 일정수의 권고안들이 만들어졌다.

집단대표 권리들은 해당 집단의 견해와 이익들이 효과적으로 대

27) 미국에서 흑인과 히스패닉 주민(Hispanics)의 과소대표에 관한 통계로, C. Davidson 1992 : 46을 참조하라. 캐나다에서 다양한 사회적 집단들의 대표에 관한 통계로, RCERPF 1991 : 93-6과 192를 참조하라.

표되는 것을 불가능하게 만드는 정치과정에서 나타나는 일부 체계적인 불리나 장애에 대한 반응이라고 종종 옹호되고 있다. 이러한 권리들이 억압이나 체계적 불리에 대한 반응이라고 간주되고 있는 한, 이것들은 특별 대표에 대한 필요가 더 이상 존재하지 않는 사회로 가는 하나의 잠정적 조치 – 일종의 정치적 '적극적 배려 조치'(a form of political 'affirmative action') – 로 가장 설득력 있게 간주된다. 사회는 그러한 억압과 불리를 제거하는 것을 추구해야 하며, 그렇게 함으로써 이러한 권리들에 대한 필요성을 제거할 수 있는 것이다.

그렇지만, 집단에 적용되는 특별 대표 권리의 쟁점은 아주 복잡하다. 그 이유는 특별 대표는 억압에 근거하여 옹호되기 보다는 자치의 당연한 결과(a corollary of self-government)로 종종 옹호된다. 해당 소수자집단과 상의하지 않거나 이들의 동의를 보장하지 않고서 일부 외부적 실체가 이들의 권한들을 일방적으로 개정하거나 폐지한다면, 자치에 대한 소수자집단의 권리는 심각히 약화될 것이다. 따라서 소수민족에게 자신의 자치의 권한들을 해석하거나 수정할 수 있는 어떤 체제(예를 들자면, 연방대법원 the Supreme court)에 대한 대표권을 보장해야 한다는 것은 자치의 당연한 결과로 여겨질 수 있다. 자치의 요구가 본질적이고 영구적인 것으로 간주되기 때문에, 그래서(억압에 근거한 보장과는 달리) 이 (자치)로부터 자연스럽게 도출되는 대표의 보장은 역시 그렇다(본질적이고 영구적이라)고 할 수 있다.[28)]

28) 자치권이 권력분할을 협상하고, 해석하고, 수정할 수 있는 정부간 기구들에 관한 보장된 대표를 포함하긴 하지만, 해당 자치적인 단체가 연방 기구들의 결정에 구속되지 않는 한, 순수한 연방 관할권의 분야에서의 입법을 담당하는 연방기구들에 대하여는 축

이것이 바로 문화적 차이들을 수용하기 위해 사용되는 세 가지 장치에 대한 간략한 그림이다. 이 세 가지 모두는 이후의 장들에서 보다 상세히 검토될 것이다. 사실상 모든 현대 민주주의는 이러한 장치들의 하나 또는 그 이상을 채택하고 있다. 분명한 것은 이 세 종류의 권리들이 중첩될 수 있다는 것이다. 즉 일부 집단들은 한 종류의 권리뿐만 아니라 그 이상을 요구할 수 있을 것이다. 예를 들어, 토착민 집단들은 자신들의 불리한 입장에 입각하여 중앙정부에서의 특별 대표권은 물론, '집단적 인민'(people) 또는 '민족'(nation)으로서의 자신의 지위에 입각하여 다양한 형태의 자치권을 동시에 요구할 수도 있을 것이다. 그러나 이러한 권리들이 꼭 함께 추구되어야 할 필요는 없다. 장애자들과 마찬가지로, 억압된 집단은 특별대표권을 추구할 수 있지만, 그러나 자치나 또는 다인종문화적 권리를 주장해야 할 근거는 없다. 역으로 말해, 경제적으로 성공한 이민자 집단은 다인종문화적 권리들을 추구할 수 있지만, 그러나 특별대표권이나 자치정부를 요구할 근거는 없다.

나는 아직 이러한 권리들을 옹호하기 위한 언급을 하지 않았다. 5장과 6장에서 이러한 권리들에 대한 (제한적)옹호를 제공하고자 한다. 그러나 우리는 먼저 개인적 권리들과 집단적 권리들의 관계에 관한 일부 혼동된 점들을 먼저 지적할 필요가 있다. 이것이 다음 장의 주제이다.

소된 대표(reduced representation)를 이 자치권이 또한 함유할 수도 있을 것이다. 나는 자치와 대표의 관계를 7장에서 논의하려 한다.

제3장

개인적 권리와 집단적 권리

자유민주주의의 가장 기본적인 공약은 그의 시민들 개개인의 자유와 평등에 대한 것이다. 이것은 헌법적인 권리장전(constitutional bills of rights)에 반영되어 있다. 이 헌법적 권리장전은 이들의 집단적 귀속성(group membership)에 상관없이 모든 개인들에게 기본적인 시민 및 정치적 권리들을 보장하고 있다. 사실상, 자유민주주의는, 부분적으로, 봉건주의가 개인들의 정치적 권리와 경제적 기회를 집단적 귀속성에 입각하여 규정하였던 방식에 대한 반작용으로 나타났다.

그러면 자유주의자들은 인종문화적 소수집단 및 소수민족들에 의해 제기되는 집단차별적 권리들에 대한 요구를 어떻게 수용할 수 있는가? 왜 특정 집단들의 구성원들이 다른 집단의 구성원들이 가지지 못하는 토지, 언어, 대표 등에 관한 권리들을 가져야만 하는가? 많은 사람들에게는 집단차별적 권리의 개념이 자유주의의 발상과 상반되는 철학이나 세계관에 근거하고 있는 것처럼 여겨진다. 그것은 개인들의 지위 보다는 집단들의 지위에 더 많은 관심을 기울이고 있는 것으로 여겨진다. 더욱이, 그것은 개인들을 자신의 고유한 정체성과 인생의 목표들을 스스로 규정할 수 있는 자율적 인격체가 아닌 집단의 정체성과 목표를 단순히 수행하는 존재로 간주하고 있는 것으로 여겨진다. 간단히 말해, 집단차별적 권리들은 개인적 자유와 평등에 대한 자유주의적 신념 보다는 집단주의적 또는 공동체주의적 전망을 반영하고 있는 것처럼 보인다.

이러한 것은 잘못된 인식이라 할 수 있다. 이러한 인식은 다음의 몇몇 장들에서 내가 분류해 내고자 하는 일련의 혼동들에 기초하고 있다. 나는 여러 가지 형태의 집단차별적 시민권(group-differentiated citizenship)이 자유(5장)와 평등(6장)의 자유주의적 원칙들과 양립할 수 있다는 것을 보여주고자 한다. 그러나 우리는 먼저 집단차별적 권리의 성격에 관한 몇몇 통속적인 오해들을 해소할 필요가 있다.

2장에서 대략 제시된 다양한 형태의 집단차별적 시민권은 종종, 주창자와 비판자 모두에 의해, '집단적 권리들'(collective rights)로 묘사된다. 이 용어는 상당히 오해의 소지가 있다. 한 가지를 들자면, 집단적 권리의 범주라는 것이 아주 광범위하고 동시에 이질적이라 할 수 있다. 그것은 노조와 기업체의 권리들; 집단소송(class-action suits)을 제기할 권리; 청정한 공기에 대한 모든 시민들의 권리 등등을 포함할 수 있다. 이러한 권리들은 별반 공통성이 없으며, 집단차별적 시민권의 개념을 '집단적 권리들'의 제목 하에 발생하는 무수한 다른 쟁점들과 뭉뚱그려 일괄적으로 취급하지 않는 것이 중요하다.

보다 중요한 것은, 집단적 권리라는 용어가 사람들로 하여금 집단차별적 시민권과 개인적 권리간의 관계에 대한 잘못된 가정들을 갖도록 조장하는 측면이 있다는 점이다. 집단적 권리들이, 개인들에 의해 행사되는 권리들에 대한 반대 개념으로서, 집단성에 의해 행사되는 권리이며, 그리고 전자가 후자와 갈등한다고 가정하는 것은 자연스러운 일이다. 우리가 앞으로 살펴보겠지만, 이러한 가정들은 다양한 형태의 집단차별적 시민권에는 적용되지 않는다. 집단차별적 시민권과 개인적 권리간의 관계는 사실상 아주 복잡하게 얽혀있으며, 우리는 이 모든 미묘성을 포착할 수 있는 용어를 발견할 필요성이 있다.

1. 내부적 제재와 외부적 보호

많은 자유주의자들은 인종문화적 및 민족적 집단들에 의해 요구되는 '집단적 권리들'이, 그 용어의 정의상, 개인적 권리들에 유해할 수 있다는 점을 두려워한다. 이러한 견해가 전 수상 피에르 투르도(former Prime Minister Pierre Trudeau)에 의해 캐나다에서 유행하여 왔다. 그는 자신은 '개인의 우선성'(the primacy of the individual)을 신봉하고 있으며, 그리고 '단지 개인만이 권리의 소유자가 될 수 있다'(only the individual is the possessor of rights)고 말을 하면서, 퀘벡을 위한 자치권에 대한 반대를 설명한 바 있다.(Trudeau 1990: 363-4).

그렇지만, 개인적 권리 대 집단적 권리에 관한 이러한 수사는 도움이 되지 않는다. 인종문화적 또는 민족적 집단이 제기하는 두 가지 종류의 주장을 구분할 필요가 있다. 첫 번째 주장은 자신의 구성원들에 대한 집단의 요구와 관계되며; 두 번째 주장은 보다 큰 전체사회에 대한 집단의 요구와 관계된다. 두 가지 주장 모두 민족적 및 인종문화적 공동체들의 안정성을 보호하는 것으로 간주될 수 있다. 그러나 이 양자는 상이한 불안정성의 근원들에 대한 반응이라고 할 수 있다. 첫 번째 종류는 해당 집단을 **내부적 반대**(*internal dissent*)(예를 들자면, 전통적 관행이나 관습을 준수하지 않으려고 하는 개인들의 결정)로 인한 불안정적인 영향으로부터 보호하는 것을 염두에 두고 있다. 반면, 두 번째 종류는 해당 집단을 **외부적 결정**(*external decisions*)(예를 들어, 보다 큰 전체사회가 내리는 경제적 또는 정치적 결정들)의 영향으로부터 보호하는 것을 염두에 두고 있다. 이 두 종류의 주장을 구분하기 위해, 나는 첫 번째를 '내부적 제재'(internal restrictions)로, 그리고 두 번째를 '외부적 보호'(external protections)로 부르고자 한다.

이 양자 모두 '집단적 권리'라 명명되지만, 이 둘은 아주 상이한 쟁점들을 제기한다. 내부적 제재는 집단내의 관계에 해당 된다 – 인종문화적 및 민족적 집단은 집단 연대성(group solidarity)의 명목으로 자신의 구성원들의 자유를 제한하기 위해 국가권력의 행사를 추구할 수 있다. 이것은 개인적 억압의 위험성을 제기한다. 이러한 의미에서 '집단적 권리'에 대한 비판자들은 종종 신정적이고 가부장적 문화(theocratic and patriarchal cultures)의 이미지에 호소한다. 이러한 문화에서는 여성들은 억압을 받고 있으며 종교적 정통성이 법적으로 강행될 수 있다. 이러한 것은, 주장된 집단성의 권리들이 개인의 권리보다 우선성을 부여받을 때, 발생할 수 있는 예이다.

물론, 모든 형태의 정부와 모든 정치적 권위의 행사는 그러한 권위에 예속되는 자들의 자유를 제한하는 것과 관계된다. 모든 나라에서, 얼마나 자유롭고 민주적인가를 불문하고, 사람들은 공공재를 유지하기 위해 세금을 내도록 요구된다. 대부분의 민주국가들은 또한 사람들로 하여금 배심원 의무를 수행할 것을 요구하거나, 일정 정도의 군복무나 공동체 봉사를 요구하며, 그리고 몇몇 국가들은 투표를 의무화하고 있다(예로 오스트레일리아). 모든 정부들은 그 시민들에게 최소한 수준의 시민적 책임과 참여를 기대하고, 때로는 의무적으로 요구한다.

그러나 일부 집단들은 자신의 구성원들의 자유에 대하여 훨씬 큰 제재를 부과시키려고 한다. 사람들로 하여금 배심원 의무나 투표를 의무적으로 요구하는 것은 기본적으로 특정 교회에 다니도록 하거나 또는 전통적인 사회적 성 역할을 하도록 강제하는 것과는 별개의 문제이다. 전자는 자유적 권리와 민주적 제도를 유지하기 위한 것이라면, 후자는 문화적 전통이나 종교적 정통성의 미명하에 그러한 권리들을 제한하고 있다. 이러한 논의의 목적으로, 나는 '내부적 제재'를 단지 후자의 종류의 경우에만 지칭하여 사용하고자 한다. 후자의 경우에는 집단 구성원들의 기본적인 시민적 및 정치적 권리들이 제한되고 있다.[1)]

---

1) 명백하게도, 집단들은 사적인 자발적 협회의 구성원자격의 조건으로 그러한 행위들을 자유로이 의무화시키고 있다. 한 가톨릭 단체는 그 구성원들이 교회에 다녀야만 한다고 요구할 수 있다. 그렇지만 어떤 단체가 정부권력을 이용하여 구성원들의 자유를 제한하

외부적 보호는 **집단간** 관계(*inter-group relations*)에 해당된다. - 즉 인종문화적 및 민족적 집단은 보다 광범위한 전체사회의 결정의 영향력을 제한함으로써 자신의 고유한 존재와 정체성을 보호하고자 할 수 있다. 이것 역시 특정한 위험들을 제기한다. - 집단 내의 개인적 억압의 위험이 아닌, 집단간의 불공정성의 위험. 즉 다른 집단의 고유성을 보호한다는 미명하에 어떤 한 집단이 주변화되거나 격리될 수 있다. 이러한 의미로 '집단적 권력'을 비판하는 사람들은 종종 남아프리카의 인종차별체제를 소수자집단이 보다 광범위한 전체사회로부터 특별한 보호를 요구하였을 때 발생할 수 있는 예로서 거론한다.

그렇지만, 외부적 보호는 그러한 부정의를 야기시킬 필요가 없다. 특별 대표권리, 토지의 요구, 또는 언어권을 소수자집단에 부여하는 것은 해당 집단이 다른 집단을 지배할 수 있는 입장에 처하게 할 필요도 없으며, 종종 그렇게 되지도 않는다. 반대로, 내가 6장에서 논의하는 것처럼, 그러한 권리들은 다양한 집단들을 보다 평등한 입장에 설 수 있도록 하는 조치로 간주될 수 있다. 즉 보다 작은 집단이 보다 큰 집단에 취약할 수 있는 정도를 감소시킴으로써 보다 평등한 위치에 설 수 있게 한다.

내부적 제재들은 문화적으로 동질적인 나라들에서 존재할 수 있으며 또 존재한다는 점을 주목해 보라. 내부적 이탈로부터 문화적 관행을 보호하고자 하는 갈망은 모든 문화, 심지어는 동질적인 민

고자 한다면 문제가 발생한다. 자유주의자들은 공동체 내에서 정치권력을 행사하는 자라면 그 누구라도 그 구성원들의 시민적 및 정치적 권리들을 존중해야만 하며, 이러한 조건을 위반하는 내부적 제재를 부과하려고 하는 시도는 그 정당성을 상실한다고 주장한다.

족국가에서 조차 어느 정도 존재한다. 그렇지만, 외부적 보호는 다민족 또는 다인종문화 국가들에서만 발생할 수 있다. 그 이유는 외부적 보호는 보다 광범위한 전체 사회의 결정들이 미치는 불안정적 영향으로부터 특정한 인종문화적 또는 민족적 집단을 보호하기 때문이다.[2)]

이러한 두 가지 주장들은 반드시 함께 요구될 필요는 없다. 일부 인종문화적 또는 민족적 집단들은 자신의 구성원들에게 법적으로 강행할 수 있는 내부적 제재를 부과하지 않고서도 보다 광범위한 전체사회에 대항해 외부적 보호를 추구할 수 있다. 다른 집단들은 보다 광범위한 전체사회에 대해 어떤 외부적 보호도 요구하지 않지만, 자신의 구성원들의 행동에 대한 광범위한 권한을 추구한다. 그렇지만, 또 다른 집단들은 두 가지 종류의 주장 모두를 할 수 있다. 이러한 차이들은 근본적으로 다른 개념의 소수자집단권리들에 이르게 하며, 어떤 집단이 어떤 종류의 주장을 하고 있는지를 판별하는 것은 중요하다. 다음에 오는 세 장들의 결론들을 미리 보여주자면, 나는 자유주의자들은 집단간의 공정성을 증진시키는 일정한 외부보호를 지지할 수 있어야하며 또 그렇게 해야만 하지만, 전통적인 권위와 관행에 의문을 제기하고 수정을 요구하는 집단 구성원의 권리를 제한하는 내부적 제재들을 거부해야만 한다고 주장하

---

2) 외부적 보호의 유사한 주장들은 비인종문화 집단들에 의해 주장될 수 있다. 여성, 동성애자(gays and lesbians) 또는 장애자들을 위한 수많은 집단특수적 권리들이 외부적 보호의 형태를 제공해 주는 것으로 간주될 수 있다. 그 이유는 이러한 권리들이 해당 집단들이 다수자들의 결정들에 의해 취약해지거나 불리해지게 되는 정도를 축소시켜 줄 수 있기 때문이다. 더욱이, 6장, 4절에서 논의한 바와 같이, 국가(the state) 그 자체가 보다 광범위한 전체 세계로부터 외부적 보호를 형성하고 있다는 의식이 있다. 그렇지만, 이 장에서 나는 단지 동일한 국가내의 보다 큰 다른 집단들의 결정으로부터의 보호를 요구하는 인종문화적 및 민족적 집단들의 요구에만 초점을 맞추고자 하며, (내부적 제재와는 달리) 이러한 요구들은 다원주의적 사회에서 발생할 뿐이다.

고자 한다.

만약에 어떤 집단이 내가 2장에서 거론하였던 세 가지 종류의 집단차별적 권리들(자치권, 다인종문화적 권리, 특별대표권) 중의 하나를 요구한다면, 그들은 내부적 제재를 부과하려고 하는가 아니면 외부적 보호를 획득하고자 하는 것인가? 그것은 경우에 따라 다르다. 이러한 집단차별적 권리들은 상황에 따라서는 두 가지 목적 모두의 달성에 기여할 수 있다. 나는 이러한 권리들이 어떻게 외부적 보호를 제공할 수 있으며, 그리고 또 이것들이 내부적 제재를 어떻게 부과할 수 있는지를 논의함으로써 시작하고자 한다.

이 모든 세 가지 종류의 집단차별적 시민권은 외부적 보호를 제공할 수 있도록 사용될 수 있다. 즉 각각의 형태는, 비록 각각 상이한 방법으로 상이한 외부적 압력들에 반응하긴 하지만, 보다 광범위한 전체사회의 경제적 또는 정치적 권력으로부터 소수자집단을 보호하는데 도움을 준다.

- 보다 광범위한 전체사회의 정치제도내에서의 특별 집단대표 권리들은 전국적 범위의 근거에 입각하여 내려지는 결정들에 있어 소수민족 또는 인종문화적 소수집단이 보다 덜 무시될 수 있도록 하여준다.
- 자치권은 보다 적은 정치단위로 권력이 양도됨으로써, 소수민족이 교육, 이민, 자원개발, 언어 및 가족법의 쟁점들처럼, 자신의 문화에 특별한 중요성을 지니는 결정들에 관해 다수자들에 의해 수적으로 압도되거나 패배당하지 않도록 하여 줄 수 있다.

• 다인종문화적 권리들은 시장기제를 통해서는 적절히 유지되기 어려울 수 있는 특수한 종교적 및 문화적 관행들을 보호해 주거나(예를 들어, 이민자 언어 프로그램이나 예술집단에 대한 재정지원), 또는 기존의 입법으로 인해 (종종 비의도적으로)불리한 입장에 처하게 된 종교적 및 문화적 관행들을 보호해 준다(예를 들어, 종교적 신념과 상충되는 일요일 휴무 입법이나 복장 규정에 대한 예외의 허용).

이러한 세 가지 형태의 집단차별적 권리들의 각각은 보다 광범위한 전체사회의 경제적 압력과 정치적 결정들에 대한 소수자집단들의 취약성을 완화시켜주는데 도움이 된다. 일부 소수민족과 인종문화적 소수집단들은 단순히 이러한 종류의 외부적 보호를 위해 집단차별적 권리들을 추구한다. 이러한 집단들은 자신들의 존속에 필요한 조건들을 이들에게서 박탈하지 않도록 보장하는 것에 관심을 지닌다. 즉 이들은 자신의 구성원들이 비전통적 또는 비정통적 관행에 개입하는 정도를 통제하는 데에는 관심이 없다.

이러한 상황 하에서는, 외부적 보호와 집단구성원의 개인적 권리간에는 필연적인 충돌이 없다. 그러한 외부적 보호의 존재는 다수자들과 소수자집단들간의 관계에 관하여 우리에게 말해 준다. 그렇지만, 인종문화적 또는 민족적 집단과 그 구성원간의 관계에 관하여는 전혀 말해주지 않는다. 이러한 외부적 보호를 지니는 집단들은 자신의 구성원들의 시민적 및 정치적 권리들을 충분히 존중할 수도 있다. 사실상, 나는 5장에서 이러한 조치들이 개인적 구성원의 자유와 양립할 수 있을 뿐만 아니라, 사실상 이를 증진시킬 수 있다고 주장하려 한다.[3]

그렇지만, 다른 집단들은 내부적 이견을 통제하는데 관심이 있으며, 그 구성원들에게 내부적 제재를 부과하기 위해 집단차별적 권리들을 추구한다. 자치권과 다인종문화적 권리 양자 모두, 어떤 상황 하에서는, 소수자집단의 구성원들의 권리를 제한하는데 사용될 수 있다.

이러한 가능성은 토착민들이 요구하는 자치의 주장의 맥락에서 종종 제기되어 왔다. 예를 들어, 자신들의 자치의 일부로서, 미국에 있는 부족회의들(tribal councils)은 미국의 권리장전에 열거된 권리들을 존중해야 하는 통상적인 헌법적 요구로부터 역사적으로 면제되어 왔다. 1968년의 인디언 시민권리법(the 1968 Indian Civil Rights Act)하에서, 부족정부들(tribal governments)은 이제는 이러한 개인적 권리들의 대부분(그렇지만 전부가 아닌)을 존중할 것이 요구되고 있다. 그렇지만, 부족회의의 행위들에 대한 사법심사(judicial review)에는 여전히 제약들이 존재한다. 만약 한 인디언 부족의 사람이 자신의 권리가 그 부족회의에 의해 침해를 받았다고 느낀다면, 당사자는 부족법정에서 구제를 요구할 수 있지만, 연방대법원으로부터는 (아주 예외적인 상황을 제외하고는) 구제를 요구할 수 없다.

유사하게, 캐나다에 있는 인디언 집단들(Indian bands)은 자신들의 자치 집단회의들(self-governing band councils)이 캐나다의 권리와 자유 헌장(the Canadian Charter of rights and

3) 이러한 조치들은, 소수자 공동체와 그 자원에 관한 경제적 또는 정치적 결정들을 할 수 있는 비구성원의 능력을 제한함으로써, 비구성원의 자유를 제한하는 것을 함유하기도 한다. 그러나 내가 6장에서 논의하겠지만, 이것은 소수자 공동체와 다수자 공동체들의 구성원간의 공정성을 증진시키는 조치로 간주될 수 있다. 이것은 개인에 대한 집단의 우선성이 아닌, 집단간의 정의의 문제이다.

Freedoms)에 입각하여 사법심사 대상이 되어서는 안 된다고 주장해 왔다. 이들은 그 구성원들이 주류 사회의 법정에서 자신들의 집단 결정들에 대해 이의를 제기할 수 있게 하는 것을 원하지 않는다.

헌법적 권리장전의 적용에 대한 이러한 제약들은 인디언 공동체 내부의 개인들이나 하부집단들이 집단적 유대나 문화적 순수성의 미명하에 억압당할 수 있는 가능성을 낳는다. 예를 들어, 미국과 캐나다에 있는 인디언 여성들이 특정한 자치체제하에서, 만약 이러한 체제들이 성평등이라는 통상적인 헌법적 요구로부터 면제된다면, 차별을 받을 수 있다는 우려가 제기되어 왔다. 사실상, 캐나다 원주민 여성 협회(the Native Women's Association of Canada)는, 자신들의 보호구역에서 성차별의 위험에 대해 우려하면서, 원주민 정부(Aboriginal governments)의 결정들은 캐나다 헌장(the Canadian Charter)에 예속되어야 한다고 요구해 왔다.[4)]

다른 한편, 많은 인디언들은 이러한 성적 억압에 대한 우려는 자신들의 문화에 대한 잘못되었거나 편견적인 전형적 형태를 반영한다고 주장한다. 이들은 인디언의 자치는 권리장전/헌장(the Bill/Charter of Rights)으로부터 면제될 필요가 있다고 주장한다. 그것은 인디언 공동체내의 여성의 자유를 제한하기 위해서가 아니라, 보다 광범위한 전체사회로부터 인디언의 **외부적** 보호

4) 그렇지만, NWAC는, 만약 성평등을 효과적으로 보호할 수 있는 미래의 원주민 헌법이 채택이 된다면, 그리고 되었을 때, 헌장심사로부터의 이러한 면제를 수용할 의향이 있다고 한다. 그리고 사실상 캐나다에 있는 다양한 원주민 집단들은 원주민 정부들을 규제할 수 있는 권리와 의무의 헌장을 준비해 오고 있다(Turpel 1989/90 : 42-4). 미국과 캐나다의 인디언 보호구역에서의 성평등에 관한 법적 보호를 둘러싼 논쟁들로, Christofferson 1991 ; Resnik 1989 ; Moss 1990 ; Turpel 1993 ; Cairns 1994를 참조하라.

(*external protections*)를 방어하기 위한 것이라고 주장한다. 보다 광범위한 전체사회의 경제적 및 정치적 결정들에 대한 자신들의 취약성을 줄이는데 도움이 되는 토지나 사냥, 또는 집단대표에 대한 특별한 권리들은 권리장전/헌장 하에서는 차별적인 것으로 일축될 수 있다는 것이다.[5)]

또한, 인디언 지도자들은 연방대법원에서 백인 판사들이 문화적으로 편향된 방식으로 특정 권리를 해석할 수 있다고 우려한다. 예를 들어, 전통적인 인디언 방식의 합의적 정치적 결정은 민주적 권리들을 부인하는 것으로 간주될 수도 있다는 것이다. 이러한 전통적인 절차들은 헌법의 근본적인 민주적 원칙 – 즉, 정당성있는 권위는 정기적 재검토를 요구하는 피치자의 동의를 요구한다는 원칙 – 을 위배하지 않는다고 한다. 그렇지만, 이들은 헌법에서 구체화된 피치자의 동의를 보장하는 특별한 방법 – 즉 대표의 정기적 선출 – 을 채택하지 않는다. 오히려, 이들은 합의적 의사결정을 보장하는 유서 깊은 특정 절차에 의존한다. 인디언 지도자들은, 백인판사들이 전통적인 인디언 관행들이 민주적 원칙들의 해석에 있어 동등한 타당성을 지니고 있는지의 여부 문제를 고려하지 않고, 자신들만의 고유한 문화적 특수형태의 민주주의를 부과시키려고 한다고 우려를 표명한다.

그래서 많은 인디언 지도자들은 권리장전/헌장으로부터의 면제

5) 예로, 인디언을 위한 대표보장은 미국헌법의 수정조항 14조(또는 캐나다 헌장의 15절)에 의해 보장된 평등권을 위반하는 것으로 간주될 수 있다. 또는 비인디언 사람들(non-Indians)이 인디언 보호구역으로의 이주권에 대한 제한 역시 그렇게 해석될 수 있다. 5장에서 논의되는 이유들로 인해, 평등권을 그러한 정책을 못하게 하는 것으로 해석하는 것은 잘못되었다고 나는 생각하지만, 이러한 근거에 의해 일부 비인디언들은 인디언 자치권과 토지권에 대해 이의를 제기하고 있다(Tsosie 1994 : 496).

를 추구하지만, 동시에 이러한 헌법적 규정들의 기초가 되고 있는 기본적 인권과 자유에 대한 자신들의 공약은 인정하고 있다. 이들은 그 원칙들을 지지하지만, 보다 광범위한 전체사회가 이러한 원칙들을 강행하기 위해 확립해 온 특수한 제도와 절차들에 대해 반대하고 있다.[6] 그래서 이들은 부족/집단 헌법(tribal/band constitutions)에서 규정된, 자신들만의 인권보호 절차를 만들거나 유지하려고 한다. 이것들 중의 일부는 인권에 관한 국제의정서의 조항들에 근거하고 있다. 일부 인디언 집단들은, 모든 주권국가의 정부처럼 자신들의 정부도 국제인권재판소(예를 들어 유엔인권위원회 the United Nations' Human Rights Commission)에 해명의무가 있다는 사실 또한 인정해 왔다. 이들이 반대하는 것은 자신들의 자치결정들이 지배적 사회의 연방법정 - 역사적으로, 식민화와 인디언 인민집단들과 토지들의 박탈을 인정하고 정당화 해온 법정들 - 에 예속되어야 한다는 점이다.

간단히 말해, 많은 인디언 집단들 - 자신들의 자치에 대한 연방사법심사에 반대하는 사람들조차도 - 은 내부적 제재들을 부과하려고 하지 않는다. 그렇지만, 일부 중요한 예외들이 있다. 자치적인 토착민 집단들 중에서 하나의 비교적 명백한 내부적 제재의 예

---

6) 카렌스(Carens)가 언급하였듯이, '사람들은 다양한 구체적인 제도들을 통해 정의의 원칙의 구현을 경험하도록 되어 있다. 그러나 이들은 그 제도의 많은 것을 실제로 경험할 수 있을지 몰라도, 그 원칙에 대해서는 별로 경험하지 못한다'(Carens 1994: 39). 이것이야 말로 캐나다의 많은 원주민들이 캐나다 헌장과 연방대법원을 어떻게 인지하고 있는지를 아주 잘 묘사해 주고 있다. 이들은 사법체제의 의식과 절차들을 경험하지만, 기초가 되고 있는 정의원칙과 인권에 대해서는 그렇게 많이 경험하지 못한다. 인디언 자치에 대한 헌법적 권리의 적용에 관한 논의로, Turpel 1989-90 ; Boldt 1993 : 147-56 ; Boldt and Long 1984; Ball 1989 : 2308-9 ; Resnik 1989 : 725-42 ; Tsosie 1994 ; 그리고 *Arizona Law Review*, 30/3(1988)에 있는 로버트 로렌스(Robert Laurence)와 로버트 윌리엄스(Robert Williams) 간의 토론을 참조하라.

는 미국 인디언 부족인 푸에블로 족(the Pueblo)과 종교의 자유와 관련되어 있다. 이들은 권리장전에 예속되지 않기 때문에, 부족 정부들은 교회와 국가의 엄격한 분리를 준수할 필요가 없다. 푸에블로 족은 부족 종교를 공유하지 않는 구성원들을 차별하는 신정정부(a theocratic government)를 확립하여 왔다. 예를 들어, 신교(Protestantism)로 개종한 공동체의 구성원들에게는 주택지원혜택(housing benefits)이 거부되었다. 이 경우에, 자치 권한이 전통적 관행들을 문제시하고 수정할 수 있는 구성원들의 자유를 제한하는데 사용되고 있다는 것은 의문의 여지가 없다.[7)]

토착민 또는 소수민족을 위한 자치가 기본적인 개인권리들의 억압으로 연결될 수 있는 가능성을 외부의 사람들이 평가한다는 것은 종종 매우 어렵다. 억압을 확인한다는 것은 특히 다른 문화들을 다룰 때에는, 특수한 상황에 대한 민감성을 요구한다. 나는 8장에서 이 문제와 사법심사의 문제들에 관해 다시 논의하겠다.

다인종문화적 권리들 역시 내부적 제재들을 부과하는데 이용될 수 있다. 이민자 집단들과 종교적 소수자집단들은, 원칙상, 그 구성원들에게 전통적인 문화적 관행들을 부과할 수 있는 법적 권한을 추구한다. 인종문화적 집단들은 법정 연령에 도달하기 전에, 자신의 어린이가 해당 공동체를 떠날 수 있는 가능성을 축소시키기 위해, 아이들을 학교로부터 데려 나올 수 있는 권리를 요구하거나; 합리적인 동의에 관한 기존의 법들을 위반하는 여아할례

7) 이러한 경우에 대한 토론으로, Weston 1981 ; Svensson 1979를 참조하라. 뉴질랜드에 있는 일부 마오리 지도자들은 자신의 구성원들이 전통적 관행을 유지해야 하는 유사한 의무를 지니고 있다고 주장한다(Sharp 1990 : 249). 집단의 구성원들이 그러한 '충성의 의무'(duties of loyalty)를 가지며, 그래서 내부적 제재들을 부과하는 것은 때때로 정당화될 수 있다는 주장에 대한 (제한적인)옹호로, Nickel 1994 : 95-7을 참조하라.

(clitoridectomy)나 강제적 중매결혼과 같은 관행을 유지할 수 있는 권한을 요구할 수 있다. 자신의 아내가 가정 바깥에 직업을 가졌다는 이유로 이들을 때리고, 그리고 그러한 아내 학대가 자신의 본 고향에서는 법적으로 인정되는 관행으로 받아들여지고 있다는 사실을 이용하였던 남편들이 있었다. 보다 일반적으로, '극단적 논리의 형태를 띤 다문화주의'(multiculturalism taken to its logical extreme)는, 심지어 전통적 관행들이 기본적 인권과 헌법적 원칙들과 상충적일 경우에서 조차도, 각 인종문화적 집단으로 하여금 그 구성원들에게 자신의 법적 전통들을 부과하도록 허용하는 것을 정당화시킬 수 있는 위험이 있다(Abu-Laban and Stasiulus 1992: 379).

그러한 내부적 제재로부터 오는 개인적 인권에 대한 위협은 현실적으로 나타날 수 있는 가능성이 충분하다. 그러나 그러한 억압적인 관행을 허용하는 것이 주요 이민 국가들에서의 현행 '다문화주의' 정책의 '논리적' 연장이라고 말하는 것은 잘못이다. 현존 정책들은 이민자들로 하여금, 자신들이 그렇게 하기를 원한다면, 자신들의 인종문화적 정체성을 표현하고, 그리고 동화를 목적으로 이들에게 부과하는 외부적 압력의 일부를 축소시킬 수 있도록 하는 것을 목표로 하고 있다. 그러한 목적을 수용하는 한편, 그 구성원들이 원하지 않는 관행을 집단들이 강요할 권리를 부정한다면 이것은 논리적으로 완벽하다고 할 수 있다. 캐나다, 오스트레일리아, 미국의 공공정책의 기초가 되고 있는 다인종문화성 모델은 이민자들이 자신의 인종문화적 정체성을 유지할 것인가의 여부를 스스로 결정할 수 있는 능력을 도와준다. 인종문화적 집단들이 그러한 정체성을 받아들이거나 거부할 수 있는 개인들의 자유를 규제할 수 있는 어떤 능력을 갖추어야 한다는 데 대해서는 어떠한 시사도 없다. 이처럼, 공공정책은 (아주 일관성 있게) 일부 외부적 보호들을 지지해주고, 동시에 내부적 제재들을 거부하고 있다 (Government of Canada 1991*b*: 11).

더욱이, 소수자집단 구성원 자신들 가운데에서도 내부적 제재의 부과를 지지하는 경우는 별로 없다. 서구 민주국가들내의 주류 이민당국들이 그러한 정책들을 추구해 온 것은 극히 드물다.[8] 다인종문화적 권리들에 대한 대부분의 요구는 보다 광범위한 전체사회에 대한 외부적 보호의 입장에서 옹호되고, 그리고 그러한 형태를 띠고 있다.

물론, 일부 집단들은 내부적 제재들을 요구한다. 이것은 이민자 집단 그 자체 보다는 특별히 종교적 공동체의 경우에는 사실이라고 할 수 있다. 예를 들어, 미국은 수세기 동안 지속되어온 기독교적 종파의 하나인 아미쉬파(the Amish)에게 어린이 의무교육에 관한 법률을 면제해주고 있다. 캐나다 역시 오랫동안 존속해온 일정 수의 기독교 종파들(메노파 Mennonites, 두호보르파 Doukhobours, 후터파 Hutterites)에게 유사한 면제를 해주고 있다. 이러한 종파들의 구성원들은 법적 연령 16세가 되기 전에 학교교육으로부터 자신의 아이들을 철회시킬 수가 있으며, 또한 통상

---

8) 예로, 아내의 순사(suttee)와 여성영아살해(female infanticide)의 관행들이 아직도 인도의 일부지역에서 옹호되고 있긴 하지만, 서방 민주주의 국가에서 어떠한 힌두 이민자 단체가 그러한 관행을 유지할 수 있는 자유를 추구한 적은 없다. 이러한 예들은 극단적인 경우들이지만, 일반적인 추세를 반영해 준다. 이민자들의 고국에서 깊이 뿌리내린 내부적 제재들은 종종 새로운 이민국가에서는 바람직하지 않은 것 – 심지어 생각할 수 없는 것 – 으로 되어 가고 있다. 실제 일어나고 있는 억압적 관행들의 사례(예를 들어 여성할례 emale circumcision)로 Poulter 1987을 참조하라.

적인 학교 교과과정을 가르칠 의무가 없다. 부모들은, 만약 자신의 아이들이 이러한 광범위한 교육을 받는다면, 자신들의 종파를 떠나 보다 광범위한 전체사회에 들어가고 싶은 유혹에 빠질 것을 우려한다. 이러한 집단들은 또한 집단 구성원들이 자신들의 집단을 떠날 수 있는 능력에 대해 심각한 규제들을 부과할 수 있다.[9)]

이러한 내부적 제재들이 보다 '다인종문화적' 이민 정책을 지향하는 최근의 경향의 결과가 아니라는 점은 주목할 만한 가치가 있다. 기독교 종파들에 허용된 법적 면제들은 그러한 정책이 시행되기 아주 오래 전으로 거슬러 올라가며, 최근의 이민 집단들은 그러한 면제들을 받지 못하고 있다. 예를 들어, 서방 민주주의 국가들은 아랍이나 아시아 국가들로부터 오는 이민자들이, 강제적 중매결혼, 교육이나 가족법에서의 성차별과 같이, 그 구성원들의 기본권을 제한하는 것을 함유하는 전통적 관행들을 유지할 수 있도록 해야 된다는 발상을 확고히 거부해 왔다. 가족 지위에 관한 이슬람법이 법적으로 인정되어야만 한다는 발상이, 특히 영국에 있는 이슬람 지도자들에 의해, 제안된 바 있다. 그러나 **탈라크** 이혼(*talaq* divorces)을 법적으로 인정하려는 운동이나, 결혼재산의 공평한 분배에 관한 시민법으로부터 이슬람교도들을 면제시키고자 하는 어떠한 운동도 없었다.[10)]

그래서 내부적 제재들을 요구하는 인종문화적 및 민족적 집단들

---

9) 아미쉬에 관해, *Wisconsisn v. Yoder* 406 US 210을 참조하라. 캐나다의 경우들에 관해, Janzen 1990:5-7장을 참조하라.

10) **탈라크** 이혼(a *talaq* divorce)에서, 이슬람교도 남편은 단순히 '나는 너와 이혼한다.'(I divorce you)를 세 번 반복함으로써 일방적으로 자신의 부인을 거부한다. 이슬람교도 부인은 그녀의 남편과 일방적으로 이혼할 수 있는 유사한 권리를 갖고 있지 못한다. 그러한 선언들이 법적 효력을 지니지 못한다고 규정하는 입법이 영국에서 통과된 바 있다.(Poulter 1987:601).

의 일부 경우들이 있다. 이러한 경우들에서, 즉 관계 집단은 자신의 전통적인 종교적 관행들을 보존하기 위하여 자신의 구성원들의 자유를 제한하는 법적 권한을 추구해 왔다. 이러한 집단들은 집단차별적 권리의 체제를 확립하거나 유지하는 것을 추구해 왔다. 이 집단차별적 권리는 해당 집단의 외부에서 내려진 결정들로부터 뿐만 아니라, 내부적 이견으로부터 공동체 관행을 보호하고자 하며, 이것은 종종 해당되는 보다 광범위한 전체사회의 헌법적 또는 입법적 규정으로부터의 면제를 요한다.[11)]

나는 8장에서 이러한 요구들에 관한 문제로 다시 돌아가서, 자

11) 이러한 내부적 제재는 보다 광범위한 전체사회의 영향이 소수자집단의 구성원들이 자신의 전통적인 삶의 방식을 유지하는 것을 더 어렵게 만든다는 이유로 종종 합리화되었으며; 일부 구성원들은 보다 광범위한 전체사회의 유혹적인 매력에 의해 '압력을 받고'(pressured) 있다. 내부적 이견은 종종 외부적 영향에 노출되는 결과라는 것은 의심할 여지없이 맞는다고 할 수 있다. 그러나 내부적 제재와 외부적 보호에는 근본적 차이가 여전히 있다. 외부적 보호의 의도는 사람들이 만약 **스스로 그렇게 선택한다면**(*if they so choose*) 자신의 삶의 방식을 유지할 수 있도록 보장하고 공동체 외부의 사람들의 결정에 의해 그러한 삶의 방식이 금지되지 않도록 하는 것에 있다. 내부적 제재는 강제적으로 사람들로 하여금 자신들의 전통적인 삶의 방식을 유지하도록 할 것을 염두에 두고 있다. 설사 사람들이 다른 삶의 방식이 보다 매력적이라는 사실을 알게 됨으로 인해 자발적으로 전통적인 삶의 방식을 선택하려 하지 않는 경우에도 강제적으로 그렇게 할 수 있는 것을 염두에 두고 있다. 양자의 경우 모두에서, 그 목적은 '외부적 영향'을 제한하는 것이다. 그러나 관계가 되는 '영향'(influence)의 종류와 '한계'(limit)의 성격은 근본적으로 다르다. 첫 번째의 경우에는, 보다 광범위한 전체사회의 영향이 전통적인 삶의 방식을 선호하는 사람들이 그러한 삶을 추구하는 것을 불가능하게 만드는 경우이다. 외부적 보호를 통해 그러한 영향을 제한하는 것은 구성원들이 좋은 삶에 관하여 자신의 합리적 선호에 입각하여 행동할 수 있도록 하는 것을 보장해 주는데 도움이 된다. 두 번째 경우에서, 만약 사람들이 원한다면 자신의 전통적 삶의 방식을 유지하는 것이 매우 가능할지라도 광범위한 전체 사회의 영향이 일부 구성원들에게 전통적 삶보다 선호되는 대안적 삶의 방식을 제공해 줄 수 있다. 내부적 제재를 통해 그러한 영향력을 제한하는 것은 좋은 삶에 관한 자신들의 합리적 선호에 입각하여 행동할 수 있는 사람들의 능력을 축소시키는 의미를 지닌다. 외부적 보호는, 만약 사람들이 그렇게 선택한다면, 자신의 삶의 방식을 유지할 수 있는 권리를 사람들에게 부여한다. 내부적 제재는, 가령 사람들이 자발적으로 그렇게 하기를 원하지 않을 경우에도, 전통적인 삶의 방식을 유지하도록 사람들에게 의무를 부과한다. 5장 3절에서 논의하겠지만 자유주의 이론은 다른 문화와 상호작용하고 이로부터 배우는 것이 거부되어야할 문제가 아닌 좋은 것이라고 간주하게 될 것이다.

유적 국가들이 이러한 요구들에 대해 보다 '관용적'(tolerant)이어야 하는지의 여부에 관하여 논하고자 한다. 그러나 지금 현재로서는 그러한 요구들이 매우 드물며, 성공한 경우도 매우 드물다는 점을 주목해 보는 것은 매우 중요하다. 서구 민주주의 국가들에서 인종문화적 및 민족적 집단들에 의해 제기되는 집단특수적 권리들에 대한 요구들의 대부분은 외부적 보호에 관한 것이다. 내부적 제재를 부과할 수 있는 권리를 요구해 온 그러한 소수의 집단들은 일반적으로 거부되었다. 대부분의 자유민주국가들은, 지난 20년 동안에, 인종문화적 및 민족적 차이들을 수용하려는 일부 노력들을 기울여 오긴 하였지만, 보다 '다문화적' 정책을 지향하는 이러한 움직임은 거의 전적으로 내부적 제재 보다는 특정한 외부적 보호를 수용하고자 하는 것이 쟁점이 되어 왔다.

내부적 제재와 외부적 보호간의 이러한 구분은, 민족과 인종문화집단간의 구분과 마찬가지로, 선을 명확히 긋는다는 것은 항상 쉽지가 않다. 외부적 보호를 제공하고자 하는 조치들은 종종 해당 공동체 내의 구성원들의 자유를 보호하기 위한 함의를 지닌다. 최소한도로, 이러한 조치들을 관리하는 데에는 돈이 드는 것이 일반사이며, 그래서 구성원들의 세금증가를 필요로 한다. 그러나 때때로 그 함의가 보다 심각할 수 있다.

예를 들어, 살만 루시디 사건(the Salman Rushdie affair)은 영국의 이슬람교도로 하여금 집단명예훼손법(group-libel laws)을 제안하게끔 하였다. 이 집단명예훼손법은 혐오언어법(hate-speech laws)이 인종적 집단(racial groups)에게 제공하는 것과 같은 동일한 보호를 종교적 집단(religious groups)에게 제공할 수 있도록 하는 것이었다. 혐오언어법의 경우에는, 그 동기가 외부적 보호의 형태 - 즉, 보다 광범위한 전체사회의 인종차별적 요소로부터 흑인과 유대인을 보호하는 것 - 를 제공하는 것이었다. 집단명예훼손법은 이슬람교도들을 서방국가들의 악의적인 '이슬람혐오증'(Islamophobia)으로부터 보호하는 방식으로 종종 유사하게 옹호되었다. 그러나 집단명예훼손법은 종교적 공동체 내에서 신에 대한 불경이나 배교의 확산을 억제하는데 또한 이용될 수 있다. 사실상, 루시디 그 자신의 예가 시사하듯이, 일부 이슬람 지도자들은, 비이슬람 교도들의 표현을 통제하기 보다는, 이슬람 공동체 내의 배교를 우선적으로 통제할 목적으로 그러한 법들을 추구한다고 생각할만한 이유가 있다.[12] 외부적 보호의 입장에서 정당화된 법들은 내부적 제재를 가능하게 하는 문을 열어줄 수가 있다.

또 하나의 예는 토착민 토지권리(indigenous land rights)와 관계된다. 전 세계에 걸쳐 토착문화의 생존은 이들의 토지 근거(land base)의 보호에 크게 좌우되며, 토착민 집단들은 자신들의 토지를 유지하기 위해 끈질기게 투쟁해 왔다. 사실상, 앞에서 언급하였지만, 토착민들의 토지에 대한 투쟁은 세계에서 인종문화적 갈등의 가장 큰 단일한 원인이다(Gurr 1993: viii). 그러나 이 토지 근거는 보다 광범위한 전체사회의 보다 큰 경제 및 정치적 권력에 매우 취약하다. 이러한 외부적 권력으로부터 토착인 공동체들을 보호하는 가장 효과적인 방법은 해당 토지가 공유이면서/또는 신탁(in common and/or in trust)으로 소유되어 공동체 전체의 동의 없

12) 이 문제에 관해, Parekh 1990과 나와 Tariq Modood간의 토의를 참조하라(Kymlicka 1993*b* ;Modood 1993).

이는 떼어낼 수 없는 보호지역을 확립하는 것이다. 이것이 바로 토착민 집단들의 토지와 관계된 전통적 개념들과 부합한다. 그러나 유럽인 정착자들이 정착을 위해 토착민 토지들을 강제로 깨뜨리기 위해 사용하였던 가장 통상적인 전략 중의 하나는 전통적 공동체적 소유권을, 토착민 집단들 당사자들의 의지에 반하여, 개인화된 소유로 대체해 버리는 것이었다. 일단 토지가 분할되고 양도가능하게 되면, 보다 광범위한 전체사회의 부유한 사람들이 해당 공동체가 의존하고 있는 땅과 다른 자원들을 모조리 사는 것이 가능해진다. 더욱이, 개인화되고 양도가능한 토지는 또한 정부에 의한 수용에 보다 취약해 진다.

그래서 보호 지역(reserved land)의 확립은 토착민 토지를 사버리거나 수용할 수 있는 보다 광범위한 전체사회의 경제적 및 정치적 권한으로부터 보호를 제공해 줄 수 있게 한다. 그렇지만, 보호지역의 공동소유의 한 가지 부작용은 토착민 공동체의 개인적 구성원들이, 담보로 사용할 수 있는 양도 가능한 토지를 보다 적게 가지게 됨으로써, 돈을 빌릴 수 있는 능력이 보다 제한된다는 점이다. 이것이 비록 기본적인 시민적 또는 정치적 권리의 위반은 아니라 하더라도, 그것은 개인적 구성원들의 자유에 대한 심각한 제약이 된다. 불행하게도, 그것은 토착민 토지 공동소유에 의해 제공되는 외부적 보호의 자연스러운 부산물로 여겨진다.[13)]

---

13) 이것은 다음과 같은 역설적 상황을 야기하였다. 즉 광대한 범위에 이르는 토지와 자연자원에 대한 권리를 가지고 있는 토착민들이 자신들의 자원을 개발하는데 필요한 자금을 빌릴 수 없게 되었다. '집단적 토지권'과 그리고 집단 구성원들의 자유에 미치는 영향에 관한 논의로, Buchanan 1993을 참조하라. 알란드 아일랜즈(the Aland Islands)(핀란드의 스웨덴어 사용지역)에 있는 토지 판매에 관한 규정들은 외부적 보호를 목적으로 한 소유권체제가 집단 구성원들의 개인적 자유에 일부 (조그만) 영향을 미치는 또 다른 경우를 보여준다(Minority Rights Group 1991:12-15)

내부적 제재가 존재하는 한, 이러한 내부적 제재들은, 본질상 또는 그 자체로 바람직하기보다는, 외부적 보호의 불가피한 부산물이라는 방식으로 종종 옹호되었다.[14] 소위 우리가 말하는 '순수한' 내부적 제재 - 즉 집단 구성원들의 기본적인 시민적 권리들에 대한 제한을 통해 인종문화적 및 민족적 집단의 역사적 관습이나 종교적 성격을 보호하는 것 - 에 대한 열망은 거의 없다.

이러한 내부적 제재와 외부적 보호의 구분은 집단차별적 권리의 주창자나 이의 비판자 모두에 의해 종종 무시된다. 그래서 우리는 모든 형태의 집단차별적 시민권은 '이것이 집단을 개인보다 중시하고 상위에 위치시킨다는 점에서 본질적 결함을 지닌다'고 가정하는 자유주의적 비판자들을 발견하게 된다(Tomuschat 1983 : 978-9). 이것이 내부적 제재에 대한 적절한 반대이긴 하지만, '집단을 개인보다 중시하고 상위에 위치시키지 않는' 외부적 보호에는 해당되지 않는다.

14) 원주민 자치가 캐나다 시민권의 규범에 미치는 불가피한 영향의 일부에 관해, Gibbins 1986: 369-72를 참조하라. 내부적 제재와 외부적 보호가 결합된 방식의 또 다른 예는 퀘벡의 언어법이다. 이 예는 매우 복잡한데, 그 이유는 해당 법은 다양한 종류의 언어사용(정부서비스, 교육, 작업장, 그리고 상업적 간판)을 구분하고 있으며, 그리고 또한 다양한 집단(영어 사용 주민, 다른 주로부터 퀘벡으로 이주해온 영어사용자, 프랑스 사용자, 이민자)을 구분하고 있다. 이러한 법들의 정당성을 뒷받침하는 주요 논리는 캐나다(와 북미)에 있는 영어사용 다수파의 경제 및 정치적 압력에 대항해서 프랑스어 사용자에게 동등한 기회를 보장하려고 하는 것이다. 그러한 것처럼 이 법들은, 특히 프랑스어 사용자들이 작업장에서 프랑스어를 사용하게 함에 있어서는 아주 성공적이었다. 그렇지만, 이 법들의 일부 측면들은 내부적 제재를 함유하고 있다. 예를 들어, 해당 법은 상업적 간판들이 프랑스어로 표기될 수 있다는 것을 보장해 주긴 하지만, 다른 한편으로는 영어 간판의 사용을 제한함으로써 프랑스어 사용자들이 자발적으로 영어를 사용하는 것을 막고 있다. 이것은 부분적으로 내부적 제재라 할 수 있다. 그 이유는 이 법들이 부분적으로 그 구성원의 선택으로부터 퀘벡인들의 안정성을 보호하기 위해 고안된 것이기 때문이다. 그것은 또한 지나치게 억제적인 외부적 보호라 할 수 있다. 그 이유는 그것이 자신의 언어를 사용하는 영어사용자의 자유를 불필요하게 제한하기 때문이다(Yalden 1989;Mendes 1991;Campbell 1994를 참조하라).

동일한 실수가 또한 집단차별적 시민권의 주창자들에 의해 저질러지고 있다. 예를 들어, 캐나다의 일부 원주민들은 보다 광범위한 전체사회로부터 자신들을 보호하는 외부적 보호의 권리는 자신들의 구성원들의 기본적 자유들을 제한할 수 있는 권리를 함유한다고 주장해 왔다. 이것은 최근의 두 가지 캐나다의 법정 사례를 보면 명백하다. 첫 번째 사례는 원주민 집단들의 특별 어업권(special fishing rights)과 관계되는데, 이것은 외부적 보호의 한 형태이다. 어업은 일부 원주민 문화들의 중요한 측면이며, 어업권 보장은 이들 문화들이 어업접근에 관한 결정들에서 보다 광범위한 전체사회에 의해 압도되거나 투표의 다수에 의한 패배를 당하지 않도록 보장해 준다. 이러한 외부적 보호들은 캐나다 연방대법원에 의해 지지되었다. 두 번째 사례는 자신의 집단의 구성원들에 의해 문자 그대로 납치되어 공격, 구타 및 불법적인 감금을 포함하는 성년식(an initiation ceremony)을 강제적으로 겪게 된 인디언 남성과 관계된 것이었다. 피고자들은 집단특수적 원주민 어업권을 지지하는 이전의 연방대법원의 결정은 원주민 집단들의 '집단적 권리들'이 캐나다 헌법에 있는 개인적 권리들에 우선한다는 것을 입증한다고 주장하였다. 연방대법원은 이러한 논거를 인정하지 않았는데, 이것은 올바른 처사였다. 그 이유는 외부적 보호와 내부적 제재는 함께 동반하는 것이라고 가정할 아무 이유가 없기 때문이다.[15)]

---

15) 첫 번째 사례는 *Sparrow v. Regina* 〔1990〕 3 CNLR SCC 였으며; 두 번째 사례는 *Thomas v. Norris* 〔1992〕 3 CNLR BCSC 였다. **토마스**(*Thomas*)의 경우와, 그리고 그 사례가 어떻게 집단차이들을 보호하기 위한 수긍할만한 범주에 해당되지 않는지에 관한 논의로, Eisenberg 1994; Isaac 1992; L. Green 1994를 참조하라. 일부 원주민들은, 연방대법원이 자치적 인디언 집단의 내부적 문제들에 관여하는 경우에서는 정당한

개인적 권리 보다 집단적 권리, 또는 그 반대로 집단적 권리보다 개인적 권리에 무조건적 우선성을 부여하기 보다는, 우리는 대신 외부적 보호와 내부적 제재를 구분해야만 한다. 이 양자를 동반적인 것으로 간주하기 보다는, 나는 5장에서 우리가 외부적 보호를 지지해야만 하는 바로 그 이유들이 또한 내부적 제재를 반대해야 하는 이유들이 된다는 점을 주장할 것이다.

2. '집단적 권리'의 모호성

우리는 이제 '집단적 권리'라는 용어가 다양한 형태의 집단차별적 시민권에 대한 호칭으로서 그렇게 적당하지 않은 이유를 알 수 있을 것이다. 문제는 이 용어가 일부는 너무 광범위하다는 점에 있으며, 동시에 일부는 그것이 내부적 제재와 외부적 보호를 구분하고 있지 못하다는 점에 있다. 그러나 보다 심각한 하나의 문제점은 그 용어가 개인적 권리와 대조하여 잘못된 이분법을 시사해 주고 있다는 점에 있다.

하나의 자연스러운 해석에 입각하면, '집단적 권리'는 집단성에 의해 부여되고 행사되는 권리를 지칭한다. 여기에서는 이러한 권리들은 집단성을 구성하는 개인에 부여되는 권리와는 구분되며 아마도 상충되고 있다. 이것은 집단적 권리에 대한 유일하게 가능한 정의는 – 사실상 문헌에서는 수백 가지의 정의들이 있다 – 아니며, 그러나 거의 모든 사람들은 집단적 권리란, 정의상, 개인적 권

사법권을 가지고 있지 않다는 이유로, **토마스** 결정에 반대해 왔다는 점을 언급해야만 할 것 같다. 나는 8장에서 이러한 사법권의 문제를 거론하고자 한다.

리는 아니라는 점에는 동의하고 있다.

그렇지만, 많은 형태의 집단차별적 시민권은 사실상 개인들에 의해 행사된다. 집단차별적 권리는 한 집단의 개인적 구성원들에게나, 또는 전체로서의 집단에게, 또는 해당 집단이 다수를 구성하는 연방 주/지방(a federal state/province)에 부여될 수 있다.[16]

소수자집단 언어 권리를 생각해 보자. 연방법정에서 프랑스어를 사용할 수 있는 캐나다의 프랑스어 사용자의 권리는 개인들에게 부여되고 이들 개인들에 의해 행사된다. 프랑스 학교에서 자신의 자식들을 교육시킬 수 있는 프랑스어 사용자의 권리는 약간 다르다: 그것은 개인들에 의해 행사되는데, '숫자가 정당화해 주는 곳'(where numbers warrant)에서만 행사된다. 반대로, 토착민들의 특별 사냥 및 어업권은 부족/집단에 의해 행사되는 것이 보통이다. 예를 들어, 인디언 부족/집단 회의는 무슨 사냥이 허용될 것인가를 결정한다. 개인의 사냥이 부족/집단회의에 의해 제한된다고 해서 해당 개인이 이것이 자신의 권리를 부인하는 것이라고 주장할 수 없다. 그 이유는 인디언 사냥권은 개인들에게 부여되는 것이 아니기 때문이다. 그렇지만 현존 연방주의 체제에 의해 인정되고 있는, 자신의 문화를 보존하고 증진시킬 수 있는 퀘벡인들의 권리는 네 번째 사례가 된다. 그것은 퀘벡주에서 행사되고 있는데, 퀘벡인 시민들은 퀘벡인들이 지배적이지만, 또한 많은 비프랑스어 사용자를 포함한다.[17] 이러한 것들은 모두 집단차별적 권리에 속

16) 최종적으로 전통적인 원주민 토지 소유권을 인정한 오스트레일리아의 최근 **마보**(*Mabo*) 결정을 또한 참조하라(*Mabo v. Queenland* (no. 2)(1992) 175 CLR 1). 최고법원(the High Court)은 원주민 권리는 상황에 따라 개인이나, 하부집단 또는 전체로서의 집단성에 의해 소유될 수 있다고 언급한 바 있다.

17) 특정한 공동체에 의해 지배되는 지방이나 영토에 특별한 권리나 권한을 부여하는 것은

한다. 그 이유는 이것들이 문화적 귀속성에 근거하여 부여되었기 때문이다. 그러나 일부는 개인들에게, 또 일부는 집단에게, 그리고 일부는 지방이나 지역, 그리고 또 일부는 숫자들이 정당화해 주는 곳에 부여되었다.

특정한 소수자 언어권리가 개인들에 의해 행사되고 있다는 사실은 이것들이 사실상 '집단적 권리'인지의 여부에 관한 커다란(그리고 매우 쓸모없는) 논쟁으로 비화되었다. 이 논쟁은, 그 해당 권리가 집단적인지의 여부는 도덕적으로 중요하지 않기 때문에, 무익하다고 할 수 있다. 언어 권리를 평가함에 있어 정말로 중요한 쟁점은 왜 그것들이 집단특수적인가 하는 이유에 있다 – 즉 그리스어 사용자 또는 스와힐리어 사용자들이 그러한 요구를 할 수 없는데, 왜 프랑스어 사용자들이 공적 비용으로 이들의 모국어로 법정절차와 교육을 요구할 수 있는가 하는 그 이유가 쟁점이 된다. 그 답으로 나는 언어 권리는 프랑스계 캐나다인들의 민족적 권리의

공동체 자체에 권리나 권한을 부여하는 것 보다 훨씬 쉬울 수가 있다. 그 이유는 그렇게 하는 것이, 연방의 권력분할체제 바깥에 전적으로 새로운 정치구조를 확립시키기 보다는 기존의 연방주의 구조를 이용할 수 있기 때문이다. 그렇지만, 지방정부에 특별권을 부여하는 데에는 위험이 따른다. 그 이유는, 그것이 해당 정부가 지배적 집단의 이익을 우선적으로 또는 전적으로 보호해 준다는 인상을 심어 줄 수도 있기 때문이다. 퀘벡인들이 특별한 권리나 권한을 부여받을 자격이 있는 독특한 문화공동체를 구성하고 있다고 말하는 것과, 다른 한편, 퀘벡 주 정부가 그러한 권리를 행사하는 가장 적합한 실체라고 주장하는 것은 전혀 별개의 문제이다. 이것은 '퀘벡을 퀘벡인들에게'(Québec au Québecois)라는 상이한 발상으로 연결될 수 있다는 위험이 있다. 마치 비프랑스어 사용 퀘벡인들은 그 주의 동등한 시민이 아니라는 듯한 인상을 줄 수 있다(Howse and Knop 1993). 이것을 피하기 위해, 특별 권리들이 지방 정부를 통해 간접적으로 행사되기 보다는, 언제나 해당 공동체의 구성원들에 의해 직접적으로 행사된다면 더 선호될 수 있을지도 모른다. 그렇지만, 이것은 언제나 가능한 것은 아니며, 또한 바람직하지도 않다. 그 이유는 그것이 누가 공동체의 구성원이며 또 누가 아닌지에 관한 끊임없는 갈등을 유발할 수 있기 때문이다. 누가 특별권을 행사해야만 하는지의 문제 – 그것이 공동체의 개인적 구성원들, 또는 전체로서의 공동체, 또는 지방이나 지역이 되어야만 하는지의 여부 – 는 종종 상이한 제도들의 효능성과 신축성에 관한 실천적 고려에 의해 좌우된다. Asch 1984:7장을 참조하라.

구성요소 중 하나이기 때문이라는 점을 제시해 왔다. 이민자 집단은 소수민족이 아니기 때문에, 이들에게는 유사한 언어 권리가 부여되지 않는다. (나는 이 주장이 정당화될 수 있는지를 5-6장에서 논의하려 한다.)

프랑스계 캐나다인들이 소수민족이라는 사실은 왜 프랑스어 사용 개인들이 프랑스어로 재판을 받을 권리가 있는지, 그리고 프랑스어 사용자들의 집단이 (일정한) 숫자가 보장된다면 프랑스적 교육을 요구할 수 있는지, 그리고 퀘벡주가 연방 권력 분할 체제하에서 교육에 관한 관할권을 가지고 있는지를 이해하는데 있어 본질적으로 중요하다. 해당 권한을 실제로 누가 행사하는가에 있어서의 이러한 차이들은 크게는 행정적 편의성의 문제라고 할 수 있다. 이것은 소수민족으로서 프랑스인들을 인정하는 것에 기초한 정당화의 근거에 영향을 미치지 않는다. 예를 들어, 그리스인들은 캐나다에서 소수민족이 아니기 때문에, 이들은 이들의 모국어의 공식적 인정에 관한 개인적 또는 집단적 권리가 허용되지 않는다.

인디언의 사냥권의 경우 또한 문제의 쟁점은 그 권리가 '집단적'(개인적 권리에 반대되는)인가의 여부에 있는 것이 아니라, 그것이 집단차별적 권리인가에 있다. 미국, 캐나다 및 오스트레일리아에 있는 많은 비인디언들(non-Indians)은 인디언들의 특별 사냥 및 어업권을 가진다는 현실에 이의를 제기한다. 그러나 가령 그러한 권리들이 집단이 아닌 인디언 개인들에게 부여되었다고 하더라도, 이들의 분노가 풀리지는 않을 것이다. 이들은, 권리들이 집단의 귀속성에 의해 부여되고, 또 이렇게 함으로써 인디언들에게 특별한 권리와 지위를 부여하고 있다는 사실에 반대한다. 이러한 집단특수적 권리들이 인디언 개인들에게 아니면 인디언 집단/부족들에게 귀속되느냐의 여부는, 비판자들에게는, 거의 무관한 일이다.[18]

그래서 집단차별적 시민권을 집단적 권리의 언어로 설명하는 것은 오해를 배가시킨다. 일부 집단차별적 권리는 사실상 개인들 또는 집단체에 의해 행사된다. 그리고 어떤 경우에는 그 권리들이 개인들 또는 집단체에 의해 행사되는가의 여부의 문제는 근본적 쟁점이 되지 않는다. 중요한 문제는 왜 특정한 권리들은 집단차별적인가 하는 것이다 – 즉 왜 특정한 집단의 구성원들은 다른 집단의 구성원들이 가지지 못하는 토지, 언어, 대표 등에 관계되는 권리들을 가져야만 하는가 하는 문제이다.[19]

---

18) 그것은 인디언 개인들, 특히 그 집단 내에서 차별을 받고 있는 사람들에게는 당연히 문제가 된다.

19) 똑같은 문제가 이러한 정책들을 설명해주는데 사용되는 다른 일반적 용어의 경우에도 발생한다. 예를 들어, 일부 사람들은 다양한 형태의 집단차별적 권리를 '공동체 권리'(community rights) 또는 '집단 권리'(group rights)로 지칭한다. 그렇지만, 이러한 용어들은 또한 개인적 권리와 잘못 대비되는 인상을 준다. 더욱이, '공동체 권리'는 해당 문화 집단의 동질성에 관한 잘못된 인식을 불러일으킬 수 있다. 인종문화적 및 민족적 집단들은, 만약 공동체라는 말이 공통의 신념이나 가치체계, 또는 심지어 연대감에 의해 단결된 사람의 집단을 의미한다면, 그러한 공동체는 아니다. 내가 뒤에서 논의하겠지만, 인종문화적 및 민족적 집단들은 이들의 정치적, 종교적 또는 삶의 방식에 관한 신념들에서 아주 심원하게 분열되어 있으며, '공동체'라는 용어는 이러한 구분들을 모호하게 할 수 있다(I. Young 1990: 8장).
'소수자 권리'라는 용어가 다소 낫다. 그 이유는 이 용어가 개인적 권리와 집단 특수적 권리를 인위적으로 대조시키고 있지 않기 때문이다. 그렇지만, 그것은 또한 다른 방식으로 오해를 불러일으킬 수 있는 가능성이 있다. 왜냐하면 그것이, 공통적 시민권을 보호하려는 제약들을 포함하여, 다수결 원칙의 범위에 관한 헌법적 제약들을 지칭하는데 역사적으로 사용되어 왔기 때문이다. 따라서 양심의 자유의 보장들은 '소수자 권리'로 종종 간주되어 왔다. 즉 양심의 자유의 보장들은 종교적 소수자집단들을 다수자의 박해로부터 보호하여 왔기 때문이다. 더욱이, 이 모든 용어들은, 인종문화적 및 민족적 집단들에 의해 제기된 요구들 중 많은 것이 사실상 엄격한 법적 의미에서의 권리(*rights*)의 형태를 띠고 있지 않다는 점에 문제가 있다. 이것들은 대신 입법적 권한이나 법적 면제와 같은 형태를 띨 수 있다. 모호성을 피하기 위해, 나는 아마도 '공통적 시민권을 넘어, 집단차별적 권리, 권한, 지위 또는 면제에 관한 구성원들의 요구들'에 관해 얘기해야만 할 것 같다. 그렇지만, 지면을 아끼기 위해, 나는 '집단차별적 권리' 또는 '소수자 집단권리'를 가장 간편한 용어로 사용하고자 한다.

집단차별적 시민권(group-differentiated citizenship)을 집단적 권리(collective rights)와 혼용하는 것은 철학적이고 통상적인 토론에 유해한 영향을 미쳐 왔다. 많은 사람들은 집단차별적시민권에 관한 논쟁을 집단적권리라는 측면에서 바라보기 때문에, 그러한 논쟁이 개인주의자들과 집단주의자들의 개인과 공동체의 상대적 우선성에 관한 논쟁과 본질적으로 동일하다고 간주한다. 개인주의자들은 개인은 도덕적으로 공동체에 우선한다고 주장한다. : 공동체는 공동체를 구성하는 개인들의 복리에 기여한다는 이유만으로 중요시 된다. 만약 그러한 개인들이 더 이상 현존의 문화적 관행들을 유지할 가치가 없다는 것을 알게 된다면, 해당 공동체는 그러한 관행들을 보존하는데 있어 아무런 독립적인 관심을 가지지 못하며, 그리고 개인들로 하여금 그러한 관행들을 수정하거나 거부하는 것을 방지할 아무런 권리가 없게 된다. 그래서 개인주의자들은 인종문화적 및 민족적 집단들이 어떠한 집단적 권리들을 가진다는 발상을 거부한다.

대조적으로, 집단주의자들은 공동체의 이익들이 그 공동체를 구성하는 개인들의 이익들로 환원될 수 있다는 주장을 거부한다. 이들은 집단적 권리들을 개인적 권리들과 동등한 비중으로 취급하며, 이 집단적 권리들을 유사한 방식으로 옹호한다. 개인적 권리의 이론들은 개인이라는 존재는 무엇이며, 한 개인은 개인으로서 어떠한 관심들을 지니고 있는가를 설명하는 것으로 시작하여, 그러한 관심들을 보호하는 일련의 개인적 권리들을 도출해 낸다. 유사하게, 집단주의자들은 공동체란 무엇이며, 어떤 공동체가 공동체로서 가지고 있는 관심들(interests)은 무엇인가를 설명하는 것으로 시작하여, 그러한 관심들을 보호하는 일련의 공동체 권리(community rights)를 도출해 낸다. 특정한 개인적 권리들이 각 개인의 개인적 자유에 대한 관심으로부터 도출된다면, 마찬가지로 특정 공동체 권리는 각 공동체의 자기보존의 관심으로부터 도출된다. 그래서 이러한 공동체 권리들은 그러한 공동체를 구성하는 개인들의 권리와 그 비중이 비교되어야만 한다.

공동체 관심들이 개인적 관심으로 환원될 수 있다는 문제에 대한 이러한 논의는 집단적 권리에 관한 문헌의 대다수를 차지하고 있다.[20] 그러나 그것은 자유민주국가들에서의 대부분의 집단차별적 권리 문제와는 무관하다. 공동체가 그 구성원들과 별도로 독립적인 관심을 가지고 있다는 주장은 내부적 제재와 관계된다. - 그것은 왜 공동체의 구성원들이 문화적 관행을 유지할 의무가 있는가를 설명할 수도 있을 것이다. 그러나 그것은 외부적 제재(external restrictions)를 설명해 줄 수가 없다. - 즉, 왜 일부 권리들은 집단들간에 불평등하게 배분되고 있는지, 왜 한 집단의 구성원들이 또 다른 집단의 구성원들에 대해 요구를 할 수 있는지를 설명해 주지 못한다. 집단이 개인들에 우선한다는 발상, 설사 그것이 진실이라 하더라도, 그 자체로는 이러한 집단들간의 비대칭성을 설명해 줄 수가 없다.

집단주의자들과 개인주의자들은 공동체가 그 공동체의 개인들과 별도로 독립적인 권리나 관심을 가지고 있는지의 여부에 관하

20) Galenkamp 1993: 20-5에 있는 '철학적 자유주의에 대한 공동체주의적 비판과 집단적 권리의 개념 양자 간의 현저한 유사성'에 관한 논의를 참조하라. '개인주의적' 진영의 대표로, Narveson 1991; Hartney 1991을 참조하라. '공동체주의적' 진영에 관해, McDonald 1991a; Garet 1983; Van Dyke 1982; Johnston 1989를 참조하라.

여 견해를 달리한다. 개인 또는 공동체의 우선성에 관한 이러한 주장은 정치철학에서 아주 오래된 유서깊은 논쟁이다. 그러나 그것이 서구 민주주의 국가들에서 대부분의 집단차별적 권리들을 평가하는데 얼마나 무용한지를 명백히 할 필요가 있다. 대부분의 그러한 권리들은 개인에 대한 공동체의 우선성에 관한 것이 아니다. 오히려, 그것들은 집단간의 정의(justice between groups)는 상이한 집단들의 구성원들에게 상이한 권리를 부여할 것을 요구한다는 발상에 기초하고 있다.

상이한 집단들의 구성원들간의 정의는 집단차별적 시민권을 필요로 하는가? 나는 그렇다고 생각한다. 그리고 5장과 6장은 왜 그러한지를 설명할 것이다. 그렇지만, 이러한 주장들을 탐구하기 전에, 역사적 배경의 일부에 대한 설명을 도입하고자 한다. 나의 주장들은 자유와 평등에 관한 일부 아주 뿌리가 깊은 자유주의적 신념들에 도전할 것이다. 그래서 우선 그러한 견해들이 어떻게 그렇게 깊이 뿌리를 내리게 되었는지를 살펴보는 것은 매우 중요하다.

제4장

자유주의적 전통에 대한 재고

이제 우리는 '다문화주의 정치'(politics of multiculturalism)의 근저에 있는 집단들의 유형과 그들의 요구의 유형에 대한 보다 분명한 개념을 가지게 되었기를 희망한다. 자유주의자들은 이러한 주장들에 어떻게 응답해야 할까? 현대 자유주의 사상가들은 이 질문에 답하는 것에 별로 도움을 주지 못한다. 소수 인종문화적 및 민족적 집단들의 권리에 대해 명시적으로 논의해 왔거나, 또는 예를 들어 언어 권리 혹은 연방 자치제(federal autonomy) 요구들을 평가할 수 있는 어떤 원칙을 개발해 온 현대 이론가들은 거의 없다.

항상 이래왔던 것은 아니다. 19세기 대부분과 20세기 초기 절반 동안에는, 소수민족들의 권리는 위대한 자유주의적 정치인들과 당대의 이론가들에 의해 꾸준히 논의되고 토론되었다. 이제부터 보여주는 바처럼, 그들은 다민족 국가에 응답하는 가장 좋은 방법에 대한 의견이 불일치했지만, 모두들 자유주의가 소수민족의 지위에 관한 이러 저러한 어떤 이론을 필요로 한다는 것을 당연시했다.

대조적으로, 현대 자유주의자들은 이 문제들에 관해 놀랄 만큼 침묵을 유지해 왔다. 민족국가와 다인종문화적 혹은 다민족 국가들간의 차이점이나, 또는 각각의 형태의 인종문화적 또는 민족적 다양성에 관련된 요구들에 관한 논의는 거의 없다. 그리고 현대 자유주의자들이 이 문제들을 제기할 때는 - 거의 간단한 선언이나 삽입된 곁가지로 - '비차별'(non-discrimination) 혹은 '선의적 무관심'(benign neglect)에 관한 단순한 공식들, 즉 관련된 복잡성들을 정당하게 평가할 수 없는 단순한 공식들만 낭송해왔던 경향이 있다.

이 장에서 나는 소수자집단권리에 대한 현대 자유주의의 입장의 기원을 추적할 것이다. 먼저 소수민족에 대한 역사적 논쟁의 일부를 검토하고(1절), 그런 다음 이 쟁점이 2차 대전 이후 논의에서 실질적으로 사라지게 된 이유들의 일부를 살펴 본 후(2-4절), 그리고 사회주의 전통에서의 소수자집단권리의 역할에 대한 간단한 논의로 마무리하고자 한다(5절).

이 과정에서 나는 자유주의 전통에 관한 일부 공통적인 오해들을 바로잡으려 한다. 자유주의자들은 항상 인종문화성과 민족성에 대한 정치적 인정과 지지를 반대해왔고, 그리고 문화적 집단들에 적용되는 집단차별적 권리(group-differentiated right)에 대한 요구는 최근의 것이며 오랫동안 확립된 자유주의의 실천으로부터 일탈된 비자유주의적인 것으로 널리 믿어져 왔다.[1)]

이것은 분명 사실이 아니다. 소수자집단권리는 19세기와 양차

1) 그 예시와 참고자료로 다음을 보라. Kymlicka, 1989a: ch. 10; 1991.

세계대전 사이 기간 동안 자유주의의 이론과 실천에서 중요한 부분이었다. 만약 어떤 논의가 등장했다면, 그것은 자유주의 전통에서 최근에 출현한 '선의적 무관심'이라는 개념이다. 게다가 그 출현은, 비유럽 문화에 대한 인종중심적 모욕, 국제평화와 안보에 관한 두려움, 그리고 미국에서의 인종차별대우철폐 결정의 영향을 포함한, 일련의 우연적 요인들로 거슬러 올라간다. 이러한 요인들은 자유주의적 사고에 중대하지만 종종 왜곡된 영향을 미쳐왔다. 하나의 일련의 상황들에서 적실성을 지녔던 쟁점들과 주장들이 그것들이 적용되지 않는 다른 경우로 잘못 일반화되어 왔던 것이다. 일단 이러한 혼란들을 가려낸 후에야 소수자집단권리가 자유주의적 전통의 정당한 일부임이 명확해 질 것이다.

1. 소수민족에 대한 자유주의적 관점의 역사

자유주의적 전통은 소수자집단 문화의 권리에 대해 현저하게 다양한 관점을 내포하고 있다. 그 스펙트럼의 한쪽 끝에는 소수자집단권리에 대한 강한 옹호자들이 있다. 사실상, 지난 2세기 기간 동안에, 소수자집단권리의 인정이 한 사람의 자유주의적 신념을 보증하는 분명한 표시로 간주되었던 때가 있었다.

예를 들면, 소수민족들이 합스부르크, 오스만, 짜르 황제체제와 같은 유럽의 다민족 제국들에 의해 부정당한 대우를 받고 있다는 것은 19세기 자유주의자들의 공통된 신조였다. 이 부정의는 소수자집단들이 단순히 개인적인 시민적 정치적 자유를 거부당했다는 사실만은 아니었는데, 왜냐하면 이것은 각 제국의 주류 민족 구성원들에게서도 마찬가지였기 때문이다. 이 부정의는 대신 민족들의 자치에 대한 권리의 거부였는데, 자치권은 개인의 권리에 대한 본질적인 보완으로 여겨졌다. 그 이유는 '자유의 원천은 민족 집단의 자치내에서 자신의 근거를 찾고, 그 뿌리를 보존하기' 때문이다(Barker 1948: 248; cf. Mazzini 1907: 51-2, 176-7; Humboldt 1988: 21, 41-3, 153). 민족 자치의 증진은 '"자유의 영역," 즉 자유로운 인간을 위한 자유로운 사회의 이상의 실현을 제공한다'(Hoernl 1939: 181).

개인적 자유와 민족성 사이의 정확한 연관성은 이 이론가들에게서 항상 명확하지는 않다. 몇몇 경우에서, 그것은 단순히 다민족 국가는 본질적으로 불안정하고, 권위주의로 가기 쉽다(나는 아래에서 이 주장을 논의할 것이다)는 가정이었다. 하지만, 다른 이론가들 즉 빌헬름 폰 훔볼트(Wilhelm von Humboldt)와 주제페 마치니(Giuseppe Mazzini)와 같은 이론가들의 주장에서는, 개인성의 증진과 인간인격의 계발은 자신의 민족적 집단의 귀속성과 긴밀히 연결되어 있는데, 그 이유는 부분적으로 선택을 가능하게 하는 언어와 문화의 역할 때문이다.[2)]

일부 형태의 민족자치에 대한 이 자유주의적 신조는 너무 통상적인 것이 되어, 조지 버나드 쇼(George Bernard Shaw)가 한 때, '자유주의자란 세 가지 의무를 가진 사람인데, 즉 아일랜드에 대한 의무, 핀란드에 대한 의무, 마케도니아에 대한 의무를 가진다'[3)]라

2) 마치니의 경우, 개인적 자유와 민족 정체성의 연결은 색다른 기독교적 종말론의 관점(an idiosyncratic view of Christian eschatology)에 의해 매개되어 있는 것으로 여겨지는데, 이것은 왜 그의 자유주의적 민족주의에 대한 관점이 사라져 갔는지 부분적으로 설명해준다.

3) Shaw, Zimmern 1918: 63에서 재인용.

고 빈정거렸을 정도였다. (세 민족 모두 당시 다민족 제국들에 합병되어 있었다.) 이 자유주의의 목적은 개인의 권리를 이 다민족 제국의 모든 시민들에게 보장하는 것이 아니라, 각 제국의 구성 민족들에게 정치적 권력을 부여하는 것에 있다는 점에 주목하라. 자유주의자들은 이 제국들이 '다양한 민족들이 준국가의 위치를 누릴 수 있는 어떤 자치의 체계'도 보장하는 것을 꺼려했기 때문에 무너질 것이라고 (정확하게) 예측했다(Barker 1948: 254).

자유주의자가 (농담으로라도) 개인의 권리보다는 민족적 권리에 헌신하는 것으로 정의되어 왔다는 것은 이상하게 보일 수도 있다. 그러나 우리는 자유주의와 소수민족들의 권리에 대한 지지, 이 양자간의 결합을 양차 세계대전 사이의 기간에서도 찾을 수 있다. 예를 들어, 레너드 홉하우스(Leonard Hobhouse)는 그의 시대의 '보다 자유주의적인 정치가정신'(the more liberal statesmanship)은 '문화적 평등'(cultural equality)을 보장하기 위하여 소수자집단권리의 필요성을 인정하였다고 말했다(Hobhouse 1966 : 297, 299). 그는 소수민족의 정당한 요구를 들어주는 것에는 하나 이상의 방법이 있지만 '그것은 분명히 참정권의 평등에 의해 달성되지는 않는다.'고 생각했다. 그는 '더 작은 민족성은 단순히 다른 민족집단들과 동등한 권리를 원하는 것은 아니다. 그것은 자신만의 특정한 삶을 위해 끝까지 저항한다.'고 생각했다(Hobhouse 1928 : 146-7). 이 자유주의적 신념의 하나의 표현은 다양한 유럽의 소수민족들을 위해 국제연맹 하에 설계된 소수자집단 보호 계획이었는데, 그것은 보편적인 개인 권리들과 함께 교육, 지역 자치, 언어를 포함한 특정한 집단특수적 권리를 제공했다.

다시, 평등과 소수자집단권리의 정확한 연관은 좀처럼 해명되지 않았다. 그러나 일반적인 생각은 대체로 명확하다. 보편적 개인 권리를 집단적 귀속성에 관계없이 모든 시민들에게 부여하는 다민족 국가는, 다양한 민족 집단들 사이에서 '중립적'(neutral)으로 보일 수 있다. 그러나 사실 그것은 체계적으로 주류 민족에게 어떤 근본적인 방법으로 특권을 줄 수 있다(그리고 자주 그렇게 한다). 예를 들면, 내부적 경계를 긋는 것, 학교 · 법원 및 공무행정의 언어, 공휴일의 선택, 중앙과 지방 정부간 입법권의 분할 등이다. 이 모든 결정들이 소수민족의 정치적 권력과 문화적 생명력을 극적으로 감소시킬 수 있는 반면, 다른 한편으로 주류 문화의 생명력은 증진시킬 수 있다. 교육, 지역 자치, 언어를 고려하는 집단특수적 권리는 소수민족들이 이러한 결정들에서 불이익을 받지 않게 하고, 그렇게 함으로써 소수자집단들이 다수 주류집단처럼 '자신만의 삶'(a life of its own)을 유지할 수 있도록 해준다.

우리는 여기서, 소수자집단권리에 대한 자유주의적 옹호의 기초가 된다고 생각되는 두 가지 주요 주장을 알게 되었다 : 즉 개인적 자유가 그들의 민족 집단의 귀속성과 중요한 방식으로 연결되어 있다는 것, 그리고 집단특수적 권리가 소수자집단과 주류 집단 간의 평등을 증진시킬 수 있다는 것이다. 나는 이 두 가지 생각이 본질적으로 옳다고 믿으며, 5장과 6장에서 각각 이것들의 발전을 모색하고 그 확장을 시도할 것이다.

이 두 가지 주장들은 19세기와 20세기 초 많은 자유주의자들에 의해 널리 인정되었다. 확실히, 몇몇 자유주의자들은 소수자집단권리에 대한 다양한 주장들을 반대했다. 그러나 그것은 '선의적 무관심'의 원칙에의 믿음 때문은 아니었다. 오히려 그들은 존 스튜어트 밀과 마찬가지로, 다민족 국가에서 자유로운 제도들은 '불가능에 가깝다'(next to impossible)고 생각했다.

> 우애감(fellow-feelings)이 없는 사람들 간에서는, 특히 만약 그들이 서로 다른 언어를 읽고 말한다면, 대의제도의 작동을 위해 필수적인 화합된 공적 여론이 존재할 수 없게 된다... 정부의 경계가 대체로 민족성의 경계와 일치해야만 하는 것은 일반적으로 자유로운 제도들의 필수적인 조건이다. (Mill 1972: 230, 233)

밀과 같은 자유주의자들에게 있어서는, 민주주의는 '인민에 의한'(by the people) 정부이지만, 자치(self-rule)는 오직 '그 인민(the people)'이 '하나의 인민(a people)' – 즉 한 민족(a nation) – 일 때만 가능하다. 한 민주체제의 구성원들은 정치적 충성심을 공유해야만 하고, 공통의 민족성(common nationality)은 이 충성심의 전제조건이라고 여겨졌다. 그래서 그린(T. H. Green)은, 자유민주주의는 인민이 '그것의 결사체들과 함께 하는 공통의 거주공간으로부터, 공통의 기억과 전통 및 관습으로부터, 그리고 공통의 언어와 나아가 공통의 문예가 구현하는 공통의 감정과 생각의 방식으로부터 도출된 유대'에 의해 해당 국가에 결속된다고 느낄 때만이 가능하다고 주장했다(T. Green 1941: 130–1; cf. Rich 1987: 155). 이러한 자유주의 사상의 조류에 의하면, 소수민족들은 소수자집단권리에 의해서가 아닌 강제적인 동화나 경계선의 재설정에 의해서 다루어져야만 한다.

공통의 민족 정체성의 필요에 대한 이런 의심스러운 주장은, 우리가 검토할 바와 같이, 자유주의적 전통 전체에 걸쳐 반복하여 제기되어 온 중요한 쟁점이다. 일부 자유주의자들은 공통의 민족 정체성의 필요를 지지하며, 일부 다른 자유주의자들은 그 필요성을 부인한다. 게다가, 몇몇 자유주의자들은 심지어 다민족 국가가 소수민족의 현존하는 정체성을 대체하거나 선행할 수 있는 공통의 민족 정체성을 증진할 수 있는 능력이 있다는 점을 부인한다. 나는 이 문제를 9장에서 길게 논의할 것이다.

그렇지만, 19세기 동안, 공통의 민족 정체성에 대한 요구는 종종 더 작은 민족 집단들에 대한 인종중심적인 모욕과 결부되어 있었다. 19세기에는 프랑스, 이탈리아, 폴란드, 독일, 헝가리, 스페인, 잉글랜드, 러시아 등의 '위대한 민족(great nations)'들을 체코, 슬로바키아, 크로아티아, 바스크, 웨일스, 스코틀랜드, 세르비아, 불가리아, 루마니아, 슬로베니아 등과 같은 더 작은 '민족성'(nationalities)들과 구분하려는 생각이 흔했다. 위대한 민족들은 문명화되고, 역사 발전의 담당자들로 여겨졌다. 작은 민족성들은 원시적이고 정체되었으며, 사회적 혹은 문화적 발전의 능력이 없는 것으로 간주되었다. 그래서 몇몇 19세기 자유주의자들은 위대한 민족들의 민족적 독립을 지지했지만, 작은 민족성들에게는 강압적 동화를 지지했다.

따라서 밀은 스코틀랜드 북부 고지인(Scottish Highlander)의 경우는 대 영국의 일부가, 그리고 바스크인은 프랑스의 일부가 되는 것이, '세계의 보편적 발전과정에의 참여나 관심도 없이 자신의 소아적 정신적 궤도를 맴돌며, 과거의 반(半)야만적 유물인 그들의 바위 위에서 낙담해 있는 것보다는' 더 낫다는 것을 부인할 수 없다고 주장했다(Mill 1972: 363-4). 밀이 이런 관점에 있던 유일한 사람인 것도 아니었다. 본 장의 뒷부분에서 논의하겠지만, 19세기 사회주의자들은 이 자민족중심적 관점(ethnocentric view)을 공유하였는데, 그것은 또한 대영제국 전체에 걸쳐 토착민들의 강제적 동화를 정당화하기 위해 적용되었다.[4)]

다른 자유주의자들은 반대의 입장을 주장했는데, 진정한 자유는 다민족 국가 안에서 가능 할 뿐이라고 하였다. 예를 들면, 액튼 경(Lord Acton)은 밀에 반대하여, 민족 집단 간의 구분과 그들 자신만의 내적인 삶을 향한 갈망은 국가권력의 강화와 남용에 대항한 견제의 효과를 낳는다고 주장했다(Acton 1922: 285-90). 이 논쟁은 1차 세계대전 동안, 그리고 그 이후에 영국 자유주의자들에 의해 다시 논의되었다. 예를 들면, 알프레드 짐먼(Alfred Zimmern)은 다민족 국가가 국가 권력의 남용을 견제한다는 액튼의 주장을 옹호했으며(Zimmern 1918), 반면 어니스트 바커(Ernest Barker)는 민족국가가 자유로운 제도들을 가장 잘 유지할 수 있다는 밀의 신념을 옹호했다(Barker 1948). 여기서 다시 소수민족의 지위에 대한 매우 다른 관점들이 옹호되었지만, 각각의 입장은 자신이 진정한 자유주의적 관점을 대표한다고 주장했다.

---

4) 밀은 모든 비유럽 사회들에 대해 '만약 그들이 훨씬 더 개선되는 날이 온다면, 그것은 외국인들에 의해서 이루어질 것이 틀림없다'고 생각했던 것 같다(Mill 1972: 140). 파레크(Parekh)가 보여준 바와 같이, 영국의 식민주의를 옹호하기 위해 적용된 이러한 가정은 자유주의 사상에 극심하게 왜곡된 영향을 주었다. 식민주의를 옹호하기 위해, 밀은, 거의 마니교와 같이 과장된, 유럽과 비유럽 사회의 구분을 만들어내기에 이르렀다. 이것은 비유럽 사회들에 대한 희화화된 이해뿐 아니라, 자유주의 자체 내로 (비자유적 사회들을) 다양한 형태로 꿰맞추는 데에 까지 이르렀다. 자유주의를 전통에 묶여 있거나 정체된 것으로 추정되는 비유럽적 삶의 방식에 대한 '반대쪽, 반대명제'로 정의하면서, 자유주의자들은 '강박적으로 반(反)전통' (obsessively anti-tradition)적이 되었고, 경제 성장과 자연의 정복에 집착하기 시작했는데, 그 이유는 이러한 특징들이 비유럽사회와 구분되는 분명한 차이를 제공해주었기 때문이다(Parekh 1994). 프랑스의 19세기 자유주의 사상에서 비슷한 경향을 참고하려면, Todorov 1993: ch. 3; Said 1993을 보라.

따라서 자유주의 전통 내에서도 소수자집단권리에 관하여 상당히 다양한 관점들이 존재한다. 이 예전의 입장들 중 어떤 것도 국가가 문화적 귀속성을 순전히 사적인 문제로 다루어야 한다는 입장 – 현대의 많은 자유주의자들이 옹호하는 – 을 지지하지 않음에 주목하라. 반대로, 자유주의자들은 소수자집단 문화의 법적 인정을 지지하였거나, 아니면 소수자집단권리를 거부했는데, 그 이유는 공식적 문화라는 개념을 거부했기 때문이 아니라, 바로 오직 **하나의** 공식적 문화(*one* official culture)만이 존재해야 한다고 믿었기 때문이었다.[5)]

이것은 단지 이전의 많은 자유주의자들이 민족성을 바라본 방식에 대한 간단한 밑그림에 불과하다. 더 자세한 설명은 아마도 훨씬 더 광대한 범위의 관점들을 보여줄 것이다. 왜냐하면 그것은 그 시대의 대부분의 주요한 자유주의적 저술들에서 두드러지게 나타나는 주제였기 때문이다. 무엇이 이 한 시대에서의 주목할 만한 수준의 관심과 논쟁, 그리고 이어서 전후 자유주의 사상에서는 그것이 사실상 사라지게 되었음을 설명할 수 있을 것인가? 그것은 부분적

5) 언뜻 보기에는, 선의적 무관심이라는 이상이 짐먼의 생각에 존재하는 것처럼 보인다. 그는 그가 비자유주의적이라고 여긴 '정치적 민족주의'(political Nationalism)를, 자신이 지지하는 '사회적'(social) 혹은 '순수하게 비정치적인'(purely non-political' 민족주의로부터 구분하려 하였다(Zimmern 1918: 71, 97). 게다가, 그는 교회-국가의 분리와 그의 '비정치적' 민족주의의 모델 간에 명백한 유사점을 이끌어낸다(50). 그러나 이 유사성 대비는 잘못된 것으로 밝혀지고 있는데, 그의 '비정치적' 민족주의의 모델은 국가와 민족성 간에 어떤 엄격한 분리도 포함하지 않는다. 반대로, 그의 민족적 관용의 모델은 지역 자치 시스템과 언어 권리가 소수민족을 보호하는 벨기에와 스위스였다(96). 게다가, 그는 유대인들이 '친밀한 민족적 환경'을 가질 수 있게 하기 위해 팔레스타인 내에서의 유대인 모국의 건설을 지지하였다(98). 그래서 그는 민족 집단을 보호하기 위해 정치적 경계, 권력, 그리고 언어 권리가 고안되어야만 한다는 생각을 지지했던 것이다. 따라서 그가 비정치적 민족주의를 통해 의도한 것은 요컨대, 민족 자치가 하나의 민족국가를 요구하지는 않는다는 견해에 불과하다. 오히려 '많은 수의 민족적 개별성을 보존할 수 있는' 초민족적(supernational) 국가나 연방(Common- wealth)이 되어야 한다는 것이다.

으로 대영제국의 흥망과 관련이 있다. 1800년대 초부터 2차 대전 후 탈식민화의 시작까지, 영국 자유주의자들은 어떻게 자유주의적 제도들을 그들의 식민지에 전파할 것인가의 문제에 지속적으로 직면했다. 자유주의적 제도들을 이식하려는 열망은 구시대적 제국주의(작은 영국들을 해외에 설립함으로써 영국의 영역을 확장하는 것)와, '인간의 권리'(rights of men)에 대한 보편적 자유주의적 신념 간의 다소 모순적인 결합에 의해 가열되었다. 이 인간의 권리에 대한 보편적 자유주의적 신념은, 식민지에서의 자유주의적 제도들을 영국의 세력으로부터 이들 식민지들의 자유와 독립을 지향하는 첫 번째 단계로 간주하는 것을 의미했다.

그러나 그 동기가 무엇이었건 간에, 영국 자유주의자들은 계속해서 영국에서 작동되었던 자유주의적 제도들이 다민족 국가에서는 작동되지 않는다는 사실에 직면했다. 많은 영국의 자유주의적 제도들이 자유주의적인 만큼 영국적이기도 했다는 사실이 급속도로 분명해져갔다 – 즉, 그것은 잉글랜드와 같이 (상대적으로) 인종문화적(ethnically) 및 인종적(racially)으로 동질적인 사회에만 적합했던 것이다. 발포어 경(Lord Balfour)이 말하듯이, '헌법은 쉽게 복제될 수 있지'만, 영국적 제도들의 성공적인 작동은, 만약 식민지의 민족적 분열이 '너무 많거나 또는 너무 깊을 때는 어렵거나 불가능할 수 있다.' 영국적 제도들은 '다툼을 감당할 수 있을 정도로 근본적으로 동질적인 인민'을 상정하고 있었다(Hancock 1937: 429).

대영제국 내의 민족적 분쟁을 연구한 핸콕(W. Hancock)에 따르면, 영국의 식민지 정책은 처음부터 '잉글랜드인의 "원칙"을 광범위하게 일반화하려는 억누를 수 없는 경향'을 가졌던 '자유주의적 독트린의 추상적 보편화주의자들(abstract universalizers of liberal doctrine)에 의해 만들어졌다. 그런데 그렇게 함에 있어, 그들은 자신들이 잉글랜드 역사의 풍부하고 안정된 배경을 당연시 여기고 있음을 깨닫지 못했다.' 그들은 그들이 실제로 추구하고 〔있었던 것〕 이 자신의 민족적 형태를 완전히 다른 공동체의 역사적 삶, 문화, 그리고 필요에 상관없이 부과하는 〔것이었다〕 는 사실을 깨닫지 못하고 대영제국 내에 '그들의 "원칙"만을 강력히 주장하려 하였다.' 요컨대, 그들은 '이식(transplant)하는 것만으로 충분하다고 생각했지만, 사실 그곳에서 필요한 것은 번역(translate)이었다(Hancock 1937 : 496).

결과적으로, 영국 식민지를 관리하거나 연구하러 갔던 자유주의자들은, 그들이 잉글랜드에서 배운 자유주의는 그들이 직면한 문화적 다양성의 몇몇 이슈들을 전혀 다루지 못한다는 것을 발견했다. 초기의 예는 존 스튜어트 밀 계통 중 한 사람이며 1837년의 반란(the Rebellions of 1837)의 원인에 대한 조사를 책임지고 캐나다에 보내진 더햄 경(Lord Durham)이었다. 표면적으로 보면, 영국계와 프랑스계 캐나다에서의 반란들은 (미국혁명과 마찬가지로) 더 책임 있고 민주적인 정부를 요구하는 것이었으며, 이것이 영국 자유주의자들이 처음에 그것을 해석한 방식이었다. 그러나 더햄이 그의 보고서에서 밝힌 것처럼, '나는 정부와 인민 간의 경합을 발견할 것으로 생각했다: 그런데 나는 단일적 한 국가의 품속에서 싸우는 두 민족을 발견했다.' 그는 또한 기존 자유주의 이론이 이러한 종류의 분쟁을 해결하는 것에 별 도움이 되지 않음을 발견했다. J. S. 밀에 의해 지지되고 영국 정부에 의해 채택된 그의 해결책은, 동질적인 잉글랜드 민족국가를 만들기 위해 다소 강제적으로 프랑스인을 동화시키는 것이었다. 그에게 프랑스계 캐나다인들의 '낙후된' 문화를 유지하려는 헛된 노력에 대한 동정은 없었다(Craig 1963: 146-50).[6)]

하지만, 프랑스계 캐나다인들의 동화에 대한 저항이 식민지 정부의 마비로 이어지게 되자, 더햄의 정책은 완벽히 실패하게 되었다. 따라서 이후의 자유주의자들 대부분은, 식민지에서의 민족적 분할을 수용할 것을 제안했다. 사실 많은 자유주의자들은, 만약 영국적 자유주의의 호소력이 그것의 (문화적으로 동질적인) 모국의 경계를 넘어 나아가려면, 민족 권리의 이론을 개발하는 것이 영국적 자유주의가 직면한 가장 큰 도전이라고 믿었다(e.g. Hoernl 1939: 123-5, 136-8; Hobhouse 1928: 146; Hancock 1937: 429-31, 495-6; Clarke 1934: 7-8).

개인적으로 추측해보면, 1800년대 초부터 탈식민화의 시작 때까지 대영제국 전체를 걸쳐 같은 이야기가 수백 번 반복되었을 것이다. 자유주의 이론의 본질을 영국 내 대학에서 배운 수 세대의 영국 사상가들이 존재해왔음이 틀림없으며, 그들은 이 원칙들을 이식하려는 희망을 안고 해외로 나갔지만, 그 이후 그들이 대처할 준비가 되지 않은 소수자집단권리에 관한 이슈들에 직면하게 되었

6) 더햄은 또한 '나는 원칙의 투쟁이 아닌 인종(races)의 투쟁을 발견했다'고 말했다. 이 말이 민족집단 간의 분쟁이 원칙의 이슈를 제기하지 않는다는 것을 의미한다면, 그것은 잘못된 것이다. 더햄의 강압적인 동화에 대한 제안은 그가 여기에 포함된 도덕적 이슈들을 인지하지 못했다는 것을 말해준다. 더햄의 보고에 대한 밀의 지지에 관해, Mill 1972: 410을 보라. 더햄 경의 생각에 대해 호의적인 입장에 대해서는 Ajzenstat 1984; 1988을 보라.

을 것이다. 영국 자유주의자들이 다양한 식민지에서 소수자집단 문화의 존재를 다루기 위해 그들의 원칙을 적용한 다양한 방식에 대해 적절한 연구를 하는 것은 흥미로운 일일 것이다. 민족성의 문제는 캐나다와 카리브 지역에서부터 아프리카, 팔레스타인, 그리고 인도에 이르기까지, 영연방 전체에 걸쳐 일어났고, 이러한 식민지 경험은 지역공동체 대표제(communal representation), 언어 권리, 민족 집단간의 조약들과 그 밖의 역사적 합의들, 연방제, 토지 권리, 이민 정책 등에 관련된 풍부한 실험으로 나타나게 되었다. 하지만, 제국의 쇠퇴와 함께 자유주의자들은 이런 문제들에 관해 생각하는 것을 멈추었고, 이러한 경험들은 영국 자유주의 이론에 거의 되돌아오지 않았다.[7]

소수자집단권리에 대한 문제는 식민지에서뿐만 아니라, 대륙 유럽에서의 사건들에서도 제기되었다. 유럽에서의 민족주의 갈등들은 2차 세계대전 이전에 국제 평화에 지속적인 위협이었으며, 이 역시 자유주의자들에게 소수민족의 권리에 주의를 기울이도록 고무했다. 하지만 이 요인 역시 2차 세계대전 이후, 유럽의 민족주의 분쟁이 이데올로기로 인한 냉전으로 대체되면서 사라져 버렸다.[8]

---

7) 여기서 자유주의와 마르크스주의의 전통을 비교해보면 흥미롭다. 자유주의와 같이, 마르크스주의는 처음에는 인종문화적 및 인종적(ethnically and racially)으로 동질적인 사회에서 대두되었다(예컨대 독일과 잉글랜드). 해외 식민지의 자유주의자들과 마찬가지로, 다른 나라에 있는 마르크스주의자들도 따라서 그들이 이어받은 이론이 말해 주지 않는 소수 인종문화적 및 인종적 집단의 역할에 관한 문제에 직면하게 되었다. 그리고 식민지의 자유주의자들처럼, 마르크스주의자들도 자신들의 이론을 이러한 문제들에 적용하여 수용할 수 있는 방법에 대해 광범위한 관점을 개발했다. 그래서 이러한 점에서 자유주의와 마르크스주의는 두드러진 유사점이 있다. 애석하게도, 인종(race)과 민족성을 수용하려는 마르크스주의적 시도들에 대한 역사에 관해 많은 책들이 존재하는 반면(가장 최근에는 Nimmi 1994), 자유주의 전통에서는 같은 시도를 한 책은 거의 없다.

8) 이 변화에 대한 흥미로운 논의로, Barker 1948을 참고하라. 1927년에 쓰여진 이 책의 초판은, 소수민족 자치에 초점을 두었던, 1차 세계대전의 '사후 팽창(after-swell)'에 영향을 받았다. 1948년에 쓰여진 제 4판에 의하면, 민족적 권리에 대한 개념은 이미 경제

따라서 전후 시대의 도래는, 소수민족에 대해 고민해야 할 두 가지 주요 이유 – 해외 식민지의 통치와 대륙에서의 민족주의 분쟁에 대응하는 것 – 로부터 영국 자유주의자들을 안심시켰다. 아마도 그 결과, 많은 이론가들이 자유주의의 핵심 원칙을 영국과 같은 단일 민족 국가에서 나타나는 특수한 제도적 표명과 구분하지 못하는 '추상적인 자유주의 보편화주의자'(abstract liberal universalizers)로 회귀해 버렸다.

19세기와 20세기 초의 미국 자유주의자들은 이 논쟁에 덜 연루되었다. 그들은 식민지의 존재를 다룰 필요가 없었고, 유럽과 어느 정도 거리가 있었다. 그 결과, 그들은 자유주의 원칙을 다민족 국가에 적용하는 것에 관하여 보다 일반화되거나 혹은 비교적인 관점을 개발하도록 강요되지 않았다. 소수자집단권리에 관해 분명히 이야기하였던 두 명의 미국 자유주의자는 랜돌프 보온(Randolph Bourne)과 호레이스 칼렌(Horace Kallen)이었다(Bourne 1964; H. Kallen 1924). 그러나 그들은 거의 전적으로 미국에서의 백인 이민자 집단의 지위에 관심이 있었고, 유럽, 퀘벡, 그리고 제3세계에서 찾을 수 있는 그러한 종류의, 지역적으로 밀집되고 역사적으로 정착해온 소수민족의 요구는 무시했다.

전후 미국 자유주의는 소수민족에 대해서 똑같이 등한시했다.

적 이데올로기에 기반한 라이벌 제국들 간의 분쟁의 그늘에 가려졌다. 그는 이렇게 경제적 이데올로기에 의해 민족 정체성이 그늘에 가려지는 상황은 일시적일 것이라고 다음과 같이 정확히 예측했다. '우리가 한 민족의 삶이 얼마나 "바다 깊숙한 곳에서 진행되는지(rides underseas)" (또는, 더 현대적인 말로 하면, 얼마나 "지하 운동(underground movement)"에 의해 활동하는 지) 유념한다면, 우리는 그것이 생존할 것이라고 점칠 수 밖에 없을 것이다. 이전에는 신앙고백과 제국들이 민족 문제를 압도하려 도전했지만 (30년 전쟁 혹은 폴란드의 분할에서) 민족 문제는 이 폭풍을 헤쳐 나와 여전히 살아 있다. (Barker 1948: p. xvii).

뒤에서 논의하는 것처럼, 사실상 모든 미국 정치이론가들은 미국을 엄밀히 다민족 국가라기보다는 다인종문화적 민족국가(a polyethnic nation-state)로 취급했다. 아마도 이것은 미국의 소수민족들이 상대적으로 작고 고립되어있었기 때문일 것이다(예컨대, 푸에르토리코인들, 인디언들, 하와이 원주민들, 알래스카 에스키모들). 이 집단들은 미국 정치이론에서 거의 볼 수 없다. 만약 이들이 조금이라도 언급되어 있다면, 보통 뒤늦게 생각나 덧붙인 내용들(afterthought)이다. 이것은 전 세계 자유주의 사상에 심대한 영향을 미쳐왔는데, 왜냐하면 미국 이론가들이 2차 세계대전 이래 자유주의 원칙의 지배적인 해석자가 되어버렸기 때문이다.[9)]

이러한 요인들 - 대영제국의 몰락, 냉전의 등장, 전후 자유주의에서의 미국 이론가들의 두드러진 출현 - 은 왜 전전 자유주의자들 사이에서 가열되었던 소수민족에 관한 논쟁이 사실상의 침묵으로 빠져 들어갔는지 설명해 준다. 그러나 이러한 요인들은 현대 자유주의자들이 현실에서 왜 그렇게 소수자집단권리에 대해 적대적인지 설명하지 못한다. 왜, 이론적 논의의 부재 속에서조차도, 자유주의자들은 직관적으로 소수자집단권리를 지지하지 않았으며 - 전전에 많은 이들이 그러했던 것과 달리 - 그리고 그것들을 개인적 자유와 사회적 평등이라는 자유주의적 가치를 증진하는 것으로 간주하지 않았는가? 왜 그들은 대신에 '선의적 무관심'이라는 발상

9) 미국 자유주의자들은 이제, 동유럽의 정부와 조직들이 민주화와 헌법 제정에서 그들(미국자유주의자들)의 조언을 구하게 되자, 다민족 국가에 대한 자신들 원칙의 적실성을 고려해보도록 압력을 받고 있다. 바라건대, 비록 동유럽에 대한 일부 최근의 미국적 논의는 이런 점에서 실망스럽긴 하지만, 이것이 소수민족의 요구에 대한 미국 이론가들에 의해 보다 지속적인 반성으로 이어지게 되길 기대한다. (예컨대, Siegan 1992; Ackerman 1992; 부분적 예외로는 Ordeshook 1993: cf. Walker 1994를 참조하라).

을 채택했는가?

나는 이것이 전후의 수많은 정치적 변화가 수렴된 결과라고 생각한다. 전후 세계의 세 가지 특징이 자유주의자들로 하여금 민족적 권리의 인정에 대해 부적절한 적대감을 갖도록 몰아갔다: (1) 국제 연맹의 소수자집단권리 계획에 대한 환멸, (2) 미국의 인종분리철폐 운동, 그리고 (3) 미국 이민자 집단들 내에서의 '인종문화성의 부활(ethnic revival)'이었다. 나는 이들을 각각 차례로 논하며, 어떻게 이 요인들의 각각이 소수집단 권리에 대한 새로운 자유주의적 불신을 형성하는 것을 도왔는지 살펴볼 것이다.

2. 소수자집단 조약(the Minority Treaties)의 실패

자유주의적 관점에서 첫 번째로 중요한 변화는 국제연맹의 소수집단 보호 계획의 실패와, 이것의 2차 세계대전 발발에서의 역할과 함께 나타났다. 이 계획은 체코슬로바키아와 폴란드에 있는 독일어 사용자 소수자집단들의 지위를 국제적으로 인정하였는데, 나치는 그들로 하여금 자신들이 속한 정부에 대해 요구사항과 불만을 제기하도록 부추겼다. 폴란드와 체코 정부가 독일계 소수자집단들의 확대되는 요구를 들어주지 않으려 하거나 들어줄 수 없게 되자, 나치는 이것을 침략의 구실로 활용하였다. 이렇게 국제연맹의 계획에 대한 나치의 조작과, 그 안에서의 독일계 소수자집단들의 협력은, '[소수민족의] 국제적 보호 개념에 대한 강한 반발을 낳았으며… 냉엄한 현실은, 일반적으로 고토회복운동자(irredentist)들과 충성심 없는 소수자집단들의 배반행위에 깊이 충격을 받은 여론에 의해 지지를 받은 정치인들이, 소수자집단권리를 확대하려는 것이 아니라 오히려 축소하려고 하는 경향이 나타났다' (Claude 1955: 57, 69). 이러한 소수자집단권리의 축소는 정의에 대한 관심에 의해서가 아니라, '민족적 국가의 이익들이 최고의 가치로 매겨지는 준거 틀을 가진' 사람들에 의해 이루어졌으며, '[주류 민족은] 심지어 소수자 문화를 완전히 없애버리거나 전 국민에게 강압적인 동질성을 강요하는 댓가를 치르고서라도, 민족적 국가를 안전하게 만드는 것과 그 제도를 안정적으로 만드는 것에 관심이 있었다' (Claude 1955: 80-1).

이 '준거 틀'은 자유가 문화적 동질성을 요구한다는 이전의 자유주의적 관점과 유사하지만, 강조점에서 차이를 보인다. 밀과 그린이 국내적 안정에 관심이 있었던 반면, 전후 정치인들은 주로 국제평화에 관심이 있었다. 그러나 그 결과는 같았다 - 즉 소수자집단권리의 공정성 문제가 보다 높은 안정성 요구에 예속되었다. 소수자집단권리의 이슈를 유엔의 안건에서 제외하려는 명백한 열망이 존재했으며, 유엔은 최근에 와서야 소수자집단권리 요구의 정당성을 재고해 보기로 합의했다(Sohn 1981; Thornberry 1980; 1991). 소수민족들이 충성심이 없을 것이라는 (혹은 단순히 무관심할 것이라는) 두려움은 국제적으로, 그리고 많은 나라들의 국내 정치에서, 이러한 요구의 정당성에 대한 논의를 계속해서 가로막았다.[10]

구 유고슬라비아에서의 최근 사건들은 고토회복운동 소수자집단들의 국제평화에 대한 위협이 아직도 명백한 현실이라는 점을

---

10) 예컨대, 토착민들의 민족적 요구에 대한 인정을 거부하는 것은 종종 소수민족들이 국가안보에 위협적이라는 근거에 의해 정당화되었다(de Onis 1992: 55; da Cunha 1992: 282; Ahmed 1993; Maybury-Lewis 1984: 222-7; Nietschmann 1987).

보여준다. 소수자집단이 그들의 정당한 보호자를 자처하는 인접한 '모국(mother country)'에 소속된 것으로 여겨질 때(혹은 스스로 그렇게 여길 때), 폭력의 가능성은 극적으로 증가한다. 헝가리 정부는 스스로를 슬로바키아와 루마니아에 있는 인종문화적 헝가리인들(Ethnic Hungarians)의 보호자로 선포해왔으며; 러시아와 세르비아의 지도자들도 발칸반도의 인종문화적 러시아인들(ethnic Russians)과 보스니아와 크로아티아에 있는 인종문화적 세르비아인들(ethnic Serbs)에 대해 유사한 선언을 해왔다. 이러한 상황 하에서 소수민족의 권리를 보호하는 것은 자칭 보호자 국가들에 의한 영토 침입의 구실이 될 수 있다. 이러한 점은 친족국가(kin states)의 질서를 뒤흔드는 개입의 위협에 기대지 않는 진정한 국제적인 소수민족보호 메커니즘을 개발할 필요성을 보여준다.

고토회복운동의 문제는 북미보다 유럽에서 훨씬 심각하다. 북미의 토착민들은 호소할 보호자 국가가 존재하지 않고, 캐나다에서 프랑스를 퀘벡인들의 보호자로 여긴 시절은 100년이 넘게 지났다. 이것은 거의 스페인을 푸에르토리코인들의 보호자로 여겼던 시절만큼이나 오래된 것이다. 이러한 맥락에서는, 소수자집단권리는 국내적 안정에 영향을 줄 수는 있지만 국제 평화에는 거의 위협을 주지 않는다.

3. 미국에서의 인종분리철폐

현대 자유주의의 소수자집단권리의 거부는 정치적 불안정에 대한 우려에서 시작되었지만, 그것이 인종분리철폐와 연관될 때는 사회정의의 모습을 띠게 된다. 미국 연방 대법원은 '브라운 판결(*Brown v. Board of Education*)'에서, 남부에서의 흑인과 백인 아동들의 분리 교육 시설 시스템을 폐지했다. 이 판결은, 시민사회운동 일반과 함께, 인종적 평등(racial equality)에 대한 미국적 시각에 막대한 영향을 미쳤다. 인종적 정의(racial justice)의 새로운 모델은 '피부색불문 법(colour-blind laws)'이었으며, 이는 지금은 인종적 부정의(racial injustice)의 패러다임으로 여겨지는 '분리하지만 평등한 대우'(separate but equal treatment) 모델을 대체하였다.

그러나 **브라운** 판결의 영향은 곧 인종적 관계 이외의 영역에서도 느껴졌는데, 왜냐하면 그것이 인종문화적 및 민족적 집단들 간의 관계에도 똑같이 적용 가능한 원칙을 내놓는 것으로 여겨졌기 때문이다. 이 원칙에 의하면, 부정의는 사회의 주요 제도들로부터의 임의적 배제로 인해 발생하는 문제이며, 평등은 비차별과 참여에의 동등한 기회에 대한 문제라는 것이다. 이러한 견지에서 보면, 소수민족을 위해 분리된 제도를 제공하는 법률 제정은 흑인들에 대한 분리와 다를 바가 없어 보인다. **브라운** 판결의 자연적 확장은 따라서, 소수자 문화의 독립된 지위를 없애고, 그들에게 주류사회에의 동등한 참여를 장려하는 것이 된다.

이러한 사고는 1969년 캐나다 정부의 인디언의 특수 헌법적 지위 삭제 제안의 기저를 이루고 있었다. **브라운** 판결의 내용에 의거하여 정부는, '분리하되 평등한 서비스라는 것은 진정 평등한 대우를 제공해주지는 못한다'며, 그리고 '헌법으로부터 인디언들에 적용되는 특수한 언급을 삭제하는 궁극적인 목적은 .... 계속해서 유념해야 할 목표'라고 말했다.[11] 유사하게, 캐나다 대법원은 인디언에게 집단 특수 지위를 부여하는 법을 폐지할 때 **브라운** 판결을 언급했다.[12]

브라운 판결의 인종적 정의에 대한 공식은 인디언, 하와이 원주민, 그리고 국제법에서의 소수민족의 권리에 반대하는 입장으로 호소되었다. **브라운** 판결의 영향 아래, 이러한 민족 집단들은 '소수인종'(racial minority)으로 취급되게 되었으며, 그들의 자치적 제도들은 '인종분리' 혹은 '인종차별'의 형태로 여겨져 폐지되었다.[13]

그러나 브라운 판례의 실제 판결문은 소수민족 권리에 대해 이러한 피부색불문 공식(the colour-blind formula)을 적용하는 것을 지지하지 않는다. 연방 대법원은 사실, 민족 권리의 쟁점을, (소수민족이) 자신을 다민족 국가 안에서 자유롭게 스스로를 개발할 수 있는 자치적 제도를 요구하는 문화의 권리(the right of a culture)의 입장에서 다루지 않았다. 분리주의자들은 백인들과 흑인들이 다른 언어와 글들을 사용하는 다른 문화를 형성하고 있다고 주장하지 않는다. 반대로, 그들의 경우 모든 짐은, 흑인들이 분리된 시설에서 받았던 교육이 백인들의 그것과 **동일했다**는 것을 입증하는 것이었다. 문제는, 그 시설들이 동일한 한에서, 그들에게 분리된 시설이 주어질 수 있는가 하는 것이었다. 그리고 법원은 판

---

11) *Statement of the Government of Canada on Indian Policy*, tabled on 25 June 1969 by Jean Chr tien, Minister of Indian Affairs and Northern Development. Reprinted in Bowles *et al*. 1972: 202-4.

12) *Regina v. Drybones* [1970]SCR282 ('브라운 판결에서의 상황과 이 사건은 물론 매우 다르지만, 기본적인 철학적 개념은 같다').

13) 브라운 판결 이후 토착민들과 그 외 소수민족들을 '소수인종'(racial minorities)으로 대하는 경향과 관련하여, Barsh and Henderson 1980: 241-8; Van Dyke 1985: 194; O'Brien 1987: 323, 356; Chartrand 1995; Berger 1984: 94를 보라.

결내리기를, '**이러한 상황에서**, 분리는 본질적으로 불평등한데, 왜냐하면 그것이 '열등성의 증표'(badge of inferiority), 즉 인종주의(racism)의 상징으로 여겨질 수 있기 때문이다.'

판결문 내의 어떤 것도 민족적 권리가 자유주의적 평등과 양립 불가능하다는 주장을 보증하지는 않는다. 사실, 이 판결은 좀 더 자세히 살펴보면, 민족적 권리의 인정을 **옹호하는** 주장을 하고 있다. 브라운 판결 이후 그들의 제도적 분리에 대해 비판을 받은, 인디언들의 상황을 생각해 보자. 마이클 그로스(Michael Gross)가 지적하듯이,

> 흑인들이 법에 의해 강제적으로 백인 사회로부터 배제된(분리된) 곳에서, 인디언들 - 자신들만의 문화, 언어, 종교, 영토를 지닌 원주민 인민 집단들 - 은 법에 의해서 강제적으로 백인사회로 **수용**(통합)되었다. 이것이 강제적 동화(coercive assimilation) - 물 밑으로 은밀히, 인종문화적, 문화적, 언어적 소수집단들이 자신들의 특수성과 정체성을 벗어버리고 나머지 사회와 섞이도록 강제하는 관행 - 가 의미하는 바이다. (Gross 1973: 244)

인디언들에게 있어 통합적인 교육은, 흑인들에 대한 격리 교육과 마찬가지로, 그것이 '인디언 공동체의 중요성과 타당성을 인정'해 주지 못하기 때문에, '열등성의 징표'인 것이다. 사실상, 백인 주류 학교에서의 인디언 아동들에 대한 통합은, **브라운** 판례에서 분리 교육이 의미하는 바와 마찬가지로, 똑같이 부정적인 교육적·정서적 효과를 갖고 온다. 따라서 흑인들의 분리를 폐지한 것에 '내재된 근본원칙'(underlying principle) - 즉 소수자집단에게 해로운 인종적 분류는 금지된다는 원칙 - 은 인디언에 대한 법제화

된 통합 역시 폐지해야만 한다(Gross 1973: 242-8).

핵심은 인디언들이 인종차별로부터의 보호를 필요로 하지 않는다는 것이 아니다. 그러나 흑인들에 대한 인종차별이 흑인들이 공동체의 온전한 구성원이라는 점을 백인들이 거부하는 것에서 오는 반면, 인디언에 대한 인종차별은 주로 인디언들이 자신들만의 문화와 공동체를 가진 고유한 집단적 사람들(peoples)이라는 점을 백인들이 거부하는 것에서 온다는 것이다. 불행히도, 아프리카계 미국인(흑인, African-Americans)을 위한 시민권 운동의 중심적 쟁점은 소수민족의 존재로 인해 제기되는 독특한 쟁점들을 이해하지 못하게 만들었다.

어떤 의미에서는, **브라운** 판례가 모든 인종문화적 및 민족적 집단들에 적용되는 모델로 간주되어 왔다는 것은 역설적이다. 2장에서 밝혔듯이, 아프리카계 미국인들의 역사적 상황과 현재의 환경은 세계에서 사실상 매우 독특하며, 이들에게 적합한 정책이 소수민족이나 자발적 이민자들에게 적합하리라고 생각할 이유는 없다(역으로도 마찬가지이다). 그러나 다른 의미에서는, **브라운** 판례의 이러한 확장은 이해할만 하다. 노예제와 분리정책의 역사는 근대의 가장 큰 악을 상징하며, 그 유산은 매우 깊은 인종적 분열을 가진 사회이다. 미국 정부와 법원, 일반 여론이 인종적 분리와 조금이라도 닮은 것조차 없애버리길 원해야만 한다는 것은 놀라운 일이 아니다. 인디언과 하와이 원주민들의 분리된 자치 제도는 인종분리와 피상적인 유사성만을 갖고 있지만, 이것은 이들을 법적 공격에 노출시키기에 충분했다. 이해할 만은 하지만, **브라운** 판례의 이러한 과도한 일반화는 불행한 일이며, 정의롭지 못하다. 아프리카계 미국인들을 위한 정의의 대가가 토착민들과 다른 민족 집단들에 대한 부정의가 되어야 할 이유는 없다.

4. 다인종문화성과 미국에서의 인종문화성의 부활

소수 집단 권리가 불공평하고 분열적이라는 믿음은, 많은 자유주의자들에게, 1960년대와 1970년대 미국을 비롯한 각지를 뒤흔든 인종문화성의 부활에 의해 확고해졌다. 먼저 논한 바와 같이(2장의 1절), 이러한 부활은 인종문화적 집단들이('앵글로 동화주의(Anglo-conformity)' 이민자 모델에 반대하여) 자신들의 고유한 특징을 표현하는 것은 정당하다('비(非)미국적'이지 않다)는 주장과 함께 시작되었다. 그러나 곧 이는 새로운 요구로 옮겨갔다. 예를 들면, 더 개방적인 인종문화적 정체성의 표현의 한 결과는 인종문화적 집단이 자신들의 집단으로서의 지위를 더 의식하게 되었다는 것이다. 인종문화적 집단 간의 수입이나 직업의 분포를 측정하는 일이 흔하게 되었으며, 이들 중 몇몇 뒤떨어진 집단은 교육과 고용에서의 할당제와 같은 집단에 기초한 개선 정책을 요구하였다. 그들은 또한 학교 교육 과정이나 정부의 상징물에 자신들의 문화유산이 반영되기를 원했다.

미국 자유주의자들은 이러한 인종문화성의 부활과 모호한 관계를 유지해 왔다. 대부분의 자유주의자들은 인종문화적 집단들의 초기적 요구인 앵글로 동화주의 모델의 폐기를 받아들였다.[14] 그러나

14) 많은 이전 미국 자유주의자들은 공유된 문화적 충성심을 정치적 충성심의 기초로 강조한 과거의 모델(밀과 같은)을 강력히 지지했다(Glazer 1983: 99). 이러한 이전의 미국

요구사항들이 확대되면서, 자유주의적 지지는 점점 축소되었다. 사실, 이민자 집단의 정치화의 증가는 미국 자유주의자들을 심각하게 동요시켰는데, 왜냐하면 그것이 미국 정치 문화의 가장 기본적인 가정과 자기이해(self-conception)에 영향을 주었기 때문이다. 그리고 이러한 염려는 소수민족에 대한 이들 자유주의자들의 태도에 주요한 반향을 불러 일으켰다.

앞에서 주지했다시피, 대부분의 미국 정치이론가들은 미국을 이민자 국가로 여겼다. 정말로 미국은 원래부터 이민자 국가이다. 다인종문화적 이민을 통해 나라를 세운다는 생각은 역사상 거의 유일무이하며, 많은 사람들이 그런 생각은 지탱될 수 없다고 생각했다. 인종문화적으로 혼합된 이민자 국가가 안정적일 것이라는 점을 보여준 역사적 전례가 없었던 것이다. 상상할 수 있는 모든 종류의 인종, 종교, 언어 집단을 포함하며 사실상 거의 아무것도 공통성이 없는 서로 다른 배경으로부터 인민 집단들이 모였을 때, 무엇이 그들을 함께 묶어줄 것인가?

그 정답은 물론, 이민자들이 미국 내에서 자신들만의 생활터전(home lands)을 지닌 독립적인 고유한 민족을 이루는 것보다는, 현존하는 영어권(Anglophone) 사회에 통합되어야만 한다는 것이었다. 독일인, 스웨덴인, 네덜란드인, 그리스인, 이태리인, 폴란드인 등이 스스로를 하나의 (다인종문화적) 미국 인민의 구성원으로 보지 않고, 분리된 자치적 인민집단으로 본다면, 나라의 장기적 생존에 대한 희망은 없어 보였다. 존 하이엄(John Higham)이 말하듯

자유주의자들의 앵글로 동화주의 모델에 대한 지지의 중요한 예외로써, Bourne 1964; H. Kallen 1924: 145-7을 보라. 또한 Walzer 1982에 있는 칼렌의 관점에 대해 논의; Gleason 1982도 참조하라.

이 영국계 정착민들은 스스로를 미국 식민지 국가(the American colonies/states)의 '주력 형성 민중(formative population)'이라고 생각했고, '그들의 것이 바로 이민자들이 적응해야만 할 정치체, 언어, 노동과 정착의 방식, 그리고 많은 정신적 습관들이었던 것이다(Higham 1976 : 6 ; cf. Steinberg 1981 : 7).'

이민자들은 주류 영어권 사회에 통합될 권리 뿐 아니라(그리하여 차별과 편견으로부터 보호될 권리) 통합될 의무까지 가지게 되었다(학교에서 영어를 배우고 영어가 공적인 생활의 언어가 되었다). 이민자들을 통합하려는 집념은 와스프(WASP) 입장에서의 단순히 불관용이나 자민족중심주의(비록 부분적으로 그렇긴 하였지만)의 증거의 문제만은 아니었다. 그것은 또한 다인종문화적 이민을 통해 세워진 나라가 생존할 수 있을는지의 불확실성에 관한 이해할 수 있는 반응이었다고 생각할 수 있다.

그렇다면, 이민자들이 스스로를 소수민족이 아닌 인종문화적 집단으로 인식한다는 것이 근본적 핵심이다. 오랫동안, 이민자들은 이 방식에 만족하는 듯 보였다. 그러나 인종문화성의 부활은 이 전통적 모델을 시험대에 올려놓았다. 인종문화성의 부활이 확대되자, 미국에 있는 몇몇 이민자 협회들은 식민화된 '민족들' 또는 '인민들'과 같은 입장의 언어와 태도를 채택했다(Glazer 1983: 110-11). 이들은 통합에의 사회적 압력을 '억압'의 표시로 생각하였으며, 자신들의 모국어의 인정, 독립된 인종문화적 제도에 대한 정부의 보조와 함께 그들의 '민족자결권'(self-determination)을 요구했다.

아래에서 논하는 바와 같이, 이러한 종류의 요구들은 미국 이민자 집단들에서는 아주 조그만 요소만을 대표할 뿐이었다. 하지만, 그것은 자유주의자들에게는 심각한 우려를 불러일으켰다. 대부분의 자유주의자들은 이민자 집단들이 민족주의적 수사를 채택하는 것을 사회 통합에 대한 위협뿐만 아니라 도덕적으로 정당화될 수 없는 것으로 보았다. 자유주의자들은 이민자들이 그러한 민족적 권리를 요구할 정당한 근거가 없다고 주장했다. 즉 이들의 주장은, 결국 이민자들은, 자신들에게 통합이 요구될 것이라는 사실을 알고 있었으며, 자발적으로 왔다는 것이었다. 이들 이민자들이 자신의 문화를 떠나기로 선택하고 미국으로 올 때, 그들은 민족적 소속감과 그에 따르는 민족적 권리를 자발적으로 포기하였다는 것이다.

인종문화성의 부활에 대한 이런 태도는, 선두적인 미국 정치이론가(또한 좌파 자유주의 저널 *Dissent*의 편집자) 마이클 왈쩌(Michael Walzer)의 글과, 선두적인 미국 사회학자 (또한 우파 자유주의 저널 *Public Interest*의 편집자) 네이든 글레이저(Nathan Glazer)의 글에서 뚜렷이 드러난다. 글레이저에 의하면, 이민자들은

> 이 나라에 외국어와 외국문화를 유지하기 위해 오지 않았으며, 가능한 빨리 미국화 되려는 ... 의도를 갖고 있었고, 이것은 영어와 미국 문화를 의미한다. 그들은 공교육이 제공하는 새로운 언어와 문화로 인도되는 길을 찾았고 - 많은 오늘날의 이민자들이 그러는 것과 마찬가지로 - 시간이 흐르면서, 그들은 자신과 그들의 자녀들이 잃어버렸던 것을 후회하긴 하지만, 이것은 강요된 선택이라기보다는 **그들의** 선택이었다(Glazer 1983: 149).

유사하게, 왈쩌도 이민자들이 '자발적으로 왔기 때문'에, '자결권의 요청'(the call for self-determination)은 여기서 근거가 없다

고 주장한다. 또한 영어를 공용 언어로 사용하기를 거부할 근거나 이유도 없다고 본다(Walzer 1982: 6-7,10; 1983b:224).

글레이저와 왈쩌 둘 모두 자발적 이민자들을 통합하는 과정은 유럽의 다민족 국가들에서 있었던 정복당한 혹은 식민화된 소수민족의 동화와 얼마나 다른지 강조한다. 후자의 경우, '자신들이 수 세기동안 차지해온 땅 위에 구축된' '때묻지 않은 뿌리 깊은 공동체들'(intact and rooted communities)에서 모국어 교육과 지역적 자치권을 빼앗는 것은 잘못된 것이다. 이러한 조건 아래에서는, 통합은 소수민족들이 전형적으로 (그리고 정당하게) 저항해온 '강요된 선택'(imposed choice)이다. 대조적으로, 이민자들의 통합은 '문화적 변화가 훨씬 더 쉬운 사람들을 겨냥했는데, 왜냐하면 그들은 (자신의 문화와) 단절 되었을 뿐 아니라, 스스로 문화를 버리고 왔기 때문이다. 어떤 압력이 그들을 신대륙(the New World)으로 몰아왔던지 간에, 그들은 오는 것을 선택했고, 자신의 가족 내에서 그들과 같은 다른 사람들은 남기를 선택했던 것이다(Walzer 1982: 9; cf. Glazer 1983: 227, 283).' 이민자 집단에 의한 민족적 권리의 요구는 정당화 될 수 없는 문제만은 아니다. 그것은 또한 분열적이 될 수 있는데, 그 이유는 각각의 집단이 다른 집단에게 어떠한 특수 권리를 주는 것에 대해 분노하기 때문이다. 그리고 그것은 실현불가능한데, 왜냐하면 미국의 인종문화적 집단들이 집단적 자치권을 행사하기에는 너무 '흩어져있고, 혼합되어 있으며, 동화 또는 통합'되어 있기 때문이다. 사실상, 인종문화적 집단을 집단적 자치를 위해 필요한 '결속적이고, 자기의식적인, 문화를 유지하고 있는 독립체'(compact, self-conscious, culture -maintaining entities)로 전환하려는 모든 시도는 강압을 필요로 할 것이다. 왜냐하면 많은 이민자들이 문화적으로나 지리적으로나 주류 사회에 통합되기를 더 선호하기 때문이다. 따라서, 인종문화성의 부활에 따른 광범위한 새로운 요구들을 시행하는 것은 정의롭지 못하고, 실현불가능하며, 분열적이고 강압적이 될 수 있다(Glazer 1983: 227, 124).

나는 글레이저와 왈쩌가 이민자들과 소수민족의 차이를 강조한 점과, 이민의 결정이 (대부분의 경우에서) 자발적이었다는 사실에 초점을 맞춘 점은 옳다고 생각한다. 나는 이 사실이 그들의 요구의 정당성에 영향을 준다고 믿는다. 5장에서 논하는 것처럼, 자발적 이민자들이 정당하게 주장할 수 있는 어떤 다인종문화적 권리가 있긴 하지만, 이들이 민족 자치정부(national self-government)를 요구할 정당성이 있는 주장은 없다.[15)]

이민이 미국사회에 갖는 중요성을 고려할 때, 자유주의자들이 이민자 집단에 잠복되어 있는 민족주의의 어떠한 징후에도 그렇게 적대적이었던 것은 놀랄 일이 아니다. 이민에 주로 기초하여 세워진 나라, 즉 사실상 거의 세계의 모든 언어적·문화적 집단에서 온 이민자들을 포함하는 나라에서, 인종문화적 집단을 소수민족으로 재정의하려는 어떠한 진지한 시도도 사회의 구조 자체를 잠식할 수 있을 것이다.

아마도 더 놀라운 것은 자유주의자들이 미국에 진짜 존재했던

15) 글레이저 자신은, 다인종문화적 권리가 민족적 권리나 집단 자치제의 문제로 간주되지 않는 곳에서 조차도, 다인종문화적 권리를 반대한다. 그 이유는 그는 다인종문화성에 대해 그다지 크지 않은 보조를 하는 것조차도 강압과 분열성의 위험이 너무 크다고 생각했기 때문이다(1983: 124).

몇 안 되는 소수민족들의 자치 정부 요구에도 매우 적대적이어 왔다는 점이다. 이민자들과 소수민족의 차이점을 강조한 점으로 볼 때, 왈쩌(Walzer)와 글레이저(Glazer)가 인디언, 푸에르토리코인, 하와이 원주민 등의 자치정부 요구를 지지했으리라고 기대해볼 수도 있다. 이 집단들은 결국 유럽의 소수민족과 같이, 정말로 정복당하고 식민화된 사람들인 것이다.

글레이저는 이 집단들이 '민족적 특징이라 할 만한 것을 더 많이 갖고 있다'는 점과(1983: 283-4), 그들이 정당한 근거 - 그가 이민자들에게는 적용 불가능함을 강조했던 - 에서 민족적 권리를 요구하고 있음을 인정한다.

> 흑인들과 스페인어 사용자들 둘 모두 독특한 정치적 상황을 지적해 준다: 흑인들은 노예로 오게 되었으며, 멕시코인과 푸에르토리코인은 정복당했던 것이다. 인디언들 역시 정복당했다. 그렇지만, 백인 인종문화적 집단은 자유로운 이민자들로 왔다. 따라서 흑인들, 스페인어 사용자 집단, 인디언들, 그리고 아마도 몇몇 다른 집단들은 그들의 독특한 문화에 대한 공적 원조에 대해 유럽인 집단들보다 더 강하게 요구할 수 있을 것이다(Glazer 1983: 118).

글레이저는 민족적 권리에 대한 그들의 요구에 '상당한 비중이 있다'는 점을 받아들인다(Glazer 1983: 118). 유사하게, 왈쩌의 주장의 논리는 이 소수민족들이 '주로 그들의 경험의 산물이 아니라, 이민자 공동체의 필요에 맞추어진' 접근을 받아들이도록 강요되어선 안 된다는 점을 시사한다(Walzer 1982: 6, 27).

그러나 미국의 자유주의자들은 소수민족의 권리를 인정해오지 않았다. 몇몇 자유주의자들은 단순히 그런 집단의 존재조차 무시했다. 글레이저와 왈쩌는 그들의 존재를 인정하긴 하였지만, 그럼에도 불구하고 "선의적 무관심"이 이민자들 뿐 아니라 소수민족들에게도 적절하다고 주장한다. 그래서 글레이저는 '차별과 열등한 지위를 진압하고 문화적 적응과 동화를 장려하는 적절한 공공 정책으로써, 이 집단들은 유럽과 아시아계 인종문화적 집단, 즉 향수와 감성에 의해 묶이며 특수한 이익을 위해서만 가끔 모이는 유령 민족들과 크게 다르지 않게 될 것'이라는 그의 소망을 나타냈던 것이다(Glazer 1983, 284). 유사하게, 왈쩌도 이민자들에게 유효했던 정책들이 '지금 그들 자신의 집단적 요구를 내세우는 소수 인종들(racial minorities)에게 성공적으로 확대될 수 있기를' 바란다(Walzer 1982: 27; cf. Ogbu 1988: 164-5).

왜 글레이저와 왈쩌는 그들 자신의 주장의 함의를 거부하는 것일까? 왈쩌는 인디언들은 민족적 권리를 정말로 원하지는 않는다고 시사하고 있다: '인종주의(racism)는 완전히 발전된 다원주의로 가는 크나큰 장애물이며, 그것이 존재하는 한 인디언들과 흑인, 그리고 아마도 멕시코계 미국인들도' 민족적 권리에 '유혹을 받을 것'이다. 이러한 민족적 권리 요구는, 소수민족이 이민자 집단들이 누리고 있는 '집단 조직과 문화적 표현에 대한 동등한 기회'를 보장받게 된다면, 더 이상 매력적이지 않게 될 것이라고 생각한다(Walzer 1982: 27).

그러나 예를 들면, 인디언들이 단지 자신들이 인종문화적집단이 되는 것을 금지당해 왔기 때문에 민족적 권리를 갈망한다는 것은 사실이 아니다. 사실상, 이것은 미국과 캐나다에서의 인디언 부족들의 역사와 완전히 어긋난다. 인디언들은 종종 '그저 또 하나의 인종문화적 집단'(just another ethnic group)이 되도록 압력 받아왔지만, 그들은 그러한 압력에 저항해왔고 그들의 독특한 지위를 지켜내기 위해 투쟁해왔다. 앞에서 언급했다시피, 인디언들은 진짜로 인종주의의 영향 아래 있었지만, 그들이 가장 우려한 인종주의는 그들이 자신들만의 문화와 공동체를 가진 독특한 인민 집단들(distinct peoples)이라는 것을 거부하는 바로 그러한 인종주의(the racist denial)라고 할 수 있다.[16)]

결국에는, 글레이저와 왈쩌가 소수민족의 자치정 요구를 거부하는 주된 이유는, 이 요구들이 사실상 '비 미국적'이기 때문이다. 글레이저에 의하면,

> 이민자들과 소수자집단들이 한편으로는 집단의 유지와 집단 권리, 다른 한편으로는 개인적 통합과 개인의 권리의 대안적 가능성을 향해, 어떤 태도를 가질지를 형성하고 결정하는 국가 이념·국민적 합의와 같은 것이 존재한다. . . . 미국은, 차별과 분리의 현실이 어떻든지 간에, 하나로 통합된 새로운 인종문화적 정체성, 즉 미국인의 정체성이라는 국가적 이상을 갖고 있다. (Glazer 1978: 100)

비록 소수자집단권리가 본질적으로 불공정하지는 않다하더라

---

16) 좌우간, 인디언들이 다른 모든 집단들과 같은 인종문화적 집단이 되기를 선택할 수도 있을지 모른다는 사실이 그들이 다른 방향을 선택할 권리가 없다는 것을 보여주지는 않는다(사람들은 그들의 정당한 권리를 행사하지 않기로 선택할 수도 있다). 왈쩌의 주장은 써굿 마셜(Thurgood Marshall)이 우스꽝스럽게 했던 발언, 즉 인디언들은 피부색 불문의 법을 원하지만 '그들은 재판이나 소송을 위한 돈이 없었을 뿐'이라고 했던 것을 떠올리게 한다(Friedman 1969: 50). 그는 이 발언을 브라운 인종차별철폐 판례 당시 미국 흑인 지위 향상 협회(National Association for the Advancement of Colored People, NAACP)의 변호사로 일하며 남겼다. 마셜이 대법원 판사가 되자, 그의 견해는 바뀌었으며, 그는 인디언 자치정의 옹호자가 되었다. Tsosie 1994를 보라.

도, 그럼에도 불구하고 이것은 미국의 '국민적 합의'(national consensus)와 '국가 이념'(state ideology)과 양립 불가능하다는 것이다.

유사하게, 왈쩌 역시 다민족 국가 내의 민족적 권리의 문제는 '그 자체로 정치적으로 해결되어야만 하고, 그 정확한 특징은 문화적 다양성과 지역 자치 등의 가치에 대한 시민들의 공유된 이해에 의지해야만 한다고 말한다. 우리가 주장을 할 때 호소해야 하는 것은 바로 이러한 공유된 이해이다(Walzer 1983a: 29)'라고 말한다. 또한 미국에서는, 즉 하나의 보다 광범위한 전체 정치적 공동체(the larger political community)는 민족적 권리가 '우리의 역사적 전통과 공유된 이해와 어긋나며, 현대적 삶의 방식과도 역시 깊이 어긋나고 몹시 분열적'이라고 본다는 것이다(Walzer 1983a: 151).[17)]

이러한 '국가 이념' 혹은 '공유된 이해'에의 호소에는 이상한 점이 있다. 첫째로, 그들이 주장하고 있는 합의에 대한 설명은 편향되어 있다. 왈쩌와 글레이저는 국가가 인종문화적 집단과 민족 집단 모두를 정치적으로 인정하거나, 아니면 두 종류의 집단 모두에게 정치적 인정을 거부해야만 한다고 말한다. 그런데 왜 이 국민적 합의가 왈쩌와 글레이저 자신이 강조하는 것 - 즉 소수민족의 강요된 동화와 이민자들의 자발적인 동화의 차이 - 을 강조하면 안 되는

---

17) 그의 최근 저작 중 몇몇에서, 왈쩌는 인디언과 미국의 다른 '병합된 민족들'이 어느 정도의 민족적 권리를 가져야만 한다는 것을 받아들인다(Walzer 1992c: 167). 그러나 다른 곳에서 그는 미국은 어떠한 민족적 권리를 인정하지도 않으며 해서도 안 된다고 계속해서 주장한다(Walzer 1992d: 101; 1992b: 9). 이 이슈에 대한 그의 모호한 태도는, 그의 이론에 내재된 '공유된 의미'(shared meanings), 즉 각 국가 안에 단일한 '특징의 공동체'가 존재한다고 상정하는 가정과, 미국이 그러한 특징의 공동체라고 믿으려는 그의 확고한 열망에서 기인했을지도 모른다. 이 내재된 가정에 대한 논의와, 이것이 왈쩌의 미국 정치 공동체에 대한 서술에 미친 영향에 대해서, Rosenblum 1984: 585-9; Galston 1989: 120-2; Kymlicka 1989a: ch. 11을 참조하라.

것인가? 왜 이 국민적 합의는 소수민족들이 자발적 이민자들에게는 해당되지 않는 정당한 요구를 할 수 있다는 것을 인정하면 안 되는가?

사실상, 이것은 미국과 캐나다 모두에서 실제적 관행이다. 인디언, 이누이트, 프랑스계 캐나다인, 하와이 원주민, 푸에르토리코인 모두는 인종문화적 집단이 가지고 있지 않은 특별한 정치적 지위를 누리고 있다. 이것은 오래된 방식이며, 두 나라 모두, 인종문화적 집단은 그렇다 치더라도, 왜 소수민족에게 해당되는 자치정을 계속적으로 지원할 수 없는지에 대한 이유는 분명하지 않다.

왈쩌와 글레이저는 분명 이러한 방식이 불안정하다고 생각한다. '적절한' 정책은 소수민족을 동화시킬 것이라고 단언한 이후, 글레이저는 '궁극적인 복합적 문제(a final complication)'를 언급한다:

> 만약 공공정책이, 미국 사회와 정치 조직에서 독특한 요소로서의 현존하는 인종문화적 집단을 억압하거나 무시하기보다는, 몇몇 집단들의 독특한 지위를 인정하고 공법에서의 권리를 이들 집단들의 구성원지위에 부여하기 시작하는 그러한 지점으로 회귀한다면, 그것이 동화 과정의 중간에 있는 다른 집단들에게 영향을 주어 그들은 불이익 받지 않기 위해 다시 스스로의 권리를 주장하기 시작하지 않겠는가? (1983: 284)

글레이저의 핵심적인 문제가 여기에 있다. 자신들의 민족적 권리의 인정을 갈망하는 소수민족들에게는, 정당성과 이미 자리 잡힌 그들을 위한 정책이 존재할 수도 있지만,

> 우리의 문제는, 우리가 복수의 인민집단들의 연방 a federation

of peoples(캐나다나 소련과 같은)이 아닌, 주(states)들의 연방이며, 우리의 인종문화적 집단들은, 혼란 없이 그들 중 몇몇만 특수한 처우를 위해 분리해내는 정책을 허용하기에는 이미 너무나 흩어져 있거나, 섞여있거나, 동화되어 있고, 통합되어 있다. 그러나 만약 우리가 그러한 정책을 시도한다면, 많은 다른 집단들이 그 대열에 합류하거나 그러기 위해 노력할 것이고, 그러면 모든 미국인을 위한 보다 큰 박애 정신의 희망은 포기되어야만 할 것이다 ... 다인종문화적 사회에서는, 그러한 정책은 각 집단들이 잇따라 자신들의 보호를 위한 특수한 처우에 대한 요구를 부추길 뿐이다 ... 특수한 처우의 요구는, 그들이 그러한 대우를 받아야만 한다고 생각하는 이들과 그렇지 않다고 생각하는 이들에 의해, 이미 그것을 받고 있는 다른 집단들에 대한 반감으로 이어질 것이다(Glazer 1983: 227-9).

다시 말해서, 인디언들이나 푸에르토리코 인들의 정당한 요구를 인정하는 것은 유럽과 아시아계 인종문화적 집단들로 하여금 부당하고 분열적인 이익을 요구하게 만들 수 있으며, 그럼으로써 '모든 미국인을 위한 보다 큰 박애 정신'(larger fraternity of all Americans)을 위기에 처하게 만들 수 있다는 것이다.[18]

---

18) 이 주장에는 무언가 심각하게 자민족중심적인 것이 있거나, 아니면 적어도 글레이저와 왈쩌가 이러한 주장을 제시하는 방식에서 자민족중심적인 것이 있다. 글레이저와 왈쩌는 동화를 지지하는 '국민적 합의' 혹은 '공유된 이해'가 존재한다고 믿지만, 그들은 분명 이것이 유럽과 아시아계 인종문화적 집단들 간의 합의임을 의미하고 있다. 왜냐하면 이 두 사람은 다른 집단들은 민족적 권리를 원한다는 사실을 인정하고 있기 때문이다. 글레이저는 이 합의가 흑인, 인디언, 히스패닉, 푸에르토리코인을 배제한 것임을 인정함에도 불구하고, 그것이 '모든 미국인들을 위한 박애정신'을 이룩해 왔다고 말한다. 그는 서로간의 분노 표출을 피하기 위해서는 민족적 권리는 거부되어야만 한다고 말한다. 그러나 그가 정말로 피하고자 한 것은 유럽과 아시아계 인종문화적 집단들 사이에서 (정당화되지 않은) 분노 표출인데, 왜냐하면 그는 소수민족들이 이미 (그리고 정당하게) 그들의 민족적 권리에 대한 거부에 대해 분노하고 있음을 인정하기 때문이다. 자발적 이민자 집단들은 부당하게 민족적 권리라는 논리를 채택해왔고, 이 분열적 경향과 싸우기 위해 글레이저는, 인디언과 다른 소수민족들의 그러한 논리의 정당한 사용도 거부한다. 인디언들과 다른 소수민족들은 글레이저의 진짜 관심, 즉 미국 이민

그러나 이것은, 밀의 한 민주정체 내에서 안정성을 보장하기 위해 필요한 공통의 정체성(common identity)에 관한 주장의 다른 표현에 불과하다. 하지만 그것은 밀의 주장에 새로운 왜곡을 덧붙이고 있다. 밀과 달리, 글레이저는 소수민족 자체가 국내적 안정성에 미치는 불안정적 영향에 관해서는 염려하지 않고 있다. 미국에서, 이러한 집단들은 전체적인 국가 안정성을 위태롭게 하기에는 아주 소규모이거나 지리적으로 고립되어 있다. 그리고 전후 정치인들과 달리, 글레이저는 소수민족들이 국제적 분쟁을 초래할 잠재적 가능성에 대해서도 걱정하지 않고 있다. 미국의 소수민족들은 고토회복주의자들이 아니다.

대신에, 글레이저는 소수민족들이 이민자 집단에 미칠 파급 효과에 대해 염려하고 있다. 그는 소수민족에게 자치정부를 부여하는 것이 이민자 집단들로 하여금 비슷한 요구를 하도록 부추길 것을 걱정하고 있다. 이것이 현실적인 우려인가? 그렇지 않다고 생각한다. 나는 이민자 집단들이 스스로를 소수민족과 같이 자리 잡으려 한다는 생각이, '인종문화성의 부활'(ethnic revival)에 대한 잘못된 해석에 기초한다고 믿는다. 인종문화성의 부활은 주류 사회에의 통합을 부인하는 것이 아니다. 가장 정치화된 인종문화적 집단들조차도 스스로를 주류 사회와 나란히 하는 독특한 사회나

자 집단들의 박애정신을 지키기 위해 희생되는 노리갯감(pawns)이라는 결론을 피할 수 없다. 인종문화적 집단들에 대한 믿음들은 글레이저에 의해 '국민적 합의'와 '우리의 공유된 이해', 그리고 '모든 미국인들의 감정(feel)'에 관해 확정적인 것으로 받아들여진다. 결과적으로, 인디언들의 요구는 이들의 본질적인 가치가 아닌, 이민자들의 '박애정신'에 미치는 잠재적 영향의 입장에서 평가된다. 글레이저의 선의적 무관심 정책에 대한 신념은, 소수민족의 이익을 인종문화적 집단의 박애정신에 명백하게 종속시킴으로써 옹호된다. 왈쩌의 미국 국민 정체성의 '공유된 이해'에 대한 논의에도 거의 같은 논리가 적용된다. 나는 Kymlicka 1991에서 이러한 주장들을 더 심도 있게 비판해 보았다.

자치적 민족으로 재구성하는 것에는 관심이 없다.

반대로, 인종문화성의 부활은 본질적으로, 독립적인 제도적 생활을 부활시키거나 창조하려는 요구와는 동떨어져있는, 자아 정체성과 자아 표출의 문제에 불과하다. 사람들은 스스로를 공적으로 한 인종문화적 집단의 구성원으로 인식하기를 원하며, 존경받거나 권위 있는 주요한 지위에 있어서(예를 들어, 정치나 대중매체, 혹은 교과서나 정부 발행물에서) 다른 사람들을 동등한 종류의 정체성을 지닌 것으로 간주하기를 원한다. 그들은 주류 사회 내에서 더 많은 인정과 가시성(visibility)을 요구하고 있다. 다른 말로, 인종문화성의 부활은 통합의 거부가 아닌 통합 조건에서의 개정과 관계된다(5장 5절을 보라).

그렇다면 왈쩌와 글레이저는 인종문화적 집단이 민족적 권리를 요구한다는 생각을 어디서 가지고 온 것일까? 돌이켜 생각해보면, 아마도 그것은 단순히, 미국 이민자 집단들 내에서의 인종문화성의 부활이 유럽과 퀘벡에서 민족주의 운동이 다시 부상하였던 동시기에 일어났다는 사실로부터일 것이다. 그러나 존 스톤(John Stone)이 지적하듯이, 이러한 '우연한 시간적 일치'(coincidence in time)는 두 상황 전개가 '같은 정치적 과정의 일부'(part of the same political process)라는 것을 의미하지는 않는다(Stone 1985: 101).

몇몇 논평자들은 적극적 배려 정책(affirmative action)의 요구가 소수민족으로서의 처우에 대한 열망의 증거라고 지적한다. 그러나 이것은 오류이다. 주류 경제 안에서의 적극적 배려 정책에 대한 요구는, 분리된 자치정부 제도를 향한 열망이 아닌, 보다 광범위한 전체사회(the larger society) 제도로 통합하려는 열망의 증거이다. 그리고 소수민족들의 정당한 요구를 수용하는 것이 이민자들의 이런 열망을 바꾸어 놓을 것이라고 생각할 증거는 없다.[19)]

좌우간, 여기서 다시, 어떻게 정의가 안정성을 위해 희생되었는지 지적하는 것은 의미가 있다. 글레이저와 왈쩌 누구도 소수민족을 위한 자치정부에 대해 불공정하다거나 비자유주의적이라는 점을 시사하지 않는다.[20)] 반대로, 두 사람 모두 왜 소수민족이 원칙적으로는 특별한 정치적 지위를 가져야만 하는 지에 관한 좋은 논증을 제공한다. 게다가 그들은, 그러한 권리를 거부하는 '국민적 합의'가 정착민 집단들이 자신들의 독특한 환경에 맞도록 정한 것이며, 소수민족들은 이 목적을 공유하지 않는다는 점을 인정한다. 하지만, 밀이나 전후 정치인들과 같이, 그들은 소수민족들을 위한 권리가 정치적 통합과 부합되지 않으며, 후자는 전자보다 우선한다고 느꼈다.

이것으로 자유주의적 전통 안에서의 소수자집단권리의 역사에

---

19) 왈쩌와 글레이저 둘다 적극적 배려 정책에 대한 잘 알려진 비판자들이며(Glazer 1975; Walzer 1983a: ch. 5 참조), 이것이 아마도 그들이 반통합성 혹은 코포라티즘(corporatist)적 요소를 과장하는 경향을 설명해 줄 지 모른다. 미국 이민자 집단들의 적극적 배려 정책 요구를 잠복한 민족주의의 표현으로 보는 관점은 상당히 이치에 맞지 않는다. 확실히, 왈쩌는 이점을 인정하는 듯하다. 그는 주류 제도 안에서의 포괄적 할당제가 인종문화적 코포라티즘을 축소시킬 수 있을 것이라고 지적하는데, 왜냐하면 이것이 모든 집단 안에서 동일한 교육 및 고용 방식을 재생산하는 반면, '역사적으로 독특한 문화는 필연적으로 역사적으로 독특한 관심과 노동의 방식을 만들어내기' 때문이다(Walzer 1982: 23-4). 왈쩌는 마치 이것이 인종문화성의 부활의 난점이거나 인종문화적 집단이 그들이 정말 원하는 것을 이해하지 못해온 것처럼 서술했다. 그러나 인종문화적 집단은 적극적 배려 정책을 요구하는 데 있어서, 그들이 자치정부가 아닌 포용을 요구하고 있음을 매우 분명히 하고 있다.

20) 이전의 저작에서, 글레이저는 선의적 무관심 정책이 자유주의적 정의의 특징을 정의한다는 점을 암시한다(Glazer 1975: 220). 그러나 이후의 저작에서 그는 민족적 권리를 인정하는 국가가 그것을 무시하는 국가만큼이나 '인권과 시민적 권리에 반응적'이라고 주장한다(Glazer 1978: 98).

대한 나의 개관을 마무리 짓고자 한다. 나는 이 자유주의적 전통 내에서, 소수자집단권리에 관한 강한 옹호로부터 깊은 우려에 이르기까지 눈에 띄게 다양한 관점들을 지적해 보았다. 그러나 똑같이 눈에 띄는 것은, 아주 최근까지 그러한 권리가 본질적으로 비자유주의적이라고 생각한 자유주의자들은 있더라도 매우 적었다는 것이다. 소수자집단권리를 반대한 자유주의자들조차도, 자유나 정의에 근거한 것이 아닌 안정성에 근거하여 그렇게 생각했고, 사실 그들은 종종 자신들이 부정의의 대가로 안정성을 획득하고 있음을 인정했다.

그러나 어쨌든 많은 현대 자유주의자들은 소수자집단권리가 본질적으로 자유주의적 원칙과 충돌한다는 신념을 갖게 되었다. 오늘날의 자유주의자들은, 개인의 자유에 대한 자유주의적 신념은 집단 권리의 수용을 불가능하게 하며, 보편적(피부색 불문) 권리에 대한 자유주의적 신념은 집단특수적 권리의 수용을 불가능하게 한다고 주장한다. 그러나 이러한 노골적인 진술들은 자유주의적 전통의 일부가 아니다. 아주 최근까지, 존재하더라도 매우 드문 자유주의자들만이 자유주의적 원칙은 오직 보편적 개인권리만을 허용한다고 생각했던 것이다. 현대 자유주의자들이 확립된 자유주의적 원칙이라고 생각한 것들은 사실 자유주의적 율법(the liberal canon)에 덧붙인 새로운 첨가물에 불과하다.

게다가, 이러한 새로운 '원칙들'은 주로 혼동과 과도한 일반화의 결과에 따른 것이다. 나는 인종문화적 집단과 민족 집단에 적용되는 집단차별적 권리에 반대하는 전후 자유주의적 합의의 발전에 있어 세 가지 요인, 즉 국제 평화에 관한 현실 정치적 공포, 인종적 평등에 대한 지지, 그리고 이민자 집단들의 요구 확대 우려에 대해 주목해 왔다. 이 각각은 정당한 염려에 기반을 두고 있다. 그러나 또한 모두 각각 과도한 일반화를 범하고 있다. 국지적인 요인에 기반을 둔 특정한 집단의 요구(고토회복운동, 인종 분리, 자발적 이민)에 반대하는 특정 주장들은 모든 문화적 다원성 문제들에 잘못 확대되어 일반화되어왔다. 그리고 세 가지 요인 모두가 결합된 결과는 소수자집단권리에 관한 자유주의적 사고의 왜곡을 초래했다. 이 혼합으로부터 소수자집단권리가 본질적으로 불공정하며, 자유주의적 평등에 대한 배반이라는 믿음이 발생했던 것이다. 그러나 이러한 영향은, 좀 더 자세히 검토하면, 정 반대를 주장하고 있다. 즉, 첫 번째 요인은 소수자집단권리의 공정성을 인정하며, 두 번째와 세 번째 요인은 인종적 집단과 이민자 집단들을 위한 분리된 정치 제도에 반대하는 주장을 하고 있는데, 이러한 주장은 사실상 민족적 권리의 정당성과 양립할 수 있고 또 그것을 지지하는 근거에 입각해 있다.

사실, 이 요인들 중 어떤 것도 소수자집단권리에 대한 자유주의적 옹호가 기초하고 있는, 앞서 내가 제시했던, 두 기본적 주장에 의문을 제기하지 않는다: 즉, 하나는 개인적 자유는 한 개인의 민족 집단에의 귀속성과 결부되어 있다는 것이며, 다른 하나는 집단 특수적 권리는 소수자집단과 주류 집단 간의 평등을 증진시킬 수 있다는 것이다.

다음의 두 장에서는 이 두 가지 주장을 기초로 하는 새로운 이론의 윤곽을 그려 보겠다. 하지만, 먼저 사회주의 전통에서의 소수자집단권리의 역사를 검토하려 하며, 이 비교는 생각건대, 역사적 우연성이 소수자집단권리에 대한 현대의 태도를 형성해온 (그리고 왜곡해온) 정도를 더 자세히 보여줄 것이다.

5. 사회주의 전통에서의 소수자집단권리

어떤 이들은, 공동체나 박애정신이 사회주의의 핵심 원칙이기 때문에, 사회주의자들이 문화적 공동체들을 위한 권리의 발상에 대해 우호적이었을 것이라고 예상할지도 모른다. 하지만, 사실 사회주의자들은 전통적으로 다양한 이유 때문에 소수자집단권리에 적대적이었다.

먼저, 사회주의는 특수한 사회진화론에 의존하고 있다. 많은 19세기 사회주의자들에 의하면, 사회주의는 역사 발전 이론의 일부(만약 절정이 아니라면)였다. 그리고 이러한 관점에서 발전은 확장을 포함한다. 진화는 종종 인간 사회 구성 단위의 규모에 있어서의 확장, 즉 가족과 부족에서 지방, 지역, 민족, 그리고 궁극적으로 전 세계로의 확장으로 정의되었다. 더 작은 문화적 공동체는 따라서, 더 큰 문화 공동체에 양보해야만 했다.

예컨대, 마르크스와 엥겔스는, '유럽의 세분화된 위대한 민족들'의 독립할 권리를 인정했다. 따라서 그들은 프랑스, 이탈리아, 폴란드, 독일의 통일과, 헝가리, 스페인, 잉글랜드, 러시아의 독립을 지지했다. 그러나 그들은 작은 '민족집단들'(nationalities) 즉 체코, 크로아티아, 바스크, 웨일스, 불가리아, 루마니아, 슬로베니아 등이 그러한 권리를 갖는다는 생각은 거부했다. 위대한 민족들은,

그들의 고도로 중앙집중화된 정치적 경제적 구조와 함께, 역사적 발전의 담당자였던 것이다. 작은 민족집단들은 낙후되고 정체되었으며, 그들의 계속된 존재는 '거대한 역사의 원동력에 대한 저항에 불과할 뿐'이었다. 소수 언어를 유지하려는 시도는 잘못된 것이었는데, 왜냐면 마치 프랑스어가 브르타뉴인(Bretons)들을 위한 '자유의 언어'였던 것과 마찬가지로, 독일어가 보헤미아의 체코인들을 위한 '자유의 언어'라고 생각했기 때문이다.[21]

따라서 이 작은 '민족집단들'은, 언어 권리이든 민족 자치이든 어떤 민족적 권리의 혜택도 없이 '위대한 민족들' 중 하나로 동화되도록 기대되었다. 반대로, 위대한 민족들은 이러한 '민족의 잔재'(remains of nations)를 억누르고 동화하는 데 있어 '철의 무자비성'(iron ruthlessness)을 행사할 자격이 부여되었다. 작은 민족집단들을 '억누르고 흡수하고 동화하는 것'은 독일 민족의 권리였을 뿐 아니라 역사적 '임무'이고 그 역사적 '생명력'의 징표였다. 엥겔스가 말하듯, '프랑스가 플랑드르, 로렌, 알자스를 지배하고 조만간 벨기에를 합병할 권리처럼, 독일도 같은 권리로써 슐레스비히를 합병한다. 이것은 야만에 대항하는 문명의 권리이자, 정체성(停滯性, stability)에 대항하는 진보의 권리이다… …[이것은] 역사적 진화의 권리이다.'

앞서 논했던 것처럼, 마르크스와 엥겔스만 이러한 관점에 있던 것은 아니었다. 바스크인은 프랑스의 일부가 되는 것이 '자신의 소아적 정신적 궤도를 맴돌며 과거의 반(半)야만적 유물인 그들의 바

21) 여기서와 뒤의 문단에서의 인용은 다음에서 찾아볼 수 있다. Engels, 'The Danish-Prussian Alliance', quoted in Cummings 1980: 46; Nimni 1989: 313.

위 위에서 낙담해 있는 것보다는' 더 낫다고 했던 밀의 주장을 상기해보라(Mill 1972: 363-4). 실은, 홉스봄은 이처럼 '모든 공평한 19세기 중반의 관찰자들이 공유했던' 이러한 관점에 대해 마르크스나 밀을 비판하는 것은 '순전히 시대착오적'이라고 말했다(Hobsbawm 1990: 35).

오늘날 사회주의자들은 이러한 '역사적 진화의 권리'(right of historical evolution)라는 자민족중심적 개념을 폐기했다. 그들은 이제 계속 증가하는 중앙집중화를, 지역 민주주의를 뒤엎고 사람들의 더 작은 규모의 공동체에 대한 필요성에 무감각한 경제적 제국주의의 증거로 바라보려 한다. 사실 마르크스는 더 클수록 좋다고 생각한 반면, 많은 사회주의자들(그리고 환경주의자들)은 이제 작은 것이 아름답다고 생각한다. 특정 종류의 공동체와 집단적 행동은 더 작은 집단에서만 가능하다. 이 집단들의 구성원지위는 소속감과 참여의 감각을 줄 수 있다. 이러한 이유로, 많은 사회주의자들은 이제 권력을 가능한 한 지방자치나 지역적 수준의 정부로 분권화하려 한다.

일부 사회주의자들은 분권화가 인종문화적 소수집단이나 소수민족들의 필요를 충족시키는 데 도움을 줄 것으로 가정해왔다. 그러나 반드시 그렇지는 않다. 분권화는 실제로 소수자집단들에게 불이익으로 작용할 수도 있다. 브라질 아마존 지역의 토착민들의 요구를 생각해보라. 연방으로부터 주 또는 지역 수준으로 양도된 권력은 그곳의 인디오 부족(the Indian tribes)에게 피해를 주어왔는데, 왜냐하면 비토착민 정착자들이 주와 지역 수준에서 압도적 다수를 차지하기 때문이다. 아마존 인디오들을 포함한 주의 주지사들은 더 많은 정착과 발전을 지지했으며, 연방 정부의 광대한 원주민 보호구역(large native reserves)을 만들려는 계획을 격렬하게 반대해왔다.[22] 이것은 전 세계의 토착민들이 직면하고 있는 문제이다. 그들의 요구에 대한 가장 큰 반대는 종종 중앙 정부가 아닌 그들 영역의 지역·주 정부로부터 나오며, 분권화는 그들에게 참담한 결과를 초래한다는 것이 드러났다.

분권화는 오직 그것이 소수민족 집단의 자치정부 역량을 증진시킬 때만 그들의 필요를 만족시킨다. 이것은 어떻게 경계가 그어질 것인지와 어떻게 권력이 분산될 것인지를 포함하는 많은 요인에 달려있다. 예를 들면, 캐나다의 영토 수준의 분권화는, 새로운 영토 안에서 이뉴이트(Inuit)가 다수를 구성할 수 있도록 영토의 경계가 다시 그어질 때만 이뉴이트를 도울 수 있을 것이다(2장 참조). 유사하게, 지방자치 수준의 분권화는 인디오 부족이 시 또는 지방 의회에 주어지지 않았던 (혹은 그들이 바라는) 자원 개발과 사회 정책에 대한 특별한 권리를 부여받을 때만 그들을 도울 수 있을 것이다. 일반적 개념의 분권화 또는 지역 공동체의 권한 강화는 그 자체로는 이러한 문화적 집단들의 요구를 수용할 수 없다.[23]

---

22) 일반적으로 말하면, 브라질에서의 인디오들의 요구에 대한 지지는 관련된 지역에 가까이 갈수록 줄어든다. 가장 많은 지지가 이 나라 밖의 사람들에게서 오고 있으며, 그들은 인디오들의 몇몇 요구를 받아들이도록 연방 정부에 압력을 가하고 있다. 하지만, 연방 정부는 사실, 지역·지방 수준에서의 광범위한 반대 때문에 이 정책들을 시행할 수가 없다.

23) 이것은 '집단적' 권리에 대한 집단주의적 옹호와 관련된 문제와 비교된다(3장 참조). 분권화를 가치있게 여기는 것은 그 자체로, 혹은 저절로 자치정부 권리의 **집단차별적** 성격을 설명하지는 못한다. 게다가, 오직 연방 혹은 국제 수준에서만 효과적으로 대처할 수 있는 경제, 사회, 환경 정책의 많은 측면들이 존재한다. 권력의 지나친 분권화는 문화적 소수자집단들의 권한을 강화하는 것이 아니라 단순히 모든 이들을 세계의 경제적·정치적 흐름 앞에 무력하게 내버려둘 수도 있다. 여기서 다시, 소수민족들의 요구는 일반적이고 무차별적인 분권화로 환원될 수 없다.

간단히 말해, 자치정부는 일반적인 분권화가 아닌, 언어 권리, 토지 요구, 비대칭적 권력 분배, 그리고 정치적 경계의 재설정을 통한 민족 집단의 분명한 인정을 요구한다. 일반적으로 말하면, 사회주의적 분권화 옹호자들은 민족 집단들의 이러한 요구를 받아들이지 않아왔다. 사실 그들은 민족 집단에 정치적 지위를 부여하는 것을 예전의 중앙집중화 옹호자들만큼 꺼려해 왔다.

이러한 주저함의 한 이유는 사회주의자들이 문화적 차이를 아주 좁은 정치적인 견지에서 보는 경향이 있어왔기 때문이다. 즉 이 정치적 견지는 오직 문화적 정체성이 사회주의를 향한 정치적 투쟁을 장려하는지 혹은 가로막는지 만을 묻는다. 그리고 대부분의 사회주의자들은 인종문화적 및 민족적 정체성이 정치적 장애물이라고 생각해왔다. 가스 스티븐슨(Garth Stevenson)이 말하듯이, 좌파는 '항상 본질적 정치적 차이는 계급의 차이이며, 정치는 본질적으로 계급의 차이를 화해시키려는 시도를 포함한다고 주장해왔다. 좌파는 항상 문화적 기준 – 그것이 종교적, 언어적, 인종문화적 혹은 단순히 지리적이든지 간에 – 이 경제적으로 강한 자들에 의해 인민이 스스로를 같은 계급적 경험으로 인식하는 것을 막기 위해 분열시키려는 도구로 악용된다고 의심해왔다'(Stevenson 1986: 142). 민족의식은 계급의식을 배제하고 대체하려는 것으로 인식되었다.

실제로, 사회주의자들은 종종 권력을 획득하고 유지하는 데 도움이 될 때만 문화적 정체성에 호소해왔다. 볼셰비키가 러시아에서 권력을 장악했을 때, 그들은 마르크스의 맹비난에도 불구하고 소수자집단의 문화를 수용해야만 한다는 것을 깨달았다. 그들은 동유럽 위성국가들에 있는 소수자집단들을 위해 언어 권리와 민족 자치제의 정교한 시스템을 부여했고, 유엔에서 소수자집단권리의 열렬한 옹호자로 알려지게 되었다(Sigler 1983: 186-8). 그리고 그들은 서구 국가들이나 서구의 제3세계 동맹들을 뒤엎으려는 바람으로 비공산권 국가들의 민족주의 운동을 지원하였다.

하지만, 이러한 문화적 공동체를 수용하려는 전략적 시도들은 문화적 정체성의 가치를 고려하는 어떠한 근본적 이론도 없이 전개되었다. 사회주의 전통 내에서 민족 집단의 귀속성이 사회주의 투쟁에의 전략적 역할을 넘어서 어떤 가치를 지니는 이유 혹은 그런 가치가 있는지에 관한 지속적인 숙고는 거의 없었다. 인간의 어떤 욕구가 문화적 소속감을 유지하거나 잃음으로써 충족 혹은 좌절되는지에 대한 논의도 거의 없다.[24] 그 결과, 사회주의자들의 다양성 수용 시도는 대부분 임시적이었으며 궁극적으로 비일관적이었다.

예를 들면, 레닌은 언어 권리와 제한된 형태의 지역 자치제를 통해 소수민족의 평등을 증진하면서도, 종교와 한 문화의 문예를 억압하고 그 역사를 다시 쓰는 것이 전적으로 일관된다고 확신했다.

24) 이안 커밍스(Ian Cummings)가 말하듯이, 엥겔스는 민족주의가 '사회학적 개념이라기보다는 더 직접적인 정치적 개념이라'고 생각했으며, 이것은 그로 하여금 '그가 관여한 정치적 운동의 요구에 부응하는 정도만큼 그것(민족주의)을 지지해야 할지, 아니면 대항해 싸워야 할지를, 자유주의 또는 보수주의의 관점에서, 판단하도록 만들었다(Cummings 1980: 44). 레닌과 룩셈부르크 같은 다른 사회주의자들은 강압적 형태의 동화는 받아들일 수 없다는 점, 그리고 억압된 민족 집단들이 강력한 불만의 감정을 키워왔으며, 이것은 수용될 필요가 있다는 점을 인정했다. 그러나 그들은 억압된 소수민족을 지원하는 일시적 조치들이 오래 이어져온 어떠한 민족주의의 감정도 잠재울 수 있을 것이고, 소수민족은 자발적으로 동화의 방향으로 움직일 것이라고 가정했다. 이것은 미국의 소수민족들이 일단 주류 사회에 의해 공평하게 대우받으면 민족적 권리를 추구하기를 멈출 것이라고 한 왈쩌의 가정과 비슷하다. 사회주의 전통 내에서의 문화적 귀속성에 대한 도구적 혹은 보상적 관점에 대한 중요한 예외로, Munck 1985; Nimni 1994: chs 5-7에 논의된 오토 바우어(Otto Bauer)의 저작을 보라.

레닌에게 민족 정체성은, 공유된 역사 혹은 참여의 가치와 문화적 전통의 개선과 아무 관련이 없었다. 그것은 단순히 공산주의적 내용으로 채워질 수 있는 빈 그릇에 지나지 않았다. (스탈린은 이후 이 독트린을 '형식으로서의 민족, 내용으로서의 사회주의' national in form, socialist in content 라고 요약했다.) 말할 필요도 없이, 이 전략은 사회주의의 고취로서나 소수자 문화의 존중으로서나 모두 실패였다.[25)]

몇몇 사회주의자들은 민족 간 차이가 사회 정의를 달성하기 위한 연대감을 저해하기 때문에 소수자집단권리를 반대해왔다. 사회주의의 실현가능성은, 그것의 전통적인 필요에 따른 분배 원칙과 함께, 한 나라의 시민들이 서로를 위해 기꺼이 희생할 수 있을 것을 상정한다. 몇몇 사회주의자들은 이것이 오직 시민들이 같은 민족 정체성을 공유하는 곳에서만 가능하다고 믿었다.

예컨대, 데이비드 밀러(David Miller)에 따르면, 평등주의적 정의는 오직 시민들이 '공통의 유대'(common ties), 강한 '공통의 소속감'(common membership)과 '한 민족 수준에서 존재해야만 하

---

25) 그리고 물론 공산주의 권력을 위협하는 민족주의 운동은, 국내적으로나 국제적으로나, 무자비하게 억압되었다. 민족 집단에 대한 마르크스주의 정책의 포괄적인 검토를 위해 Connor 1984를 참조하라. 유사한 비일관성이 캐나다 좌파 사이에서도 발견된다. 좌익 신민주당(New Democratic Party)은 1965년 퀘벡의 '특별한 지위'를 긍정한 최초의 민족적 정치 정당이었으나, 그들은 그러한 신념과 비일관된 것으로 보이는 (적어도 퀘벡에서는) 연방의 경제·사회 정책에 관한 결의안을 계속해서 통과시켰다(D. Morton 1986: 60-1). 유사하게, 신민주당이 지금은 원주민 자치정의 고유한 권리를 지지하기는 하지만, 1969년에 그들은 인디언들의 특수한 지위를 제거하는 자유당의 제안을 지지하였다. 그리고 신민주당이 지금은 다문화주의 정책을 지지하기는 하지만, 우즈워스(J. S. Woodsworth)와 같은 많은 이전 당 지도자들은 '외국계 캐나다인(hyphenated-Canadians)'에 대한 비판자였고, 정착하기 위해 한 나라로부터 함께 오는 이민자들의 경향을 반대했는데, 왜냐하면 이것은 동화 과정을 더디게 하기 때문이라는 것이다(Woodsworth 1972). 이러한 태도변화의 바탕에 있는 문화적 귀속감의 가치에 대한 일관적인 설명을 파악하기는 쉽지 않을 듯하다.

는' '공통의 정체성' (common identity)에 의해 서로가 묶여 있을 때에만 가능하다. '하위문화(subcultures)는 매우 중요한 정체성의 감정을 토대부터 허물려고 위협하기' 때문에, 국가는 인종문화적 또는 여타의 분파적 집단들의 구성원과 같은 [사람들의] 분리된 정체성보다 더 강한, 시민으로서의 공통의 정체성을 고취시켜야만 한다. 민족 집단들이 스스로를 단순히 한 공통적 민족의 다인종문화적 구성의 일부가 아닌 독특한 한 인민 집단(a distinct people)으로 볼 때, 그들의 요구는 수용될 수 없다. 그들은 분리 독립하거나 아니면 동화되어야만 하는 것이다(Miller 1989: 237, 279, 284, 288).

이것은 그러나 밀의 주장의 또 다른 표현이다. 밀이 자유주의적 제도의 작동을 위해 반드시 필요한 '화합된 공공 여론'(the united public opinion)은 공통의 언어와 민족 정체성 없이는 불가능하다고 생각한 것(Mill 1972: 230)과 똑같이, 밀러도 사회주의 제도를 위해 반드시 필요한 '공통의 목적'(common purpose)은 민족국가 안에서만 가능하다고 생각했다(Miller 1988-9).[26]

소속 민족들에게 자치정을 허용하는 다민족 국가에서 진정한 연대감이 존재할 수 있겠는가는 매우 중요한 문제인데, 이 점은 9장에서 다시 돌아볼 것이다. 그러나 밀러의 입장이 동화를 실행 가능

26) 그의 가장 최근 저작에서, 밀러는 그의 관점을 다소 수정했다. 그는 소수민족이 다수민족과 극단적으로 다른 정체성을 갖지 않는 한, 다민족 국가는 가능하다는 점을 시사했다. 몇몇 사례에서는, 각각의 구성 집단의 민족 정체성들을 지배적인 공통의 정체성과 일관되도록 만드는 방식으로 해석하는 것이 가능하다. 정말로 중요한 것은 사람들이 민족 정체성을 공유한다는 것이 아니라, 그들이 '공적 문화'(public culture)를 공유한다는 것이다(Miller 1993). 하지만 어떤 곳에서는, 그는 여전히, 언어의 차이가 공통의 공적 문화 내에서 화해될 수 없는, 극단적으로 양립 불가능한 민족 정체성을 발생시킨다는 점을 시사한다.

한 선택으로 가정한다는 점 - 즉 국가는 현존하는 소수민족의 정체성을 교체하거나 우선할 수 있는, 모든 시민들의 공통의 민족 정체성을 고취할 능력이 있다는 것 - 을 주목해 볼 필요가 있다. 그러나 5장과 9장에서 주장할 바처럼, 이것이 정말 작동될 지는 분명치 않다. 만약 집단적 사람들이 그들만의 언어와 문화에 대한 유대감이 충분히 깊다면, 소수민족의 문화적 정체성과 자치정 요구를 억누르려는 시도는 그저 소외와 분열의 수준을 악화시킬 지도 모른다. (이러한 점으로 볼 때, 밀은 다민족 국가 안에서 공통의 민족 정체성을 창조하는 일이 소수민족에 대한 억압적인 동화를 요구할지 모른다는 것을 인정한다는 점에서 아마도 더 현실적이었다.)

다양한 이유로 인해, 사회주의 전통은 일반적으로 소수자집단권리를 반대해왔다. 이것은 종종 마르크스적이고 유토피아적인 '국제주의'에 대한 사회주의의 공약으로 설명되었다. 즉, 전 세계의 노동자가 단결할 것이라는 주장과 계급 없는 사회가 민족적 분열을 초월할 것이라는 주장이다.

이것은 도움이 되지 않는 설명이다. 사실상, 이것은 소수자집단권리에 대한 자유주의적 적대를 자유주의의 '추상적 개인주의'(abstract individualism)로 설명한 이들과 같은 실수를 저지르고 있다. 자유주의의 비판자들은 종종 자유주의자들이 개인을 그들의 문화적 환경에 독립적이고 우선하는 고립된 원자로 생각하고 있으며, 이것이 자유주의자들이 소수자집단권리를 반대하는 이유라고 주장한다.[27)]

27) Kymlicka 1989a: 255에 있는 참고문헌들을 참조하라. 이 설명은 자유주의가, 사회적 연루와 절연된 자아개념, 즉 문화적 상황으로부터 자신을 추상화함으로써 자유를 행사하는 자아 개념에 의존하고 있다는 최근의 공동체주의적 주장에서 반영되고 있다.

이 설명들 중 어느 것도 도움이 되지 않는데, 왜냐하면 어느 것도 모두 수 년 간 사회주의자들과 자유주의자들에 의해 실제로 채택된 관점의 속성과 역사적 발달을 설명하지 못하기 때문이다.[28] 사실은 대부분의 사회주의자들이(많은 자유주의자들과 마찬가지로) 민족국가 모델을 운용해왔다. 그들은 모든 민족적 분열을 초월하려고 노력했다기보다는, 사회주의 국가는 단일한 민족 정체성만을 포함하며 고취시켜야만 한다고 가정해왔던 것이다. 논의해온 바와 같이, 여기에는 다양한 이유들이 있다 – 작은 문화들에 대한 자민족중심적 모욕, 공산주의 권력을 획득하고 유지하려는 조건에서의 전략적 접근, 그리고 효과적인 정의감의 발달에 대한 염려 등의 이유가 있다. 이러한 요인들의 결과는 소수자집단 문화(혹은 '민족집단들')의 보다 더 큰 문화('위대한 민족들')로의 동화를 추구하는 단호한 경향으로 나타났다.

집단차별적 권리에 대한 사회주의적 반대를 '국제주의'로 설명하거나, 자유주의적 반대를 '추상적 개인주의'로 설명하는 것은 실질적 상황을 호도한다. 사실은 자유주의자들과 사회주의자들 모두 민족 집단의 존재와 민족 정체성의 가치를 받아들여 왔던 것이다. 둘 모두 그들의 원칙이 추상적 개인과 보편적 인류 사이의 민족 집단의 존재를 상정하고 있음을 인정한다. 문제는 그들이 종종 소수민족들을 무시하거나 폄하해온 반면, 다수민족들의 존재와 정체성을 지지해왔다는 것이다. 사회주의적 국제주의와 자유주의적 개

MacIntyre 1981: ch. 15; Sandel 1982: 150-65; Bell 1993: 24-54; Taylor 1985를 참조하라.

28) 전후 자유주의적 관점을 형성한 세 가지 요인 중 어떤 것도, 인간의 자유와 정체성이 한 문화 안에서의 귀속성과 결부되어 있다는 것을 부정하지 않고 있음에 주목하라.

인주의로 이 문제를 연관시키는 것은 이러한 불균형성을 이해하는 데 도움이 되지 않는다. 확실히 그러한 설명은, 사회주의자들과 자유주의자들이 모든 문화 집단들을 동등하게 도외시하는 것처럼 보이게 함으로써 이 불균형성을 안보이게 만들 따름이다.

나는 소수민족과 인종문화적 집단의 요구들이 서구의 정치적 전통 모두에 심각한 도전을 불러일으킨다고 믿는다. 이 전통은 모두, 묵시적 또는 명시적으로, 자유주의적 사고를 형성해온 것과 동일한 역사적 영향에 의해 형성되어 왔다. 그들은 모두 자민족중심적 가정들 또는 특정 사례의 과도한 일반화, 또는 도덕적 원칙을 희생시키며 우연적인 정치적 전략과 영합한 죄를 범하고 있다. 일관적이고 원칙에 입각한 소수자집단권리 이론을 발전시키는 일은 자유주의자들만이 직면한 과업이 아니다.

제5장

자유와 문화

이 책은 소수자집단권리에 대해, 하나의 아주 독특한 자유주의적인 접근(a distinctively liberal approach)을 발전시키는 것을 목적으로 한다. 이것은 전통적인 자유주의적 접근을 발전시키는 것과 같지 않은데, 그것은 전통적 접근이 한 가지만 있는 것이 아니기 때문이다. 자유주의적 전통 내에서도 눈에 띄게 다양한 관점들이 존재해왔고, 그것들 대부분은 역사적 우발성과 정치적 긴급사태에 의해 형성되어 왔다. 따라서 아주 독특한 자유주의적인 접근을 찾아내려면, 모든 것을 다시 시작해야 한다. 먼저 자유주의의 기본 원칙을 개괄하고 나서, 어떻게 그것들이 인종문화적 소수집단 및 소수민족의 요구들과 관련되어 있는지 살펴볼 필요가 있다.

자유주의의 기본적 원칙은, 물론 개인적 자유의 원칙이다. 자유주의자들은 소수자집단권리를 오직 그것이 개인의 자유 혹은 자율성과 양립 가능할 경우에 한하여 인정할 수 있다. 이 장에서, 나는 소수자집단권리가 개인적 자유와 양립 가능할 뿐만 아니라, 사실 그것을 촉진시킬 수 있다는 것을 보여줄 것이다. 나는 예전의 자유주의 이론가들에게 흔히 볼 수 있던 '자유의 근원'은 종종 '그 기반을 민족 집단의 자율성에서 찾을 수 있다(Barker 1948: 248)'는 생각을 옹호할 것이다.

물론, 몇몇 인종문화적 및 민족적 집단들은 상당히 비자유주의적이며, 그들의 구성원들의 자유를 지지하기보다는 억압하려 한다. 이러한 상황 하에서 소수자집단의 요구에 응하는 것은 개인의 가장 기본적인 자유를 크게 침해하는 결과를 낳을 수 있다. 그러나 다른 예들에서는, 소수자집단권리의 존중은 개인의 자유를 확대할 수 있는데, 왜냐하면 자유는 문화에 밀접하게 연결되어 있고, 의존하고 있기 때문이다. 이 장에서의 목적은 이러한 자유와 문화 간의 연관성을 추적하는 것이다.

먼저, 특히 내가 개인적 자유와 관련된다고 생각하는 '문화'라는 것을 설명하며 시작하려 한다(1절). 현대의 세계는 내가 '사회고유문화(societal cultures)'라고 부르려는 것들로 나뉘어져 있으며, 그것의 관행과 제도는 공적·사적 삶 둘 모두를 망라하는 모든 범위의 인간 활동을 포함한다. 이 사회고유문화들은 보통 민족 집단과 결부되어 있다. 그리고 나서 왜 개인적 자유는 이 문화들에 밀접하게 의존하고 있는지 설명을 시도할 것이다. 이것은 자유주의 전통의 중심인 자유의 개념에 대한 간략한 논의를 필요로 한다(2절). 그러고 나서 이 자유가 어떻게 사회고유문화의 존재에 의존하고 있는지(3절), 그리고 왜 소수민족이 그들만의 문화에 접근할 수 있는 점이 중요한지 보여줄 것이다(4절). 나는 또한 이민자 집단이 독특한 사회고유문화를 유지하는데 반드시 필요한 권리와 자원을 부여받아야 하는지 여부에 관해 논할 것이며, 자유주의자들이 비자유주의적인 문화에 어떻게 대응하여야만 하는가를 논의할 것이다(5절).

나의 목적은 선택의 자유라는 자유주의적 가치가 어떤 문화적 선결조건을 갖고 있다는 점, 따라서 문화적 소속감의 쟁점들은 자유주의적 원칙에 포함되어야만 한다는 점을 보여주는 것이다. 이것은 어떻게 인종문화적 소수집단 및 소수민족들을 위한 집단차별적 권리가 더 넓은 자유주의적 정의 이론에 들어맞는지에 관한 다음 장의 논의를 촉발시킬 것이다.

1. 문화의 개념 정의

2장에서 주지했다시피, '문화'라는 용어는 십대 갱단부터 세계문명에 이르기까지 온갖 종류의 집단을 지칭하곤 했다. 하지만, 내가 초점을 맞추려 하는 문화의 종류는 사회고유문화(societal culture)이다. – 즉 구성원들에게 공적·사적 영역을 망라하여 사회, 교육, 종교, 여가, 그리고 경제적 삶을 포함하는, 모든 범위의 인간 활동에 걸쳐 의미 있는 삶의 방식을 제공해 주는 문화이다. 이러한 문화는 지역적으로 집중되어있고 공유된 언어에 기반을 두는 경향이 있다.[1)]

나는 그것들이 공유된 기억과 가치들 뿐 아니라 공통의 제도와

1) '사회'의 개념에 대한 흥미로운 탐구로, 그리고 일정 수준의 제도적 완결성과 세대 간 연속성에 요구되는 문화의 요건에 관하여 Copp 1992를 참고하라.

관행을 포함한다는 점을 강조하기 위해 '사회고유문화'라고 지칭했다. 로널드 드워킨(Ronald Dworkin)은 한 문화의 구성원들은 '공유된 전통과 관습의 어휘'(a shared vocabulary of tradition and convention)를 갖고 있다고 말했다(Dworkin 1985: 231). 그러나 이것은 문화에 대해서 추상적이거나 흐릿한 윤곽만을 그려줄 뿐이다. 사회고유문화의 경우, 이 공유된 어휘는 사회적 삶의 일상적 어휘이며, 인간 활동의 모든 영역을 포함하는 관행들에 구현되어 있다. 그리고 현대 세계에서 한 문화가 사회적 삶에 구현된다는 것은, 그것이 틀림없이 학교·매체·경제·정부 등에 제도적으로 구현되어 있음을 의미한다.

그러한 '사회고유문화'는 항상 존재했던 것은 아니며, 그 발생은 근대화 과정과 밀접하게 연결되어있다(Gellner 1983). 근대화는, 공통의 경제·정치·교육 제도에 구현되어 있는, 표준화된 언어를 포함하는 공통적 문화가 사회 전체에 걸쳐 확산되는 것과 관계된다. 이것은 다양한 이유로 발생한다. 그것은 유동성 있고 교육받았으며 글을 깨우친 노동력과 함께, 근대 경제의 하나의 기능적 필요조건이다. 둘째로, 그것은 근대 민주 국가에서의 더 높은 수준의 연대감에 대한 필요성을 반영한다. 복지 국가를 위해 필수적인 종류의 연대감은, 시민들이 서로를 위해 희생할 수 있도록 하는 강한 공유된 정체성과 공통의 소속감을 가질 것을 요구하며, 이 공통의 정체성은 공통의 언어와 역사를 요구하는 것으로 (아니면 적어도 그것에 의해 용이하게 되는 것으로) 생각된다. 셋째, 공통적 문화의 확산은 기회의 평등에 대한 근대적 신념에 의해 요구되는 것으로 보인다. 예를 들면, 표준화된 공교육을 한 사회 전체에 걸쳐 제공하는 것은, 그 사회에서 서로 다른 계급 · 인종 · 종교를 가진 사람들에게 기회의 평등을 보장하는 데 필수적인 것으로 생각되어 왔다.

대부분의 현대 자유주의자들은 이러한 공통적 문화를 건설하는 과정이 마치 한 나라 전체에 걸쳐 확장되는 것으로, 그리하여 마치 한 나라에는 그러한 문화가 한 가지 밖에 없는 것처럼 글을 써왔다. 예를 들면 드워킨은, 미국은 '공유된 언어'에 기반을 둔 단일한 '문화적 구조'(cultural structure)를 가지고 있다고 생각했다(Dworkin 1985: 232-3; 1989:488).

모든 미국인이 영어에 기초한 공통적 문화를 공유한다는 생각은 명백하게 거짓이다. 그러나 그 안에는 진실의 알맹이가 있다. 미국은 놀랍게 많은 서로 다른 배경을 지닌 사람들을 공통적 문화로 통합해왔다. 미국인의 광대한 다수는 사실상 정말로, 영어에 기초한 동일한 사회고유문화에 참여하고 있다. 다른 시대와 장소에서는, 인종문화성 · 인종 · 종교 · 계급 · 성(gender) · 종교의 차이가 종종 공통적 문화의 가능성을 막는 것으로 생각된다. 그러나 미국과 다른 근대 사회들에서는, 공통적 문화의 크기가 넉넉하여 광범위한 집단들을 통합할 수 있었다.

만약 미국에 단일한 문화가 존재하는 것이 아니라면, 대부분의 미국인들을 포함하는 지배적인 문화가 존재하는 것이고, 이것의 바깥에 있는 사람들은 상대적으로 작은 수의 소수집단 문화에 속하게 된다. 이 공통적 문화의 인상적인 통합적 힘과, 그러나 또한 그 한계를 이해하기 위해서, 이민자들과 소수민족들이 어떻게 지배적 미국 문화와 관련을 맺어 왔는지 검토할 가치가 있다.

이민자들은 미국에 올 때, 그들의 언어와 역사 이야기들을 함께 가지고 온다. 그러나 그들은 그들의 모국어로 수행되었던 제도화된 관행들을 버려두고 오며, 이러한 관행은 실제로 그들의 모국에서 사람들에게 문화적으로 중요한 삶의 방식을 제공했다. 그들은 '공유된 전통과 관습의 어휘'를 함께 가지고 오지만, 그들은 이 어휘가 원래 관련되었고 또 의미를 부여했던 사회적 관행으로부터 스스로를 근절시켜 왔다.

몇몇 이민자들은 이 관행을 새로운 나라에서 온전히 재창조하길 바랄 지도 모른다. 그러나 그것은 상당한 정부 지원 없이는 실질적으로 불가능하며, 이러한 지원은 이루어졌더라도 아주 드물었다. 반대로, 2장과 3장에서 본 바와 같이, 미국의 이민 정책은 이민자들을 현존하는 영어사용 문화 내로 통합시키려는 의도가 있었다. 이민자들은 공동체 전체로서보다는 개인이나 가족단위로 들어왔으며, '집단적 생활터전'(homelands)을 형성하기보다는 나라 전체에 걸쳐 정착했다. 그들은 영어와 미국 역사를 배우도록 되어있었고, 공적 삶 - 예컨대 학교, 직장, 그리고 정부나 다른 공공기관과 접할 때 -에서는 영어를 사용하기로 되어있었다. (나는 이것이 정당한지 그렇지 않은지 아래에서 논할 것이다.)

이민자들은 더 이상 지배적인 문화의 규범과 관습에 완전히 동화되도록 기대되지 않으며, 실은 그들의 인종문화적 특수성의 몇몇 측면을 유지하도록 장려되고 있다. 그러나 이러한 '다문화주의' 혹은 '다인종문화성'에의 헌신은, 이민자들이 지배적인 문화에 통합되는 **방법**에서의 전환일 뿐, 그들이 통합 될지 그렇지 않은지의 문제의 전환이 아니다. '앵글로 동화주의' 모델에 대한 거부는 주로 이민자들이 그들의 인종문화적 유산을 사적 영역에서 – 가정과 자발적 결사체들에서 – 유지할 권리를 확인하는 것과 관계되어 왔다. 정도는 덜하지만, 그것은 또한 그들의 유산에 대한 어느 정도의 인정과 수용을 위하여, 지배적 문화의 공적 제도들을 개혁하는 것을 포함한다. 그러나 그것은 영어권 사회와 어깨를 나란히 하는, 독립적이고 제도적으로 완벽한 사회고유문화의 확립과 관계되는 것은 아니다. ('제도적으로 완벽한'이라 함은 공적·사적 삶을 망라하여 사회 · 교육 · 경제 · 정치 제도들 모두를 아우르는 범위를 포함함을 의미한다.)

이러한 조건 하에서, 이민자들의 모국어는 종종 가정에서 사용되고, 자녀들에게 전해지지만, 이민자 3세에 이르면 영어가 모국어가 되며, 원래의 언어는 점점 사라진다. 물론, 이러한 과정은 공교육이 오직 영어로만 제공된다는 사실에 의하여 가속화된다. 사실, 공적 삶에서 사용되지 않으면 언어들은 산업화된 현대 사회에서 살아남기 어렵다. 표준화된 교육의 확산, 직장에서의 글을 읽고 쓰는 능력에 대한 높은 요구, 그리고 정부 기관들과의 광범위한 교류를 감안하면, 공식 언어가 아닌 모든 언어는 너무나 소외되어 오직 작은 엘리트 계층 내에서 살아남거나, 혹은 의식화된 형태로만 – 번창하는 문화의 바탕을 이루며 살아 성장하는 언어가 아닌 – 살아남을 가능성이 크다.[2)]

따라서 이민자들이 아끼고 유지하려는 유산에는 많은 측면이 있

2) 예를 들면, 미국학에서는 '2세와 3세간 비영어 언어의 전달은 거의 완전히 붕괴했음'을 지적한다(Steinberg 1981:45). 공적 언어의 지위를 갖지 못하는 언어가 살아남기 힘든 한 이유는, 사람들이 인지적으로 자극이 될 만큼 그것을 사용하고 발전시킬 기회나 유인이 없기 때문이다.

긴 하지만, 이것은 독립적인 사회고유문화를 창조하는 형태보다는, 보다 큰 영어권 문화에 새로운 선택지와 관점들을 제공하여 그것을 더 풍부하고 다양하게 만드는 형태를 취하게 된다. 적어도 이민자 3세에게는, 원래의 모국어를 배우는 것은 외국어를 배우는 것과 다르지 않다. 과거의 언어를 배우는 것은 취미나 비즈니스 기술로서 보람 있을지는 모르지만, 이민자들의 자녀들에게 주어질 선택지를 결정하는 것은 영어권 문화이지 그들의 부모가 스스로 떠나온 문화가 아니다.[3)]

미국에서의 소수민족 - 즉, 그들의 고향이 정복 · 식민화 또는 연방에 의해 병합된 집단들 - 의 상황은 매우 다르다. 그들이 병합될 때에, 각 집단은 사회고유문화의 형성이 진행 중이었고, 영어권 문화에서 분리되어 있었다. 그들은 새로운 땅에서 그들의 문화를 재창조할 필요가 없었는데, 왜냐하면 그들의 언어와 역사 이야기들이 사회적 삶의 모든 측면을 망라하여 이미 사회적 관행과 제도에 완벽히 구현되어 있었기 때문이다. 이러한 관행과 제도는 구성원들에게 사회적으로 의미있는 선택지들의 범위를 규정해주었다.

이 집단들은 독특한 사회고유문화로서의 그들의 존재를 유지하기 위해 투쟁해 왔으나, 그러기 위해 반드시 필요한 언어와 자치정

3) 클라크가 언급하듯이, 언어는 어떤 경우에는 '기술적 성취'(technical accomplishment)이고 어떤 경우에는 '독특한 문화적 정체성의 주된 원동력'이다(Clarke 1934: 20). 시간이 흐르면, 이민자 언어는 후자에서 전자로 전환된다. 이민자들이 천천히 그들의 모국어를 잃어버림에 따라 동시에, 그리고 결과로써, 지배적 언어는 (다른 의미에서) 원래의 지배적 언어를 사용하는 인종문화집단의 사람들로부터 멀어지게다. 즉, 이민자들이 보다 큰 영어권 문화의 구성원이 됨에 따라, 원래의 앵글로색슨 정착민들의 후손들은 영어의 발전과 사용에 대해 어떠한 배타적이거나 특권적인 발언권을 행사하는 것이 중단하게 된다. 이것은 왜 북미의 영어가, 앵글로색슨이 계속해서 이 언어 사용자의 압도적 다수를 차지하고 있는 영국의 영어로부터 달라지게 되었는 지를 설명하는 데 도움을 준다(Johnson 1973:117).

의 권리는 모두가 부여받아온 것은 아니었다. 실은, 몇몇 집단들은 동화에 대한 엄청난 압력에 직면해 왔다. 예를 들면 많은 인디언 부족들의 경우에는, 그들의 모국어 사용에 대한 금지와, 그들의 땅을 부수고 들어와 정착하여 그들의 역사적인 고향땅에서 소수자집단이 되도록 만들려는 시도가 존재해왔다. 그러나 그들은 저항했었고, 그들의 자치적인 '내국속민(內國屬民, domestic dependent nation)'으로서의 지위는 더 확고히 인정되었다. 엄청난 경제적 정치적 압력에도 불구하고 그들이 스스로의 독특한 문화로서의 존재를 유지하는 데 있어 보여준 이러한 결의는, 그들이 문화적 소속감을 유지하는 것에 부여하는 가치를 보여준다.

그래서 이민자 집단들과 소수민족들의 일반적인 상황은 매우 다르다. 물론, 대조점을 과도하게 단순화하기는 했다. 소수민족들이 독립적 문화를 유지해올 수 있었던 정도가 다양했던 것과 같이, 이민자 집단들이 통합되도록 용인되거나 장려된 정도도 상당히 다양했다. (아래를 보라.)

그러나 대체적으로, 미국과 다른 서구 민주주의 국가 모두에서, 지배적 문화는 인종문화적 집단보다 소수민족을 수용하는 데 훨씬 덜 성공적이었다. 다민족 국가에서, 소수민족들은 공통적 문화로의 통합에 저항해왔고, 대신 그들만의 사회고유문화를 공고화함으로써 그들의 독립된 존재를 보호하려하였다. 인디언 부족들과 푸에르토리코인들은 호주 원주민과 캐나다의 퀘벡인들처럼, 공통적 문화의 하위집단이 아닌 진정으로 뚜렷이 구별되는 독특한 사회고유문화인 것이다.

즉, 현대 세계에서 한 문화가 살아남고 발전하려면, 각 나라들에서의 단일한 공통의 문화 창조를 위한 압력을 감안할 때, 그것은 사회고유문화여야만 한다.[4] 우리의 삶에서, 그리고 우리의 선택을 결정하는 것에 있어 사회 제도들이 갖는 엄청난 중요성을 감안할 때, 사회고유문화가 아닌 어떤 문화도 계속해서 줄어들어 소외되고 말 것이다. 그러한 독특한 문화를 형성하고 유지하려는 역량과 동기는 '민족들'(nations) 또는 '인민집단들'(peoples)(즉, 문화적으로 구별되고, 지리적으로 집중되며, 그리고 제도적으로 완결된 사회들)의 특성이다. 그래서 사회고유문화는 대개 민족 문화인 경향이 있다.

이러한 연결점은 다른 방향, 즉 민족주의 연구에 의해서도 확증된다. 대부분의 민족주의 분석가들이 민족의 결정적 특색은 '만연되어 있는 문화'(pervasive culture), '총 망라하는 문화'(encompassing cultures), 혹은 '조직적 문화'(organizational cultures)라고 결론 내린 바 있다(예를 들면 A. Smith 1986; Margalit and Raz 1990: 444; Tamir 1993; Pole 1993). 즉, 사회고유문화가 거의 예외 없이 민족적 문화인 것과 같이, 민족 역시 거의 예외 없이 사회고유문화이다.

4) 이전 시대에는, 문화들은 살아남기 위해 사회고유문화를 이루어야만 할 필요는 없었는데, 왜냐하면 사람들의 선택을 결정하는데 영향을 미치는 사회 전반적 제도들이 거의 없었기 때문이다. (공립학교의 언어는 공립학교라는 것이 존재하지 않을 때는 문제가 되지 않는다.) 실은, '사회고유문화'라는 것 자체가 근대적인 것이다. 중세 시대에는, 다양한 경제적 계급이나 카스트들이 공통적 문화를 공유할 것이라는 생각은 전례가 없었다. 따라서 토도로프(Todorov)가 '문화는 반드시 민족적(national)일 필요는 없다(심지어는 오직 예외적으로만 그러하다). 그것은 무엇보다도 한 지역 혹은 더욱 작은 지리적 단위의 특성이며, 또한 한 주어진 층위의 사람들에게 속할 수 있다'고 말한 것은 역사적으로 옳았다(Todorov 1993: 387). 하지만, 토도로프 자신이 언급하듯이, 근대 세계에는 문화가 민족적 범위로 나아가려는 강력한 경향이 존재한다.

2. 자유주의와 개인적 자유

나는 사회고유문화가 사람들의 자유에 중요하며, 따라서 자유주의자들은 사회고유문화의 실행 가능성에 흥미를 가져야만 한다고 믿는다. 하지만 이를 보여주기 위해서는, 자유주의 전통 내에서 생각되어 왔던 자유의 본질에 대해 간단히 고려해볼 필요가 있다.[5)]

자유주의의 결정적 특징은 그것이 어떤 근본적 자유를 각 개인에게 속하는 것으로 생각한다는 점이다. 특히, 그것은 사람들에게 그들이 자신의 삶을 이끌어가는 방식에 있어서 매우 광범위한 선택의 자유를 보장한다. 그것은 사람들에게 좋은 삶에 대한 관점을 선택할 자유를 허용하며, 그러고 나서 그들에게 그 선택을 재고할 수 있고, 나아가서 새롭고 바라건대 더 좋은 삶의 계획을 채택하는 것을 허락한다.

왜 사람들은 자신만의 삶의 계획을 선택할 자유가 있어야만 할까? 어찌되었건 간에 우리는, 어떤 사람들은 현명하지 못한 결정을 내림으로써 그들의 삶을 가망없거나 하찮은 목적에 허비할 것이라는 점을 알고 있다. 그렇다면 왜 정부는 우리가 실수를 하지 못하도록 개입해서는 안 되며, 우리에게 진정 좋은 삶을 이끌도록 강제해서는 안 되는 것일까? 이것이 좋은 생각이 아닌 이유에는 여러 가지가 있다: 정부는 신뢰할만하지 않을 수도 있고; 몇몇 개인들은 좋은 의도의 정부조차도 고려하기 힘든 특질적인 필요(idiosyncratic needs)가 있을 수도 있으며, 논란의 여지가 있는 가치관을 후원하는 것은 시민적 투쟁으로 발전할 수도 있을 것이

5) 다음의 주장은 Kymlicka 1989a: ch. 2-4; 1990: ch. 6에 훨씬 더 자세히 제시되어 있다.

다. 게다가, 자유에 대한 온정주의적(paternalistic) 제한은 종종 아예 작동되지 않는다 – 즉 인생은 그 사람이 승인하지 않는 가치에 따라서 외부로부터 이끌어지는 방식으로써는 더 나아지지 않는다. 드워킨은 이것을 '승인 제한(endorsement restraint)'이라고 불렀으며, '승인 없이는 어떤 요소도 한 삶의 가치에 기여할 수 없다 ... 누군가가 그의 심오한 윤리적 확신의 자연스런 결에 따라서보다, 그 결에 거슬러서 더 나은 삶을 이끌 수 있다고 생각하는 것은 타당치 않다'고 주장했다(Dworkin 1989: 486).[6)]

하지만, 우리의 생각이 틀릴 수 있다는 사실이 중요한데, 왜냐하면 (역설적으로) 그것은 자유를 위한 또 다른 주장을 제공해주기 때문이다. 우리는 우리가 현재 하고 있는 것의 보람이나 가치에 대해 잘못 생각할 수 있기 때문에, 그리고 아무도 그 가치에 대한 잘못된 믿음에 기초한 삶을 이끌어가고 싶어 하지는 않기 때문에, 우리가 새로운 정보나 경험에 비추어 우리의 가치관을 합리적으로 평가할 수 있어야만 한다는 것과, 그것들이 계속해서 고수할 가치가 없다면 수정할 수 있어야만 한다는 것은 근본적으로 중요하다.[7)]

---

6) 자유주의자들은 종종 개인들이 특별히 의지박약에 취약한 상황에 예외를 둔다(예컨대 중독성 있는 약물에 대한 온정주의적 입법). 이러한 합리적 수정가능성, 승인 제한, 그리고 국가 온정주의에 대한 자유주의적 제한 이들 간의 관계는 상당히 복잡하다. 완전주의(perfectionism)에 대한 롤스의 논의에 관해, Rawls 1988: 260, 265를 참조하라. 드워킨의 설명에 관해서는 Dworkin 1989: 486-7; 1990을 참조하라. 일반적인 논의에 관해서는 Kymlicka 1989b; Waldron 1989; Moore 1993: ch. 6; Caney 1991; Mason 1990; McDonald 1992: 116-21; Hurka 1994를 참조하라.

7) 앨런 뷰캐넌(Allan Buchanan)은 이것을 개인적 선택의 '합리적 수정가능성(rational revisability) 모델이라고 불렀다(Buchanan 1975). 우리가 현재의 삶의 목적을 합리적으로 평가하고 수정할 수 있다는데 기본적인 관심을 갖고 있다는 주장은 종종 '자율성'의 가치라는 용어로 표현된다. 이러한 호칭은 오해의 소지가 있는데, 왜냐하면 자율성에 대해서 다른 많은 관점들이 있기 때문이다. 예를 들면 자율성에 대한 한 설명에 의하면, 선택의 행위는 본질적으로 가치가 있는데 왜냐하면 그것이 우리의 합리적 본성을 반영하기 때문이다(이러

이렇게 좋은 삶에 대한 우리의 믿음이 잘못될 수 있고 수정가능하다는 가정은, 존 스튜어트 밀에서부터 존 롤스(John Rawls), 로널드 드워킨과 같은 가장 저명한 현대 미국 자유주의자들에 이르기까지, 자유주의적 전통에서 널리 받아들여지고 있다. (그들의 저명함 때문에, 본 장의 나머지 부분에서 나는 롤스와 드워킨의 저작에 강하게 의존하고자 한다.) 롤스가 말하듯, 개인들은 '자신들이 좋음에 대한 어떤 특정한 관점의 추구와 어떤 주어진 순간에 개인들이 추구하는 그것(특정 가치관)의 종국적 목적에 필연적으로 얽매인 존재라고 보지 않는다.' 대신, 그들은 '이러한 관점을 수정하고 바꿀 수 있다.' 그들은 그들의 현재의 삶의 목적으로부터 '물러서서' 그것들의 가치를 '점검하고 평가'할 수 있다(Rawls 1980: 544; cf. Mill 1982: 122; Dworkin 1983).

그리하여 우리는 좋은 삶을 이끌어가기 위한 두 가지 선결 전제조건을 갖게 된다. 첫째는, 우리는 무엇이 삶에 가치를 부여하는가에 대한 우리의 믿음에 따라, 내부로부터 우리의 삶을 이끌어간다는 것이다. 따라서 개인들은 차별이나 처벌에 대한 두려움 없이, 가치에 대한 자신의 믿음에 따라서 자신의 삶을 이끌어나가는데 필요한 자원과 자유를 갖고 있다. 따라서 전통적 자유주의자들은 개인적 사생활과 '도덕의 강제' (enforcement of morals)의 반대

한 시각은 칸트에게서 비롯된다). 자율성에 대한 또 다른 설명은, 비획일적 개인성(nonconformist individuality)에 본질적인 가치가 있다고 한다(이 시각의 기원은 종종 밀에게로 돌려진다). 나는 선택이 우리가 삶에서 무엇이 좋은 가를 평가하고 배울 수 있게 해준다는 좀 더 중립적인 주장을 하려고 한다. 이 주장은 우리가 잘못된 가치에 대한 현재의 믿음을 식별하고 수정하는 것에 본질적 흥미를 갖고 있다고 상정한다. 앞으로 내가 자율성이라는 용어를 사용할 때는 따라서, 이러한 감각의 (상대적으로 중립적인) '합리적 수정가능성'을 의미한다. 나는 이와 같은 자율성에 대한 상이한 관점들을 Kymlicka 1989a: ch. 4; 1990: ch. 6에서 논의했다.

에 관심을 가진다. 두 번째 전제조건은, 우리가 이러한 믿음들에 자유롭게 의문을 제기할 수 있어야 한다는 것이다. 즉 이러한 믿음들을 우리의 문화가 제공할 수 있는 어떤 정보나 실례들, 그리고 주장들에 비추어 자유롭게 검토해 볼 수 있어야 한다는 것이다. 개인들은 따라서 좋은 삶에 관한 서로 다른 관점들에 대한 의식을 갖는데 필요한 환경과, 이 관점들을 지적으로 검토할 수 있는 능력을 갖고 있어야만 한다. 그러므로 동등하게 전통적 자유주의자들은 교육, 표현과 결사의 자유에 관심을 가진다. 이 자유들은 우리가 무엇이 가치 있는지 판단할 수 있도록 해주며, 삶의 다른 방식에 대해 배울 수 있게 해준다.

자유주의적 사회가 이 두 가지 전제 조건 모두와 관련이 있다는 사실은 중요하며, 특히 첫 번째 만큼 두 번째도 중요하다. 개인적 자유를 좋음에 대한 각자의 이해를 추구할 자유로 환원하는 것은 너무 간단하다. 그러나 사실 자유주의적 국가에 독특한 것의 많은 부분은, 이미 선택된 가치관을 추구하는 것보다는, 사람들의 가치관을 형성하고 수정하는 것과 관련된다.

종교의 경우를 생각해보자. 자유주의적 사회는 개인들에게 그들의 현존하는 신앙을 추구할 자유뿐 아니라, 그들의 신앙에 대한 새로운 신도를 모으는 것(포교활동이 허용된다) 또는 그들의 교회의 교리에 의문을 갖는 것(이단적 교리가 허용된다), 혹은 그들의 신앙을 완전히 버리고 다른 신앙 혹은 무신론으로 전향하는 것도 허용된다(배교 행위가 허용된다). 이러한 후자의 자유들(포교활동, 이단적 교리, 배교의 자유) 없이도 한 사람이 현재 신앙을 추구할 자유를 갖는 것은 상당히 가능할 법하다. 이슬람 세계 안에서는 이러한 많은 예가 있다. 이슬람은 다른 유일신 종교를 관용하는, 그래서 기독교인들과 유대인들이 평화롭게 예배를 드릴 수 있도록 하는 오랜 전통이 있었다. 그러나 포교, 이단, 배교 행위는 일반적으로 금지되었다. 예를 들면, 앞으로 8장에서 더 깊이 살펴볼 오스만 제국의 '밀레 시스템(millet system)'에 있어 이것은 사실이었다. 실은, 몇몇 이슬람 국가들은 세계인권선언에서 보장된 양심의 자유는 종교를 바꿀 자유를 포함해서는 안 된다고 주장해왔다(Lerner 1991: 79:80). 유사하게 양심의 자유를 보장하는 이집트 헌법의 조항은 배교의 자유를 제외하는 것으로 해석되어 왔다(Peters and de Vries 1976: 23). 그러한 시스템에서, 양심의 자유는 강압적인 개종은 불가하지만 자발적인 개종도 불가함을 의미한다.

자유주의적 사회는, 대조적으로, 사람들에게 그들의 현재의 삶의 방식을 추구하도록 허용할 뿐만 아니라, 다른 삶의 방식에 관한 정보도 접근할 수 있도록 해주며(표현의 자유를 통해), 정말로 어린이들에게는 다른 삶의 방식을 배우도록 요구하고(의무 교육을 통해), 사람들이 법적 처벌 없이 그들의 삶의 목적을 급진적으로 수정하는 데 관여하는 것을 가능하게 해준다(배교를 포함하여). 자유주의 사회의 이러한 측면들은 오직 어떤 사람의 삶의 목적을 수정하는 것이 가능하고 어떤 경우에는 바람직하다는 가정 하에서만 의미를 지니게 되는 데, 왜냐하면 어떤 사람의 현재의 삶의 목적은 항상 고수할만한 가치가 있지는 않기 때문이다. 자유주의 사회는 그러한 문제제기와 수정을 강요하지 않지만, 그것을 진정한 가능성으로 만들어준다.

3. 선택의 맥락으로서의 사회고유문화

나는 지금까지 내가 지배적인 자유주의적 관점의 개인적 자유라고 본 것을 요약했다. 그러나 어떻게 이것이 사회고유문화와 관계를 맺는가? 간단히 말해서, 자유는 다양한 선택지들 중에서의 선택을 포함하며, 우리의 사회고유문화는 이 선택지들을 제공할 뿐 아니라 그것들을 우리에게 의미있게 해 준다.

사람들은 그들 주위의 사회적 관행의 가치에 대한 그들의 믿음에 바탕을 두고 (주지하다시피 잘못된 것일 수도 있는 믿음) 그 관행들에 대한 선택을 내린다. 그리고 한 관행의 가치에 대한 믿음을 갖는 것은, 우선적으로, 우리의 문화에 의해 그것에 부여된 의미를 이해하는 문제이다.

나는 앞서 사회고유문화가 모든 종류의 사회적 관행과 제도들의 바탕을 이루는 '전통과 관습에 대한 공유된 어휘'를 포함한다는 점을 주지했다(Dworkin 1985: 231). 따라서 한 사회적 관행의 의미를 이해하는 것은, 이 '공유된 어휘'의 이해를 요구한다 - 즉, 이 어휘를 구성하는 언어와 역사를 이해하는 것이다. 한 행동의 경로가 우리에게 어떤 중요성을 갖는지 여부는, 우리의 언어가 그 행위의 요점을 선명하게 해주는지 여부와 그 방법에 달려 있다. 그리고 언어가 이러한 행위들을 선명하게 해주는 방식은 우리의 역사, 즉 우리의 '전통과 관습'에 의해 형성된다. 이러한 문화적 설화(cultural narratives)를 이해하는 것은 우리의 삶을 어떻게 이끌어갈 것인가에 대해 지성적인 판단을 내릴 수 있는 전제 조건이 된다. 이런 점에서, 우리의 문화는 선택지를 제공해줄 뿐만 아니라, '우리가 가치 있는 경험들을 식별하는 데 쓰는 안경(the spectacles)을 제공해준다(Dworkin 1985: 228).'[8)]

이것에는 무엇이 따르는가? 드워킨에 의하면, 우리는 우리의 사회고유문화를 '구조적 타락과 퇴락'(structural debasement and decay)으로부터 보호해야만 한다(1985: 230).[9)] 한 문화의 생존은 보장되지 않으며, 그것이 타락이나 퇴락에 의해 위협받는 경우에는, 그것을 보호하기 위해 행동을 취해야만 한다. 문화는 그 자체로 혹은 저절로 가치 있는 것이 아니라, 사람들이 오직 사회고유문화에의 접근을 통해서만 의미 있는 선택의 범위에 접근할 수 있기 때문에 가치있는 것이다. 드워킨은, '우리는 한 문화적 구조를 물려받았고, 단순한 정의의 감각으로, 그 구조를 적어도 우리가 발견했을 때만큼 풍성한 상태로 물려줄 의무를 갖고 있다(1985: 232-3)'고 말하며 그의 논의를 결론짓고 있다.

이 구절과 다른 곳에서 드워킨은 '문화적 구조'(cultural structures)에 관해 이야기한다. 이것은 잠재적으로 오해의 소지가 있는 용어인데, 왜냐하면 그것은, 매우 분산되어 있고 제한이 없는

---

8) 나는 이것에 대해 Kymlicka 1989a: ch. 8; 1995b에서 더 길게 논의했다. 물론 우리가 우리의 문화 안에서 배운 모델은 종종 다른 문화의 모델들과 밀접히 연결되어 있다. 예를 들면, 성경에서 도출된 모델은 기독교의 영향을 받은 많은 문화들의 구조의 한 부분이 될 것이다. 그리고 모델들 간의 이 공통점을 적극적으로 확고히 하려는, 가톨릭 교회와 같은 국제적 조직들이 있다. 그래서 나는 우리의 문화를 통해 좋은 삶에 대한 관점들에 관해 배운다고 말함에 있어, 가치들(the goods)이, 몇몇은 그러하지만, 그 때문에 문화특수적임을 의미하려 한 것은 아니다.

9) 문화적 구조의 부패에 대한 그의 개념을 설명하는 데 있어, 드워킨은 '우리는 모두 우리가 공유하는 언어에 가해진 것들의 수혜자 또는 피해자이다. 언어는 약화될 수 있고, 몇몇은 다른 언어들보다 더 풍부하고 더 나을 수 있다(1985: 229)'고 말했다. 만약 이것이 몇몇 언어들은 **본질적으로** 다른 것들보다 풍부하다는 것을 의미한다면 오해의 소지가 있다. 모든 인간의 언어는 사용자들의 필요에 맞게 진화하고 적응할 수 있는 동등한 역량을 갖고 있다(Edwards 1985: 19, Skutnabb-Kangas 1988: 12). 하지만, 한 사람의 언어 안에서 가능한 선택의 범위는 부패할 수 있다는 것은 분명하다.

현상(아래에서 논의할 바와 같이)에 대하여 지나치게 형식적이고 엄격한 모습을 암시하기 때문이다. 문화는 고정된 중심이나 명확한 경계를 갖고 있지 않다. 그러나 내 생각에 그의 핵심주장은 충분히 타당하다. 의미 있는 선택들의 가능성은 사회고유문화에의 접근에 달려 있으며, 그 문화의 역사와 언어에 대한 이해, 즉 '전통과 관습에 대한 공유된 어휘'의 이해에 달려 있다(Dworkin 1985: 228, 231).[10)]

개인의 선택과 문화 간의 관계에 대한 이러한 주장은, 특정한 집단차별적 권리에 대한 아주 독특한 자유주의적 옹호로 나아가는 첫 번째 단계를 제공한다. 의미 있는 개인의 선택이 가능하기 위해서, 개인들은 정보, 그것을 반성적으로 평가할 역량, 그리고 표현과 결사의 자유에 대한 접근이 필요로 하는 것은 물론이다. 또한 그들은 사회고유문화에 접근할 필요가 있다. 따라서 이러한 접근을 보존하고 촉진하는 집단차별적 조치는 자유주의적 정의론 안에서 정당한 역할을 차지할 수 있다.[11)]

---

10) 드워킨은 '문화적 구조'에 대한 그의 간단한 언급을 예술에 대한 공적 자금 지원에 대한 주장의 맥락에서 했다는 사실과, 그것은 문화의 본질에 대한 포괄적 기술이나 이론을 제공하려고 의도되지는 않았다는 점을 내가 언급해야만 할 것 같다. 하지만, 그는 자유와 문화의 관계 문제를 명확히 제시한 몇 안 되는 자유주의 이론가들 중 하나이기 때문에, 나는 그의 관점이 가진 함의를 이끌어 내보려고 하였다. 사람들은 '심지어 개인적 인성을 갖기 위해서도 공통의 문화와 특히 공통의 언어를 필요로 하며, 문화와 언어는 사회적 현상이다. 우리는 오직 언어와 문화가 제공하는 어휘 안에서 가능한 사상, 야망, 그리고 확신만을 가질 수 있으며, 그래서 우리는 모두, 명백하고 심오한 방식으로, 전체로서의 공동체의 창조물이다.'라는 드워킨의 주장 또한 참고하라 (Dworkin 1989: 488; cf. Dworkin 1985: 228, 그리고 Kymlicka 1995b).

11) 롤스의 용어로 하면, 우리는 그러한 문화에의 접근이 '기본적 재화(primary goods)'라고 말할 수 있다 – 즉, 사람들이 그들이 선택한 특수한 삶의 방식에 관계없이 필요로 하는 재화인데, 왜냐하면 이것이 그러한 특수한 선택을 내리는 맥락을 제공해주기 때문이다. 나는 이 주장이 어떻게 롤스의 '기본적 재화'에 관한 설명과 연관되는지 Kymlicka 1989a: ch. 7에서 더 깊이 있게 논의한다. 자유의 문화의존성에 관한 관련된 주장으로, Taylor 1985; Tamir 1993: chs. 1-2; Hargalit and Raz 1990을 참조하라.

물론, 채워져야 할 많은 세부사항들이 남아있으며, 많은 반대들에 대해 대답할 필요가 있다. 특히, 개인의 선택과 사회고유문화 간의 이러한 관계는 세 가지 명백한 문제를 제기한다. 1) 개인의 선택은 그들 **자신의** 문화에의 소속감과 결부되어 있는 것인가, 혹은 개인의 선택은 사람들이 몇몇 문화 혹은 다른 문화에 접근할 수 있는 것으로 충분한가? 2) 만약 (내가 주장하려는 바와 같이) 사람들이 그들 자신의 문화에 깊은 유대를 갖고 있다면, 이민자 집단들은 그들 자신의 사회고유문화를 재창조하는데 필요한 권리와 자원들을 부여받아야만 하는가? 그리고 3) 한 문화가 개인의 선택을 가로막도록 구조화되어있다면 어떻게 해야 하는가? - 예를 들면 만약 그것이 사람들에게 특정한 삶의 역할이나 방식을 부과하고 그러한 역할을 문제 삼거나 수정하는 것을 금지한다면 어떻게 할 것인가? 나는 본 장의 나머지 부분에서 세 가지 질문들에 대해 답하기 시작할 것이지만, 완전한 대답은 이후의 장들에서 드러나게 될 것이다.

4. 문화적 소속감의 가치

나는 사람들이 의미 있는 선택을 할 수 있는 역량이 문화적 구조에의 접근에 달려있다는 점을 보여주려고 시도해왔다. 그러나 왜 소수민족의 구성원들은 그들 **자신의** 문화에 접근할 필요가 있는가?[12] 왜 소수문화의 구성원들에게 주류 문화에의 접근을 보장해

12) 나는 여기서, 다른 사람들과 함께, Binder 1993: 253-5; Buchanan 1991: 54-5; Waldron 1992a; Tomasi 1995; Nickel 1995; Lenihan 1991; Margalit and Halbertal 1994

준다면(예컨대 그들에게 주류 언어와 역사를 가르침으로써), 소수 문화들이 해체되도록 내버려두면 안 되는가? 이 후자의 선택은 소수자집단들의 희생을 포함하겠지만, 정부는 그것에 대해 보조해줄 수도 있다. 예를 들면, 정부는 소수민족들의 구성원들이 주류 언어와 역사를 배우는 비용을 지불해줄 수 있다.

이러한 종류의 제안은 한 사람이 자신의 문화를 잃는 것을 마치 직장을 잃은 것과 같이 취급한다. 소멸 위기에 직면한 문화의 구성원들을 위한 언어 훈련은, 사양 산업의 피고용자들을 위한 직업 재교육 프로그램과 같을 것이다. 피고용자들이 다른 곳에서 직장을 찾도록 도와주기만 한다면 우리는 경쟁력 없는 산업이 영구히 도산당하지 않도록 유지하는 데 굳이 의무감을 갖지 않으며, 따라서 소수 문화의 구성원들이 다른 문화를 찾을 수 있도록 도와주기만 한다면 왜 굳이 그들의 문화를 보호해야만 하는가?

이것은 중요한 문제이다. 사람들이 결코 문화를 바꿀 수 없으리라고 말하는 것은 이치에 맞지 않을 것 같다. 어쨌든, 많은 이민자들은 새로운 나라에서 잘 활동하고 있다(비록 일부 다른 사람들은 곤경에 빠지고 많은 이들이 본국으로 돌아옴에도 불구하고). 왈드론(Waldron)은 이렇게 서로 다른 문화로 이동하는 성공적인 '세계시민적'(cosmopolitan) 인민의 사례가 사람들이 그들 자신의 문화에 어떤 식으로든 심각하게 연결되어 있다는 주장을 반박한다고 생각한다.

> 문화들의 만화경 속에 사는 자유분방한 세계시민적 삶은 가능하

등에서 의해 제기된 설득력 있는 의문들에 대답하기를 시도한다.

> 고 성취감을 준다.... 즉각적으로, 소수자집단 문화의 보호를 옹호하는 그러한 주장은 약화된다. 더 이상 모든 사람들이 그들과 조상들이 자라온 특정 문화 안에서의 자신의 뿌리를, 이들이 의·식·주를 필요로 하는 것과 동일한 방식으로, 필요로 한다고 말할 수는 없을 것이다.... 그와 같은 몰입은 어떤 특정한 사람들이 좋아하고 즐기는 무엇일 것이다.... 인간의 **필요**에 특징적으로 기초한 헤르더의 주장의 실패는, 소수자집단 문화들이 특별한 지원이나 원조 혹은 특수 조항이나 관용을 받아야 한다는 어떠한 주장도 심각하게 약화시킨다. 그것은 기껏해야 문화적 권리를 종교의 자유 권리와 대충 동등한 입장에 내버려 두게 할 것이다(Waldron 1992a: 762).

사람들은 그들 자신의 고유한 문화를 필요로 하지 않기 때문에, 소수 문화들은 ('기껏해야') 종교적 집단과 같은 소극적 권리만을 주장할 수 있다는 것이다 – 즉 이것은 불간섭의 권리이지만 국가 지원의 권리는 아닌 것이다.

나는 왈드론이 여기서 이 문제를 심각하게 과장했다고 생각한다. 첫째로, 그는 사람들의 실제 문화 간 이동의 정도를 엄청나게 과장했는데, 왜냐하면(아래에서 논의할 바와 같이) 그는 문화가 인종문화적 혈통(ethnic descent)에 기초하고 있다고 가정했기 때문이다. 그의 시각에 따르면, 중국 음식을 먹고 아이에게 **그림 동화**(*Grimm's Fairy-Tales*)를 읽어주는 아일랜드계 미국인은 그렇게 함으로써 '문화의 만화경 속에 살고 있다'는 것이다(e.g. Waldron 1992a: 754).' 그러나 이것은 사회고유문화 간의 이동이 아니다. 그렇다기보다 이것은 다양성 있는 사회고유문화에 의해 제공되는 기회를 누리는 것에 불과하며, 이것은 미국의 영어권 사회의 특징을 설명해 줄 뿐이다.

물론 사람들은 정말로 문화 간에 이동을 한다. 이것은 아주 드물고 매우 어렵다. 사회 조직과 기술 발전 간의 차이가 어마어마한 몇몇 경우에서는, 소수자집단들의 일부 구성원들에게 있어 성공적인 통합은 거의 불가능할 수 있다. (이것은 유럽의 문화들과 세계 일부 지역의 토착민들 간의 최초 접촉 시기에 있어 진실인 것으로 보인다.)

그러나 성공적인 통합이 가능한 곳에 있어서조차도 그것은 좀처럼 쉽지 않다. 그것은 대가가 큰 과정이며, 사람들이 자발적으로 그렇게 하기를 선택하지 않는다면 그들이 이 대가를 감당하도록 요구되어야만 하는지의 정당한 의문이 존재한다. 이 대가는 통합 과정의 점진성, 통합 대상자들의 연령, 그리고 언어와 역사에 있어 두 문화가 유사한 정도에 따라 다양하다.[13] 그러나 통합에의 장애물들이 가장 작은 곳에서조차도, 소수민족들이 그들의 문화적 소속감을 보유하고자 하는 열망은 매우 강하게 남아있다(주류 문화의 구성원들이 보통 그들의 문화적 소속감에 가치를 부여하는 것과 꼭 같이).

이런 의미에서, 한 사람이 자신의 문화를 떠나기로 선택하는 것은 영원한 빈곤을 맹세하고 종교적 질서에 들어가는 것과 유사하게 보일 수 있다. 빈곤 속에서 사는 것이 불가능하지는 않다. 그러나 그렇다고 해서, 자유주의적 정의론이 단순한 생계의 차원(bare subsistence)을 넘어 일정 수준의 물질적 자원에 대한 갈망을 '특

13) 이 비용들과 이 비용들의 아동과 성인들 간 차이의 정도에 대한 논의로써, Nickel 1995를 참조하라.

정한 (부류의) 사람들이 좋아하고 즐기는 무엇' 그렇지만 그것이 '이들이 필요로 하는 그 무엇으로 결코 주장할 수 없는 것'으로 간주해야만 한다는 결론이 도출되는 것은 아니다(Waldron 1992a: 762). 자유주의자들은, 비생계 자원(nonsubsistence resources)에 대한 갈망이 상당히 정상적이며 - 그리고 그것을 버리는 대가가 대부분의 사람들의 삶의 방식에서 매우 높으며 - 그래서, 일부 사람들이 이 자원을 자발적으로 포기하는 것을 선택한다 할지라도, 사람들이 그러한 자원 없이 살도록 합당하게 **기대될** 수 없다고 올바르게 가정하고 있다. 정의에 대한 사람들의 요구들을 규정하는 목적으로서, 물질적 자원은, 사람들의 특정한 가치관이 무엇이든 간에, 사람들이 원하는 무엇으로 가정될 수 있다. 소수의 사람들이 비생계 자원들을 포기하기로 선택할 수 있음에도 불구하고, 이것은 그들이 받을 자격이 있는 것을 포기하는 것으로 간주된다.

유사하게, 나는 정의의 이론을 개발하는데 있어, 사람들의 보다 특정한 가치관이 무엇이든지 간에, 우리는 그들의 문화에 대한 접근을 사람들이 원하는 것이 기대될 수 있는 어떤 것으로 간주하여야만 한다고 믿는다. 자신의 문화를 떠나는 것은, 그것이 가능하기는 하지만, 좋게 말하더라도 그들이 합당하게 자격이 있는 무엇을 포기하는 것으로 생각된다. 이것은 인간의 가능성의 제한에 대한 주장이 아니라 합당한 기대(reasonable expectation)에 관한 주장이다.

나는 대부분의 자유주의자들이, 사람들이 그들의 문화에 머물고자 하는 정당한 기대에 관한 이러한 주장을 묵시적으로 받아들이고 있다고 생각한다. 왜 이민을 갈 수 있는 권리가 정치적 권위를 자발적으로 만들지 못하는가에 관한 롤스의 주장을 생각해보라.

> 일반적으로 자신의 나라를 떠나는 것은 중대한 과정이다: 그것은 우리가 길러져온 사회·문화를 떠나는 것을 의미하는데, 이 사회·문화에는 우리의 목표와 목적 그리고 가치들을 표현하고 이해하기 위해 말하고 생각할 때 쓰는 언어가 담겨있으며; 그러한 사회와 문화는 우리가 사회적 세계에서 우리의 위치를 확인하기 위해 우리가 의존하고 있는 역사, 관습, 관행들을 지니고 있는 것이다. 비록 우리는 우리의 사회·문화를 거부하지는 않더라도 상당 부분 의문을 제기할 수 있음에도 불구하고, 많은 부분에 있어 그것을 긍정하고 그것에 대해 친숙하며 말로 표현할 수 없는 지식을 갖고 있다. 그렇다면 정부의 권위는 다음과 같은 의미에서 자유롭게 받아들여질 수 없다. 즉 사회문화·역사·사회적 근원지에 의한 연대감이 매우 일찍 우리의 삶을 형성하며 그리고 일반적으로 매우 강렬하다. 그래서 이민을 갈 권리(the right of emigration)(적정하게 규정되었다 하더라도)가, 정치적으로 말하면, 양심의 자유가 교회적 권위를 받아들이는 것을 자유롭게 해주는 것처럼, 정부의 권위를 받아들이는 것을 자유롭게 하여주기에는 충분하지 않은 것이다. (Rawls 1993a: 222).

이러한 '우리가 스스로를 표현하고 이해하기 위해 말하고 생각할 때 사용하는 언어'에의 유대감 때문에, 문화적 결속은 '일반적으로 너무 강하여서 포기될 수 없는 것이며, 이것은 개탄할 문제가 아니다'. 따라서 정의에 관한 이론을 개발하려는 목적을 위해, 우리는 '사람들은 같은 사회와 문화 안에서 완전한 삶을 영위하도록 태어나며 기대된다.'고 가정해야만 한다(Rawls 1993a: 277).

나는 자신의 문화를 떠나는 것의 어려움에 관한 롤스의 시각에 동의한다.[14] 그러나 그의 주장은 자신이 의도하고자 했던 바를 넘는 함의를 갖고 있다. 롤스는 이것을 자신의 정치적 공동체를 떠나는 것의 어려움에 관한 주장으로서 제시했다. 그러나 그의 주장은 분명하게 정치적 결속의 가치에 기초하고 있지 않다(예컨대 자신의 정부와 동료 시민들에의 유대감). 그러기보다는, 문화적 결속의 가치에 기초하고 있다(예컨대 자신의 언어와 역사에의 유대감). 그리고 문화적 경계는 정치적 경계와 일치하지 않을 수도 있다. 예를 들면, 1950년에 동독을 떠나 서독으로 간 사람은 그가 국경을 넘었을 지라도, 롤스가 강조한 언어와 문화의 결속을 깨뜨리지 않을 것이다. 그러나 퀘벡을 떠나 토론토로 가는 프랑스어권 사람이나, 산후안(San Juan)을 떠나 시카고로 가는 푸에르토리코인은, 같은 나라 안에 머물러 있을지라도 이러한 결속을 깨뜨리게 되는 것이다.

그렇다면, 롤스에 의하면 자신의 문화에의 결속은 보통 포기하기에는 너무나 강하고, 이것은 개탄할 일이 아니다. 우리는 몇몇 사람들이 자발적으로 그러한 희생을 치르려고 함에도 불구하고, 그렇게 하도록 기대되거나 요구될 수는 없다. 언어와 문화의 유대

---

14) 많은 이민자들이 새로운 나라에서 번성하긴 하지만, 선택 요인이 작동한다는 것을 상기할 필요가 있다. 즉, 스스로의 뿌리를 근절한 사람들은 과거의 문화에 가장 약한 심리적 유대감을 갖고 있고, 다른 곳에서 성공하고자 하는 가장 강한 욕구와 결단을 갖고 있는 사람들인 경우일 가능성이 높다는 것이다. 우리는 그들이 문화적 적응능력에 있어서의 규범을 대표한다고 선험적으로 가정할 수 없다. 존 에드워즈(John Edwards)가 언급하다시피, 의사소통하는 능력은 실용적 언어 능력을 포함할 뿐만 아니라, 언어에 묶여있는 '표현이 불가능한' 역사적 문화적 결사에 관한 지식을 포함하며, 이것을 이민자들이 완벽하게 획득하기는 어렵거나 불가능할 지도 모른다: '언어의 상징적 가치, 그것이 축적하는 역사적 문화적 유대, 그리고 "기억의 자연적 의미론"(natural semantics of remembering) 이 모두가 기본적인 메세지에 공유된 함축성의 토대를 더해준다. . . 행간을 읽을 수 있는 능력은, 말하자면, 언어가 배태되어있고 모두에게 개방되지 않은 문화적 연속성에 의존한다. 아마도, 오직 그 공동체 안에서 자란 이들만이 이 확장된 의사소통적 상호작용에 완전히 참여할 수 있을 것이다(Edwards 1985: 17).'

감이 왜 대부분의 사람들에게 있어 그렇게 강렬한지는 흥미로운 문제이다. 사람들이 자유화된 문화에 강한 애착을 가질 지의 문제는 특히 의아스러워 보인다. 어쨌든 한 문화가 자유화 되면 – 그리고 그리하여 구성원들에게 전통적인 삶의 방식에 의문을 제기하거나 그것을 거부하도록 허용한다면 – 결과적으로 도출되는 문화적 정체성은 '더 얇아'지고 덜 독특해질 것이다. 즉, 어떤 문화가 더 자유주의적이 될수록, 그 구성원들은 점점 (자신들만의) 좋은 삶에 대한 동일한 실질적인 관점을 덜 공유하게 될 것이며, 점점 더 다른 자유주의적 문화의 사람들과 기본적 가치를 공유하게 될 것이다.

퀘벡인들은 이 과정에 대해 상당히 좋은 예를 보여준다. 조용한 혁명(Quiet Revolution) 이전에는, 퀘벡인들은 일반적으로 전원적이고 가톨릭적인, 보수적, 가부장적 가치관을 갖고 있었다. 오늘날, 급속한 자유화의 기간 이후, 대부분의 사람들은 이러한 전통적 삶의 방식을 포기해왔으며, 퀘벡 사회는 이제 어떤 근대 사회나 갖고 있는 다양성을 보여주고 있다 – 예컨대, 무신론자와 가톨릭교도, 동성애자들과 이성애자들, 도시 여피족과 시골의 농부들, 사회주의자와 보수주의자 등을 말한다. 오늘날 '퀘벡인'이 된다는 것은, 따라서, 단순히 퀘벡의 프랑스어권 사회의 참여자가 된다는 것을 의미한다. 그리고 퀘벡의 프랑스어권 사람들은 미국의 영어권 사람들과 마찬가지로 더 이상 가치관에 대해 일치된 견해를 보여주지 않는다. 따라서 '퀘벡인'이라는 것은 상당히 얇은 형태의 정체성인 것으로 보여진다.

게다가, 자유화의 과정은 또한 퀘벡인들이 그들의 기본 가치에 있어 점점 더 영국계 캐나다인들과 닮아가게 되었음을 의미하였다. 퀘벡에서의 지난 30년 동안의 자유화는, 영어권・프랑스어권 캐나다인들 간 개인적・정치적 가치에 있어서의 확연한 수렴을 함께 동반하였다. 그래서 지금은 '도덕적 가치, 직업의 귀천의 순위, 정부의 역할, 노동자의 권리, 원주민의 권리, 성과 인종간 평등, 권위에 대한 관점에 있어 일관적인 차이를 확인하기 힘들 정도가 되었다(Dion 1992: 99; cf. Dion 1991: 301; Taylor 1991: 54).'[15)]

간단히 말해, 퀘벡에서의 자유화는 퀘벡인들 내에서의 가치관의 차이 증가와 함께, 퀘벡인들과 다른 자유주의 문화의 구성원들과의 차이의 감소를 동시에 의미하게 되었다. 이것은 퀘벡에만 독특한 것은 아니다. 동일한 과정이 유럽 전체에 걸쳐 일어나고 있다. 서구의 근대화와 자유화는, 각 민족 문화 내부에서는 보다 더 적은 공통성으로, 문화들 상호간에서는 보다 더 많은 공통성을 낳는 결과를 가져왔다. 스페인이 자유화되면서, 내부적으로는 더 다원적이 되었고, 다른 한편 근대적・세속적이며 산업화된 민주적・소비자주의 문화의 측면에서는 프랑스와 독일과 더 비슷하게 되었다.

이것은 아마도 왜 그렇게 많은 이론가들이 자유화와 근대화가 아무리 강한 민족적 정체성의 의식이라도 대체해버릴 것이라고 가정해왔는지를 설명해준다. 문화들이 자유화되면서, 사람들은 전통적 관습이나 좋은 삶에 대한 관점의 측면에서, 그들의 민족 집단의 동료 구성원들과 점점 더 적은 것을 공유하며, 공통의 문명을 공유한다는 측면에서, 점점 더 다른 민족의 구성원들과 닮아간다. 그렇다면 누군가가 자신의 민족에 강한 애착을 느끼게 된다면 그것은

---

15) 디옹(Dion)이 주목하는 유일하게 큰 차이는 이민에 대한 개방성에 관한 것인데, 이것은 소수자집단으로서의 프랑스어 사용자의 두려움에 비추어 본다면 이해할 수 있는 차이이다.

무슨 이유인가? 그러한 애착은 많은 논자들에게 있어, '보잘 것 없는 차이에 대한 나르시즘'(narcissism of minor differences)처럼 보였다(Ignatieff 1993: 21; Dion 1991).

그렇지만, 자유주의적 문화의 구성원들이 그들의 문화적 소속감에 **정말로** 가치를 부여한다는 증거는 압도적이다. 민족 정체성을 대체하기는커녕, 자유화는 사실 민족성(nationhood)에 대한 의식의 증가와 함께 병행하여 진행되었다. 퀘벡의 많은 자유주의적 개혁가들은 확고한 민족주의자들이었으며, 민족주의 운동은 조용한 혁명 전체에 걸쳐 그 이후까지 강력하게 자라났다. 이와 같은 자유화와 민족 정체성 강화의 조합은 많은 다른 나라들에서도 발견된다. 예를 들면, 벨기에에서 플랑드르 사회(Flemish society)의 자유화는 민족주의적 감정의 급격한 증가와 함께 수반되었다(Peterson 1975: 208). 그들의 문화가 관용적이고 다원주의적으로 되어 갔다는 사실도, 사람들이 자신들의 문화 내에서 일하며 살고 싶은 갈망의 만연함이나 강렬함을 전혀 감소시키지 못했다. 사실 워커 코너(Walker Connor)는, 이 세기에 인정받는 민족 집단들은 많은 경우 동화되도록 하려는 상당한 경제적 유인과 정치적 압력을 받아왔음에도 불구하고, 자발적으로 다른 문화에 동화되었던 사례가 있더라도 매우 희귀하게 존재한다는 점을 보여주기까지 했다(Connor 1972: 350-1; 1973: 20).

왜 대부분의 사람들에게 언어와 문화의 유대는 그렇게 강한 것일까? 논자들은 많은 이유를 제시한다. 마가리트(Margalit)와 라즈(Raz)는 사회고유문화(그들이 '확산된 문화' pervasive culture라고 부르는)에의 소속감이 두 가지 이유로 사람들의 행복(well-being)에서 결정적이라고 주장한다. 첫 번째 이유는 내가 위에서 논했던 것이다 – 즉, '한 문화에의 친숙함이 상상할 수 있는 것의 경계를 결정한다'는 점에서, 문화적 소속감은 의미 있는 선택지를 제공해준다는 것이다. 따라서 만약 한 문화가 퇴락하고 차별당하면, '그 구성원들에게 개방된 선택지와 기회들은 줄어들 것이며, 그리고 덜 매력적이 되고 그들의 목적추구는 성공할 가능성이 더 낮아질 것이다'(Margalit and Raz 1990: 449).

그러나 왜 퇴락하는 문화의 구성원들은 단순히 다른 문화에 통합할 수 없는가? 마가리트와 라즈에 따르면, 이것이 어려운 이유는 '정말로 매우 더딘 과정'일 뿐만 아니라, 사람들의 자아 정체성에 있어서 문화적 소속감의 역할 때문이라는 것이다. 문화적 소속감은 '명확한 사회적 프로필(high social profile)'을 나타낸다. 즉 그것이 다른 이들이 우리를 인지하고 반응하는 방식에 영향을 주며, 그 결과 우리의 자아 정체성을 형성한다는 의미를 지닌다. 게다가, 민족정체성은 특히 '정체성 정립의 주요 핵심'으로 다뤄지기에 적합한데, 왜냐하면 그것이 업적(accomplishment)이 아닌 소속에 기초하고 있기 때문이다.

> 정체성 정립은 만약 그것이 업적에 의존하지 않는다면, 보다 더 안전하고 위협에 대해 덜 영향 받는다. 업적이 사람들의 자신의 정체성에 대한 의식에 있어 중요한 역할을 하기는 하지만, 가장 근본적 수준에서는 우리의 정체성에 대한 의식은 업적 보다는 소속에 의한 기준에 의존하는 것으로 보인다. 이러한 수준에서의 확고한 정체성 정립은 한 사람의 행복에 있어 특히 중요하다.

따라서 문화적 정체성은 '〔사람들의〕 자기 정체성 정립과, 힘들이지 않고 안전한 소속감을 확보하기 위한 닻'을 제공한다. 그러나 이것은 결과적으로 사람들의 자존감이 그들의 민족 집단이 두고 있는 자부심과 밀접한 관련이 있음을 의미한다. 만약 한 문화가 일반적으로 존중받지 못한다면, 그 구성원들의 존엄성과 자존감도 역시 위협받을 것이다(Margalit and Raz 1990: 447-9). 존엄성과 자아 정체성을 뒷받침하는 데 있어 민족적 소속감에 대한 존중이 갖는 역할에 관하여, 유사한 주장들이 찰스 테일러(Charles Taylor 1992a)와 야엘 타미르(Yael Tamir 1993: 41, 71-3)에 의해 제시되었다.

타미르 또한 문화적 소속감이 우리의 행동에 '추가적인 의미'를 더해주는 정도를 강조하며, 이러한 행동은 개인의 업적이 될 뿐 아니라, '문화가 만들어지고 또 다시 만들어지는 연속된 창조적 노력의 부분'이라고 강조했다. 그리고 그녀는, '제도들이 [사람들이] 이해할만하고 의미 있다고 생각하는 한 문화에 의해 이해되는 경우,' 이것은 '그들이 공공 문제에 참여하는 것을 촉진할 수 있는 어느 정도의 투명성을 제공해준다'고 주장했다(Tamir 1993: 72, 85-6). 다른 논자들은 공유된 민족 정체성으로부터 오는 상호 이해가능성이 유대감과 신뢰의 관계를 증진시킨다는 위와 관련된 주장을 펼친다(Miller 1993; Barry 1991: 174-5). 제임스 니켈(James Nickel)은, 부모들이 자녀와 손자손녀들에게 그들의 문화를 전해주지 못할 때, 가치 있는 세대 간 결속에 초래되는 잠재적 피해를 강조한다(Nickel 1995). 베네딕트 앤더슨(Benedict Anderson)은 민족 정체성이 우리를, 그 존재가 기억할 수 없을 만큼의 옛날과 무한한 미래로 확장되는 무언가와 연결시킴으로써, 우리가 죽을 수밖에 없는 운명(mortality)을 초월할 수 있도록 한다는 것을 강조한다(Anderson 1983).

의심할 여지없이 이 요인들 모두는 사람들의 자신의 문화에의 결속을 설명하는 데 중요한 역할을 한다. 나는 이 애착의 원인이, 인간이 문화적 존재로서 자신들의 세계를 의미있게 할 필요를 느끼는 방식과 결부되어 있는, 인간의 조건 깊숙한 곳에 존재할 것이며, 완벽한 설명은 심리학, 사회학, 언어학, 정신철학, 그리고 심지어 신경학의 측면들까지 포함할 것이라고 막연하게 생각한다(Laponce 1987).

그러나 이 설명이 어떻든 간에, 이러한 결속은 사실로 보이며, 롤스와 같이, 나는 그것을 유감스럽게 여길 이유는 없다고 본다. 나는 다시, 내가 단지 일반적인 추세를 다루고 있음을 강조해야만 할 것 같다. 일부 사람들은, 서로 다른 사회고유문화 사이를 자유롭게 왕래하면서, 거의 편안하게 정말로 세계시민적 삶을 영위하고 있는 것처럼 보인다. 일부 다른 사람들은 자신의 문화 내에서(조차) 문화의 의미를 이해하는 데 어려움을 겪는다. 그러나 대부분의 사람들은 거의 항상, 자신의 문화와 깊은 유대감을 갖는다.

롤스와 같은 자유주의자들이 한 사람의 문화에의 결속이 '포기하기에는 보통 너무나 강하다'(normally too strong to be given up)고 주장한 것은 역설적으로 보일 수도 있다. 자랑스럽게 치켜세워졌던 자유주의의 선택의 자유에 무슨 일이 일어난 것인가? 그러나 4장에서 살펴보았듯이 롤스의 시각은 사실 자유주의 전통 안에서 흔한 것이다. 자유주의자들이 개인들에게 요구하는 자유는 그들의 언어와 역사를 벗어나는 그러한 자유가 아니며, 그렇다기

보다는 한 사회고유문화 안에서 이동할 수 있고, 특정한 문화적 역할로부터 스스로 거리를 둘 수 있으며, 그 문화의 어떤 특색은 발전시킬 가치가 있고 어떤 것은 가치가 없는지 선택할 수 있는 자유인 것이다.

이것은 상당히 '공동체주의적' 입장의 자아관처럼 들릴 수도 있다. 나는 이것이 정확한 명칭이라고 생각하지 않는다. 최근의 공동체주의적 저작들의 한 가지 두드러진 논지는 삶의 목적을 수정할 수 있는 자유의 중요성에 관한 자유주의적 시각을 거부하는 것이다. 공동체주의자들은 우리가 우리의 목적의 일부로부터라도 떨어져서 존재할 수 있다는 것을 부인한다. 미국의 선도적인 공동체주의자 마이클 샌들(Michael Sandel)에 의하면, 우리의 목적 중 몇몇은 그것들이 우리의 개인적 정체성 의식을 결정한다는 점에서 '구성적(constitutive)' 목적들이다(Sandel 1982: 150-65; cf. MacIntyre 1981: ch. 15; Bell 1993: 24-54). 그의 시각에 의하면, 나의 목적에 내가 헌신할 가치가 없을 수도 있다는 것은 말이 되지 않는데, 왜냐하면 그것들이 내가 누구인가를 정의하기 때문이다. 롤스는 개인들은 '스스로를 필연적으로, 그들이 어떤 주어진 시간에 가질 수 있는 어떠한 근본적 관심들의 특별한 복합체를 추구하는 것과 결부되어 있거나 동일한 것으로 간주하지 않는다.'고 주장한다(Rawls 1974: 641). 반면 샌들은 우리는 적어도 우리의 최종 목적의 일부와는 사실상 '동일하다'고 응답한다. 이러한 목적들이 사람들의 정체성에 구성요소가 되기 때문에, 국가가 사람들의 이러한 목적에의 충성을 강화하면 안 된다거나, 이 목적에 의문을 갖고 수정할 능력을 제한해서는 안 된다고 말할 이유는 없다는 것이다.

나는 이러한 공동체주의적 자아관이 잘못되었다고 생각한다. 한 사람의 심대한 목적을 수정하는 것은 쉽거나 즐길만한 일은 아니지만, 그것은 가능하며, 가끔은 유감스럽게도 반드시 필요하다. 새로운 경험이나 환경이 가치에 대한 우리의 이전의 믿음이 잘못되었다는 것을 드러낼 수도 있다. 어떤 목적도 그러한 잠재적 수정 가능성으로부터 면제될 수는 없다. 드워킨이 말하듯이, '아무도 그 자신에 관한 모든 것에 대해 한꺼번에 의문을 제기할 수는 없음'은 진실이지만, '각 사람들 마다, 다른 사람들은 그렇게(떨어 뜨려 놓고 재점검)하면서, 자신은 떨어뜨려놓고 재점검해볼 수 없을 만큼 근본적인 어떤 연결이나 연관이 존재한다는 것은 도출되지 않는다'(Dworkin 1989: 489).

일부 사람들은 스스로를 자신의 목적을 의문시하거나 수정할 능력이 없는 존재로 생각할 수도 있지만, 사실 '심지어는 스스로를 (자아)구성적인 목적을 갖는다고 여기는 사람들에게서조차도, 우리의 가치관이 종종 시간에 따라 보통 천천히, 하지만 때로는 급작스럽게, 변화할 수 있다(Rawls 1985: 242).' 우리가 특정한 순간에 우리의 목적에 대해 얼마나 자신하든 간에, 새로운 환경이나 경험이 종종 예측할 수 없는 방식으로 발생하여 우리로 하여금 그것들을 재평가하도록 한다. 그러한 재숙고의 필요성이 언제 떠오를지는 미리 예측할 방법이 없다. 앞에서 주지했다시피, 자유주의 사회는 사람들에게 그들의 신념을 수정하도록 강요하지 않지만 - 그리고 많은 사람들은 그들의 기본적 신념에 의문을 제기할 어떤 이유도 갖지 않은 채 시간을 보낸다 - 그것은 분명 선택의 자유가 일회적 문제가 아니라는 점과 이전의 선택이 가끔은 재고되어야 함을 인정한다.

가치에 대한 우리의 판단이 이렇게 오류가능성이 있기 때문에, 우리는 우리의 기존의 가치관을 추구하는 것에서 뿐만 아니라, 이러한 가치관을 평가하고 잠재적으로 수정할 수 있는 것에도 관심을 갖는다. 우리의 현재 목적은 항상 계속적으로 충성할만한 가치가 있는 것은 아니며, 다른 방식의 삶에의 노출은 우리로 하여금 무엇이 진정 가치 있는지에 대해 잘 숙고된 판단을 내리도록 돕는다.

그렇기 때문에, 비록 두 관점 모두 우리가 어떤 종류의 사회적 집단에 깊은 연대감을 갖고 있다고 주장하기는 하지만, 내가 옹호하고자 하는 관점은 공동체주의와는 매우 다르다. 이 차이점은 부분적으로 범위의 문제이다. 공동체주의자들은 보통 하부 집단들을 아우르는 보다 광범위한 전체 사회보다, 민족 하부 집단들 – 즉 교회, 이웃, 가족, 조합 등 – 에 대한 우리의 연루관계에 대해 이야기 한다. 그러나 이러한 범위에 있어서의 차이는 더 깊은 차이를 반영한다. 공동체주의자들은 공유된 가치관에 의해 규정되는 집단을 찾는다. 그들은, 이것(공유된 가치관)이 개인 구성원들이 자신들의 목적을 수정하는 능력을 제한함에도 불구하고, 집단들이 공유된 가치관을 증진할 수 있는 '공동선의 정치'(politics of the common good)를 장려하려 한다. 그들은 구성원들이 집단의 가치에 대해 '(자아)구성적인' 유대감을 갖고 있으며, 따라서 공유된 가치의 장려를 위해서 개인의 권리를 제한하더라도 해(harm)가 되는 것은 아니라고 믿는다.

대부분의 공동체주의자들이 인정하듯이, 이러한 '공동선의 정치'

는 민족(nation) 단위에서는 적용될 수 없다. 샌들이 말하듯이, '민족은, 자아구성적 의미에서, 공동체에 반드시 필요한 공유된 자기이해를 함양하기에는 그 규모가 너무 광대한 것으로 판명되었다'(Sandel 1984: 93; cf. MacIntyre 1981: 221; Miller 1988-9: 60-7). 한 민족의 구성원들은 도덕적 가치나 전통적 삶의 방식을 거의 공유하지 않는다. 그들은 언어와 역사를 공유하지만, 종종 삶의 궁극적 목적에 대해서 근본적으로 의견이 불일치한다. 공통의 민족 정체성은, 따라서, 공동체주의적 정치를 위해 실용적인 기초가 될 수 없으며, 공동체주의 정치는 더 지역적인 수준에서만 존재할 수 있다.

내가 옹호하고자 하는 자유주의적 관점은 사람들이 도덕적 가치와 전통적 삶의 방식에 대해 한 발 물러나 평가해볼 수 있으며, 이렇게 하기 위한 법적 지위 뿐 아니라 이 능력을 증진시킬 수 있는 사회적 조건(예컨대 자유주의적 교육)도 주어져야 한다고 주장한다. 그래서 나는 민족 하부 수준에서의 공동체주의적 정치를 반대한다. 사람들이 물려받은 사회적 역할에 대해 의문을 제기하는 것을 막는 것은, 그들을 불만족스럽고 심지어 억압적인 삶을 살도록 내몰 수 있다.[16] 그리고 민족적 수준에서는, 민족 정체성을 공동

16) 억압의 위험은 많은 전통적 역할과 관행들이 역사적으로 성차별적, 인종차별적, 계급차별적, 동성애혐오적 가정에 기초하여 확정되었다는 사실을 반영한다. 몇몇 사회적 역할은 그것들의 부당한 기원 때문에 매우 위태롭게 되어, 점진적으로 개선할 것이 아니라 전체적으로 거부되어야만 한다(D. Phillips 1993). 일부의 곳에서 샌들은, 사람들은 결국 그들이 가장 깊숙이 갖고 있는 목적조차도 한 발 물러나 평가할 수 있음을 시사하며, 자신의 자아구성적 목적이라는 자신의 발상을 제한한다. 그러나 일단 이 제한이 추가되면, 샌들의 인간관이 그가 비판하고자 하는 자유주의적 인간관과 얼마나 다른지 더 이상 분명치 않게 된다(Kymlicka 1989a: chs. 2-4; 1990: ch. 5를 참조하라). 롤스는 그의 최근 저작에서 공동체주의적 시각을 받아들이며, 우리의 목적에 관한 합리적 수정 가능성을 주장하지 않고 자유주의를 옹호하려고 시도하였다. 나는 이 새로운 옹호가 잘 이루어졌다고 생각하지 않으며, 8장에서 그 이유를 설명하고자 한다.

체주의 정치에 부적절하게 만드는 바로 그 사실 – 즉, 공유된 가치에 의존하지 않는다는 것 – 은, 정확히 그것(민족정체성)을 자유주의적 정치에 적합한 기초로 만드는 것이 된다. 민족 문화는 특수한 가치나 믿음에 대해 의문을 제기하고 수정할 수 있는 능력을 제한하지 않고서, 사람들에게 의미 있는 선택의 맥락을 제공해준다.

다른 방향으로 말하면, 자유주의적 이상은 자유롭고 평등한 개인들의 사회이다. 그러나 무엇이 적절한 '사회'인가? 대부분의 사람들에게 이것은 그들의 민족을 뜻할 것이다. 그들이 가장 가치 있게 여기고 누릴 수 있는 종류의 자유와 평등은 그들 자신의 사회고유문화 내에서의 자유와 평등이다. 그리고 그들은 자신의 민족의 존속을 보장하기 위해 기꺼이 더 큰 자유와 평등을 포기할 것이다.

예를 들면, 사람들이 자유롭게 국경을 넘어 그들이 원하는 어떤 국가에서나 정착하고 일하며 투표할 수 있는 개방된 국경 시스템을 찬성하는 사람은 거의 없다. 그러한 시스템은 사람들이 자유롭고 평등한 시민으로서 대우받을 수 있는 범위를 극적으로 증가시킬 것이다. 그러나 개방된 국경은 사람들 자신의 민족 공동체가 다른 문화로부터 온 정착자들로 들끓게 만들기 쉽고, 독특한 민족 문화로서의 그들 자신의 생존을 보장할 수 없을 지도 모르게 만든다. 그래서 우리는 한편으로 사람들이 자유롭고 평등한 개인들이 될 수 있는 증가된 유동성의 증가 및 확장된 영역과, 다른 한편으로 유동성은 적지만 사람들이 계속해서 자유롭고 평등한 자신의 민족 문화의 구성원이 될 수 있음이 보다 보장된 경우간의 선택에 놓여 있다. 자유민주주의 내의 대부분의 사람들은 분명히 후자를 선호할 것이다. 그들은 세계의 자유롭고 평등한 시민이 되는 것이, 만약 자신의 언어와 문화에서 일하며 살 수 있게 하는 능력을 축소시킬 수 있음을 의미한다면, 그들 자신의 나라 안에서만 자유롭고 평등한 것이 자신의 나라 밖에서 일하고 투표할 자유를 덜 갖는 것을 의미할 지라도 차라리 그렇게 되기를 바랄 것이다.

그리고 자유주의 전통내의 대부분의 이론가들은 암묵적으로 이것에 동의해왔다. 국경의 개방을 지지하거나 심각하게 고민해본 주류 자유주의 이론가는 거의 없었다. 그들은 일반적으로 사람들에게 가장 문제시 되는 종류의 자유와 평등은 그들 자신의 사회고유문화 안에서의 자유와 평등임을 받아들였으며, 사실 단순히 그것을 당연하게 여겼다. 롤스와 같이, 그들은 '사람들은 같은 사회와 문화 안에서 태어나서 전 생애를 살아가도록 되어 있고 또 그렇게 기대되어 지고 있으며', 그리고 이것이 사람들이 반드시 자유롭고 평등해야만 하는 범위를 규정한다고 가정했다(Rawls 1993a: 277).[17)]

간단히 말해, 자유주의 이론가들은 일반적으로, 암묵적으로라도 문화와 민족이 자유주의 정치 이론의 기본 단위라는 것을 받아들였다. 이러한 의미에서, 야엘 타미르(Yael Tamir)가 말하듯이, '대부분의 자유주의자들은 자유주의적 민족주의자들'이다(Tamir 1993: 139) – 즉, 자유주의적 목표는 자유화된 사회고유문화나 민족 안에서, 그리고 그것을 통하여 달성된다는 것이다.

---

17) 물론, 일단 민족의 존속이 위협받지 않으면, 사람들은 증가된 유동성을 선호할 것인데, 왜냐하면 다른 문화로 이동하여 일할 수 있는 것은 어떤 환경 하의 사람들에게는 가치 있는 선택이기 때문이다. 국경의 개방에 대한 자유주의적 옹호자들 – 이들 모두는 스스로를 정통 자유주의 시각에 대한 비판자로 여긴다 – 의 예로, Ackerman 1980: 89-95; Carens 1987; Hudson 1986; King 1983; Bader 1995를 참조하라.

5. 까다로운 사례들

지금까지, 나는 자유주의자들이 사회고유문화의 생존에 대하여 관심을 가져야만 한다는 점을 지적했는데, 왜냐하면 그것이 사람들의 자율성에 기여하며, 사람들은 자신의 문화에 깊게 연결되어 있기 때문이다. 나는 소수민족들이 일반적으로 보호받아야만 하는 사회고유문화와 같은 것을 갖고 있으며, 반면 이민자들은 보통 그렇지 않은데 왜냐하면 그들은 대신에 보다 큰 전체 사회의 문화로 통합됨으로써 그것을 더 풍부하게 하기 때문이라고 주장해왔다. 이것은 수많은 미해결된 문제를 남긴다: 1) 자유주의 국가는 비자유주의적인 사회고유문화에 어떻게 대응해야만 하는가? 2) 만약 사람들이 그들의 언어와 문화에 그렇게 깊은 유대를 느끼고 있다면, 왜 이민자들에게는 그들만의 사회고유문화를 개발하도록 허락하지 않는가? 3) 몇몇의 소수민족들은 시간이 지나면서 사회고유문화를 소유하는 것을 멈추게 되어왔는가? 각각 차례대로 살펴보자.

1. 자유주의자들은 비자유주의적 문화에 어떻게 대응해야만 하는가? 일부 민족들과 민족주의 운동들은 상당히 비자유주의적이다. 일부 문화들은 자율성을 부여하기는커녕, 단순히 특정 역할과 의무를 인민에게 부과하며, 사람들이 그것들에 문제를 제기하거나 수정하려는 것을 막는다. 일부 다른 문화들은 이러한 자율성을 일부에만 부여하는 반면, 여성·하층 계급·겉보기에도 뚜렷이 구분되는 소수자집단 등과 같이 다른 이들에게는 거부한다. 분명 이러한 종류의 문화들은 자유주의적 가치를 장려하지는 않는다.

이것은 자유주의자들이 문화적 소속감을 무비판적으로 지지할 수는 없다는 점을 보여준다. 정말로, 만약 민족 정체성을 존중하는 자유주의적 신념이 자율성을 부여하는 (민족 정체성의) 역할로부터 나온다면, 우리는 비자유주의적 문화의 구성원들이 더 자유주의적 문화에 동화되도록 장려하고 강요하면 안 되는 것일까? 그러나 또다시, 이것은 사람들이 자신의 문화에 결속되어 있음을 무시하는 것이다. 자유주의자들의 목적은 자유주의적이지 않은 민족들을 해체하려는 것이 아니라, 그들을 자유화하려는 것이어야만 한다. 이것은 항상 가능한 것은 아닐 수 있다. 그러나 모든 현존하는 자유주의적 국가들은 비자유주의적 과거를 갖고 있으며, 그들의 자유화에는 오랜 제도 개혁의 과정이 요구되었다는 것을 기억할 가치가 있다. 어떤 문화가 본질적으로 비자유주의적이며 개선이 불가능하다고 가정하는 것은, 자민족중심주의이며 비역사적이다. 게다가, 한 문화의 자유로움은 정도의 문제이다. 개인적 자유를 완전히 억압하는 문화는 거의 없는 것처럼, 모든 문화에는 비자유주의적 갈래가 있다. 실은 세상의 한편에는 완전히 자유주의적인 사회가 있고 다른 한편에는 완전히 비자유주의적 사회가 있는 것인 양, '자유주의적' 혹은 '비자유주의적' 문화를 말하는 것은 매우 오해의 소지가 많다. 자유주의적 개혁의 과제는 모든 사회에서 불완전한 상태로 남아 있으며, 오직 순수하게 자유주의적인 민족만이 존중받아야 하며, 다른 민족들은 동화되어야만 한다고 말하는 것은 우스운 이야기다.

그래서 대개는, 자유주의자들은 비자유주의적 민족들이 그들의 사회고유문화를 유지하려는 것을 막아서는 안 되지만, 이 문화들의 자유화를 촉진해야만 한다. 어떻게 자유화를 촉진하는가, 더 일반적으로 어떻게 자유주의 국가들이 비자유주의적인 소수자집단을 대해야만 하는가의 문제는 광범위한 주제이며, 8장에서 상세히 다루려 한다.

2. 만약, 내가 제시한대로, 사람들이 자신의 문화에 깊은 유대를 갖고 있다면, 우리는 이민자들에게 그들만의 사회고유문화를 재창조하도록 (그리하여 사실상 소수민족이 되도록) 허용해서는 안 되는가? 이러한 제안에 대해 앞뒤가 맞지 않거나 불가능한 면은 없다. 어쨌든 많은 현존하는 민족들도 처음에는 자신의 뿌리를 잃은 정착자들이 새로운 땅에 식민지를 확립하면서 형성되었다. 이것은 캐나다와 미국의 영국계와 프랑스계 민족들에 있어 진실이었던 것이다.

그러나 식민지 주민과 이민자들 사이에는 중요한 차이점이 있다. 스타인버그(Steinberg)가 미국의 영국계 식민지주민에 대해 언급하듯이, '식민지 정착자들을 "이민자"로 부르는 것은 정말 옳은 것은 아니다. 그들은 새로운 민족 정체성을 취득하도록 강요되며 외국의 사회로 들어오는 이민자로서 온 것이 아니라, 그들이 뒤에 남기고 온 이들의 눈에는 새로운 영국을 만드는 식민지의 선봉으로 왔던 것이다.' 그들은 자신들을 '통상 정치와 문화의 측면 모두에서 영국의 규율에 적응할 수밖에 없었던 외국인으로 여겨진' 비 영국계 식민지 주민들과 구분했다(Steinberg 1981: 7).[18] 근본적으로 다른

18) 하이엄(Higham)이 말하듯이, '혁명 전 모든 식민지들의 영국인들은 스스로를 개척자이며 정착민 혹은 대농장주로 – 이 식민지 사회의 형성을 주도하는 사람들로 – 여겼으며, 이민자로 여기지 않았다. 이민자들이 적응해야만 하는 정치체제, 언어, 노동과 정착의 형태, 정신적 관습의 많은 것들은 그들(영국인들)의 것이었다(Highham 1976: 6).' '식민화의 이론'과 그것이 개인적 이주와 어떻게 다른지에 관한 저작은 놀랍게도 거의 없다. 그 한 예외의 예로, Mills 1974, esp. pp. 50, 117-20을 참조하라.

기대의 집합이 식민화와 이민에 각각 수반된다. – 전자는 새로운 땅에서 전체적인 사회를 체계적으로 재창조하려고 의도한 숙고된 정책의 결과라 할 수 있으며, 후자는 개인과 가족들이 그들의 사회를 떠나 다른 현존하는 사회에 참여하려는 선택의 결과로 귀결된다.

그럼에도 불구하고, 이것은 다음과 같은 질문을 제기할 뿐이다 – 정부는 이민자들을 마치 그들이 식민지 주민인 것처럼 대해야 하는가? 왜 이민자들이 – 그들을 위한 고유한 생활터전(homeland)은 제쳐놓고서라도 – 함께 정착하도록 장려하면 안 되며, 왜 그들에게 모국어에 기초한 사회고유문화의 재창조에 필요한 자원들과 자치정부 권력을 주어선 안 되는가? 사실 미국 혁명 이후 펜실베이니아에 독일어권 주(州)를 허용하도록 하려는 일부의 숙고가 있었다. 그리고 심지어 오늘날에도 우리는, 다른 국가로부터 오는 이민을 장려하여 '식민지'(colony)로 정착하도록 해서, 정치적 경계와 권력을 재분배하여 그들에게 자치정부 권한을 행사하도록 하는 것을 상상해볼 수 있다.

어떤 국가가 실제로 그런 정책을 채택하리라고 상상하기 힘들기는 하지만, 나는 그러한 정책이 본질적으로 부당하다고 생각하지는 않는다. 그러나 미국정부가 (혹은 다른 서구 민주주의에서) 이민자들에게 소수민족이 되는 데 필요한 법적 지위와 자원들을 주지 않도록 결정해왔던 것 역시 부당하지는 않다. 어쨌거나 대부분의 이민자들은 (난민들과는 구분되어) 자신의 문화를 떠나기로 선택한 것이다. 그들은 스스로의 뿌리를 단절시켰으며, 그들은 떠나올 때 자신 혹은 자녀들의 성공이 영어권 사회 제도에로의 통합에 달려있음을 알고 있었다.

이민자들이 자신의 원래 문화에 머물 수 있는 선택의 여지가 있는 한, 그들이 통합될 것이라는 기대는 부당하지는 않다고 믿는다. 앞에서 개관했던, 선택과 문화 사이의 관계를 생각해볼 때, 사람들은 자신의 문화에서 일하며 살 수 있어야만 한다. 그러나 다른 권리들과 마찬가지로, 이 권리는 포기될 수 있으며 이민은 그들의 권리를 포기하는 한 방법이다. 스스로의 뿌리를 단절시키기로 결정하면서, 이민자들은 그들의 원래 민족적 귀속성에 따르는 몇몇 권리를 자발적으로 포기한 것이다.[19]

예를 들면, 한 미국인 집단이 스웨덴으로 이주하기를 결정했다면, 스웨덴 정부는 그들에게 자치정부나 모국어를 사용하는 공공서비스를 제공해야만 하는 의무는 없다. 미국인 이민자들이 그들의 사회고유문화를 재창조하도록 하는 정부 정책은, 사회 전체를 풍성하게 함으로써 모두에게 혜택을 줄 수 있다고 주장하는 사람이 있을 수도 있다. 그러나 이민자들은 그런 정책에 대한 **권리**는 없는데, 왜냐하면 미국을 떠나기로 선택하면서 그들은 그들의 원래 문화에의 귀속성과 함께하는 민족적 권리를 포기했기 때문이

19) 물론, 이민자들의 자녀들은 동의하지 않은 것이며, 부모들이 자녀들의 권리까지 포기할 수 있어야만 하는지는 분명치 않다. 이러한 이유로, 정부가 이민자들의 자녀가 주류문화 안에서 그것이 '자신들의' 문화라고 느끼도록 마치 '집 안에' 있는 것처럼 편안하게 만들려고 노력해야만 한다는 것은 중요하다. 성인 이민자들은 새로운 나라에서 주류문화에 통합되지도 않고 그들의 옛 문화를 재창조할 수도 없는 상태로 소외된 존재가 되는 것을 기꺼이 받아들일 수도 있다. 그러나 이것은 자녀들에게는 용인될 수 없다. 소외로부터 가장 고통 받는 것은 바로 그들(자녀들)일 수가 있는데, 왜냐하면 적어도 부모들은 모국에서 한 사회고유문화에 완전한 참여자로 자라는 혜택을 받았고, 이것에 기초하여 그들이 새로운 땅에서 축소되고 산발적인 형태로나마 유지하고자 하는 관행들에 의미를 부여할 수 있기 때문이다. 자녀들은 다양한 범위의 선택지를 제공해주는 사회고유문화 안에서 완전한 참여자로 자랄 수 있는 권리를 갖고 있으며, 부모들은 이 권리를 포기할 수 없다. 이러한 이유로, 우리가 이민자들에게 그들의 옛 문화를 재창조하는 것을 허용하지 않는다면, 우리는 자녀들이 주류사회에 통합되는 것을 확실히 하기 위해 끊임없는 노력을 기울여야만 할 것이다.

다. 유사하게, 미국으로 오는 스웨덴 이민자들도 자신들의 사회고유문화를 재창조할 언어 권리나 자치정부의 권리를 주장할 근거는 없다.

게다가, 현실적인 수준에서, 현존하는 대부분의 인종문화적 집단은 자치정부 권리를 행사하기에는 너무나 '흩어져 있고 섞여있거나 동화되어있고 통합되어 있다.' 그들은 자치정부를 위한 영토적 및 제도적 전제조건을 갖추기에 충분한 정도로 '집중되어 있거나 자의식적이며 문화 보존적'(compact, self-conscious and culture-maintaining)이지 못하다(글레이저 1983: 227, 283; cf. Oliver 1992). 그리고 이미 정착한 이민자들 사이에서 이런 전제조건을 재창조하려는 시도는 아마도 통합 중간 단계에 있는 이민자들에게는 강압을 필요로 할 것이다.

이것은 자발적 이민자들이 자신들의 정체성의 표현에 관련된 요구를 할 수 없다는 의미가 아니다. 반대로, 만약 우리가 이민자들에게 그들의 사회고유문화를 재창조할 수 있는 선택을 거부한다면, 우리는 어떻게 주류문화가 이민자들과 그들의 인종문화적 차이의 표현에 대해 우호적이도록 보장할 수 있는 지의 문제를 제기해야만 한다. 통합은 두 가지 과정으로 이루어진다 - 그것은 이민자들이 주류사회에 적응해야만 하는 것과 마찬가지로, 주류 사회 역시 자신들도 이민자들에게 적응해야 할 것을 요구한다(파레크 1990).

통합을 가능하게 하는 것은, 무엇보다 먼저, 편견과 차별과 싸우려는 강한 노력을 요구한다. 이것은 차별금지 법의 엄격한 시행뿐 아니라, 학교 교과서와 정부 문서, 매체들 안에서 이민자들에 대해 묘사하는 방식도 바꿀 것을 포함한다. 게다가, 통합을 가능하게 하는 것은, 유대인과 무슬림들의 일요일 휴업 법률에서 면제가 될 권리나 시크교도(Sikh)들의 오토바이 헬멧 착용 법률로부터의 면제 권리와 같은, 집단특수적 다인종문화적 권리의 형태로 지배적 문화의 제도들에 몇 가지 수정할 것을 요구할 수도 있다. 이러한 면제 조항 없이는, 어떤 집단들은 주류사회로부터 불이익을 받을지도(종종 비의도적으로) 모른다. 이민자들은 정당하게 그들의 몇몇 전통유산을 유지하도록 해달라고 주장할 수 있으며, 지배적 제도들은 이러한 차이를 수용할 수 있도록 적응해야만 한다.

언어적 통합에 있어서, 이민자들이 영어를 배우도록 보장하는 목표에 있어서 모국어를 포기하도록 요구할 필요는 없다. 사실상, 이민자들은 모국어 사용이 좌절되지 않을 때 영어를 더 잘 배운다는 강력한 증거가 있다. 제2언어로서의 영어(ESL, English-as-a-second-language) 프로그램들과 일반적 여론은, 모국어를 사적 삶에서 유지하고 사용하며 자녀에게 물려주려는 갈망을, 이민자들의 입장과 관련하여 통합의 실패 증거로 간주해왔다. 현재의 정책은, 궁극적 이상은 이민자들을 유창한 두 개 언어 사용자를 만들려는 것보다는(즉 영어를 배우는 것은 모국어에 추가적으로 또 하나의 언어를 습득하는 것을 의미한다는 것), 이민자들과 그들의 자녀들을 영어만 사용하는 영어 원어민에 가능한 가깝게 만드는 것이라는(즉, 영어를 배우는 것은 그들의 모국어를 잃어버릴 것을 요구한다는) 가정 위에서 운용되고 있다.

이것은 상당히 잘못 판단된 정책이다. 이민자들을 전통유산으로부터 불필요하게 단절 시키는 것은 그들 자신과 가족들에게 해롭

기만 할 뿐이다. 또한 그것은 점점 더 세계화되어가는 경제 속에서 사회로부터 귀중한 자원을 빼앗는 것이다. 그리고 역설적으로, 그것은 통합을 촉진한다는 측면에서도 역효과를 낳는다는 것이 증명되어왔다. 사람들은 영어가 그들의 모국어와 교체되는 것이 아니라 그것을 보완한다고 여길 때 영어를 가장 잘 배운다고 한다(Skutnabb-Kangas 1988).[20] 게다가, 이민자 언어에 대한 전통적 태도에는 인종주의(racism)의 암류가 흐르고 있다. 리처드 루이즈(Richard Ruiz)가 말하듯이, '영어에 외국어를 **추가**하는 것은 박식함, 사회 경제적 지위, 그리고 아마도 심지어 애국심과 결부된다.... 그러나 영어가 아닌 언어(non-English language)를 **유지**하는 것은 불이익, 빈곤, 적은 성취, 그리고 불충을 암시한다'(Ruiz 1983: 55).

그래서 이민자들의 문화적 차이를 수용하기 위한 특별한 노력이 이루어져야만 하는 많은 방법들이 있다. 하지만 이 모든 조치들은 주류사회의 제도와 관행들이 인종문화적 차이들을 수용하도록 조정하는 형태이지, 이민자들의 모국어에 기초한 독립적인 사회고유문화를 세우는 것이 아니다. 따라서 이러한 주장들은 내가 민족적 권리가 아닌 '다인종문화적 권리'(polyethnic rights)라고 불러온 것의 범주 내에서 가장 잘 처리될 수 있다.

게다가, 이민자들이 다인종문화적 권리보다는 민족적 권리를 추구한다는 증거는 거의 없다. 일부 논자들은 1970년대 미국에서의 '인종문화성의 부활'(ethnic revival)을 주류사회로의 통합을 거부

20) 이민자 자녀들이 2중 언어(bilingual) 교육의 결여로 불이익 당하는 한, 이것은 기본적 공정성의 문제가 된다. 왜냐하면 자유주의적 정의론이 인종문화성, 인종, 계급 등 선택하지 않은 요인에 의해 불이익 받는 것을 심각한 부정의로 여기기 때문이다.

하는 것으로 해석했다. 그러나 4장에서 주지했다시피, 이것은 의심스러운 해석이다. 인종문화적 집단들은 주류 사회 안에서의 더 많은 인정과 그들 존재의 가시성을 요구했을 뿐, 민족적 자치정부를 요구한 것이 아니다. 간스(Gans)는 이것을 '상징적 인종문화성'(symbolic ethnicity)이라고 부르며, 그것이 실제 제도화된 공동체적 존재들에서는 거의 전적으로 결여되어 있다는 점을 강조했다(Gans 1979). 독특한 사회고유문화에 필요한 '제도적 결속'(the institutional cement)이 미국 이민자 집단들에게서 거의 전적으로 결여되어있다는 것은 사실이다(Steinberg 1981: 58; cf. Edwards 1985: 9–10; Fishman 1989: 666–8). 이것은 놀라운 일이 아닌데, 왜냐하면 '인종문화성은 이민의 경험에 의해 무턱대고 촉진되는 물질적 제도적 기반의 침식을 그리 오래 견뎌내지 못하기 때문이다'(Steinberg 1981: 74).

인종문화성의 부활은, 다른 말로 하면, 통합의 거부가 아닌 통합의 조건들의 수정을 의미한다. 예를 들면, 독일계 미국인들 사이에서의 인종문화성의 부활은, 펜실베이니아가 독일어를 사용하는 주가 되어야 한다는 생각의 부활이 아니었던 것이다. 나는 그러한 제안이 그렇게 터무니없게 보였다는 사실은, 이전의 미국의 인종문화적 집단들이 소수민족으로 대우받고자 하려는 의도를 오래 전에 포기했음을 보여준다고 생각한다.[21] 인종문화성의 부활은, 상당부분, 인종문화적 정체성의 소유를 주류사회에서 수용할 수 있고 심지어 정상적인, 삶의 일부로써 만들려는 데 목적이 있다. 이러한

21) 대조적으로, 푸에르토리코인들이 계속해서 푸에르토리코의 공식 언어로 스페인어를 요구한다는 사실은 소수민족들이 그들의 민족적 권리를 포기하지 않았다는 것을 보여준다. 2장의 히스패닉 집단들에 대한 논의를 참조하라.

점에서 그것은 두드러지게 성공적이었으며, 이것은 왜 이 '부활'이 정치적 긴급성을 잃었는지 설명하는 데 도움을 준다(Fishman 1989: 678-80).

지금까지 나는 자발적 이민자들에 관해 이야기해왔다. 박해를 피해 도망쳐온 난민들의 경우에는 다른데, 왜냐하면 그들은 자신의 문화를 포기하는 것을 선택하지 않았기 때문이다. 실은, 많은 난민들은 정확히 정부에 의해 억압된 그들의 언어와 문화를 유지하기 위해 그들의 고향을 도망쳐왔다(예컨대 쿠르드 난민들). 그들은 원래의 문화에의 귀속성에 따르는 권리를 포기하지 않았기 때문에, 난민들은 단연코 원칙적으로는, 그들이 원한다면, 다른 나라에서 그들의 사회고유문화를 재창조할 수 있어야만 한다. 그러나 어떤 나라에서? 슬픈 사실은 난민들의 민족적 권리가 우선적으로 그들의 정부에 반대하는 권리라는 점이다. 만약 해당 정부가 그들의 민족적 권리를 침해한다면, 어떤 다른 국가가 이러한 부정의를 바로잡아야 하는지 결정할 기제가 없다. 그리고 불행하게도, 난민들을 받아들임으로써 그들을 소수민족으로 대우해야만 한다면, 자발적으로 난민들을 받아들일 국가는 거의 없다. 게다가, 난민 집단들이 자치정부 공동체를 이루기에는, 보통 이민자 집단들보다도 더 심하게 매우 소규모이고 흩어져 있다.[22)]

난민들이 현실적으로 기대할 수 있는 최상의 것은, 이민자와 같이 대우받으며 그에 따르는 다인종문화적 권리를 부여받는 것이

22) 나는 여기서 서구 국가들에 재정착해온 상대적으로 작은 수의 난민들을 이야기하고 있다는 점을 강조해야만 할 것 같다. 나는 아시아나 아프리카에서 전쟁이나 기근을 피하기 위해 이웃 나라로 탈출할 때 발생해 왔던 대량 난민 집단들을 이야기하는 것이 아니다. 이 집단들은 수십만에서 수백만 정도의 수가 될 것이다(예컨대 파키스탄이나 자이레). 그러나 서구에서는, 난민 집단들은 소규모이고 흩어져 있는 경향이 있다.

고, 가능한 빨리 모국으로 돌아가기를 기대하는 수밖에 없다.[23] 이것은 장기적인 난민들이 부정의 하에서 고통을 받게 됨을 의미하는데, 왜냐하면 그들은 자발적으로 민족적 권리를 포기하지 않았기 때문이다. 그러나 이러한 부정의는 그들의 모국 정부에 의해 저질러졌으며, 난민을 받아들인 정부에게 현실적으로 이것을 바로잡으라고 요구할 수 있는지는 분명치 않다.

특히 자원의 국제적 재분배에 있어 엄청난 부정의가 저질러지고 인권에 대한 존중의 수준이 서로 다른 세계에서는, 비자발적 난민과 자발적 이민 사이의 선은 긋기가 어렵다. 만약 중산층 미국인이 스웨덴으로 이민을 가기로 선택한다면, 그것은 분명 자발적이며, 우리들 중에 그가 스웨덴 정부에게 자유로운 영어 서비스를 제공하라고 요구할 수 있다고 생각하는 사람은 거의 없다(혹은 반대로 중산층 스웨덴인이 미국에 이민을 간 경우에도 그렇다). 그러나 만약 에티오피아의 농부가 미국에 이민 온다면, 그가 모국에서 박해하에 있지 않았다고 하더라도, 그의 결정은 아주 제한적 의미에서만 자발적인데, 왜냐하면 그것이 그 자신과 자녀들에게 최소한도로 제대로 된 삶을 보장하는 유일한 방법일 것이기 때문이다. 실

23) 캐나다는 확실히 몇몇 난민들의 경우, 보통의 다인종문화적 권리를 넘어서 어떤 특별한 보조를 해준다 - 그 예로 두호보르파(Doukhobours)를 들 수 있다. 두호보르파는 개개인이 자발적으로 이주해온 것이 아닌, 그들의 문화를 보존하기 위해 일제히(en masse) 캐나다로 이주해 왔는데, 왜냐하면 그들이 러시아에서 박해받고 있었기 때문이다. 후터파(Hutterites)와 같은 다른 집단들은 자발적으로 이주해왔지만, 그들은 오직 집단으로써 정착하고 학교와 같은 그들만의 사회 제도들을 유지할 수 있다는 캐나다 이민 당국의 명백한 약속 때문에 그렇게 한 것이다. 두 사례 중 어떤 경우도 그들의 문화 공동체 내에서의 귀속성에 따르는 요구들을 포기하기로 선택했다고 말할 수 없다. 이 집단들을 위한 과세·교육·병역에 관련된 특별한 합의는, 어떤 집단들은 다인종문화적 권리보다는 더 나아가지만 자치정부보다는 덜한 중간적 지위를 지니는, 소수민족과 자발적 이민자의 분류 사이에 존재한다는 점을 반영한다. 이러한 집단들의 권리에 관련하여, Janzen 1990을 참조하라.

은, 그가 빠진 곤경은 몇몇 정치적 난민들의 그것만큼이나 지독한 것일지 모른다. (이것은 '경제적 난민' economic refugees이라는 용어의 출현에도 반영되어 있다.)

이러한 조건 아래서, 우리는 민족적 권리에 대한 요구에 대해 좀 더 호의적이어야 할지도 모른다. 우리는 사람들이 지독한 빈곤을 피하기 위해 그들의 문화를 포기해야만 하는 상황은 일어나서는 안 된다고 생각할 수도 있다. 게다가 에티오피아 농부가 빠진 곤경은 적어도 일부분 우리의 책임이다. 나는 부유한 국가들이 가난한 국가들에게 자원을 재분배해야 하는 국제적 정의의 의무(obligations of international justice)가 있다고 믿으며, 그렇게 해왔다면 아마도 그는 이런 끔찍한 선택을 하지는 않았을지 모른다. 가난한 국가에서 온 이민자들에게 그들의 사회고유문화를 재창조하도록 해주는 것은 그들에게 모국에서의 적정 수준의 삶에의 공평한 기회를 제공해 주는 데 대한 우리의 실패를 보상하는 한 가지 방법이 될 수도 있다.

아마도 그렇다면 나의 주장은 롤스가 '이상적 이론'(ideal theory)이라고 부른 것에 국한되어야만 할 것이다 – 즉, 정의로운 세계에서의 이민자들의 요구는 어떤 것인가? 나는 만약 국제적 자원 분배가 정의롭다면, 이민자들은 새로운 나라에서 그들의 사회고유문화를 재창조하기 위한 요구를 할 그럴 듯한 정당성은 없을 것이라고 생각한다. 그러나 국제적 자원 분배는 정의롭지 않으며, 이 부정의가 바로잡힐 때까지는 아마도 가난한 나라로부터의 이민자들은 더 강력한 요구를 할 수 있을 것이다. 다른 한편, 유일한 장기적 해결책은 정의롭지 못한 국제적 자원 분배를 바로잡는 것뿐이다. 어쨌거나 미국에 온 에티오피아 이민자들을 소수민족으로 대해준다는 것은, 에티오피아의 비참한 빈곤 속에서 구제할 길 없이 버려진 훨씬 더 많은 수의 에티오피아인들에 대해서는 아무 의미가 없다. 난민의 문제에 있어서와 같이, 새로운 나라로 가는 경제적 난민들을 소수민족으로 대해주는 것이, 궁극적으로 원래의 모국에서 해결되어야 할 부정의를 바로잡는 데 적절한 방법을 제공해주는지는 분명치 않다.

3. 일부 소수민족들은 그들의 사회고유문화를 잃어버렸는가? 나는 바로 앞에서 인종문화적 집단이 독특한 사회고유문화를 형성하고 유지하는 데 필요한 '제도적 결속'을 결여하고 있다고 주장했다. 그러나 일부 소수민족들 역시 사회고유문화를 구성하는 사회전반적 통합과 제도적 삶을 잃어버리지는 않았는가? 어쨌거나 사회고유문화는 영속적이거나 불변의 것은 아니다. (만약 그렇다면, 집단특수 권리들은 그것을 보호할 필요가 없을지 모른다.) 그리고 많은 소수민족들 – 특히 토착민들 – 을 동화시키려는 강압적 시도들을 생각해 볼 때, 일부 문화는 거의 남아있는 것이 없다고 해도 놀랍지 않을 것이다. 일부 토착민 집단들은 그 수에 있어 대량 살상 당하였고, 그들 자신의 제도를 유지할 권리를 거부당하였으며, 점진적으로 그 사기가 꺾여왔다.

이러한 상황 아래서, 소수민족의 구성원들은 이미 잃어버린 무엇을 보존하기 위해 헛되게 몸부림치는 것보다는 주류 사회에 통합되는 것이 더 낫지 않을까? 이것은 정당한 질문이며, 몇몇 토착민들은 실제로 그들의 민족적 권리를 포기하기로 선택해왔으며,

사실상 불리한 인종문화적 혹은 인종적 집단의 대우를 받아왔다.

몇몇 상황에서 이것은 가장 신중한 실질적 경로일 수도 있으며, 어떤 집단차별적 권리든 간에 이러한 선택의 가능성을 열어놓아야만 한다. 소수민족들이 스스로를 독특한 사회로 유지할 권리가 있긴 하지만, 그들은 분명 그렇게 해야만 할 의무는 없다.[24] 하지만, 나는 통합 여부에 관한 결정은 소수자집단의 구성원들 자신에게 맡겨야만 한다고 믿는다. 한 사회고유문화가 그 유지를 정당화하기에는 너무 희박한지 여부와 그러한 시기를 결정하는 것은 외부인들이 할 일이 아니다.

우선 첫째로, 주류 문화는 소수민족의 사회고유문화를 파괴하려는 잘못된 동기를 가지고 있을 수도 있으며, 동화를 강행하기 위한 정당화로 이러한 파괴를 들먹일 지도 모른다. 우리는 주류집단이 그들 자신의 부정의를 통해 이익을 얻도록 하는 시스템을 만들어서는 안 된다. 게다가, 약화되고 억압된 문화들은 만약 적절한 조건이 주어진다면 그 풍요성을 다시 회복하고 증진할 수도 있다. 예를 들면, 만약 필요한 선행조건이 주어진다면, 토착민 집단들이 근대 세계의 최고의 것들을 수용하면서, 자신들의 문화적 전통에 기초하여 활기차며 다양한 문화가 되지 못할 이유는 없다. 문제가 되는 것은 사회고유문화들의 잠재력이지, 단순히 그들의 현재 상태가 아니며, 외부인들에게는 한 문화의 현재 상태를 판단하는 것보

24) Réaume 1991. 이것은 내가 소수자집단권리가 문화적 다양성의 본질적 가치라는 입장에서 옹호될 수 있다는 주장을 거부하는 한 이유이다. 이러한 주장은 사실 한 문화를 유지하고자 하는 **권리**(right)를 옹호하는 것이 아니라, 대신에 문화를 유지할 **의무**(duty)를 부과할 수도 있다(6장 3절을 참조하라). 무슨 이유로든 간에 소수민족 집단의 밀집 지역으로부터 흩어져 나온(예컨대 인디언 보호구역을 떠나 도시로 간 인디언이나, 캐나다 서부에 사는 프랑스계 캐나다인), 집단외부에 존재하는 소수민족의 구성원들의 경우, 통합이라는 선택은 가장 적절한 것으로 여겨질 수 있다.

다 그 잠재력을 판단하는 것이 훨씬 더 어렵다.25)

그렇다면, 대개는 소수민족들은 사회고유문화를 갖고 있으며 이민자 집단들은 그렇지 않다고 나는 믿는다. 물론 여기에 필연성은 없다. 소수민족들이 해체되고 흩어져서 스스로 뿌리를 떠나온 이민자들과 구분이 불가능하게 되는 것이 가능한 것처럼, 이민자 집단들이 집단적으로 정착하여 사실상 소수민족이 되는 것도 가능하다. 소수민족과 이민자들에 대한 인종주의(racism), 자민족중심주의(ethnocentrism), 문화적 제국주의, 분리정책, 빈민가로 내모는 행위(ghettoization), 차별 등은 그 지위가 모순되고 복잡하게 분열된 집단을 만들어냈다. 게다가, 2장에서 논한 바처럼, 아프리카계 미국인(흑인, African Americans)과 같이 이민자나 소수민족 어느 것으로도 적합하게 바라볼 수 없는 인종문화 집단(ethnocultural groups)도 있다. 이러한 수많은 까다로운 사례들과 회색지대(grey area)들이 존재한다.26)

---

25) 이민자 집단들 역시 적절한 조건이 주어진다면 이러한 잠재력을 갖고 있을 수 있다. 그러나 만약 나의 앞선 주장들이 옳다면, 소수민족들이 이러한 조건을 요구할 정당성이 있는 반면 이민자들은 그렇지 않다. 또한, 다음 장에서 논할 바와 같이, 문화적 소속감의 가치는 소수민족들이 집단특수적 권리를 요구할 수 있는 유일한 근거는 아니다. 특히, 소수민족들은 독특한 사회고유문화의 유지에 의존하지 않는 역사적 권리를 갖고 있을 수 있다.

26) 이러한 집단 중 몇몇은 그들이 보통의 '민족' 집단의 유형에 들어맞지 않음에도 불구하고, 민족주의 운동을 발생시켜 왔다. 보다 큰 전체사회로 병합된, 이전부터 존재해 왔던 사회고유문화들은 자신들을 독특한 '민족'으로 여기고 '민족주의' 운동을 발전시켜온 가장 흔한 집단들이다. 그러나 몇몇 사례에서는, 현존하는 민족이 아마도 인종이나 종교적 경계(racial or religious lines)를 따라 심각한 분열을 겪어왔으며, 이 분열은 둘 혹은 그 이상의 집단을 발전시켰고, 그들이 계속해서 공통의 언어를 공유함에도 불구하고, 각각 스스로 구별되는 민족 혹은 인민집단으로 여기게 되었다. 만약 기존의 한 사회고유문화 안에서 인종·종교적 차이와 차별이 공동의 삶을 불가능하게 보이게 할 정도로 깊숙이 자리잡는다면, 보다 큰 사회의 한 하부 집단 안에서 분열된 민족성의 감정이 자라날 수 있다. 그리고 시간이 흐르면, 이 하부 집단은 자신만의 독특한 '만연하는'(pervasive) 혹은 '사회고유' 문화를 발전시킬 수도 있다(예컨대 펀자브 Punjab와 북아일랜드의 종교적 차이나, 남아프리카 공화국의 인종적 차이). 같은 언어를 공유하

소수민족과 인종문화 집단의 구별을 강조함에 있어, 이 모든 까다로운 사례들을 해결하려는 것이 나의 목적은 아니다. 그것들을 모두 포괄할 수 있는 마술 같은 공식이 존재할 거라고 생각지도 않는다. 몇몇 역사적 부정의들은 매우 다루기 힘들며, 어떤 이론적 해결책도 교묘히 피해간다. 하지만, 우리는 적어도 적절한 관심사가 무엇인지 명확하게 할 수 있다. 자유주의적 시각에서 보면, 문제가 되는 것은 사회고유문화에 접근할 수 있어야 한다는 것이며, 이러한 사회고유문화는 인간 활동의 전 범위에 걸치는 의미 있는 선택지들을 그들에게 제공해준다는 것이다. 전 세계를 통틀어, 많은 소수자집단들이 이러한 접근을 거부당하고 있다. 그들은 모순적 위치에 갇혀 있으며, 사회의 주류에 완전히 참여하지도, 자신들만의 독특한 사회고유문화를 지속시키지도 못하고 있다. 이민자들을 위한 다인종문화적 권리나 소수민족들을 위한 자치정부의 권리가 사회고유문화에의 접근을 보존하는 데 도움을 주는 한에 있어서는, 그 권리들은 개인적 자유에 기여할 수 있다. 이러한 권리들을 인정하지 않는다면, 개인의 자율성을 뒷받침하는 문화적 선택

는 집단들과 한 때 많은 제도들을 공유했던 집단들은 그럼에도 불구하고 공통의 문화를 공유할 수 없다고 느끼게 될 수도 있다.

그러한 인종적·종교적 차이는 언어에 기초하지 않은 대부분의 민족주의 운동의 친숙한 사례들에 대해 설명해준다. 그러나 그러한 운동들이, 자유주의적 시각에서 본다면, 부정의의 원인이나 아니면 결과가 될 수 있음에 주의하라. 공적 문화와 제도에 어떤 사람들이 참여하는 것을 인종이나 종교적 이유로 배제하는 것은 정의롭지 못하다. 배제된 집단이 그 대응으로 자신만의 만연하는 문화를 발전시킬 수 있긴 하지만, 이 분리된 문화는 근본적 부정의가 저질러지지 않았다면 발전될 수 없었을 것이다. 따라서 종교나 인종에 기초한 민족주의 운동은 부정의와 자유주의 원칙에 부응하는 데 실패한 증거가 된다. 하지만, 언어에 기초한 민족주의 운동은, 부정의에 바탕을 둘 필요가 없으며, 이상적인 정의로운 세계에서조차도 지속될 수 있다. 자유주의적 관점에서 보면, 언어에 기초한 민족주의는 자유와 평등에 최고한도로 합치되는데, 왜냐하면 (종교에 기초한 민족주의 운동과 달리) 어떤 공유된 가치관도 상정하지 않으며, (인종에 기초한 민족주의와 달리) 본질적으로 배제를 목적으로 하거나 차별적이지 않기 때문이다.

의 맥락과 같은 것을 거부당한, 새로운 비극적인 집단들의 사례를 낳을 것이다.

6. 문화들의 개별적 구분

지금까지 나는 '독립적'(separate)이고 '독특한'(distinct) 문화들이 존재한다는 것과, 한 특정 국가 안에 한 둘 혹은 더 많은 그러한 문화들이 존재하는 지 묻는 것이 타당하다는 점을 당연하게 여겨왔다. 그러나 이것은 현실적일까? 일부 사람들은 문화를 이렇게 개별적으로 구분하는 것에 관해 이야기하는 것이 유의미하다는 점을 부인한다. 제레미 왈드론(Jeremy Waldron)에 의하면, 사회고유문화를 개별적으로 구분하려는 작업은 문화가 어쨌든 간에 고립적이고 외부 영향으로부터 침투 받지 않는다고 미리 상정하는 것이라고 한다. 그렇지만, 현실에서는 그들 간에 엄청난 양의 상호교환이 존재한다고 그는 언급한다. 문화는 서로 간에 매우 많은 영향을 주어, 어디서 한 문화가 끝나고 다른 문화가 시작되는지 말하는 것은 의미가 없다고 그는 말한다. 사실, 그러한 문화 같은 것은 존재하지 않으며, 단순히 셀 수 없는 문화적 근원으로부터의 셀 수 없는 문화적 단편들이, 그것들을 연결하거나 기저를 이루는 '구조' 없이 존재할 뿐이다.

왈드론은 선택들의 의미성은 그 선택들이 문화적 의미를 갖는 사실에 의존한다는 점을 인정한다. 그러나 그는 특정 개인에게 가능한 선택이 반드시 **특정한** 문화(*particular* culture)에서 나온다는 가정은 거부한다. 그가 쓴 바에 의하면,

> 각 선택이 문화적 의미를 가져야만 한다는 사실로부터, 각 가능한 선택이 의미를 지니게 되는 하나의 문화적 틀이 반드시 존재한다는 것은 도출되지 않는다. 의미 있는 선택들은 다양한 문화적 근원들로부터 낱개 혹은 단편들로서 우리에게 다가 온다... 사람들이 문화적 실체를 필요로 한다는 [사실]은, 사람들이 필요로 하는 것이 '풍요롭고 안전한 문화적 구조'(a rich and secure cultural structure)라는 점을 보여주지는 않는다. 그것은 다양한 이야기들과 역할들에의 접근이 중요함을 보여주지만, 그것은.... 한 문화에의 귀속성라고 불리는 그러한 것이 중요하다는 것을 보여주지는 않는다(Waldron 1992a: 783-4).

예를 들면, 왈드론은 성서, 로마 신화, **그림 형제의 동화책**(*Grimms' Fairy-Tales*)이 미국문화에 준 영향에 관해 언급하고 있으며, 이러한 것들은 단일한 '문화적 구조'의 일부로 설득력 있게 여겨질 수는 없다고 말하는데, 왜냐하면 그것들은

> 다양한 이질적인 문화적 근원들로부터 도출되기 때문이다: 1세기 팔레스타인, 독일 민속문화의 유산, 로마 공화국의 전설 등으로부터... 그것들은 우리에게 친숙한데, 왜냐하면, 사실상 우리에게 접근 가능한, 엄청나게 다양한 문화적 실체들, 다양한 특징 뿐 아니라 다양한 기원들 때문이다. 그러나 그것들의 친숙함이나 접근가능성 그 어떤 것도 이것들(다양한 문화적 실체, 특징 및 기원들)을 단일한 문화적 구조(cultural matrix)의 부분으로 구성할 수는 없다. 사실상, 만약 그것들이 모두 우리에게 접근가능하기 때문에 이 모두가 동일한 구조의 부분이라고 주장한다면, 우리는 어떠한 사회학적 관심을 넘어서서 문화의 개별적 구분을 아주 하찮은 것으로 간주하게 되는 것이다(Waldron 1992a: 784-5).

왈드론은 흥미로운 의견을 제기한다. 어떠한 자유주의적 관점에서 보더라도, 문화들이 서로로부터 배우는 것은 좋은 일이다. 다른 문화와 교류하거나 다른 문화로부터 배우는 것을, 문화를 풍성하게 할 수 있는 기회로 여기기보다, '순수성' 혹은 '완결성(integrity)'에 대한 위협으로 간주하는 문화 개념에 대해 자유주의자들은 지지할 수 없을 것이다.[27] 자유주의자들은 풍성하고 다양한 사회고유문화를 원하며, 한 문화의 풍성함의 많은 부분은 그것이 다른 문화의 과실을 수용해온 방식에서 나온다. 그래서 우리는 문화를, 존 스튜어트 밀이 언급하였던 '세계의 일반적 운동'(the general movement of the world)으로부터 단절시키도록, 문화 상호 간에 닫힌 벽을 쌓기를 원치 않는다.[28]

왈드론에 의하면, 보다 더 풍성하고 다양한 문화적 삶을 바라면서 동시에 독특한 문화를 유지하려고 고집하는 것은 일관적이지

---

27) 예컨대, 정부가 외래어의 사용을 막아 언어의 '순수성'을 보존해야만 한다는 생각은 종종 비자유주의적이다. 많은 나라들이 이런 주장을 채택해왔으며, 그것을 실행하기 위해 언어학적 연구기관(linguistic academies)을 설립했던 것이다(Edwards 1985: 27-34). 이것은 잘못된 정책인데, 왜냐하면 그런 방식으로 단어 선택을 규제하는 것이 헛된 수고일 뿐 아니라, 언어에 관한 재미와 관심의 많은 부분이 그것의 다양한 기원으로부터 나오기 때문이다. 하지만, 외래어의 오염으로부터 언어의 순수성을 보존하려는 이러한 잘못된 시도는, 자신의 (순수하지 못한) 언어를 사용할 능력을 유지하기 위한, 그리고 다른 언어를 사용하도록 강요받지 않기 위한 몸부림과는 매우 다르다. 프랑스, 독일, 스페인에서 그들의 언어의 순수성을 보존하는 데 가장 관심이 많았던 사람들은, 그들의 언어를 말하는 능력에 대해 걱정할 이유가 없다. 역으로, 그들의 언어 권리를 유지하는 데 관심을 가지는 푸에르토리코인들과 퀘벡인들의 많은 수는, 외래어가 들어오는 것을 감시하는 것에는 관심이 없다.

28) 앞서 주지했다시피, 밀은 작은 민족들이 더 광대한 세계에 참여하는 유일한, 혹은 최상의 방법은 그들이 더 큰 민족에 동화되는 것이라고 생각했다. 그는 작은 민족들의 구성원들이 가진 대안은 '세계의 보편적 운동에의 참여나 흥미도 없이 자신의 소아적 정신적 궤도를 맴돌며 ... 그들의 바위 위에서 낙담해 있는 것(Mill 1972: 363-4)'이라고 생각했다. 그러나 오직 고립과 동화만이 유효한 선택인 것은 아니다. 작은 민족들에게 더 큰 세계에 참여할 수 있도록 하되, 그들이 문화적 변화의 정도와 방향에 대해 어느 정도 조정력을 행사할 수 있도록 동등한 권한의(equal power) 상황 하에서 참여하도록 하는 것이다.

못하다고 한다. 문화의 개별 구분을 이렇게 강조하는 것은 문화적 풍성함과 다양화의 과정을 막는 것이라고 왈드론은 주장한다. 그 이유는 문화를 개별적으로 구분하는 유일한 상투적이지 않은 방법은, 다른 문화로부터 배우는 것을 차단하는 공통적인 인종문화적 근원(a common ethnic source)의 입장에서 정의하는 것뿐이기 때문이라는 것이다. 그래서 만약 우리가 사람들에게 가치있는 선택의 범위를 증가시켜 주고자 한다면, 독립된 문화라는 관념을 포기하고 대신 서로 다른 근원으로부터의 문화적 의미의 혼합물(a *mélange* of cultural meanings)이라는 생각을 고취시키는 쪽이 더 나을 것이라고 한다.

하지만, 왈드론의 결론은 잘못되었다고 나는 생각한다. 근대 사회의 구성원들에게 가능한 선택들은 다양한 인종문화적 및 역사적 근원으로부터 나온다는 것은 사실이다. 그러나 무엇이 이러한 선택을 우리에게 '가능'하거나 의미있게 만드는가? 어쨌거나, 사람들이 의미있다고 여기는 '문화적 실체들'(cultural materials)에는 한계가 있다. 나는, 만약 이 선택들이 사회적 삶에 공유된 어휘의 부분이 된다면 - 즉, 우리가 노출되어 있는 공유된 언어에 기초하여 사회적 관행에 구현되면 - 우리에게 가능해진다고 주장해왔다.[29] 나는 왈드론의 예들이 실은 이러한 시각을 뒷받침한다고 생

29) 한 문화의 구성원들이 동일한 언어를 공유한다고 하더라도, 동일한 언어를 공유하는 모든 사람들이 동일한 문화에 소속된다는 결론은 도출되지 않는다. 세계의 영어권 사람들 모두가 동일한 문화에 속하는 것은 아니다. 내가 정의하는 바에 의하면, 문화는 공통 언어 뿐만 아니라 공유된 역사, 그리고 특정 사회 관행과 제도에서의 그 구현까지 포함한 것을 의미한다. 따라서 예컨대 싱가포르에서 온 영어권 이민자들은 미국적 삶에서 사용되는 '전통과 관습의 공유된 어휘'를 배워야만 한다. 그렇다면 공통의 언어는 공유된 문화에 필요조건이지 충분조건이 아니다. 물론, '공유된 언어'(shared language)라는 개념 그 자체는 파악하기 힘들다. 예를 들면, 어떻게 동일한 언어의 서로 다른 지역적 방언들 중에서 서로 다른 언어들을 구분해낼 것인가? 이러한 판단은 다소 자의적이

각한다. 왜냐하면, 분명히 **그림 동화**(*Grimm's Fairy Tales*)가 우리 문화의 그렇게 중요한 부분인 이유는, 바로 그것이 영어로 널리 번역되고 배포되었기 때문이다. **그림 동화**가, 다른 많은 세계 문화들의 민속 설화처럼, 원래의 언어로써만 읽혀졌다면, 그것들은 우리가 접근할 수 없었을 것이다. 우리의 문화가 다른 민족들의 문화적 산물을 받아들여온 경로를 추적하는 것도 종종 가능하다. 다른 문화의 저작들은 종종 번역이나 이민자들 – 그들이 통합되면서 어떠한 문화적 이야기들을 가지고 옴으로써 – 의 유입으로 인해, 우리에게 이용가능하게 될 수 있다. 이런 방법으로 다른 문화로부터 배우거나 혹은 다른 언어로부터 단어를 차용하는 것은, 우리가 더 이상 독립된 사회고유문화에 속하지 않는다거나 상이한 언어를 사용하지 않고 있다는 것을 의미하지는 않는다.

왈드론은 독립적 문화를 유지하려는 소수민족들의 갈망이 외부 세계로부터 자신들을 고립시키는 것을 요구할 것이라고 염려한다. 예를 들면, 그는 토착민들을 위한 자치정부의 옹호자들이 그들의 문화의 '순수성'과 '진정성(authenticity)'을 보존하는 것에 관심을 갖는다고 해석한다. 이것이 외부의 영향으로부터 문화의 순수성을 지키려 하는 많은 소수자집단들의 동기인 것과 같이, 의심할 여지 없이 이것은 몇몇 소수자집단 지도자들의 동기가 되고 있다(예컨대 서구의 영향을 막으려는 이란 정부와 그들의 언어의 '오염'을 막으려는 프랑스 정부).

그러나 독립적인 사회고유문화를 유지하려는 갈망과 문화적 고립

며, 정치적 고려에도 영향 받는다. (언어학자들은, 언어는 군사력을 갖고 있는 방언이라고 말하곤 한다.)

을 원하는 갈망 사이에는 본질적인 연결점은 없다. 많은 경우, 자치정부의 목적은 보다 작은 민족들로 하여금 보다 더 큰 민족들과 더 동등한 기반에서 교류할 수 있도록 하기 위한 것이다. 보다 큰 세계의 성취결과물들을 언제 그리고 어떻게 받아들일지는 각 문화에서 결정할 문제인 것이다. 보다 큰 세계로부터 배우는 것과 그것에 의해 삼켜지는 것은 별개의 문제이며, 자치정부는 보다 작은 민족들이 변화의 방향과 정도를 제어하게 하기 위해서 필요할 수 있다.

예를 들면, 대부분의 토착민 집단들은 '그들이 그 속도를 제어할 수 있고 그 성과물의 일부를 누릴 수 있다는 것이 전제된다면,' 경제 발전을 선호할 것이다(Gurr 1993: 300). 실은, 소수 문화의 '순수성'을 주장해온 것은 종종 주류문화였다. 예를 들면, 몇몇 정부는 영토 권리가 오직 그들의 '진정한 문화'를 유지해온 토착민 집단들에게 주어져야만 한다고 주장해왔다. 브라질 정부는 인디오들의 영토 권리를 오직 '진짜 인디오들'(real Indians) – 즉, 산업사회의 어떠한 산물들이나 편의시설도 받아들이지 않은 사람들 – 에게만 적용된다고 재해석했다. 그 (의도적인) 결과는 궁극적으로 '인디오 권리의 소유자는 사실상 거의 없으며, 사람들이 탐내던 땅은 사용 가능해진다'는 것이다(da Cunha 1992: 284)[30]

30) 유사한 문제가 토착민들의 권리를 보존하려는 '환경주의적' 주장에서 제기된다 – 즉, 인디오들의 땅이 외부 개발로부터 보호되어야 하는 이유는 그것이 자연 환경을 보존하는 가장 좋은 방법이기 때문이라는 것이다. 일부 제 1 세계 환경운동가들 사이에서 각광받던 이러한 주장은, 인디오들의 권리를 문화적 관행과 인종문화적 정체성이 시간적으로 정체되어 있던 집단들에게로 한정하는 결과를 낳았다. 다 쿠나(da Cunha)가 언급하듯이, 많은 브라질의 환경주의 논의들에서는 토착민들을 '자연적 경관의 일부'로 바라보았다. 토착민 집단들을 '그들만의 특별한 계획을 가진 행위자'로 보는 것이 아니라 '자연경관화(naturalization)' 대상으로 간주해왔던 것이다(da Cunha 1992: 286-7; cf. Kymlicka 1995c). 따라서 토착민들이 그들의 자연 자원을 상업적으로 활용하여 삶의 수준을 향상시키려고 시도할 때(예컨대 벌목과 채굴권의 판매) 환경주의자들은 배신감을 느꼈다.

이것은 대부분의 토착민 집단들 자신이 그들의 민족적 권리의 기능에 대해 이해하는 방식은 아니며, 그들이 정체되지 않으며 역동적인 문화적 정체성의 본질을 이해하는 방식도 아니다. 토착민 집단들이 그들에게 강요된 근대화를 원하지 않긴 하지만, 그들은 스스로 외부 세계의 어떤 측면을 그들의 문화로 받아들일지 결정할 권리를 요구하며, 많은 토착민 집단들은 더 도시화되고 농업적인 생활방식을 향해 가고 있다. 그리고 그들은 이 과정에서 그들의 전통적 자원을 사용할 권리를 요구한다.

문화들이 그 구성원들의 선택의 결과에 의해 변화하는 것은 자연적이고 바람직한 것이다. 따라서 우리는 한 문화의 존재를 어떤 주어진 순간의 그 '특징(character)'으로 부터 구별해야만 한다.[31] 문화의 '특징'은 퀘벡의 조용한 혁명(Quiet Revolution)이 보여주는 바와 같이 급격하게 변할 수 있다. 10여 년 동안, 프랑스계 퀘벡은 종교적이고 전원적인 사회에서 세속적이고 도시적인 사회로 바뀌었다. 토착민 집단들도 유사한 변화를 겪고 있다. 그리고 물론 서구 사회의 모든 민족들도, 아마도 똑같이 빠르진 않았겠지만, 같은 이행과정을 겪어왔다. 근대화 과정은 이러한 민족들이 아직 독립적이고 그들만의 제도를 가지며 그들만의 언어를 사용하는 사회 고유문화를 이루고 있다는 사실을 바꾸지는 않는다.

한 문화의 특징이 그 구성원들의 선택의 결과로서 변화하는 것은 정당하고 적합하다. 이것이야말로 내부적 제약 시스템이 자유주의적 관점에서 부당한 이유이다. 사람들은 자신의 문화 안에서 무엇이 가장 좋은지를 결정할 수 있어야하며, 다른 문화에서 발견

31) 나는 이러한 구분에 대해 Kymlicka 1989a: ch.8에서 더 자세히 분석했다.

한 동경할만한 것들은 무엇이든 그들의 문화로 통합할 수 있어야 한다. 이것이 바로 가치관의 오류가능성과 수정가능성에 대한 자유주의적 믿음으로부터 도출되며, 본 장의 전반부에서 논의되었다.

그러나 이것은, 해당 문화의 외부 사람들에 의한 결정의 결과로서, 문화 자체가 위협 받는 경우 – 즉, 독특한 사회로서의 문화의 존속 자체가 위협 받는 경우 – 와는 구별 된다. 이런 일은 소수민족의 영토, 언어 권리, 정치적 제도들이 빼앗길 때 일어날 수 있다. 문화적으로 독특한 사회로서 생존하고자 하는 소수민족들의 갈망은 반드시 문화적 순수성에 대한 갈망이라고 볼 수는 없다. 그것은 단순히 자신의 독특한 문화에의 귀속성을 유지하고자 하는 갈망이며, 주류 문화의 구성원들이 자신들의 것을 발전시킬 수 있었던 것과 같은 (순수하지 않은) 방법으로 그 문화를 계속해서 발전시키고자 하는 갈망이다. 자신의 문화를 발전시키고 풍성하게 하려는 갈망은, 문화적 교류가 심각한 힘의 불균형 하에서 일어나지 않는 한, 다른 문화와의 교류와 양립 가능하며 사실상 그것에 의해 증진된다.

따라서 피할 수 없으며 사실상 바람직한 문화적 교류라는 현실은, 독특한 사회고유문화가 존재한다는 주장의 토대를 무너뜨리지는 못한다.

7. 결론

본 장에서 나는 자유주의자들이, 사람들이 그들 자신의 사회고유문화에 갖는 소속감이 중요함을 인정해야만 한다는 점을 보여주려고 하였는데, 그 이유는 의미 있는 개인적 선택을 가능케 하고 자아 정체성을 뒷받침하는 데 있어 그것이 갖는 역할 때문이다. (자유화된) 민족의 구성원들이 더 이상 도덕적 가치나 전통적 삶의 방식을 공유하지 않긴 하지만, 그들은 여전히 그들만의 언어와 문화에 깊은 애착을 갖고 있다. 사실상, 민족 정체성이 개인의 자율성과 자아 정체성을 위한 안전한 토대를 제공해주는 이유는, 바로 그것이 공유된 가치에 기초하지 않기 때문이다. - 타미르가 말하듯이, 민족 정체성은 '규범적 영역 바깥에 존재한다'(Tamir 1993: 90). 문화적 소속감은 우리에게, 개인적 가치와 계획에 대한 의문에 직면할 때 의지할 수 있는, 이해할만한 선택의 맥락과 안전한 정체성과 소속의 감각을 제공해준다. 그리고 민족정체성이 공유된 가치를 요구하지는 않는다는 사실 역시 왜 민족이 자유주의 이론에 적합한 단위인지 설명해주며, 민족적 집단 구분은 자유와 평등의 영역과, 근대사회에서 가치관에 관한 불가피한 불일치와 반대의견을 수용할 수 있게 하는 상호 인정과 신뢰의 근원을 제공해준다.

그러한 한에서, 소수자집단 문화를 보호하는 집단차별적 권리는 자유주의적 가치와 양립가능할 뿐 아니라, 실제로 그것을 증진시킨다. 이것은 소수자집단 문화의 안정성에 기여하는 모든 조치가 정당화됨을 의미하지는 않는다. 몇몇 사례에서, 문화적 소속감을 보호 하려는 조치는 불필요하거나, 다른 자유주의적 목표에 비추어볼 때 너무 높은 대가를 치른다. 만약 소수자 문화를 보호하는 조치가 불필요하거나 너무 대가가 크다면, '선의적 무관심'(benign neglect) 정책은 어떤 상황에서는 정당화될 것이다. 그러나 나는 다음 장에서, 모든 상황에서 선의적 무관심을 고집하는 것은 정의롭지도 않고 심지어 가능하지 않다는 것과 함께, 특정한 집단차별적 권리들이 자유주의적 정의의 원칙에 의해 요구될 것임을 주장하고자 한다.

제6장

정의와 소수자집단권리

나는 사회고유문화(societal culture)에 대한 접근이 개인의 자유에 필수적이라고 주장해왔다. 나는 또한 대부분의 사람들이 자기 자신의 문화에 대해서 깊은 애착(bond)을 가지고 있고, 이러한 애착을 유지하는 데 있어서 정당한 관심을 가지고 있다고 주장해왔다. 그런데, 어떤 특정한 요구들이 이러한 관심에 의해서 정당화되는가? 희소한 자원과 갈등적인 이해관계 속에서 모든 관심들이 만족될 수는 없다. 한 사람의 문화적 소속감을 보호하는 것은 다른 사람들과 다른 관심들을 희생시킬 수 있기 때문에, 우리는 이러한 맞교환(trade-offs)이 언제 정당화되는가를 결정할 필요가 있다.

1장에서 언급했듯이, 많은 자유주의자들은 사람들의 문화적 소속감에 대한 관심이 공통적 시민권에 의해서 적절하게 보호되고, 따라서 이러한 관심을 보호하기 위한 (공통적 시민권을 넘어서는) 어떤 추가적인 조치들도 정당하지 않다고 믿는다. 또한 이들은 보편적인 개인적 권리체계는, 개개인이 공통의 종교적 및 인종문화적 관행들을 추구하는데 있어서 다른 사람들과 교류할 자유를 보장받음으로써, 이미 문화적인 차이를 수용하고 있다고 주장한다. 즉 결사의 자유(freedom of association)는 다른 배경을 가진 사람들이 자신들의 독특한 삶의 방식을 간섭 당함이 없이 추구할 수 있도록 하여 준다. 모든 개인은 '문화 시장(cultural marketplace)'에서 다양한 결사에 참여하거나 또는 결사체를 만들고, 또 새로운 지지자(adherent)들을 찾는 데 있어 자유를 가지고 있다. 모든 삶의 방식은 자유롭게 지지자들을 끌어들일 수 있고, 만약에 어떤 삶의 방식이 자발적인 회원들을 확보하거나 유지하지 못한다면, 그것은 불행하다고는 할 수 있지만 불공평하다고 할 수는 없다. 이러한 견해에 입각하면, 특정한 문화적 관행이나 결사체(association)에 정치적 인정이나 지지를 부여하는 것은 불필요하고 또한 불공평하다. 어떤 삶의 방식이 가치 있는 것이라면, 지지자들을 끌어들이는데 어떤 어려움도 없을 것이기 때문에 불필요하다고 할 수 있다. 그리고 그것은 다른 사람들의 선택을 희생해서 특정한 사람들의 선택에 대해서 지원을 한다는 점에서 불공평하다는 것이다.

이러한 '국가와 인종문화성(ethnicity)을 엄격히 구분'(strict separation of state and ethnicity)하는 관점의 지지자들은 사람들이 자기 자신의 문화에 대해서 깊은 애착을 가지고 있다는 사실을 부인할 필요가 없다(비록 일부는 부인하고 있지만). 아마도 그들은, 단순히 문화는 그 보존을 위해서 국가의 지원을 필요로 하지 않는다고 주장하고 있는 것 같다. 이들은 만약에 하나의 사회고유문화가 보존될 가치가 있다면, 그 문화의 구성원들이 자신의 선택을 통해서 그 문화를 유지할 것이라고 주장할 것이다. 만약에 문화가 쇠퇴해가고 있다면, 그것은 그 사람들이 더 이상 자신의 문화를 고수해야할 가치를 느끼지 못하기 때문일 것이다. 이 관점에서 국가는 문화 시장에 간섭해서는 안 되고, 특정 문화의 유지에 대해서는 금지하거나 증진시키는 일 또한 해서는 안 된다. 대신, '선의적 무관심'(benign neglect)으로 인종문화적 및 민족적인 차이들을 대해야 한다는 것이다.

내 생각에, 이러한 통상적 관점은 잘못됐을 뿐 아니라, 사실 논리적으로도 일관성이 없다. 문화적 차이에 대해서 '선의적 무관심'으로 대응한다는 발상은 말이 되지 않는다. 언어, 국내행정경계(internal boundaries), 공휴일, 국가상징물에 대한 정부 결정들은 불가피하게 특정한 인종문화적 및 민족 집단의 요구와 정체성을 인정, 수용, 지지하는 것을 포함하게 된다. 국가는 불가피하게 특정 문화적 정체성을 촉진하고, 그럼으로써 다른 문화정체성들에 불이익을 주게 된다. 우리가 이 점을 인정한다면, 소수자집단 권리 주장의 정의(justice)에 대해서 다시 생각해볼 필요가 있다. 이 장에서 자치정부 권리와 다인종문화적 권리가 자유주의적 정의와 일치할 뿐 아니라, 자유주의적 정의에 의해서 요구되는 권리라는 점을 주장하고자 한다. (나는 집단대표 권리 group representation rights 의 경우는 7장에서 다루고자 한다.) 이러한 조치들을 폭넓은 자유주의 틀 내에서 옹호하고 있는 세 가지 종류의 주장들을 검토하고자 한다.: 이 세 주장은 평등(equality), 역사적 합의(historical agreement), 다양성(diversity)이다. 비록 역사적 합의와 다양성이 부분적으로 평등에 의존하고 있지만, 각각이 모두 일정한 가치를 지니고 있다고 주장할 것이다. 각각의 사례에서, 우선적으로 이러한 주장들이 어떻게 소수민족의 자치정부 권리에 적용되는가를 검토한 다음, 인종문화적 집단들의 다인종문화적 권리에 적용하는 것을 검토할 것이다.

1. 평등 주장

인종문화적 소수집단 또는 소수민족의 집단특수적 권리(group-specific rights)에 대한 많은 옹호자들은 이러한 권리들은 모든 시민들이 진정으로 평등하게 대우받는 것을 보장받기 위해 필요하다고 주장한다. 이러한 관점에서는, '차이의 수용이 진정한 평등의 요체'(the accommodation of differences is the essence of true equality)[1]이며, 집단특수적 권리들은 우리의 이러한 차이들을 수용하기 위해 필요하다. 나는 이 주장이, 몇 가지 제한을 둔다면, 옳다고 생각한다.

'선의적 무관심'의 옹호자들은 개인적 권리들이 이미 차이에 대한 수용을 허락하고 있고, 진정한 평등은 각 개인에 대해서 인종과 인종문화성에 관계없이 평등한 권리들을 요구하는 것이라고 응답할 것이다.[2] 4장에서 밝히고 있듯이, 자유주의적 평등이 집단특수적 권리를 배제한다는 이러한 가정은 비교적 최근에 나타난

1) 이 구절은 캐나다 권리장전하의 평등보장에 대한 해석을 함에 있어서 캐나다 연방대법원의 판단으로부터 유래한다(Andrew v. *Law Society of British Columbia* I SCR 143; 56 DLR (4th) 1). 또한 Government of Canada 1991*b*: 10을 참조하라.

2) 이러한 견해의 예로, Knopff 1979; F. Morton 1985; Kukathas 1992*a*; Hindess 1993; Maré 1992: 107-10; Rawls 1975: 88, 93, 그리고 Ch. 1 n. 4에서 인용된 참고문헌들을 참조하라.

것이며, 부분적으로는 미국에서의 인종차별철폐(desegregation) 운동의 과도한 일반화로서 등장한 것이다. 이 가정은 표면적으로는 어느 정도 그럴 듯하다. 많은 경우, 집단특수적 권리를 요구하는 주장은 단순히 한 집단이 다른 집단을 지배하고 억압하기 위한 시도에 불과하다.

하지만, 일부 소수자집단 권리는 불평등을 생산하기 보다는 제거한다. 일부 집단은 불공평하게 문화 시장에서 불이익을 받으며, 정치적 인정과 지원은 이러한 불이익을 교정한다. 나는 소수민족의 사례를 가지고 시작해보려고 한다. 이들의 사회고유문화의 생존력(viability)은 주류다수의 경제적, 정치적 결정에 의해서 손상될 수 있다. 소수자집단은 자신의 사회적 문화가 생존하는 데 결정적으로 중요한 정책과 자원들의 문제에 대해서 (주류다수에 의해) 패하거나 투표로 압도될 수 있다. 주류다수(majority)의 구성원들은 이러한 문제에 직면하지 않는다. 문화적 소속감의 중요성을 전제한다면, 이것은, 역점을 두어 다루어지지 않을 경우에, 심각한 부정의(injustice)가 될 수 있는 중요한 불평등이다.

집단차별적권리(Group-differentiated rights) – 예를 들어, 영토적 자율성(territorial autonomy), 거부권(veto power), 중앙 제도에 있어서 대표보장(guaranteed representation in central institutions), 영토권리(land claims), 언어권리(language rights) – 는 주류다수의 결정에 대한 소수자집단 문화의 취약성을 완화시킴으로써, 이러한 불이익을 교정하는 데 도움이 될 수 있다. 이러한 외부적 보호조치는 소수자집단의 구성원들이 자신들의 문화에서 다수자 집단의 구성원과 같은 동등한 삶과 일에서의 기회를 가질 수 있도록 보장한다.

3장에서 논의했듯이, 이러한 권리들은, 보다 광범위한 전체사회의 구성원들로 하여금 소수자집단의 지역적 경계 안으로 이주하는 데 비용이 더 많이 들도록 함으로써(예를 들어, 보다 장기간의 거주 요구조건, 언어에 대한 보다 더 적은 정부 서비스), 또는 특정지역의 토지와 자원 사용에 있어서 소수자집단 구성원들에게 우선권을 부여함으로써(예를 들어 원주민의 사냥 및 어업권), 보다 광범위한 전체사회의 구성원들에게 제한을 부과할 수 있다. 하지만, 이러한 집단차별적 권리의 존재가 비소수자집단 구성원들에게 요구하는 희생은 집단차별적 권리의 부재로 인해서 겪게 될 소수자집단 구성원들의 희생에 비하면 훨씬 작다고 할 수 있다.

집단차별적 권리들이 인정되는 곳에서, 소수자집단의 생활터전(homeland)으로 이주하기로 결정한 다수자집단의 구성원들은 그들에게 익숙했던 일정한 혜택들을 아마도 포기해야만 할 것이다. 이것은 하나의 부담이 된다. 하지만, 그러한 집단차별적 권리가 없다면, 여러 소수자집단 문화들의 구성원들은 고유문화의 상실에 직면하게 될 것이다. 이러한 문화의 상실은 우리가 합리적인 방식으로 사람들에게 받아들이라고 요구할 수 없는 성격의 것이다.

정의에 대한 적절한 이론이라면 어느 것이나 소수민족들에 대한 이러한 외적 보호의 공정성을 인정해야만 한다. 이런 보호들은 비선택적(unchosen) 불평등을 교정하는 것의 중요성을 강조하는 롤스(Rawls)와 드워킨(Dworkin)과 같은 자유적 평등주의(liberal egalitarian) 이론에서 명백하게 정당화 된다. 사실상, 문화적 구성원지위(cultural membership)에 있어서의 불평등은 바로 롤스가 그 영향이 '심대하고 압도적이고, 태어날 때부터 존재'하기 때문에 우리들이 고려해야만 한다고 말하는 그러한 종류의 것이다(Rawls 1971:96; cf. Dworkin 1981).[3)]

이러한 평등에 기반한 주장은 문화적 구성원지위와 관련하여 실제로 불이익이 존재할 경우에, 그리고 그 권리들이 실제로 불이익의 교정에 도움이 될 때에만, 소수민족을 위한 특별한 권리를 인정해 줄 뿐이다. 따라서 이러한 권리들의 정당성의 범위는 상황에 따라 달라지게 된다. 북미에서 토착민 집단들은 퀘벡인들이나 푸에르토리코인들의 경우보다 다수의 결정에 더 취약하고, 따라서 그들에 대한 외적 보호는 더 포괄적이어야 할 것이다. 예를 들어서, 토지매매에 대한 규제는 북미 토착민의 상황에서는 필요하지만, 퀘벡이나 푸에르토리코의 경우에는 필요하지도, 정당화될 수도 없다.[4)]

어느 단계에 이르면, 권력의 증대나 자원에 대한 요구가 자신의 문화 속에서 동등하게 생활하고 일할 수 있는 기회를 보장하는 데 필요하지 않을 것이다. 대신에, 이 권력이나 자원은 다른 집단에게

---

3) 나는 Kymlicka 1989*a*: 9장에서 민족적 권리와 자유적 평등주의의 이러한 관계에 관해 깊이 논의하였다. 가치가 있기 때문에, 나는 그 장에서의 주장을 지속적으로 지지하지만, 그 범위에 관하여 보다 명확히 할 필요가 있었던 같다. 나는 이제 그 장에서의 주장을 소수민족에게 적용되는 특정한 외부적 보호에 대한 평등에 기반한 옹호로 설명하고자 한다. 나는 그때에는 이러한 용어들을 사용하지 않았다. 그 이유는 부분적으로 이러한 논의에 관계된 권리, 집단 및 도덕적 정당화의 다양성에 관해 명확한 개념을 가지고 있지 못했기 때문이다.

4) 나는 여기에서 타미르(Tamir)에 동의하지 않는다. 그녀는 소수민족의 규모가 크면 클수록, 더 많은 권리를 가져야만 한다고 주장한다(1993: 75). 나의 견해에 의하면, 만약 민족 집단이 충분히 크다면, 집단차별적 권리에 대한 필요가 거의 없을 수 있다는 것이다. 그 이유는 그것은 이미 경제적 시장 기제와 민주적 의사결정을 통해 자신의 생존과 발전을 보장할 수 있기 때문이다. (예를 들어, 만약 어떤 양민족 국가(a binational state)가 대체적으로 비슷한 규모와 부를 가진 두 개의 민족으로 이루어져 있다면, 이것은 아마도 맞다고 할 수 있다).

는 허용되지 않는 이득을 취하게 하고, 자신의 삶의 방식을 추구하기 위해 다른 이들이 가진 것보다 더 많은 자원을 확보하려는 시도가 될 수 있다. 이것은 인종차별정책(apartheid)의 경우에는 명백했다. 인종차별정책의 경우는 20퍼센트를 구성하는 백인 인구가 그 국가의 영토 전체의 87퍼센트에 달하는 다수 인구를 통제하였으며, 그리고 모든 중요한 수준의 국가 권력을 독점하였다.

토착민 인민집단들을 위해 일정한 토지를 보류해 놓는 것이 합당한 외적 보호를 제공하는 데 불필요하고, 뿐만 아니라 불평등하게 이들에게만 더 나은 기회를 제공하게 되는 하나의 단계를 상상해 볼 수 있다. 이 때 정의의 요구는 토착민 인민집단들의 소유를 다른 특권(advantaged) 집단의 재산에 대해서와 마찬가지로 동등한 재분배적 세금부과의 대상으로 해서 사회 빈곤층을 돕도록 하는 것이다. 실제 세계에서는, 물론, 대부분의 토착민 인민집단들은 자신의 공동체의 생존을 유지하기에 필요한 최소한의 토지를 지키기 위해 투쟁하고 있다. 그러나 이들의 토지 소유가 정의가 허락하는 정도를 초과하게 될 가능성은 존재한다.[5)]

---

5) 자유적 평등주의 틀 내에서 토착민 토지권의 역할에 관하여, Kymlicka 1995*c*; Penz 1992; 1993; Russel 1993; Tully 1994를 참조하라. 토지권 옹호에 관한 평등(근거) 주장은 보상적 정의 개념에 근거하고 있는 것은 아니다. 보상적 주장(the compensatory argument)은 토착민 인민집단들은 자신의 전통적 토지의 법적 소유자였기 때문에, 그리고 이들의 토지는 불법적으로 빼앗긴 것이기 때문에, 이 토지들은 마땅히 이러한 역사적 과오를 바로잡기 위해 보상되어야만 한다고 말한다. 토지권에 대한 이러한 논의는 보상적 정의(compensatory justice)의 언어로 종종 표현되기 때문에, 나는 이에 관해 한 마디 언급해야 할 것 같다. 나는 이 입장을, 토착민 인민집단들이 그들의 토지를 박탈당하는 과정에서 가혹한 잘못된 행위들을 겪었으며, 그래서 이들은 어떠한 방법으로든지 이러한 잘못에 대해 보상을 받아야만 한다는 것을 전제하고 있는 것으로 간주한다. 더욱이, 나는 토착민 인민집단들은 (이전 영국 식민지들의) 관습법(common law)하에서 특정한 재산권을 계속적으로 가지고 있으며, 이 권리들이 입법에 의해 명시적으로 소멸되지 않았다고 생각한다. (즉, 토지무주인원칙 the *terra nullius* doctrine은 도덕성과 관습법 모두의 입장에서 잘못되었다.) 그러나, 나는 역사적 재산권에 너무 많은 비중을 부여하는 것은 잘못이라고 생각한다. 한 가지 말하자면, 이러한 주장들은 그 자체로

특정한 조치들의 정당성은 또한 그것이 적용되는 시점에 좌우된다. 예를 들어서, 많은 사람들이 남아프리카공화국의 새 헌법은 어떤 중요한 결정들에 대해서 일부 또는 모든 주요 민족집단에게 거부권을 부여해야 한다고 제안해 왔다. 이런 종류의 거부권은 다양

는 왜 토착민 인민집단들이 자치정부의 권리를 가지는지를 설명해 주지 못한다. 많은 집단들이, 2차 대전 기간 중 미국과 캐나다에서 여성, 흑인 및 일본계 이민자들을 포함해서, 재산은 물론 다른 경제적 기회들이 부당하게 박탈된 바 있다. 이 집단들의 각각은 특정 형태의 보상적 정의에 대한 자격을 지닌다고 할 수 있다. 그러나 이것이 그 자체로 (주류 사회 내에서 통합과 평등한 기회를 증진시키기 위한 보상적 프로그램으로서가 아닌) 자치정부의 권한을 부여해 주는 것을 설명하거나 정당화 시켜 주지 못한다. 역사적 부정의를 겪는다는 것은 자치정부 권리를 요구하는 데 있어서 필요조건도 충분조건도 아니다(2장, 2절을 참조하라).

더욱이, 역사적 잘못에 대하여 보상을 한다는 발상은, 그 논리적 결론을 따른다면, 북남미, 오스트레일리아, 또는 뉴질랜드에 있는 토착민 인민집단들로부터 부당하게 탈취한 모든 토지들을 이들에게 되돌려 주어야 한다는 것을 시사한다. 이것은, 원래의 유럽계 정착자들과 이후의 이민자들이 이제 수억 명의 후손들을 낳았으며, 이 땅이 이들이 알고 있는 유일한 삶의 터전(home)이라는 점을 감안한다면, 대대적인 불공정을 배태할 수도 있다. 변화하는 상황들은 종종 특정한 과거에 대한 보상을 하는 것이 불가능할 뿐만 아니라 바람직하지도 않게 만든다. 제레미 왈드론(Jeremy Waldron)이 언급하였듯이, 특정 역사적 잘못들은 '대치될'(superseded)뿐이다(Waldron 1992*b*). 또한 그러한 접촉의 시기에 일부 토착민 인민집단들에 의해 소유되는 토지는 그 자체가 다른 토착민 집단들에 대한 정복이나 강제의 결과였다(Mulgan 1989: 30-1; Crowe 1974: 65-81). 보상적 주장은, 추정컨대, 마찬가지로 이러한 계약이전의 부정의들을 교정하는 것을 요구하게 될 것이다. (보상적 주장과 관련된 다른 곤란점들에 관해, Brilmayer 1992를 참조하라.)

평등 주장(the equality argument)은 역사적 시계를 되돌리려 하지도 않으며, 어떠한 역사적 부정의가 존재하기 이전에 해당 집단들이 있었던 상황으로 이들을 회복시키려고도 하지 않는다. (이러한 보상적 목적들은 자유적 평등주의적 이론의 분배정의 보다는 노직의 자유지상주의적 소유권리론과 보다 무리없이 부합된다 - Lyons 1981을 참조하라.) 평등 주장의 목적은 자치정부 소수집단 공동체들의 생존을 유지하는데 필요한 그러한 종류의 토지기반을 제공해 주는 것이며, 따라서 현재와 미래에서 문화적 구성원 지위와 관련하여 불공정한 불이익을 방지하고자 하는 것에 있다. 간단히 말해, 평등 주장은 토지권 주장들을 보상적 정의라기 보다는, 분배정의 이론내에 위치시킨다.

왈드론(Waldron)은 토착민 토지권 요구들은 모두 보상적 정의에 입각한 주장에 근거하고 있다고 가정한다(Waldron 1992*b*). 그렇지만, 사실상, 대부분의 토착민 집단들은, 유럽인 정착 이전에 이들이 가졌던 것의 모두에 대한 재주장을 한다기 보다는, 독특한 형태의 자신들의 사회를 유지시키는데 현재 이들이 필요한 것에 초점을 맞추고 있다. (Nettheim 1988: 115; Sharp 1990: 150-3에서 인용되었던, 토착민세계회의의 선언 the declaration of the World Council of Indigenous Peoples 을 참조하라.) 물론, 역사적 사실들은 다른 면에서 적실성을 지닌다. 내가 아래에서 논의하는 '역사적 합의'(historical agreement) 주장은 대단히 역사-근거적이라 할 수 있다.

한 유럽의 '협의제 민주주의(consociational democracy)'에서 익숙한 형태이다. 그리고 다음 장에서 논의하는 바와 같이, 특정한 상황에서는 그것이 정의를 증진시킬 수 있다. 그러나 획기적인 부와 기회의 재분배가 있기에 앞서서 특권 집단에게 거부권을 부여하는 것은 부정의가 될 가능성이 크다(Adam 1979:295). 거부권은, 소수자집단을 다수자집단에 유리한 부당한 정책으로부터 보호하는 것을 도울 때는 정의를 증진시킬 수 있지만, 특권 집단에게 부당한 이득을 유지하기 위한 수단이 되는 것을 허용할 때는 정의에 대한 장애물이 된다.

따라서 '선의적 무관심'(benign neglect)의 발상은 사실상 선의적이지 않다. 그것은 소수민족의 구성원들이 다수민족 구성원들이 겪지 않는 불이익을 받고 있다는 사실을 무시한다. 어떤 경우에도, 해당 정부가 인종문화적 집단 및 민족집단에 관해 중립적일 수 있다는 생각은 명백하게 오류이다. 내가 5장에서 언급하였던 것처럼, 하나의 문화가 생존할지 아닐지에 대한 가장 중요한 결정요소는 그 언어가 정부의 언어 - 즉 공교육, 법정, 입법부, 복지기구, 보건서비스 등 - 인가의 여부이다. 정부가 공교육의 언어를 결정할 때, 정부는 사회고유문화(societal culture)에서 필요로 하는 가장 중요한 지원의 형태가 무엇인지를 제공하게 된다. 그 이유는 공교육의 언어가 언어와 이와 관련된 전통과 관습을 다음 세대에게 전하는 것을 보장하기 때문이다. 반면에, 공교육에 소수자집단의 언어를 제공하는 것을 거부한다면, 그것은 불가피하게 해당언어가 영구적으로 주변화 되도록 운명 짓게 하는 것이다.

정부는 따라서 어떤 사회고유문화가 지원을 받게 될지 결정하는 것을 피할 수 없다. 그리고 만약 정부가 다수자 집단의 언어를 학교와 공공기관에서 사용함으로써 다수자의 문화를 지원한다면, 해당 정부는 소수자집단의 언어에 대한 공식인정이 '국가와 인종문화성의 분리'(the separation of state and ethnicity)를 위반한다는 것을 근거로 하여 그러한 조치(소수자집단의 언어에 대한 공식 인정) 또한 거부할 수 없다. 이점은 종교와 문화의 유비(類比, the analogy between religion and culture) 관계가 잘못된 것임을 보여준다. 앞에서 논의했듯이, 많은 자유주의자들은 국가가 어느 특정 교회를 인정(recognize), 찬성(endorse), 지원(support)해서는 안 되는 것과 마찬가지로, 어느 특정한 문화집단 또는 정체성집단을 인정, 찬성, 지원해서는 안 된다고 주장한다(1장, 1절). 하지만, 종교와 문화의 유비 관계는 적용되지 않는다. 국가가 어떤 승인된 교회를 가지지 않는 것은 상당히 가능한 일이다. 그러나 국가는 어떤 언어가 공교육 또는 국가 서비스의 제공에서 사용될지를 결정할 때, 하나의 문화에 대해서 최소한의 부분적인 승인을 하지 않을 수 없다. 국가는 법정에서 종교적인 선서를 세속적인 선서로 대체할 수 있다(또 그래야 한다). 하지만, 법정에서 영어의 사용을 대체한다고 해서 특정 언어가 아닌 그 무엇으로 대체할 수는 없는 것이다.

이것은 '선의적 무관심'의 관점에 적용되는 의미심장하게 곤혹스러운 점이고, 현대 자유주의 이론에서 언어의 권리가 이렇게 드물게 논의되었다는 것은 놀라운 일이다.[6] 브라이언 와인스타인

6) 내가 알고 있는 공식적 언어를 '선의적 무관심'(benign neglect)과 화해시키려는 유일한 시도는 라이너 크노프(Rainer Knopff)에 의해서 이루어졌다. 그는 언어는 두 가지 기능을 가진다고 주장한다: 언어는 특정 문화의 전수를 위한 수레로서 기능할 수 있다. 그러나 언어는 또한 '상이한 언어의 사람들이 동일한 정치공동체에 참여할 수 있게 하여주는, 문화적으로 중립적이거나 공리주의적인 의사소통의 수단'으로 기능할 수 있다 (Knopff

(Brain Weinstein)이 지적하듯이, 정치 이론가들은 '정치학의 언어'(the language of politics) – 즉 정치적 담론의 상징, 은유, 수사적 장치 – 에 대해서는 할 말들이 많았지만, '언어의 정치학'(the politics of language) – 즉 정치적, 법적, 교육적 토론에서 어떤 언어를 사용할 것인가에 대한 결정들 – 에 대해서는 사실상 할 말을 전혀 하지 않았다(Weinstein 1983:7–13). 하지만, 언어 권리는 캐나다, 벨기에, 스페인, 스리랑카, 발트해 국가들, 불가리아, 터키 등 전 세계에 걸쳐 정치적 갈등, 심지어 정치적 폭력의 근본적인 원인이다(Horowitz 1985:219–24).

혹자는 학교교육과 공공 서비스의 언어에 관한 결정은 공식적으로 다양한 집단의 존재를 공식적으로 인정하는 것(officially recognizing the existence of various groups)에 의해서 이루어져서는 안 되고, 각각의 정치적 하위집단(political subunit)들에게 자신의 언어정책을 민주적 기반 위에서 스스로 만들 수 있도록 허락해 주는 것을 통해서 이루어져야 한다고 주장한다. 소수민족이 어느 지역에서 다수를 구성한다면, 소수민족은 자신의 모국어가

1979: 67). 공리주의적 기능에 강조점을 둠으로써, 정부는 ' "공식적 언어"(official languages)를 시행함에 있어... 동시에 공식적 문화를 입법적으로 정하지 않고서도 공식적 언어를 시행할 수 있게 된다", 그리고 "사람들은 이러한 (공식) 언어들이 전달하고 대표하는 문화들이 이렇게 하여 "공식적 문화"(official cultures)가 된다는 사실을 반드시 의미할 필요가 없게 된다" '(Knopff 1979: 67). 문화는 캐나다에서는 '순전히 사적인 문제에 불과하다'고 크노프(Knopff)는 주장한다. 왜냐하면, 영어와 프랑스어는 '공리주의적' 언어로서 공식적 지지를 받고 있으며, 모든 언어들은 '문화적' 지지에서는 평등한 입장에서 경쟁하고 있기 때문이다. '말하자면, 문화적 시장에서 자신의 상품의 우월성을 입증하는 것은 해당 문화의 구성원들의 과제이다. 만약 이들이 성공한다면, 그 문화의 언어는 다른 사람들에게 매력적이게 될 것이다... 만약 〔어떤〕 문화, 따라서 어떤 언어가 가치의 기준이라는 관점에서 선택할 만한 가치가 있다는 것을 스스로 입증하지 못할 경우에는, 그것은 사라질 수밖에 없다.'(Knopff 1979: 70) '문화적으로 중립적 수단'(culturally neutral medium)으로서의 이러한 언어관은 문헌에서는 완전히 신뢰를 얻지 못하고 있다. 어떠한 경우에도, 공식적 학교교육에서 영어로 가르친다는 것이 영어권 사회의 역사와 관습들을 가르치는 문제와 완전히 분리된다는 것은 전혀 맞지가 않다.

그 지역의 공식 언어의 하나로서 받아들여지도록 결정할 수 있다. 그러나 이것은 그들이 지역적 다수이기 때문이지, 국가가 그들을 하나의 '민족'(nation)으로서 공식적으로 인정해서가 아니다.

이것은 때때로 언어권리에 대한 미국식의 접근으로 말해진다. 그 이유는 미국에서는 언어권리의 헌법적인 정의가 없기 때문이다. 하지만, 사실상 미국정부는 그러한 '지역적'(local) 결정들이 항상 영어사용자가 다수를 이루는 정치적 단위(political units)에 의해서 이루어지도록 보장하는 노력을 역사적으로 해 왔다. 2장에서 논의되었듯이, 주 사이의 경계에 대한 결정 또는 언제 (어떤) 영토를 주로서 받아들일 것인지에 관한 결정은 명백하게도 영어사용자가 다수가 되도록 보장하는 목적에 의해서 이루어졌다. 미국 남서부와 하와이의 주들은 그 지역에 거주하는 소수민족들의 인구가 (영어 사용)이주민과 정착민의 인구보다 적어졌을 때 비로서 주의 자격을 얻었다. 그리고 일부 사람들은 푸에르토리코에 주의 자격을 부여하는 것을 반대하는데, 그 근거는 그 지역에서 영어사용인구가 다수를 차지할 수 없을 것이라는 데 있다(Rubinstein 1993; Glazer 1983:280).

이것은 보다 일반적인 쟁점을 보여준다. 언어에 관한 결정을 정치적 하위 단위로 미루는 것은 문제를 뒤로 미루어놓을 뿐이다. 어떤 정치적 단위 - 어떤 수준의 정부가 이런 결정을 해야 하는가? 각각의 마을(neighbourhood)이 그 마을에서 이루어지는 공교육과 공적 서비스에 대한 결정을 할 수 있어야 하는가? 아니면 이러한 결정은 보다 큰 단위들, 예를 들어 시나 주(province)에 속해야 하는가? 만약 시나 주와 같은 경계를 긋는다면, 소수민족은 한 지역에서의 다수조차도 형성하지 못할 것이다. 다민족 국가에서 권력의 분할과 경계에 대한 결정은, 불가피하게, 자신의 문화를 유지하기 위해 어떠한 국가권력을 사용할 수 있는 능력을 어느 민족집단이 가지느냐에 관한 결정이 되어 버린다.[7]

예를 들어, 2장에서 지적했듯이, 캐나다의 이뉴이트(the Inuit)족은 자신들이 동쪽 절반에서 다수를 구성할 수 있도록 북서부 영토(Northwest Territories)를 둘로 나누기를 원한다. 이것은 자신의 자치정부의 권리를 실현하는데 있어서 필수적인 것으로 보인다. 일부 자유주의자들은 이러한 제안이 특정한 집단이 자신의 문화를 더 쉽게 보존하도록 공공 이익과 국가 권력을 재분배함으로

---

7) 일부 논평자들은 정부들은 소수민족의 생존을 보존하기 위해 경계를 획정하고 권한을 분배해야하지만, 정부들이 이렇게 하는 것을 법으로 명시해서는 안 된다고 말한다. 이것은 국가로 하여금 국가가 '선의적 무관심'으로 모든 인종문화적 및 민족적 차이들을 다룬다고 계속적으로 주장할 수 있게 해준다. 예를 들어, 버거(vam den Berghe)는 소수자 문화를 보호하기 위해 연방단위들을 고의적으로 입안하거나 수정하는 것은, 그것이 집단에 대한 명시적인 법적 인정을 포함하지 않는다면, '선의적 무관심'과 양립한다고 주장한다. 그는 소수자집단 문화의 보호를 보장하기 위해 정치적 하위 단위의 권한과 경계를 규정하는 것(그가 '간접적 협의주의' indirect consociationalism라 부르는 것)과 헌법 또는 규정 법이 그러한 소수자집단의 존재를 해당되는 제도적 장치들을 옹호해 주는 이유로 거론한다는 것(그가 '집단적 권리' group rights라고 부르는 것)은 전혀 다른 문제라고 생각한다(van den Berghe 1981*a*: 348). 그러나 이것은 확실히 위선적이다. 만약 간접적 협의주의의 합의된 의도가 소수자집단 문화를 보호하는 것이라면, (자유주의자들이 주장하는 것처럼) 정부의 정직성과 투명성을 평가하는 사람이면 누구나 그것의 정당화가 모든 사람에게 명백해야 할 것을 틀림없이 원할 것이다. 버거의 해결책은 롤스가 자유주의적 정의이론들에 부과하는 '공지성의 조건'(the publicity condition)을 위반한다(Rawls 1971: 133). 그럼에도 불구하고, 이러한 태도는 널리 공유되고 있는 것 같다. 대부분의 캐나다인들은 퀘벡주의 권한과 경계들이 캐나다의 프랑스어 사용 소수자집단의 필요를 수용하기 위해 정착된 것이라는 점을 인정하긴 하지만, 많은 사람들은 퀘벡이 프랑스계 캐나다 민족의 본거지(homeland)로서 '고유한 사회'(distinct society)를 형성하였다는 것을 헌법에 명시하는 정부의 제안에는 반대하였다. 그 이유는 이들은 이렇게 하는 것이 캐나다 헌법이 특정한 인종문화적 또는 민족적 집단을 인정해서는 안 된다는 원칙을 위반하는 것으로 간주하였기 때문이라는 것이다. 그렇지만, 퀘벡은 더 이상 자신들의 특별한 지위가 숨겨져 버리기를 원하지 않는다. 이들은 자신들의 독립적인 정체성이 헌법적 원칙의 수준에서 인정되고 수용되어야만 한다는 점을 기본적 존중의 문제로 간주한다.

써 국가와 인종문화성의 분리 원칙을 위반한다는 이유로 반대한다. 하지만, 다민족 국가에서 경계와 권력의 분배에 관한 모든 결정들은 이러한 결과를 가져온다. 우리는 소수민족이 특정지역에서 자신의 사회고유문화를 보호하기 위한 증대된 능력을 가질 수 있도록 새롭게 경계를 정하고 입법권을 분배할 수 있다. 아니면, 다수 민족이 전국적인 단위에서 언어, 교육, 이민 등에 관한 결정을 통제할 수 있도록 경계를 획정하고 입법권을 분배할 수 있다.

'선의적 무관심'의 전체적인 이념은 일관성이 없고, 국가와 민족의 관계에 대한 피상적인 이해만을 반영한다. 공식 언어, 정치적 경계설정, 권력 분배 등의 영역에 있어서 하나의 또는 다른 사회고유문화를 지원하는 것을 피할 방법은 없다. 또한 언어, 교육, 이민에 관한 문화적 영향을 미치는 결정을 통제하는 정치적 단위에서, 어느 집단이 다수를 형성하게 될 것인가에 관한 결정도 또한 피할 수가 없다.

따라서 진짜 문제는 무엇이 언어들을 인정하고 경계를 정하고, 권력을 분배하는 데 있어서 공정한 방법인가 하는 것이다. 그리고 내가 생각하기에 그 답은 모든 민족 집단들이, 그들이 그렇게 선택한다면, 자신을 하나의 독특한 문화로서 유지할 수 있는 기회를 가지도록 보장하는 것을 목표로 하는 것이다. 이것은 문화적 구성원 지위의 가치가 모든 민족집단들에 있어 동등하게 보호되는 것을 보장한다. 민주주의 사회에서 다수 민족은 항상 자신의 언어와 사회고유문화를 지지 받게 할 수 있다. 그리고 입법권을 통해서 문화에 영향을 미치는 결정들에서 자신의 이익을 보호할 수 있다. 문제는 공정성의 개념이 소수민족들에게 동등한 혜택과 기회가 주어져야 한다고 요구하는지의 여부이다. 그 답은 분명히 그래야 한다고 생각한다.

따라서 집단차별적(group-differentiated) 자치정부 권리는, 소수자집단 문화의 구성원들을 그들의 개인적인 선택과 관계없이 문화 시장(cultural market-place)에서 체계적인 불이익에 처하게 하는 불평등한 환경에 대해 보상해 줄 수 있도록 한다. 이것은 차별적인 필요(differential needs)들을 수용하기 위해서, 진정한 평등의 개념이 동일한 처우가 아니라 다소 차별화된 처우를 요구하는 많은 영역들 중의 하나이다.[8)]

그렇다고 해서 이것은 우리가 문화 시장의 이념(idea of the cultural market-place)을 완전히 거부해야 한다는 것을 의미하지는 않는다. 일단 민족 집단의 사회고유문화들이 언어권리와 영

---

8) 이것은 여성이나 장애자들에게 적용되는 적극적 배려 조치(affirmative action)에 관한 논의와 유사하다. 자치정부 권리와 마찬가지로, 적극적 배려 조치 프로그램들은 집단구성원 자격에 근거하여 비대칭적으로 권한이나 기회를 부여한다. 옹호자들은 이러한 조치들이 진정한 평등을 위해 필요하다고 주장한다. 비판자들은 (문화시장과 같은) 경제적 시장이, 집단구성원 신분을 관계하지 않고 직업신청자들을 처우함으로써, 이미 평등성을 존중하고 있다고 응수한다. 그렇지만, 만약 경제적 시장의 실제적 운행이 특정 집단에게 불리하게 작동한다면, 집단특수적 적극적 배려조치를 옹호하는 평등근거 주장은 성립될 수 있다. 자치정부 권리와 마찬가지로, 적극적 배려조치에 대한 평등 주장은, 공통적인 개인적 권리의 구조가 어떻게 모든 사람들을 평등하게 처우할 수 있게끔 하려고 하는가를 밝히고, 그렇지만 이것이 사실상 특수한 집단의 구성원들에게는 불리하게 작동하고 있음을 보여주고자 한다. 많은 집단특수적 주장들은 이러한 방식 - 즉, 공통적인 개인적 권리체제 내에서 특정 집단들의 불이익과 취약성들에 대해 보상할 수 있는 방식 - 으로 간주될 수 있다.
물론, 내가 1장에서 논의하였듯이, 여성이나 장애인들에 대한 적극적 배려 조치는 소수민족에게 적용되는 자치정부 권리와는 많은 면에서 차이가 있다. 그 이유는 그것들이 매우 상이한 종류의 부정의에 대해 보상하고 있기 때문이다. 전자(여성이나 장애자들에 대한 적극적 배려조치)는 완전한 통합에 대한 부정당한 장애물들을 타파함으로써, 불리한 입장의 집단들을 사회로 통합시키고자 하는 것을 의도하고 있다. 후자(소수민족에게 적용되는 자치정부 권리)는 외부적 결정들에 대항하여 보호를 함으로써, 문화공동체로 하여금 자신의 고유성을 유지할 수 있도록 도와주는 것을 의도하고 있다. 이것은 전자가 (이론상) 잠정적이라면, 후자는 영구적인 것으로서, 인구상에서 극적인 변동을 방지해 주는 역할을 한다는 점을 의미한다.

토적 자율성(territorial autonomy)을 통해서 보호되면, 문화시장은 그 문화의 성격을 결정하는데 있어서 중요한 역할을 담당한다. 문화의 어떤 특정한 측면을 유지하고 발전시킬 가치가 있는가에 대한 결정은 개인 구성원들의 선택으로 남겨져야 한다. 국가가 이 시점에서 문화 내의 특정한 선택이나 관습을 지원하고 다른 것들을 벌하거나 저지하기 위해 개입하는 것은 일부 사람들의 선택을 불공정하게 보조하게 되는 위험을 감수하게 될 것이다(Kymlicka 1989*b*). 하지만, 이러한 국가의 개입은 소수민족들을 위한 많은 권리들의 목적이나 효과가 아니며, 대신에 그러한 권리들이 염두에 두고 있는 것은 외부적 보호이다(3장, 1절 참고).

이제 인종문화적 집단들에 대한 다인종문화적 권리(polyethnic rights)로 돌아가 보자. 나는 이 권리들에 대해서도 평등근거 주장이 존재하며 이 주장도 역시 국가를 인종문화성으로부터 분리시키는 것이 불가능함을(하지만 다른 방식으로) 호소한다고 생각한다. 나는 5장에서 소수민족과 달리, 이민자들에 해당되는 선택의 맥락은 주로 주류문화에 대한 동등한 접근과 관계된다고 주장했다. 자신의 예전 문화로부터 뿌리가 단절된 채, 이민자들은 새로 이주해 온 국가에 이미 존재하는 민족 사회의 구성원이 될 것으로 기대된다. 따라서 이민자들에 대해서 문화적 소속감의 가치를 증진시키는 문제는 주로 언어 훈련을 제공하고, 차별과 편견의 유형들과 싸워나감으로써 통합을 가능하도록 하는 문제로 귀결된다. 일반적으로, 이것은 집단차별적 권리를 제공하기 보다는 공통적 시민권을 엄격하게 집행하는 것의 문제라고 할 수 있다. 공통적 시민권이 사실상 주류문화에 대한 동등한 접근을 가능하게 한다면, 문화적 소속감에 대한 평등이 달성된다고 할 수 있다.

하지만, 여기에서도 평등은 일부 집단특수적 권리(group- specific rights)를 정당화한다. 공휴일의 경우를 생각해보자. 일부 사람들은 유대인과 무슬림을 일요일 휴일제 입법으로부터 면제시키는 것에 반대하는 데, 그 근거는 그러한 면제가 국가와 인종문화성의 분리를 위반한다는 점이다. 하지만 그 점은 공휴일에 관한거의 모든 결정에 있어 마찬가지일 것이다. 주요 이민국가들에서 현재의 공휴일은 기독교인의 필요를 반영한다. 따라서 관공서는 일요일과 주요 (부활절과 성탄절과 같은) 종교적 휴일에 문을 닫는다. (비록 이것이 의심할 바 없이 본래의 동기 중의 일부라고 할지라도) 이것을 기독교를 증진시키고 다른 종교적 신념을 차별하려는 의도적인 결정으로 볼 필요는 없다. 정부 휴일에 대한 결정은 종교적 다양성이 지금보다 훨씬 덜 존재했을 때 만들어졌고, 사람들은 정부의 주간 업무 일정이 휴일과 종교적 기념에 관한 기독교 신앙을 수용하여야만 하는 것을 당연하게 받아들였다.

하지만, 이런 결정들은 다른 종교적 신념들을 가진 구성원들에게는 중대한 불이익이 될 수 있다. 그리고 기독교에 우호적인 주간 업무(work-week)를 가지면서, 국가와 인종문화성의 분리를 위반한다는 근거로 무슬림과 유대인에 대한 면제에 반대하기는 어렵다. 이들 인종문화적 집단들은 단지 자신들의 종교적 필요가, 기독교인들의 필요가 고려되어온 방식과 같은 방식으로 고려되기를 요구하고 있을 뿐이다. 공휴일은 '선의적 무관심'의 관점에 또 다른 중대한 곤혹함을 안기고 있으며, 공휴일이 현대 자유주의 이론에서 얼마나 논의되지 않았는가를 주목해 보는 것은 흥미로운 일이다.

비슷한 문제가 정부 유니폼(government uniforms)에 관해서 제기된다. 일부 사람들은 시크교도(Sikhs)나 정통파 유대인들이 경찰과 군대의 모자에 관한 규정에서 면제되어야 한다는 의견에 반대한다. 하지만, 여기에서도 현존하는 정부 복장에 관한 규칙이 어떻게 기독교인들에게 적합하도록 채택되었는가를 인식하는 것이 중요하다. 예를 들어서, 현재의 복장규정(dress-codes)은 결혼반지를 끼는 것을 금지하지 않는데, 결혼반지는 많은 기독교인(과 유대인)들에게 종교적인 상징으로서 중요하다. 실제로 결혼반지 착용금지가 해당 업무에 반드시 필요하지 않는 한, 정부 유니폼의 디자이너들이 결혼반지를 금지하는 복장을 디자인하는 것을 고려해 본 적이 있었다고는 상상할 수조차 없다. 결혼반지 역시 기독교를 증진시키려는 의도적인 시도로 보기는 어렵다. 복장이 기독교의 종교적 믿음과 불필요하게 충돌해서는 안 된다는 것이 당연하게 받아들여졌을 뿐이다. 기독교인의 필요에 부합하는 복장규정을 채택하면서, '선의적 무관심'을 위반한다는 것을 근거로 시크교도와 유대인들에 대한 면제를 반대하기는 어려울 것이다.

예를 더 들 수도 있을 것이다. 예를 들어서, 국기(flags)와 국가(anthems), 그리고 표어와 같은 많은 국가 상징들은 특정한 인종문화적 또는 종교적 배경을 반영한다(예로, '우리는 하나님을 믿는다. In God We Trust'). 다인종문화성의 가치에 대한 (예로, 정부 선언이나 문서) 일부 상징적 인정에 관한 인종문화적 집단의 요구는 단지 그들의 정체성이 본래의 앵글로 색슨 정착자들과 같이 동등하게 인정되기를 바라는 것일 뿐이다.

공휴일, 정부 유니폼, 국가 상징을 재지정하는 것을 통해서 이러한 문제들의 일부를 피해 갈 수 있을 것이다. 종교적인 서약을 세속적인 서약으로 대체하는 것은 상대적으로 쉬우며, 또 그렇게 해야 한다. 현재의 학교와 관공서에 적용되는 공휴일과 주간업무일정을 보다 '중립적'인 일정으로 대체하는 것은 보다 어려운 일이지만, 아마도 불가능한 일은 아닐 것이다.[9)]

하지만, 완벽한 '국가와 인종문화성의 분리'를 실현할 수 있는 방법은 없다. 여러 가지 점에서 '선의적 무관심'은 하나의 신화일 뿐이다. 언어, 내부적 영토 경계, 공휴일, 국가 상징에 관한 정부 결정은 불가피하게 특정의 인종문화적 및 민족적 집단의 요구와 정체성을 인정하고, 수용하고, 지지하는 것을 포함하게 된다. 이러한 사실을 유감스럽게 생각할 이유 또한 없다. 현재의 공식 언어와 공휴일에 대해 유감스럽게 생각할 이유도 없으며, 정부 규제와 종교적 신념간의 불필요한 갈등을 유발시킴으로써는 누구도 얻을 것이 없다. 유일한 문제는 어떻게 이러한 특정 인종문화적 집단과 민족

---

9) 학교와 정부 직책들(그리고 아마도 마찬가지로 사기업들)이 크리스마스와 부활절을 포함해서, 일년 내내 일주일 중 7일간 문을 여는데, 단지 개별 학생과 피고용인은 일주일에 2일의 휴일, 년중 2주일간의 휴가, 그리고 일년에 추가적으로 5일의 공휴일을 선택하는 것이 허용된다고 상상해 보자. 이것은 아마도 개인들로 하여금 자신의 종교적 신념에 맞도록 자신의 스케줄을 조종할 수 있는 능력을 극대화시켜 줄 수 있을 것이다. 그러나 나는 이것이, 현재의 사회적 생활이 공통의 주말과 휴일을 중심으로 짜여져 있다는 사실을 전제할 할 때, 실현가능하거나 심지어 바람직한지의 여부에 관해서는 모르겠다. 무신론자로서, 나는 안식일(the sabath)에 근거하거나 또는 종교적 휴일을 찬양하는 어떠한 신념도 가지고 있지 않다. 그러나 나의 친구와 가족의 대부분은, 그들의 종교, 언어 및 인종문화성에 관계없이, 주말이나 특정한 공휴일에는 일을 하지 않는다는 사실을 매우 좋아한다. 만약 (학교와 다른 정부기관을 포함하여) 사회가 이러한 방식으로 조직되지 않는다면 우정이나 다른 자발적 단체를 유지하는 것은 훨씬 더 어려워질 것이다. 아마도 보다 나은 해결책은 해당 국가에서 가장 큰 종교집단들이 각각 하나의 주요 공휴일을 갖도록 하는 것이 될 수도 있다. 즉 우리는 하나의 기독교 휴일(말하자면, 크리스마스)을 정하고, 부활절과 추수감사절을 무슬림과 유대인 휴일로 대체할 수도 있을 것이다. 이것은 아마도 공통적 휴일(common holidays)의 가치를 유지시킬 수 있게 할 수 있으며, 또한 각각의 신앙의 사람들로 하여금 다른 신앙들의 신념들에 관해 무언가 배울 수 있도록 권장하여 줄 수 있을 것이다.

적 집단에 대한 불가피한 형태의 지원이 공정하게 제공되도록 보장할 것인가에 있다 - 즉, 어떻게 특정 집단에게 특혜를 주지 않고, 또 다른 집단에게 불이익을 주지 않도록 보장할 것인가의 문제이다. 현재의 정책이 지배적 민족이나 인종문화적 집단의 언어, 문화 및 정체성을 지원하고 있는 한, 자치정부와 다인종문화적 권리를 통해서 소수자집단들에게 동등한 지원을 제공할 어떤 시도가 이뤄지도록 보장해야 한다는 평등성의 주장(argument of equality)이 성립된다.

2. 역사적 합의의 역할

소수민족에 대한 집단차별적 권리를 옹호하는 두 번째 주장은 이 권리들이 토착민 인민집단들의 조약권리 또는 둘 이상의 민족들간의 연방에 대한 합의와 같은, 역사적인 합의의 결과라는 점이다.

비록 그 규정들은 종종 무시 또는 거부되어 왔지만, 서구 민주주의국가들에서 이러한 합의는 다양하게 존재한다. 예를 들어, 미국 정부는 일방적으로 인디언 부족들과의 특정 조약들을 폐기했고, 캐나다 정부는 1969년에 모든 인디언 부족들과의 조약을 무효로 할 것을 제안하였다. 1848년 과달루페 히달고 조약(Guadelupe Hidalgo Treaty)에 의해서 미국 남서부의 멕시코계 미국인들(Chicanos)에게 보장되었던 언어권리는 영어사용 정착자들이 다수를 차지하게 되자마자 그들에 의해서 폐지되었다. 1870년 매니토바 법(Manitoba Act of 1870)에 의해서 메티스(Métis: 백인과 북아메리카 원주민간의 혼혈인종)에게 보장되었던 언어와 토지 권리는 캐나다에서 같은 운명을 겪었다. 하지만, 여전히 민족 집단들 간의 많은 조약들과 역사적인 합의가 계속해서 인정되고 또 일부는 상당한 법적 구속력을 가지고 있다. 예를 들어, 뉴질랜드에서 마오리 부족장들(Maori chiefs)과 영국 식민지 개척자들 간에 서명된 1840년 와이탱기 조약(Treaty of Waitangi)은 1877년 '무조건 무효(simple nullity)'로 선언되었는데, 핵심적인 법적·정치적 문서로서 재부상하고 있다(Sharp 1990).

역사적 합의를 존중하는 것의 중요성은 집단차별적 권리의 옹호자들에 의해서 강조되고 있지만, 반대자들을 설득하는 데는 별로 성공적이지 못했다. 집단차별적 권리가 불공평하다고 생각하는 사람들은, 상이한 환경에 있었던 이전 세대들이 종종 비민주적으로 그리고 협상 능력에서 심각한 불평등의 조건에서 맺은 조약(또는 합의)들이라는 점을 지적함에도 불구하고, 자신들의 의견을 완화시키지 않았다. 분명히, 일부 역사적인 합의들은 구시대적인 것이고, 일부는 강제와 무지에 의해서 서명된, 명백하게 불공평한 것이다. 왜 정부들은 구시대적이고, 종종 원칙 없이 이루어졌던 합의가 요구하는 것을 따르는 대신에 평등의 원칙이 지금 요구하는 것을 따르려 하지 않는가?[10)]

하나의 해답은 평등 주장(equality argument)의 바탕이 되는 가정을 재고찰해 보는 것이다. 평등 주장은 국가가 그 시민들을 동등하게 처우해야 한다는 것을 가정한다. 하지만, 그 전에 어떤 시

10) 예를 들어, 캐나다 정부는 '우리는 오직 우리의 시대에서만 정의로울 수 있을 뿐이다'(we can only be just in our time)라는 것을 근거로 하여 인디언들의 조약권을 폐지하기 위한 자신의 제안을 정당화 하였다(Trudeau 1969: 295). 트루도는 미국에서의 흑인을 위한 정의에 관계된 존 에프 케네디(Joh F. Kennedy) 대통령의 유명한 인용구를 바꾸어 말하였다.

민이 어떤 국가에 의한 통치를 받아야만 하는가를 결정하는 선결 질문이 존재한다. 예를 들어서, 미국 정부는 어떻게 푸에르토리코인들 또는 나바호(Navaho)인들을 통치할 정당한 권위를 획득했는가? 그리고 어떻게 캐나다 정부는 퀘벡인들과 메티스인들(Métis)에 대한 정당한 권위를 획득했는가?

2장에서 언급했듯이, 국제연합(UN) 선언은 모든 '인민들'(peoples)들이 자결권 – 즉 독립국가 –을 가질 자격이 있다고 규정한다. 명백히, 이 원칙은 현존하는 국경에서 반영되어 있지 않으며, 이 원칙을 충족시키는 것은 불안정을 증가시키는 것이고 또 사실상 불가능할 것 같다. 더욱이, 모든 인민들(peoples)이 자신의 국가를 가지길 원하는 것은 아니다. 따라서 두 개 또는 그 이상의 인민들(peoples)이 하나의 연방을 결성하는 것은 드문 일은 아니다. 그리고 만약 두 개의 공동체가 비슷한 크기가 아닐 때, 작은 문화 공동체(smaller culture)가 연방 협정의 부분으로서 다양한 집단차별적 권리(group-differentiated rights)를 요구하는 것은 드문 일이 아니다. 연방을 구성하는 것은 한 인민(people)의 자결권을 행사하는 하나의 방법이고, 역사적인 연방의 협정은 어떻게 하는 것이 이 권리를 가장 잘 행사할지에 대한 해당 집단의 판단을 반영한다.

예를 들어, 프랑스계 캐나다인들에게 1867년 원래의 연방 협정에서 부여되었던 집단차별적 권리와, 다양한 조약들을 통해 인디언들에게 부여되었던 집단차별적 권리는, 이러한 공동체들이 캐나다에 참여하였던 조건을 반영하고 있다. 이런 합의들이 캐나다 국가가 이들 집단에 대한 권위를 획득하는 조건을 규정한다고 주장할 수도 있다. 이런 공동체들은 자신들의 자기결정을 다른 방식으로 행사할 수도 있었지만, 이들은 일정한 약속을 받았기 때문에 캐나다에 참여하는 것을 선택했다. 만약 캐나다 정부가 이런 약속들을 지키지 않는다면, 그것은 이들 공동체를 캐나다의 일부로 만든 합의를 (법적으로는 아니더라도 도덕적으로) 무효화시키는 것이다.[11] 이런 합의들이 다양한 집단들이 캐나다로 연합하는 데 동의한 조건을 규정하기 때문에, 캐나다 국가의 이들 집단들에 대한 권위는 이들 합의로부터 나오고 또한 제한된다(Chartrand 1991; 1993:240-1).

요약하자면, 하나의 소수민족이 통합된 방식은 종종 특정한 집단 차별적 권리들을 발생시킨다. 만약 통합이 자발적인 연합을 통해서 일어났다면, 특정한 권리들은 연방의 규정(예를 들어 조약)에 명시될 수 있으며, 이런 합의를 존중하는 법적, 도덕적 근거들이 있을 것이다. 만약 통합이 비자발적이었다면(예를 들어 식민화), 소수민족은 국제법에 근거한 자결권을 현재의 연합을 보다 자발적인 것으로 만들기 위한 연합의 조건의 재협상을 통해서 행사할 수 있을 것이다(Macklem 1993; Danley 1991).

이러한 역사적 주장은 평등 주장이 요구하는 것과 같은 동일한 권리를 정당화 할 수 있다. 역사적인 합의의 결과인 많은 집단차별적 권리들은, 평등 주장(equality argument)에 의해서 요구되는 동일한 종류의 보호를 제공해 줄 수 있는 것으로 여겨질 수 있다. 예를 들어서, 인디언 부족/집단들에 대한 지역 자치의 권리는, 그

---

11) 차트란드(Chartrand)는 이것이 캐나다에 있는 메티스(Métis)에 관계된 현재의 상황이라고 주장한다. 메티스는 1870년의 마니토바 법(the Manitoba Act 1870)에 의해 이들에게 이루어졌던 약속에 근거하여 캐나다에 가입하는 데 동의하였는데, 이 조약은 그 이후 깨어져 버렸다(Chartrand 1993: 241).

것이 보다 광범위한 전체국가로 하여금 인디언 공동체의 구성원들에 대해서 동등한 고려를 할 수 있도록 한다면, 평등 주장으로도 정당화될 수 있다. 자치의 권리는 또한, 인디언들이 특정한 문제들에 대한 사법권을 연방정부에 이양한 적이 없었다고 한다면, 역사적인 논거에 의해서도 정당화된다.

사실상, 평등 주장과 역사적 주장은 확실히 비슷한 정책을 만들어낼 가능성이 높다. 만약 지역 자치가 소수자집단의 구성원이 불이익을 받지 않는 것을 보장하기 위해서 요구되는 것이라면, (협상이 공정했다고 가정한다면) 소수자집단은 연방의 조건의 일부로서 자치의 권리를 요구했을 것이다.

캐나다에서 연방의 조건에 관한 영국인과 프랑스인의 협상은 이에 대한 명백한 사례를 제공한다. 퀘벡인들은 만약 그들이 1867년 캐나다 국가에 편입하기로 동의한다면, 그들은 이 나라에서 영구적인 소수자집단이 되어서 연방수준의 결정에 있어 투표수로 압도당할 것이라는 것을 깨닫고 있었다. 따라서 그들은 대영제국 내의 분리된 식민지 지위를 유지하면서, 그리고 언젠가 프랑스어 사용인구가 다수자가 되는 분리된 국가가 될 날을 희망하면서, 연방의 밖에(outside Confederation) 머물러야 하는지에 대한 문제에 직면하게 되었다.

퀘벡인 지도자들은 비록 그들이 연방의회에서 소수자집단이 될지라도 캐나다에 편입하는 것에 합의했다. 하지만, 대신에, 그들은 언어와 교육에 대한 관할권이 연방 정부가 아닌 프랑스어 지역들(주들)에서 보장되어야 함을 주장했다. 이것은 '협상불가의 조건이었는데, 그 대가로 그들은 새로운 의회에서 인구수에 의한 대표의 원칙을 받아들이기로 하였다.' 이 인구수에 의한 대표의 원칙은 '이 새로운 국가에서 자신들의 소수자 지위를 제도화할 수 있는 것이었다'(J. Smith 1993:75). 따라서 연방의 조건을 받아들이기를 결정하는 데 있어서 퀘벡인 지도자들은 평등의 문제 – 즉 그들이 새로운 국가에서 불이익을 받지 않도록 어떻게 보장할 수 있을지 – 에 대해서 명시적으로 관심을 가졌다고 할 수 있다. 그들은 상당한 협상력을 가지고 있었기 때문에, 언어 권리와 지역 자치의 보장을 통해서, 합의에서 평등을 보장받을 수 있었다.

평등 주장과 역사적 주장은 종종 같은 결과로 귀결되지만, 그럼에도 불구하고, 이 양자는 상당히 다르다. 역사적 주장에 근거하면, 문제는 국가가 '자신의' 소수자집단들을 어떻게 처우해야 하는가 보다는, 둘 이상의 인민 집단들(peoples)이 파트너가 되기로 결정하였던 그 조건이 무엇인가에 맞춰진다. 문제는 어떻게 국가가 공정하게 소수자집단을 통치하는가가 아니라, 소수자집단을 통치하는 국가 권한의 제한이 무엇인가에 맞춰진다.

예를 들어서, 두 주장은 자치정부 권리에 대한 연방의 재정지원 문제에 대해서 각기 다른 해결책을 도출할 수 있다. 평등 주장에서는, 공정성의 기준이 민족집단의 생존을 유지하기 위해 필요한 조치들에 대한 능동적인 국가 지원을 요구할 수 있다. 만약 공정성의 기준이 특정 관할 지역에서의 자치정부를 인정하는 것을 요구한다면, 이 공정성은 자치정부를 유의미하게 만드는 데 필요한 자원을 제공하는 것 또한 요구할 것이라고 추정할 수 있다. 그러나 역사적 주장은 연방국가로부터 간섭 받지 않을 소극적 권리만 도출해 낼 수 있을 것이다. 만약 소수민족의 구성원들이 연방 정부에 자신들을 특정지역에서 통치할 권위를 양도하지 않았다면, 연방정부는 (재정지원 자체가 역사적 합의내용의 일부가 아닌 한) 소수민족 자치정부에 대한 재정지원의 책임을 받아들이려 하지 않을 것이다. 자치정부를 지원할 어떤 연방의 의무가 있다면, 그것은 국내의 평등주의적 정의(domestic egalitarian justice)의 문제라기보다는 인도주의적인 해외지원(humanitarian foreign aid)의 형태로서 여겨질 것이다.[12)]

현대 정치철학자들은 이러한 역사적인 합의의 도덕적 지위에 대해서 거의 언급하지 않았다. 예를 들어서, 롤스가 국가들 간의 조약을 존중할 도덕적 의무를 인정하고 있긴 하지만(Rawls 1971 : 378), 그는 한 국가 내의 민족들 간의 조약이나 합의에 관해서 전혀 언급을 하고 있지 않다. 이것은 놀라운 일이다. 왜냐하면, 이런 합의들이 미국과 캐나다를 포함한 많은 국가들의 생성과 확장에서 아주 중요한 역할을 했기 때문이다.

그러한 국가 내의 협정들에 대한 존중은 소수자집단의 자기 결정을 존중하기 위해서뿐만 아니라, 시민들이 정부의 행위에 대해서 신뢰를 가지도록 보장하는 데 있어서도 중요하다고 나는 생각한다. 신의에 의해서 맺어진 역사적인 합의는 정부에 의해 만들어진 합의에 의존하는 시민들에게 정당한 기대를 일으키고, 이 협정을 지키지 않는 것은 심각한 신뢰의 파괴가 된다.

역사적 합의와 관계된 하나의 난점은 이 합의들이 종종 해석하

---

12) 캐나다에 있는 일부 원주민 집단들은 자치정부에 대한 연방정부의 지원에 대한 자신들의 요구들이, 시민들간의 분배적 정의에 호소하기 보다는, 과거의 부당한 토지 강탈에 대한 역사적 보상에 전적으로 근거한다고 주장하고 있는 점을 주목해 보는 것은 매우 흥미있는 일이다(Lyon 1984: 13-14).

기 어렵다는 점이다. 예를 들어, 캐나다 정부는 퀘벡의 '다를 수 있는 권리(right to be different)'가 원래의 연방 조약에서 암묵적으로 인정되고 있다고 주장한다(Government of Canada 1991*a*: p.vi). 그러나 다른 사람들은 이것을 부정하면서 연방은 각 주들의 결합(union)이지, 두 문화 사이의 맹약(compact)이 아니라고 주장한다. 비슷한 논쟁이 일부 인디언 조약에 대한 해석에 대해서도 일어난다. 더욱이, 일부 인디언 부족들은 조약에 서명하지 않았거나 강압 아래에서 서명을 했다. 상대방이 자신의 잘못과 관계없이 서명하지 않았음에도 불구하고 일부 집단이 일방적으로 서명한 역사적 합의는 자의적이고 불공정해 보인다.

역사적 합의가 부재하거나 분쟁적인 경우에, 집단들은 평등성 주장에 호소할 것이다. 명백한 조약권리를 가지고 있는 인디언 부족/집단들은 자신들의 집단차별적 지위에 관한 요구를 역사적인 합의에 입각하여 해결할 수 있을 것이다. 반면에 조약에 서명하지 않았던 집단들은 평등성 주장에 호소할 가능성이 높다. 특정 집단이 특정한 협정에 우연히 서명하게 되었는지 아닌지는 보통 상당히 자의적이다. 그러나 평등성 주장은, 그 이유야 어떻든, 역사적 권리를 결핍하고 있는 이러한 집단들에게 도움을 줄 수 있다.[13)]

역사적 합의는 인종문화적 집단의 경우에 민족 집단의 경우보다 훨씬 덜 공통적으로 나타난다. 왜냐하면 이민자들은 새로운 나라에 이주하기 전에 어떤 특별한 권리를 약속 받는 것이 거의 드물기 때문이다. 사실상, 다인종문화적 권리의 반대자들은 때때로 인종

13) 뉴질랜드 맥락에서 평등 주장과 조약 주장간의 복잡한 상호관계에 관한 미묘한 논의로, Sharp 1990: 135-6; Mulgan 1989: 4장을 참조하라. 샤프가 주목하듯이, 평등의 원칙을 역사적 조약으로 환원하여 해석하는 경향이 있다.

문화적 집단이 어떠한 새로운 집단차별적 권리를 기대해서는 안 된다고 말한다. 간단히 말해, 그 이유는 이들 이민자들이 그러한 권리들이 존재하지 않는다는 것을 충분히 알면서 이주에 동의했기 때문이다. 하지만, 역사적 합의에 근거한 다인종문화적 권리의 사례도 일부 존재한다. 예를 들어서 후터파(Hutterites, 기독교 분파 중의 하나)는 캐나다 이민당국으로부터, 그들이 캐나다 서부에 정착할 경우에, 교육, 토지소유권, 군대 복무에 관한 법으로부터 면제를 받게 될 것이라고 명백하게 약속을 받았다(캐나다 정부는 당시 새롭게 개척된 서부 경계지역의 정착문제에 대해서 염려하고 있었다).

이것은 다른 시민들에게는 주어지지 않은 특권을 부여 받은 이민자 집단의 이례적인 사례로 보인다. 또한 이러한 역사적인 권리들을 제거하기 위한 시도들이 이루어져 오고 있다. 다른 한편, 후터파에게 이러한 엄숙한 약속이 주어진 것은 그들이 이러한 약속이 없었을 경우에 다른 지역으로 이민했을 것이기 때문이다. 이러한 의미에서, 그들 역시 역사적 합의에 의해 캐나다 정부가 자신들에 대한 권위를 획득하는 조건을 결정한다는 주장을 할 수 있다.

따라서 집단차별적 권리 주장을 평가하는 데 있어서, 우리는 요구되는 권리들이 불이익을 교정하고 있는지 또는 연방의 조건으로서 기인하는 역사적 합의를 인정하고 있는지를 알 필요가 있다. 이 둘 모두 집단차별적 권리의 정당한 근거가 되면서 동시에 둘 모두 일련의 어려운 문제들을 제기한다고 나는 생각한다.

예를 들어, 변화하는 조건 때문에 이제는 불공정하게 된 합의들에 대해서 우리가 어떻게 반응해야 하는가? 다양한 조약들에서 인정된 토지 권리(land claims)는 토착민 공동체의 크기나 생활방식의 변화를 고려한다고 할 때, 너무 많거나 또는 너무 적을 수 있다. 1867년 퀘벡에 주어진 권한은 정보통신의 시대에 더 이상 적합하지 않을 수 있다. 더 이상 소수자집단의 필요에 부합하지 않는 역사적 합의서에 매여 있는 것은 잘못된 것으로 여겨진다.

이러한 변화하는 상황 때문에, 그리고 원래의 합의가 해석하기 어렵기 때문에, 많은 소수자집단들은 자신들의 역사적 합의들을 재협상하기를 원한다. 이들은 자신들의 집단차별적 권리를 헌법 안에 보다 명확하게 그리고 종종 보다 확장하기를 원한다. 이것이 현재 캐나다의 헌법 위기의 주요한 원인이다. 왜냐하면 그것(이러한 헌법 개정 노력)은 집단차별적 권리를 불공정한 것으로 간주하는 캐나다인들에게 집단 차별적 권리를 견고히 확립하기 보다는 제한할 수 있는 기회를 제공해 주고 있기 때문이다.

이것은, 만약 집단차별적 권리를 옹호하기를 원한다면, 우리는 역사적 합의에만 의존해서는 안 된다는 것을 보여준다. 역사적 합의는 항상 해석되어야만 하고, 불가피하게 갱신되고 개정될 필요가 있기 때문에, 우리는 역사적 합의를 보다 심오한 정의의 이론에 근거할 수 있도록 해야 한다. 역사적 주장과 평등 주장은 함께 가야 한다.

3. 문화적 다양성의 가치

소수민족에 해당되는 집단차별적 권리에 대한 세 번째 옹호는 문화적 다양성의 가치에 호소한다. 앞서 논의했듯이, 자유주의자들은 하나의 문화 속에서도 생활방식의 다양성을 향유하는 것의 가치를 찬양하며, 그래서 한 나라 안에서도 둘 또는 그 이상의 문화를 보유함으로써 따라오는 추가적인 다양성을 지지한다. 확실히 문화 상호간 다양성은, 한 문화내의 다양성과 마찬가지로, 사람들의 삶이 풍부해지도록 기여한다(Schwartz 1986: ch. 1).

이 문화 다양성 주장은 많은 사람들에게 매력적이다. 왜냐하면 이 주장은 집단 구성원들의 이득에만 의존하는 것을 피하고, 대신에 보다 광범위한 전체 사회가 또한 어떻게 집단차별적 권리로부터 혜택을 얻는지에 초점을 두고 있기 때문이다. 리처드 포크(Richard Falk)가 말했듯이, '사회적 다양성은, 우리 경험을 풍부하게 하고 문화적 자원을 확장함으로써, 삶의 질을 향상시킨다.' 따라서, 소수자집단 문화를 보호하는 것은 '계몽된 전체적 자기 이익의 표현으로서 점점 더 인정되고 있다'(Falk 1988: 23). 앞의 두 주장이 다수자 집단의 **의무**(*obligations*)에 호소하고 있다면, 이 세 번째 주장은 다수자 집단의 **이익**(*interests*)에 호소하여, 정의가 아니라 자기이익의 관점에서 권리를 옹호한다.

문화적 다양성은 가치 있는 것으로 말해진다. 첫째로 유사 미학적인 관점에서 문화적 다양성이 더 흥미로운 세계를 창조한다는 점에서 그렇고, 둘째로 새로운 환경에 적응하는 데 유용할지도 모르는 사회조직의 대안적인 모델을 다른 문화들이 포함하고 있기 때문이다.[14] 이 후자의 관점은 종종 토착민들에 관해서 제기되는

14) 이러한 주장들은 멸종위기에 처한 식물과 동물의 보호에 대한 일반적 주장과 병행한다. 이러한 동식물 보호는 미학적으로 이 세상을 풍요롭게 만들며, 동시에 인간에게 이득이 될 수 있는 유용한 유전적 재료나 또는 다른 물질들의 잠재적 요소를 공급해 주는 것으로 간주될 수 있다.

데, 이들의 전통적인 삶의 방식이 환경과의 지속 가능한 관계를 맺는 한 모델을 제공한다는 것이다. 서구인들의 자연에 대한 태도가 점차 지속불가능하고 자기 파괴적인 것으로 인식되면서, 토착민들은 '아마도 세계질서를 새롭게 설계하는 본질적 과업에서 모델, 영감, 지침을 줄 수 있을 것이다'(Falk 1988 : 23 ; cf. Clay 1989 : 233; O' Brien 1987:358).

문화적 다양성의 가치에 관한 이러한 주장에는 일정한 진실이 존재한다. 그럼에도 불구하고, 민족적 권리 옹호논리로서 이 논지에 너무 치중하는 것은 잘못된 것이라고 생각한다. 우선, 한 문화 내부의 다양성(intracultural diversity)에 가치를 부여하는 기본적인 이유 중의 하나는 문화 간 다양성(intercultural diversity)에는 덜 적용된다. 한 문화 내의 다양성의 가치는 그것이 개인들에게 더 많은 선택지를 만들어 주고, 또 선택의 범위를 넓혀 준다는 것이다. 하지만, 소수민족을 보호하는 것은 다수 민족 구성원에게 허용된 선택지의 범위를 같은 방식으로 넓혀 주지 않는다. 마지막 장에서 설명하겠지만, 개인이 자신의 문화를 떠나는 것(to leave one's culture)을 선택하는 문제는 자신의 문화 내에서의 이리저리 옮겨 다니는 것(to move around within one's culture)을 선택하는 문제와는 질적으로 다르다. 전자는 대부분의 사람들에게 어렵고 고통스러운 전망을 부여하며, 주류 문화의 사람이 소수자 문화로의 동화를 선택하는 경우는 거의 없다. 사실, 소수민족을 보호하기 위한 조치들은, 자신의 사회고유문화를 유지할 수 없는 소수민족이 주류문화에 강제로 통합되어서 자신의 독특한 문화를 통해 주류 문화의 다양성에 기여하는 상황과 대조하여 본다면, 실질적으로 주류 문화 내의 다양성을 감소시킬 수 있다. 한 국가 내에 두 개 또는 그 이상의 문화를 갖는 것은 개인의 선택을 확장시키지만, 한정된 정도까지만 확장될 뿐이고, 이런 한정된 문화적 다양성을 소수민족 권리에 대한 주된 정당화로 삼는 것은 받아들이기 어렵다.

개인의 선택을 확장시키는 가치 외에, 문화적 다양성에서 얻을 수 있는 다른 심미적 교육적 혜택들도 존재한다. 하지만, 이런 가치들 가운데 어떤 것들이 그 자체로 소수자집단의 권리를 정당화할 수 있는지는 분명하지 않다. 하나의 문제는, 다수자 집단에 돌아가는 다양성의 이익은 얇고 넓게 퍼지는 반면, 다수자 집단의 특정한 구성원들이 치러야 할 비용은 때때로 매우 크다는 데 있다. 모든 사람은 퀘벡과 푸에르토리코에서 소수자집단 문화가 번성하는 것을 통해서 산발적 방식으로 이득을 얻는다. 하지만, 주류다수문화의 일부 구성원들은 다른 구성원들이 이러한 이익을 얻을 수 있게 하기 위해서 상당한 대가를 치르도록 요구된다. 예를 들어서, 퀘벡 또는 푸에르토리코에 사는 단일 영어사용 주민들은 정부 내 직업을 얻거나 영어로 된 공교육의 혜택 – 다른 곳에서는 당연하게 여겨지는 혜택들 – 을 받기 쉽지 않다. 유사하게, 인디언 땅에 사는 비인디언 주민들은 자연자원에 접근하거나 지방 선거의 투표권리 행사에 있어서 차별을 받을 수 있다. 사회전체의 다양성의 산발적 이익(diffuse benefits)이 특정한 사람들에 대해 부과하는 이러한 종류의 희생을 정당화할 수 있는지는 분명하지 않다. 이러한 희생들은 주류 구성원들의 이익을 증진하는 것이 아니라, 소수민족 구성원에 대한 더 큰 희생을 방지하기 위해 필요한 것이라면,

이러한 희생들은 정의에 부합하는 것으로 생각된다.

더욱이, 다양성을 증진시키는 방법에는 여러 가지가 있다. 그리고 소수민족을 보호하는 것은 다른 가능한 방법들보다 주류 다수에게 더 많은 비용을 부과할 가능성이 높다. 예를 들어서, 어떤 사회가, 소수민족을 보호하는 방법 보다는 다양한 국가로부터 이민을 더 많이 받음으로써, 더 적은 비용으로 보다 많은 다양성을 획득할 수 있을 것이라고 주장할 수 있다. 다양성 주장은, 생존가능한 자치적 소수민족의 존재에 의해 창출되는 특정한 종류의 다양성을 지속해야 하는 의무를, 우리가 왜 가져야만 하는지를 설명해 줄 수가 없다.

다양성 주장에는 또 다른 하나의 문제가 있다. 심미적 또는 교육적 의미의 다양성 가치는 주류 문화의 사람들에게 특정한 비용을 부과하는 것을 정당화시켜 줄 수 있다고 가정해 보자. 그렇다면, 다양성의 가치는 또한 자신들의 전통적 문화를 유지하기 위해 소수자집단의 구성원들에게 의무를 부과시키는 것을 왜 정당화 시키지 못하는가? 만약 보다 광범위한 전체사회에 주는 문화적 다양성의 이득이 개인적 자유나 기회를 제한하는 것을 정당화할 수 있다면, 이러한 제약들이 해당 집단의 내부 또는 외부의 사람에게 부과되어야 하는지의 여부가 왜 문제가 되는가? 나는 앞에서 자유주의적 이론의 소수자집단권리는 내부적 제재가 아닌 외부적 보호를 수용할 수 있다고 언급한 바 있다. 다양성 주장이 이러한 구분을 어떻게 할 수 있을지를 밝혀내는 것은 어려운 일이다. 다양성 주장은 보다 광범위한 전체사회의 이익에 호소하기 때문에, 그것은 소수자집단들이 자신의 문화를 유지해야 하는지의 여부와 어떻게 유지해야 하는지를 스스로 결정할 수 있어야 한다는 이유를 설명해 주지 못한다.

그래서 다양성 주장은, 그 자체로 소수민족의 권리를 정당화하기에는 불충분한 것으로 여겨진다. 소수민족을 보호하는 것은 다수자 집단에게 이득을 제공해 주며, 이러한 이득은 지적할만한 가치가 있다. 그러나 이러한 산발적 이익들은 소수민족 권리에 대한 주요한 정당화라기보다는 소수민족 권리의 바람직한 부산물로 간주되는 편이 훨씬 적절하다. 여태까지, 대부분의 주류다수 문화는 소수자집단 문화를 유지하는 것을 자신들의 '계몽된 자기이익'(enlightened self-interest)의 관점으로 바라보지는 않았다. 의심할 여지없이, 이것은 부분적으로는 인종중심적 편견에서 기인한다. 그렇지만 우리는 주류다수 민족들이 종종 소수민족을 위한 자치정부 권리를 거절함으로써 누리게 되는 강력한 이익들을 인정해야만 한다: 예로, 소수집단의 토지와 자원에 대한 접근의 증가, 개인적 이동성의 증가, 정치적 안정성 등이 있는 것이다. 다수자 집단들이 민족적 권리들을 수용할 정의의 의무를 가지고 있다는 신념이라곤 조금도 없이, 이들(다수집단들)이 순전히 자기이익에 근거하여 소수민족의 권리를 수용할 것 같지는 않다. 또한 역으로, 다수자 집단들이 진행과정에서 무언가 이득을 얻을 수 있다는 생각이 전혀 없이 소수민족을 위한 자신들의 정의의 의무를 수용할 것 같지도 않다. 따라서 다양성 주장은 이것이 정의의 주장과 결합이 되었을 때, 가장 잘 작동하게 될 것이다.

다양성 주장은 인종문화적 집단을 위한 다인종문화적 권리(polyethnic rights)의 옹호로서 보다 설득력을 지닌다. 민족적 자치정부(의 권리)와 달리, 이러한 권리들은 다수자 집단 문화내의 다양성에 직접적으로 기여한다. 더욱이, 이들은 다수자 집단의 이동성이나 경제적 기회에 대한 제약과 같은 것을 포함하고 있지 않다. 사실상, 특정한 다인종문화적 정책들은 예술, 박물관, 교육방송 등등의 재정적 지원에 관한 국가정책의 자연스러운 확장으로 간주될 수 있다.[15] 그렇지만, 이제 다시 다양성을 증진시키는 여러 가지 방법이 있다는 문제가 발생한다. 어린이들로 하여금 이중언어 사용자가 되도록 가르치는 것은 다양성을 증진시키지만, 이것은 우리가 왜 특히 이민자 언어를 가르쳐야만 하는지를 설명해주지 못한다. 따라서 다양성 주장은 평등성 또는 역사적 합의에 근거한 정의 주장을 보완하는 것이지, 이를 대체하지는 못한다.

4. 국가와의 유비

여태까지, 나는 증명의 부담이 자유주의 전통내에서 집단 차별적 권리에 대한 근거를 모색하고자 하는 사람들에게 있다고 가정하면서 논의하여 왔다. 그러나 우리는 이러한 가정에 의문을 제기

15) 많은 자유주의자들은 예술이나 박물관에 대한 국가재정지원을 옹호한다. 그 근거로 국가는, 문화시장이 보호해 주지 못하는, 미래 세대들을 위한 적절한 선택의 범위를 보장해 줄 책임을 지니고 있다는 것을 들고 있다(Dworkin 1985: ch. 11; Raz 1986: 162; Black 1992; Kymlicka 1989*b*: 893-5). 만약 우리가 적극적 조치들이 우리 문화 자원의 풍부함과 다양성을 보존하기 위해 정당화될 수 있다면, 인종문화적 축제들 또는 이민자 언어 교육 등과 같은 프로그램들이 이러한 부류에 속하는 것으로 간주될 수 있을 것이다. 사실상, 내가 2장에서 언급하였듯이, 일부 사람들은 이러한 재정지원을 단순히 인종문화적 집단들이 예술 및 문화에 대한 국가재정지원에서 차별을 받지 않도록 보장하는 방식으로 옹호한다. (나는 다른 자유주의자들은 그러한 국가재정지원은 모두 정당성이 없는 것으로 간주한다는 점을 언급해야만 할 것 같다(예로, Rawls 1971: 331-2; Waldron 1989).

할 수 있어야 하고 또 그래야만 한다. 많은 면에서, 자유주의적 이론과 실천의 수정을 제안하는 사람들은 바로 집단차별적 권리의 반대자들이다. 내가 4장에서 논의한 것처럼, 특정한 집단차별적 권리는 자유주의적 전통의 오래 확립된 일부라고 할 수 있다. 더욱이, 그러한 권리들은 현존 자유주의적 관행에 있어 논리적으로 상정되고 있다.

예를 들어, 대부분의 자유주의 이론가들은 이 세계는 독립적 국가들로 이루어져 있으며, 또 그러한 상태로 머물러 있게 될 것이라는 점을 의심할 여지없이 받아들이고 있다. 물론 각 개별 국가는 누가 자신의 국경으로 들어와서 시민권을 획득할 수 있는지를 결정할 권한을 가지고 있는 것으로 가정되고 있다. 나는 이러한 가정이, 각 국가내의 집단차별적 권리를 뒷받침하는 것과 동일한 종류의 가치에 의해서만 정당화될 수 있다고 생각한다 . 나는 누가 시민권을 획득하는지를 결정할 수 있는 국가의 권리에 관한 정통적인 자유주의적 견해는 국가내의 집단차별적 권리를 정당화하는 것과 동일한 원칙에 근거하며, 전자(시민권논리)를 인정하게 되면 논리적으로 후자(집단차별적 권리)에 이르게 된다고 생각한다.

이러한 점은 어느 정도 심도있게 탐구할 가치가 있다. 국가의 존재, 그리고 국가 영토 경계를 넘어 들어오는 입국을 통제할 수 있는 정부의 권리는 자유주의자들에게 아주 심각한 역설적인 문제를 제기한다. 대부분의 자유주의 이론가들은 자신의 이론들을 '인간에 대한 평등한 존중'(equal respects for persons), 그리고 '개인의 평등한 권리'(equal rights of individuals)의 견지에서 옹호한다. 이것은 모든 '인간' 또는 '개인'은 어떤 국가에 진입하고, 그 정치적 생활에 참여하고, 그리고 그 자연자원을 공유할 수 있는 평등한 권리를 지닌다는 것을 시사한다.

그렇지만, 사실상 이러한 권리들은 보통 '**시민들**'(citizens)에게만 부여된다. 그리고 가령 자유주의적 원칙들에 대해 기꺼이 충성을 선언한다 할지라도, 모든 사람이 다 시민이 될 수 있는 것은 아니다. 반대로, 다양한 자유민주 국가들에서 수백만의 사람들이 시민권을 획득하기를 원함에도 불구하고 거부되고 있다. 이민의 견지에서 가장 개방적인 서방 국가 조차도, 만약 진정한 의미의 국경개방이 있었다면 들어 올 수 있는 사람들의 숫자 중 극히 일부만을 수용하고 있다. 사실상, 이민을 원하는 사람들은 입국이 거부되어 무장 국경경비병에 의해 국경에서 되돌려 보내지기 일쑤이다. 이러한 사람들은 자신들이 올바른 좋은 집단에 태어나지 못한 죄로 해당 국가에 입국하여 참여할 수 있는 권리를 거부당하고 있는 것이다.

따라서 시민권은 본질적으로 집단차별적 개념(an inherently group-differentiated notion)이다. 만약 우리가 유일한 세계정부(a single world-government)나 국가간 완전한 개방국경 체제(completely open borders between states) 중 하나를 기꺼이 선택하지 않는 한 – 그리고 이 두 가지 중의 하나를 지지하는 자유주의 이론가는 거의 없다 – 시민권에 입각하여 권리와 혜택을 배분하는 것은 이들의 집단 구성원지위에 입각하여 차별적으로 처우하는 것을 의미하게 된다.[16]

16) 따라서 국가에로의 개인들의 수용을 '협의적'(consociational) 형태와 '보편적' (universal) 형태 두 가지로 통상적으로 대조하는 것은 잘못된 것이다(예로 Asch 1990). 일관적 방식(a uniform basis)이거나, 아니면 특정 집단의 귀속성에 근거하여 시민권을 수용하는

이것은 대부분의 자유주의 이론들내에서 심각한 모순을 야기 시킨다. 사무엘 블랙(Samuel Black)이 언급한 것처럼, 자유주의 이론가들은 종종 '인간'(persons)의 도덕적 평등에 관해 말하는 것으로 시작하지만, 결국 '시민'(citizens)의 평등에 관해 말하는 것으로 끝나는데, 그러면서도 이러한 전환을 설명하거나 심지어 깨닫지도 못하고 있다(Black 1991). 시민권을 원하는 모든 사람이 아닌, 특정한 집단의 구성원들에게만 국한시키는 것을 정당화하는 논리는 무엇인가?

일부 비판자들은 자유주의자들은 이러한 제한을 정당화 할 수 없으며, 아마도 공적 질서의 명목으로 잠정적 제한을 하는 경우를 제외하고, 자유주의의 논리는 국경의 개방을 요구한다고 주장하여 왔다.[17] 그리고, 만약 우리가 자유주의는 사람들의 문화적 귀속성과 민족적 정체성에 무관심해야 한다는 생각을 고수한다면, 이것은 분명 맞는 말이다. 개방 국경 체제는 개인들의 이동성과 기회들을 극적으로 증가시킬 것이며, 그리고 만약 자유주의가, 개인들의 집단 귀속성을 상관하지 않고, 사람들을 전적으로 '개인들로서'(as individuals) 대우할 것을 요구한다면, 자유주의적 관점에서 개방 국경 체제가 선호될 것이라는 점은 명백하다.

그렇지만 나는 만약 우리가 자유주의 국가들이 개인들의 일률적 권리와 기회를 보호하는 것뿐 아니라 사람들의 문화적 구성원 지위를 보호하기 위해 존재한다는 점을 인정한다면, 이민에 대한 일부 제약들이 정당화 될 수 있다고 생각한다. 자유주의자들은 암묵

시민권 모델의 구분이 있다. 그렇지만, 일관적 시민권은 **보편적** 시민권(*universal citizenship*)은 아니다. 어떠한 나라도 보편적 시민권을 허용하지 않는다.

17) 5장의 n. 17에 있는 참고문헌들을 보라.

적으로 다음과 같은 점들을 가정하고 있다. 즉 사람들은 사회고유 문화의 구성원들이며, 이러한 문화들은 개인적 선택을 위한 맥락을 제공해주고, 또한 각각의 독립적 국가를 가짐으로써 발생하는 기능 중의 하나는 사람들이 독립된 문화에 귀속된다는 사실을 인정하는 것이라는 점이다. 나는 4장의 자유주의 전통에서 이의 예들을 언급한 바 있으며, 5장에서 롤스의 시민권과 문화의 애착에 관한 논의도 함께 거론하였다. 그렇지만, 우리가 일단 이러한 가정들을 명시적으로 한다면, 다민족 국가에서 일부 사람들의 문화적 구성원 지위는 해당 국가 내에서 오직 집단차별적 권리를 지지함으로써만 인정되고 보호될 수 있을 뿐이라는 점은 명백하다.

자유주의 이론가들은 큰 차이 없이 시민권을 원하는 모든 사람에게 보다는, 특정 집단의 구성원들에게 시민권을 국한하고 있다. 이것에 대한 가장 설득력 이유는 - 즉, 특정한 문화에 대한 우리의 귀속성을 인정하고 보호하는 것은 - 또한 한 국가 내에서 집단차별적 권리를 허용하는 이유가 되기도 한다. 문화적 집단의 중요성에 대하여 어떠한 언급도 하지 않는 특정 집단에게 시민권을 국한할 수 있는 또 다른 이유들이 있을 수 있다. 그것은 말하기 매우 곤란하다. 그 이유는 '인간의 평등'으로부터 '시민의 평등'으로의 전환에 관해 실질적으로 논의하는 자유주의자들이 거의 없기 때문이다. 그러나 이점을 거론하는 것이 공평하다고 생각한다: 자유주의 이론가들이 특정 집단의 구성원들에게 시민권을 국한할 수 있다는 원칙을 받아들이는 한, 이제 이들이 왜 한 국가 내에서 집단차별적 권리를 수용하는 것을 지지하지 않는지 그 이유를 설명해야 할 증명의 부담이 이들에게 지워지게 된다.[18] 자유주의자들이 제한된 시민권을 인정하는 개별 국가체제에 대해 신뢰를 하는 한, 증명의 부담은 집단차별적 권리의 옹호자들과 마찬가지 비중으로 집단차별적 권리의 반대론자들에게도 있는 것이다.

5. 결론

앞의 두 장에서, 나는 자유주의자들이, 개인적 자유와 사회적 평등에 대한 자신의 핵심적 신념을 희생하지 않고, 소수민족과 인종문화적 집단들에게 적용되는 광범위한 영역의 집단차별적 권리를 수용할 수 있으며 또 그렇게 하여야만 한다는 것을 보여주고자 하였다.

나의 주장을 간략히 요약하는 것은 아마도 유용할 것이다. 나는 선택의 자유가 어떻게 사회적 관행, 문화적 의미, 그리고 공유 언어에 의존하고 있는지를 보여 주고자 하였다. 가치관을 형성하고 수정할 수 있는 우리의 능력은 사회고유문화에 대한 우리의 귀속성과 긴밀히 연결되어 있다. 왜냐하면 개인적 선택의 맥락이라는

18) 이러한 어려운 문제를 해결하려고 시도하였던 한 이론가가 바로 마이클 왈쩌(Michael Walzer)이다. 그는 특정 집단의 구성원들에게 한 국가의 시민권을 제한하는 것은 독특한 문화 (그가 말하는 '특정한 성격의 공동체' community of character)를 보호한다는 명분으로 정당화된다고 주장한다. 그는 이와 같은 동등한 주장이 국가 **내**의 집단차별적 권리를 옹호하는데 적용될 수 있다는 점을 인정하지만, 그는 그러한 권리들이 우리의 '공유된 이해'(shared understandings)에 반하기 때문에 이 권리들을 부인한다(Walzer 1983*a*: ch. 2). 나는 다른 곳에서 왈쩌의 이러한 주장이 성공적이 못했다고 주장한 바 있다(Kymlicka 1989*a*: ch. 11). 또한 위의 4장을 참조하라. 나는 부분적으로 폐쇄된 국경체제의 정당성에 관한 나의 옹호가 민족집단들의 공정한 자원 지분 이상으로 주장할 수 있는 이들 민족집단의 권리를 옹호하고자 하는 것은 아니라는 점을 강조해야만 할 것 같다. 반대로, 나는 어떤 국가가 만약 그 국가가 이 세계의 보다 가난한 국가들과 그 부를 공유할 의무를 준수하는데 실패한다면, 이민을 제한할 권리를 상실한다고 주장할 것이다. Bader 1995; Ackerman 1980: 256-7을 참조하라.

것은 우리의 문화에 의해 우리에게 전수된 선택지(options)의 범위에 불과하기 때문이다. 우리의 삶을 어떻게 운영할 것인가를 결정하는 것은, 우선적으로, 우리의 문화에 의해 주어진 가능성들을 탐구하는 문제이기 때문이다.

그렇지만, 다민족 국가에서 소수자집단 문화는, 만약 이들 집단이 자신의 구성원들에게 이러한 맥락을 제공하려 한다면, 주류다수 문화의 경제적 또는 정치적 결정들로부터 보호가 필요할 수 있다. 예를 들어, 이들은 자치 정부 권한이나, 또는 언어 및 문화에 관한 특정 결정들에 대한 거부권을 필요로 할 수 있으며, 그리고 자신들의 고유 생활터전(homelands)에 이주자 또는 이민자들의 유입을 제한할 필요가 있을 것이다.

소수민족을 위한 이러한 집단차별적 권리가 얼핏 보면 차별적인 것으로 여겨질 수 있긴 하지만, 이러한 권리들은 개인적 권리와 정치적 권리들을 집단 구성원지위에 입각하여 상이하게 할당하기 때문에, 사실상 자유주의적 평등 원칙들에 부합한다고 할 수 있다. 이러한 권리들은 사실 롤스(Rawls)와 드워킨(Dworkin)이 주장하고 있는 견해에 의해서 요구되고 있는 것이다. 이들의 견해는, 부당하고 '도덕적으로 자의적'(morally arbitrary)인 불이익은, 특히 만약 그것이 '심각하고 만연되어 있으며 출생으로부터 발생'(profound and pervasive and present from birth)한다면, 정의는 이러한 불이익들을 제거하거나 보상할 것을 요구한다는 것이다(Rawls 1971: 96). 만약 이러한 집단차별적 권리들이 없다면, 소수자집단 문화의 구성원들은 다수자 집단 문화의 구성원들이 당연한 것으로 생각하는 자신의 언어와 문화 속에서 생활하고 일할 수 있는 능력을 다수자 집단과 같이 동등하게 누릴 수 없게 될 것이다. 이것이, 자유주의자들이 보다 일률적으로 우려하고 있는 인종 및 계급에서의 불평등과 마찬가지로, 심각하고 도덕적으로 자의적인 불이익으로 간주될 수 있다.

소수자집단에게 적용되는 집단차별적 권리를 옹호하는 이러한 평등 논거 주장은 역사적 합의와 문화적 다양성의 가치에 대한 호소를 통해 보다 강화될 수 있다. 그리고 이 평등 논거 주장은 자유주의자들이 현존 국가경계와 시민권에 대한 제약을 옹호하기 위해 암묵적으로 문화적 귀속성에 호소하고 있는 방식에 의해서도 확인이 된다. 나는 또한 인종문화적 집단을 위한 다인종문화적 권리들이 주류 문화 내의 평등성과 문화적 다양성을 증진시킨다는 입장에서도 정당화될 수 있다고 주장한 바 있다.

이러한 주장들이 논란의 여지가 없는 것은 결코 아니며 많은 면에서 이의가 제기될 수 있다. 어떤 사람은 문화적 의미가 사회고유문화에 의존하고 있다거나, 또는 개인들이 자신들의 고유한 특정 사회고유문화에 긴밀히 연결되어 있다는 점을 부인할 수 있을 것이다. 또 어떤 사람은 소수자집단 문화가 보다 광범위한 전체사회의 결정들에 취약하다거나; 또는 이 취약성이 부정의가 된다거나; 또는 역사적 합의가 어떤 도덕적 비중을 지닌다거나; 또는 문화적 다양성은 증진할 가치가 있다는 점 등을 부인할 수도 있다.

그렇지만, 나는 이러한 주장들(평등주장, 역사적 합의, 문화적 다양성)의 각각은 설득력이 있다고 생각한다. 이러한 주장들에 대해 이견을 제시하는 사람은 무엇이 사람들에게 의미있는 선택을 가능하게 하여 줄 수 있는지, 또는 언어 권리, 공휴일, 정치적 경계, 그리고 권력 분할의 견지에서 정의가 요구하는 바가 무엇인지에 관한 어떤 대안적 설명을 제시해야만 할 것이다. 더욱이 그들은 원하는 사람이면 누구에게나 시민권을 가질 수 있도록 해주지 않고 특정 집단의 구성원들에게만 시민권을 제한하는 현실에 대한 정당화를 대안적으로 제시해야 할 것이다. 자유주의적 국가가 단순히 선의적 무관심으로 인종문화적 및 민족적 차이들에 대응해야만 한다고 주장하는 것만으로는 충분치 못하다. 그것은 국가와 문화의 불가피한 관계에 대해 고심하는 것을 외면하는 일관성이 없는 입장이라고 할 수 있다.

민족적 및 인종문화적 집단들에게 적용되는 집단차별적 권리가 자유주의자들에 의해 수용될 수 있고 또 그렇게 되어야만 한다는 발상이 급진적 제안이라고 할 수는 없다. 사실상, 많은 다민족 자유민주 국가들은 이미 그러한 의무를 수용하고 있으며, 소수민족의 언어에 대해 공공학교 지원 및 정부서비스를 제공하고 있다. 많은 국가들은 또한 특정 형태의 연방주의를 채택하여, 소수자집단들이 연방 단위의 하나(states, provinces, cantons)에서 다수를 형성할 수 있도록 하여 왔다. 그리고 많은 다인종문화적 자유주의 국가들은 이민집단들을 위한 다양한 형태의 다인종문화적 정책 및 집단특수적 권리 또는 면제를 채택해 왔다. 제이 시글러(Jay Sigler)처럼, 나는 '소수자집단권리에 대한 자유주의적 옹호를 제공하는 것은 광대한 변화에 대한 요구(a mandate for vast change)를 불러일으키지 않으며, 그것은 이론 없이 진행되었던 변화들을 단순히 인정하고 설명해 주는 것'이라고 생각한다(Sigler 1983: 196).

그러나 만약 집단차별적 권리를 지지하는 강력한 주장들이 존재한다면, 왜 자유주의자들은 그렇게 자주 이 주장들을 거부해 왔는가? 내가 4장에서 언급한 바와 같이, 이에 대한 설명으로 자유주의가 '추상적 개인주의'(abstract individualism), 즉 자신의 문화적 환경과 독립하여 존재하는 고독한 원자(a solitary atom)로서의 개인관에 입각해 있다는 것이 될 수는 없다. 나는 4장과 5장의 논의가, 자유주의자들이 개인들의 사회와 문화에 대한 의존성을 무시한다는 어떤 인식을 불식시켰기를 바란다.

그러나 이것은 하나의 난해한 문제를 제기한다. 만약 개인적 자율성과 자기 정체성이 어떤 사람의 사회고유문화의 귀속성과 결부된다면, 소수집단 문화의 권리 이론을 계발하는 것은 어떤 자유주의 이론에서도 가장 첫 번째의 과제들 중의 하나가 될 것으로 보여진다. 그런데 왜 문화적 집단을 보호하기 위한 조치들 – 집단특수적 언어권리, 토지권 요구, 또는 연방적 자치 등 –을 지지한 현대 자유주의 이론가들은 그렇게 적은 것일까? 나는 4장에서 역사적 이유의 일부를 탐색해 보았다. 이에 대한 설명의 다른 한 측면은 현대 자유주의 이론가들은 국가들이 단지 하나의 민족만으로 이루어져 있다고 암묵적으로 가정하고 있기 때문이라고 나는 생각한다. 이들은 현대 국가들이 문화적으로 다양하다는 사실을 잘 알고 있다 – 사실상, 현대 자유민주주의 국가들의 다원주의적 성격은 이들의 저술에서는 널리 인식되고 있는 주제이다. 그러나 이들은 이 다양성이 사람들의 가치관에서의 차이나 아니면 이민으로부터 연유하는 그러한 종류라고 암묵적으로 가정하고 있다 – 즉 이들은 공유된 언어에 기초한 단일 문화 내에서의 철학적, 종교적 및 인종문화적 다양성에 초점을 맞추고 있는 것이다.[19] 이들은 다양한 사회고유문화, 언어 및 민족적 집단들로 이루어진 다민족적인 국가의 존재를 인정하거나 논의하지도 않고 있다.

예를 들어, 드워킨(Dworkin)은, '이민과 경계이동(boundary shifts)의 현대 세계에서', 시민들은 인종적 또는 인종문화적 배경을 공유하고 있지 않으며, 정치공동체의 공동체적 삶은 단일적인 '인종문화적 충성'(ethnic allegiance)을 함유할 수 없다고 언급한다(1989: 497). 그러나 내가 앞에서 언급한 것처럼, 그는 '공유된 언어'(shared language)에 기초한 공통적 '문화적 구조'(cultural structure)를 가정하고 있다(1985 : 230, 233; 1989: 488). 유사하게, 롤스가 '다원주의 현실'(fact of pluralism) - 특히 종교적 다원주의 - 을 강조하고 있긴 하지만, 그는 정치적 공동체를 단일적인 '완결된 문화'(complete culture), 그리고 동일한 '사회와 문화'(society and culture)에 소속된 단일적 '국민'(people)과 동일시하고 있다(1978: 70 n. 8; 1993*a*: 18, 222, 277; 1993*b*: 48).

국가는 단일민족적이라는 이러한 묵시적 가정이 설명되거나 옹호된 경우는 거의 없다. 이러한 이론가들이 소수민족들이 특별한 권리를 가질 수 있다는 가능성을 거부하거나, 또는 이러한 권리들을 옹호하기 위하여 평등주장 또는 역사적 주장을 직접적으로 비판하는 것이었다면 모르겠지만 반대로, 이들은 이러한 쟁점을 완

19) 다양성을 개인적 가치와 신념에서의 차이의 문제로 간주하는 자유주의자들의 경향에 관해, A. Phillips 1993; Galeotti 1993: 590을 참조하라. 이러한 '지나치게 사색적인'(overly cerebral) 다양성 개념의 예로, Rawls 1993a: pp. xxvii-xxix를 참조하라. 여기에서 롤스는 인종(race), 인종문화성(ethnicity) 및 성(gender)의 현대적 갈등을 마치 이것들이 종교개혁기간 동안에 있었던 종교적 신념에 관한 갈등과 유사한 것으로 간주하고 있다 - 즉, '인간생활의 의미, 가치 및 목적들'에 관계된 개인들의 신념에 관한 갈등으로 여기고 있는 것이다.

전히 간과하고 있을 뿐이다. 민족 국가(nation-state)와 다인종문화적 또는 다민족 국가와의 차이에 대하여, 또는 '인민집단들의 연방'(federation of peoples)으로 된 국가들의 자유주의적 원칙들을 수정하기 위한 주장들에 관하여, 현대 자유주의적 이론가들에 의한 논의는 전혀 없다.

내가 생각하기에, 이것은 소수자집단의 권리의 문제를 현대 정치철학의 보다 친숙한 논쟁의 하나 - 예를 들어, '개인주의자들'(individualists)과 '공동체주의자들'(communitarians), 또는 '보편주의자들'(universalists)과 '상황주의자들'(contextualists), 또는 '공평주의자들'(impartialists)과 '차이 이론가들'(difference theorists), 또는 '합리주의자들'(rationalists)과 '탈근대주의자들'(postmodernists) 간의 논쟁 - 로 치부하는 것은 잘못된 것이라고 생각한다. 이것은 아주 일반적인 경향이다(예를 들어, I. Young 1993a; Gochnauer 1991; Galenkamp 1993; Trakman 1992; Torres 1991; Addis 1991; cf. Todorov 1993: 392-9를 참조하라). 그러나 이것은 소수자집단권리에 담겨있는 쟁점들에 대한 과도한 단순화로부터 유래한다. 많은 논평자들에 의하면, 소수자집단권리를 평가함에 있어 중심적 쟁점은, 사람들이 공동체나 집단 차이들에 정치적 인정을 부여해야 한다는 발상을 원칙적으로 인정하느냐의 여부에 있다. 개인주의와 보편주의의 옹호자들은 그렇다면 원칙적으로 그러한 인정을 반대한다고 말해질 수 있으며, 반면에 공동체와 차이의 옹호자들은 원칙적으로 이것들을 지지한다고 할 수 있다. 그러나, 내가 강조해온 것처럼, 모든 정치이론들은 특정 형태의 집단 차이들을 인정하고 특정 형태의 문화적 공동체들을 지지해야만 한다.

이것은 언어 정책, 공공 휴일, 정치적 경계, 그리고 이민 원칙들과 같은 문제들에 직면하는 어떠한 이론에서도 불가피한 것이다. 이것은 보수주의자, 공동체주의자, 그리고 탈근대주의자들 뿐만 아니라, 자유주의적 개인주의자 및 사회주의적 국제주의자들에게도 해당된다.

그래서 소수자집단권리에 관한 논쟁은 '공동체'를 후원하는 것 또는 '차이'를 인정하는 것이 도대체 정당한가에 관한 논쟁이 아니다. 오히려, 그 논쟁은 소수민족에 의해서 표출되는 특수한 종류의 문화적 차이와 공동체를 지원해줄 것인가의 여부에 관한 것이다. 그리고 내가 언급해 왔던 것처럼, 일부 자유주의자들은, 자신들의 '개인주의'와 '보편주의'에도 불구하고, 정의는 주류다수 민족들이 향유하는 동등한 후원을 소수민족들에게도 확대해야 할 것을 요구한다는 점을 인정한다. 역으로, 일부 공동체주의자들과 특수주의자들(particularists)은, 자신들의 '공동체'와 '차이'에 대한 지지에도 불구하고, 소수민족들의 요구를 수용하는 것을 주저하여 왔다. 이들은 자신들이 인종문화적 집단 또는 새로운 사회운동을 보는 것과 같은 방식으로 - 즉, 보다 광범위한 전체사회내의 집단특수적 권리들에 의해 수용될 수 있고 또 수정되어야만 하는 그런 종류의 차이와 공동체로 - 소수민족들을 간주하였다. 이들은 소수민족들이 주류사회와 마찬가지로 독립적이고 자치정부의 사회로서 인정받는 것을 요구한다는 사실을 수용하기를 꺼려하고 있다.[20)]

20) 이것은 소수자집단권리에 대한 영(Young)의 탈근대주의적 설명에 해당된다. '관계적 차이'(relational difference)에 관한 영의 견해에 의하면, 문화 집단들은 '자신들을 동일한 사회에 참여하고 있는 존재로', 그리고 '단일적 정체의 일부'(part of a single polity)로서 이해해야만 한다. 단일적 정체의 공동 의사결정 절차는 모든 사람들에 대하여 동등하게 '정당성 있는 구속력'(legitimately binding)을 지니는 것으로 간주된

내가 4장에서 언급하였듯이, 소수자집단권리의 역사는 메타 윤리적 논의(meta-ethical debates)와 소수민족 권리 옹호 간에서는 상관관계가 거의 없거나 전혀 없다는 점을 시사한다. 소수자집단권리에 관한 사람들의 견해는, 자신들의 근본적인 도덕적 또는 철학적 전제들뿐만 아니라, 인종중심적 편견, 국제평화 및 강대국 관계에 관한 두려움, 그리고 민주적 합의와 사회적 화합의 전제조건들에 관한 관심에 의해서도 형성된다. 이러한 고려들은 사람들의 근본적인 철학적 및 도덕적 전제들과 단순하게 또는 일관성 있게 상관관계를 가지는 것은 아니다.

이러한 보다 큰 차원의 철학적 논의가 소수자집단권리에 관한 정책적 논쟁과 무관한 것은 아니다. 이 두 논쟁간의 관계는 인종문화적 및 민족적 차이들의 성격, 그리고 국내 및 국제정치에서 지니는 이러한 것들의 역할에 관한 많은 추가적인 가정들에 의해 매개되어 있다. 이들의 보다 깊은 철학적 전제들이 무엇이든지간에, 특정 이론가들에 의해 지지되고 있는 실제적 입장을 크게 설명해 주는 것은 바로 이러한 추가적인 가정들이다.

이러한 이유로, 소수민족 및 인종문화적 집단들의 요구는 모든 서구적 정치적 전통에 심각한 도전을 제기한다. 이러한 전통들의 모두는 자유주의적 사고를 형성시켰던 동일한 역사적 영향력에, 묵시적 또는 명시적으로 형성되었다. 소수자집단권리에 관한 일관성 있고 체계적인 이론을 개발하는 과제는 자유주의자들만이 직면

다. 한 국가 내의 문화적 차이는, 한 국가 내에서 둘 이상의 독립적이고 자치정부의 사회들을 만들어서 해결하기 보다는, 단일적 사회 내에서 집단차별적 권리에 의해 – 예를 들어 주류 정체 내에서 집단대표에 의해 – 수용되어야만 한다(I. Young 1993*a*: 135). 많은 자유주의자들처럼, 영은 민족적 권리가 다른 정치적 운동이나 또는 국내 평화에 미치는 영향을 우려한다.

한 문제는 아니다.

가령 집단차별적 권리들이 정의의 근거위에서 옹호될 수 있다고 하더라도, 다양한 이유로 이 집단차별적 권리들을 두려워하는 자유주의자들이 여전히 있을 수 있다. 예를 들어, 일부 자유주의자들은 이 집단 차별적 권리들은, 이것들이 공동체성보다 상이성들을 강조하기 때문에 분열적이라고 주장한다. 이러한 비판자들은, 비록 집단차별적 권리들이 평등성이나 또는 역사적 근거로 공정하다고 할 수도 있겠지만, 그것들은 작동하기 어려울 것이라고 주장한다. 나의 주장을 강화하고, 이러한 우려들을 완화하기 위해, 나는 9장에서 사회통합의 문제를 고찰 할 것이다. 하지만 먼저 대표권리의 개념에 의해 제기되는 쟁점들의 일부를 간략히 검토해 보고자 한다.

제 7 장

소수자집단의 목소리 보장

앞의 두 장에서 나는 소수민족을 위한 폭넓은 자치정부권리와 인종문화 집단을 위한 다인종문화적 권리에 대해 하나의 자유주의적 옹호를 제공하고자 하였다. 하지만 어떤 권리들이 어떤 집단에게 부여되어야 하는지를 정확히 결정할 수 있는 간단한 공식이란 존재하지 않는다. 여기에는 각 단계마다 풀리지 않는 문제들이 존재해 왔다: 모든 집단이 '소수민족' 또는 '인종문화 집단'의 범주로 분명하게 나뉘어 떨어지지 않으며; 역사적인 합의들은 종종 해석해내기가 까다롭고; 소수자집단이 직면하는 취약성과 불이익들은 측정하거나 교정하기가 쉽지 않으며; 평등성, 역사, 다양성에 대한 호소는 서로 상충되는 방향으로 나타날 수 있다. 우리가 비자유주의적 소수자집단들의 지위를 고려하거나(8장), 사회적 화합을 증진시킬 필요(9장)의 문제를 다루고자 할 때, 애매한 영역은 증가될 뿐이다.

문제가 되는 이해관계, 원칙, 역사적 상황의 복잡성을 전제한다면, 이런 불확정성은 불가피한 것이다. 결과적으로, 많은 중요한 갈등의 영역은 소수자집단이 가진 특정한 역사, 그 집단이 보다 큰 전체 사회 속에서 가지는 지위, 그 구성원들의 선택과 상황을 고려하여 사례별로 각각에 맞게 해결될 수밖에 없다. 요약하자면, 이 갈등의 영역들은 선의의 협상과 민주정치의 타협(give and take)에 의해 정치적으로 해결될 수밖에 없다. 이것은 우리가 특정한 집단차별적 권리의 공정성뿐만 아니라, 이 권리들이 정의되고 해석되는 의사결정 절차의 공정성에 대해서 생각할 필요가 있음을 의미한다.

의사결정과정에서의 공정성은 다른 무엇보다도 소수자집단의 이해와 관점들이 청취되고 고려되는 것을 의미한다. 이를 달성하기 위해서는 공통적 시민권에 의해 부여되는 표준적인 정치적 권리가 중요하다는 것은 명백하다. 소수자집단들이 투표하고 출마하고, 정치적으로 조직할 수 있고, 공적으로 자신의 견해를 주장할 수 있는 권리를 가지고 있을 때, 소수자들의 이해가 공정한 청취를 보장받을 수 있다.

그러나 개인의 시민적 권리들이 때때로 집단적 차이들을 공정하게 수용하는데 불충분한 것처럼, 개인의 정치적 권리들은 때때로 이런 집단적 차이들을 공정하게 반영하는 데 있어서 불충분하다. 2장에서 밝힌 것처럼, 다양한 집단 내에 있는 개인 구성원들의 정치적인 권리에 대해서 어떤 법적인 제한이 없음에도 불구하고, 이 집단들은 여전히 의회에서 심각하게 과소대표 된 채로 머물러 있다. 예를 들어서, 아프리카계 미국인들은 약 12.4퍼센트의 미국 인구를 구성하지만, 총 선출 공직 가운데 단지 1.4퍼센트만을 차지한다 – 즉, 이들이 (소위 '비례선거대표 proportional electoral representation'라고 부르는) 자신들의 인구비중에 따를 때 차지 할 수 있는 선출직 공직 수의 1/9만을 차지하고 있는 것이다. 히스패닉계 미국인들은 인구의 8 퍼센트를 구성하지만, 선출직의 0.8퍼센트, 즉 자신들의 인구비례선거 대표 수의 1/10만을 차지한다. 캐나다에서 원주민들은 인구의 3.5퍼센트를 차지하지만, 오직 1퍼센트의 연방의석을 차지하는데, 이는 인구비례대표로 가질 수 있는 의석의 1/4을 간신히 넘기는 비중이다.

과소대표는 인종문화적(ethnic), 민족적(national), 인종적 소수자집단(racial minorities)들의 문제만은 아니다. 예를 들어서, 캐나다에서 여성은 인구의 50 퍼센트 이상을 구성하지만, 연방의회에서 13 퍼센트의 의석만을 차지하고 있다. 이는 비례대표로 할 때의 1/4 수준이다. (그리고 많은 다른 서구 민주주의국가들도 이런 측면에서 문제는 더욱 심각하다.) 장애를 가진 사람들과 경제적으로 곤궁한 사람들의 경우 또한 심각하게 과소대표 되고 있다. 사실, '중산층 지위는 주요 선출직에 입후보하기 위한 사실상의 전제조건이다.'[1)]

그 결과, 서구 민주주의 국가들 전역에 걸쳐 있는 많은 사람들은 선거와 입법과정이, 인구의 다양성을 반영하지 못한다는 점에서, '제대로 대표되고 있지 않다' (unrepresentative)고 생각한다. 그리고 이 점이 의회에서 불이익을 받거나 주변화된 집단들의 구성

1) Raymond Wolfinger, RCERPF 1991: i에서 재인용. 미국에서의 흑인들과 히스패닉의 (과소)대표에 대한 통계에 대해서는 C. Davidson 1992: 46을 참조하라. 캐나다에서의 사회 집단들의 대표에 관한 통계에 대해서는 RCERPF 1991: 93-6과 192 참조하라.

원들을 위해 일정한 수의 의석을 할당해 주어야 한다는 생각에 대한 관심을 증진시켜 왔다.

미국에서 이 생각은 주로 '선거구 재획정(redistricting)'의 형태로 구현되었다 – 즉, 흑인 다수 또는 히스패닉 다수 선거구를 만들기 위해서 선거구의 경계를 다시 긋는 것이다. 흑인들이 한 선거구에서 다수를 형성한다는 사실이 흑인대표가 당선되는 것을 보장하지는 않지만, 흑인대표들이 당선되는 분명한 경향이 있다. 그러나 이 선거구 재획정은 과소대표를 해소하는 매우 제한적인 기제일 뿐이다. 왜냐하면 이런 경계 조정 기술이 넓은 지역에 흩어져 사는 집단들에게는 통하지 않기 때문이다. 아프리카계 미국인들의 경우에 있어서 조차도 선거구 재획정은 흑인들이 역사적으로 밀집해 있던 남부지역에서 가장 유용했다. 그러나 흑인들이 점차 미국전역에 흩어져 살게 됨으로써, 흑인 다수선거구를 만들어 내기 위해 선거구를 조정할 방법이 사라지게 되었다.[2)]

보다 광범위한 형태의 집단대표방식도 제시되었다. 예를 들어서, 캐나다에서는 최근의 헌법 논의를 통해 대표의 보장(guaranteed representation)에 대한 많은 제안들이 제시되었다. 캐나다 상원은 수 십 년 동안 개혁의 대상이 되었는데, 부분적으로 그 이유는 상원이 여전히 선출 의회가 아니라는 데 있다. 최근 몇 년 동안, 상원개혁에 대한 제안들은 단지 상원을 선출직으로 바꾸는 것뿐 아니라, 과소대표 되는 집단들로부터 상원의원을 선출하는 데 점차 초점을 두고 있다. 여성지위에 대한 국민행동위원회

---

2) 분명, 이것은 선거의 규모에 달려있다. 연방 선거에서 흑인 다수가 되는 연방의회 선거구를 만드는 것 보다는 지방 선거에서 흑인이 다수가 되는 구(區)를 만드는 것이 더 쉬울 것이다.

(The National Action Committee on the Status of Women : 캐나다에서 가장 영향력 있는 여성주의 로비 집단)는 상원의석의 50퍼센트를 여성에게 할당하고, 소수인종문화집단들의 비례대표 또한 보장할 것을 건의했다. 앨버타 프랑스어 사용 협회(the Francophone Association of Alberta)는 각 주에서 선출되는 6명의 상원의원 중에 최소한 한 명은 그 주의 공식 소수 언어를 대표하도록 할 것을 건의했다. 또 다양한 정부 위원회들은 원주민 만의 선거구를 상원(Senate)뿐 아니라 하원(House of Commons)에도 마련할 것을 주장해 왔다.[3)]

이러한 종류의 제안들은 캐나다에만 있는 것이 아니다. 특정 형태의 집단대표는 이미 많은 나라에서 존재한다.[4)] 이 7장에서는 '집단대표(group representation)'라는 개념과, 이 개념이 어떻게 현존 대의민주주의 체계의 다양한 측면들과 연결되는지를 살펴볼 것이다. 나는 집단대표가 본질적으로 비자유주의적이거나 비민주적인 것이 아니라, 사실 우리의 현재 대의제도와 많은 측면에서 일치한다고 주장할 것이다(1절). 더욱이 집단대표가 특별히 적합한 일부 상황들도 존재한다(2절). 그러나 집단대표에 대한 제안들이 직면하는 수많은 어려움 또한 존재하며, 이 점들은 적절하게 다루어져야 할 것이다(3절).

일부 사람들은 과소대표의 문제가 대표보장의 개념에 의존하지

---

3) 나는 이러한 제안들에 대해 Kymlicka 1993a에서 더 자세히 논의했다.
4) 집단대표제는 네덜란드와 벨기에와 같은 협의제 민주주의(consociational democracy)의 기본적 특징이다(Lijphart 1984; 1991 참조). 다양한 서구 민주주의국가들에서도 역시 토착민들을 위한 집단대표제의 사례들을 찾아볼 수 있다(예컨대 뉴질랜드와 스칸디나비아). 그리고 전 세계적으로도 집단대표제의 다른 많은 사례들이 존재한다(말레이시아, 인도, 레바논).

않고서도 극복될 수 있다고 주장해 왔다. 예를 들어서, 정당은 소수 인종문화집단이나 소수 인종, 여성, 또는 가난한 사람들이 정당의 후보 또는 지도자가 되는 것을 방해하는 장벽들을 줄여나감으로써 더욱 포용적이 될 수 있다. 여기에서 선택할 수 있는 대안들로는, 후보 선출 캠페인 비용에 상한을 두는 것, 캠페인 비용을 공적 기금으로 직접 지원하거나 캠페인 기부에 대해서 세금 공제를 해 주는 것, 불리한 위치에 있는 집단들에서 잠재적인 후보자들을 찾아내고, 선출하는 것을 돕는 공식 탐색위원회(formal search committee)를 각 정당 내에 설치하는 것, 불이익을 받는 집단들의 구성원을 후보로 지명하거나 선출하는 정당에 재정적인 장려금을 주는 것 등이 있을 수 있다.[5)]

또 다른 방식의 개혁방안은 특정 형태의 비례대표제를 체택하는 것인데, 이것은 몇몇 국가들에서는 후보자들을 보다 큰 폭으로 포용하는 것과 관련된다. 대부분의 영미국가들에서 사용되는 단순다수대표제 선거(single-member first-past-the-post election)에서 각 정당의 지역위원회는 오직 한 명의 후보자만을 지명할 수 있다. 따라서 지명선거는 제로섬 게임(zero-sum game)이 된다 - 즉 한 명의 흑인(또는 여성)을 선출하는 것은 한 명의 백인(또는 남성)을 배제하는 것이 된다. 반대로 비례대표제는 '안배(ticket-balancing)'를 허용하고 또 촉진한다 - 즉, 정당 후보자 명단에 흑

5) 이러한 선택들은 RCERPF 1991: 93-121과 Megyery 1991a; 1991b에서 논의 되었다. 물론 불이익을 받는 집단들의 일부 구성원들은, 후보 지명이나 선출에서 뿐만 아니라, 투표에 있어서도 난관에 부딪히고 있다. 투표자 등록제를 개선하는 방안들에는 투표용지에 비공식적 언어를 사용하거나, 비공식 언어를 사용하는 개표위원의 고용, 영구 투표자 명부, 유권자 교육 확대, 선거에 대한 공론화를 위해 대안적인 미디어를 활용하는 것 등이 포함된다.

인과 백인, 남성과 여성, 토착민과 이민자들을 모두 포함시키도록 한다. 더욱이, 비례대표제는 후보자 지명과정에서 과소대표의 문제를 더욱 가시적으로 부각시키고 책임성 있게 한다. 단순다수대표제에서는 10개의 지역선거구 가운데 9개 지역이 백인 남성을 선택한다면, 이것은 마치 10개의 독립된 결정들이 만들어 낸 의도하지 않은 결과처럼 보인다. 이들 결정 중 어느 것도 반드시 의도적으로 차별되었거나 배제되었다고 할 수 없기 때문이다. 하지만, 만약 정당이 오직 한 명의 여성 또는 한 명의 유색인만을 포함한 열 명의 후보자 명단을 비례대표제 선거에 내놓는다면, 보다 대표성 있는 후보자 명단을 제출하지 않은 이와 같은 결정은 명백히 고의적인 것으로 부각된다. 이러한 이유들로 인해서, 비례대표제는 단순다수대표제보다 더욱 대표성 있는 입법기관을 만들어낼 것이다.[6]

많은 사람들은 다양한 집단들의 과소대표 문제를 시정하기 위한 이러한 조치들이 먼저 시도되어야 하고, 이 시도가 성공적이지 않다고 증명될 (아니면 그 효과가 너무 느리게 나타날) 경우에 비로소 집단대표제(group representation)가 시도되어야 한다고 생각한다. 그렇지만, 몇몇 나라들에서 이런 조치들은 시도되었고, 부족한 것으로 드러났다. 그리고 집단대표제에 대한 요구는 수그러들 것 같지 않다(L. Young 1994). 따라서 집단대표제가 자유민주주의 이론 내에서 어떤 역할을 할 수 있는지 고려해 보는 것이 중요하다.

6) 여성의 대표에 대한 홍보를 탁월하게 논의한 예로, 이 단락의 관점들이 인용한, L. Young 1994를 참조하라.

1. 집단대표제는 어떤 점에서 새로운가?

일부 사람들은 집단대표가 현재의 대의민주주의 개념들로부터 급격히 이탈하는 것이라고 생각한다. 즉 개인의 권리와 책임 있는 시민권과 같은 소중한 자유 민주주의 규범들을 손상할 위험이 있는 것이라고 생각한다. 또 일부 다른 사람들은 집단대표가 현존하는 대표 기제와 원리의 논리적인 확장이며, 넓은 의미에서 자유민주주의 정치문화와 양립할 수 있다고 생각한다.

두 입장 모두 어느 정도의 진실을 담고 있다. 한편으로는, 집단대표는 많은 영미국가에 사용되는 지리적으로 규정되는 단순다수대표제로부터의 급격한 이탈이다. 그리고 집단대표는 우리의 전통적인 대표 개념에 대해서 심각한 도전을 제기한다.

그런데 집단대표가 선거과정에서 오래 계속되어 온 어떤 측면들의 연장선상에 있는 것도 사실이다. 예를 들어서, 집단대표는 많은 나라들에서 '이해관계 공동체(communities of interest)'에 상응하기 위해 지역 선거구의 경계를 획정하는 오래된 관행을 확장시킨 것으로 볼 수도 있다. 선거구들이 대체로 비슷한 크기로 정해지도록 되어 있긴 하지만, 같은 수의 시민들로 형성된 무작위적인 집합들(random collections)은 아니다. 그보다는 선거구 경계는 선거구 내의 사람들이 특정한 이해들(interests) – 경제적, 인종문화적, 종교적, 환경적, 역사적 또는 그 외의 이해들 – 을 공유하고, 이 이해가 의회에서 대표되는 방식으로 정해진다. 예를 들어, 미국과 캐나다에서 선거구 경계는 농촌 선거구(rural ridings)에 유리하도록 그어졌다. 그렇지 않았을 경우, 점점 도시화되는 사회 속에서 농촌과 농업의 이익은 전달되지 않았을 것이다.

미국에서 흑인 다수 선거구를 만들기 위해 위와 같은 방식을 사용한 것은 최근의 일로 1965년 선거법(the Voting Rights Act of 1965) 이후이다. 그렇지만, 이 방식은 빠르게 '이해관계 공동체(communities of interest)'에 상응하는 경계 설정의 가장 잘 알려지고 가장 논쟁적인 사례가 되었다. 특히 새로운 선거구가 이상한 모양을 띠게 될 때 더욱 논쟁거리가 되었다. 북 캐럴라이나 주(North Carolina)의 최근 사례는 길이가 160 마일이나 되지만 폭은 1마일도 안 되는 뱀 모양의 선거구를 만든 것과 관련이 있다. 이 선거구는 흑인들이 많이 사는 주간(interstate) 고속도로 주변을 따라서 만들어졌다.[7)]

이런 왜곡된 경계들의 논쟁적인 성격은 흑인다수선거구를 만드는 방식이 종종 남부 백인 정치인들이 흑인 다수 선거구를 **막기**(*prevent*) 위해서 경계를 편의에 맞게 개편했던(gerrymander) 방식과 유사하다는 데에서 비롯된다. 남부 백인 정치인들 역시 매우 이상한 형태로 경계를 그었다. 물론, 과거의 게리맨더링은 흑인 과소대표를 만들어 내고 조성하기 위한 것이었던 반면에, 최근의 선거구 개편은 과소대표를 시정하기 위한 것이다. 하지만, '인종을 의식하는(race-conscious)' 구획을 여전히 많은 미국인들은 꺼려하고 있다. 미국 대법원 역시 최근 쇼 대 리노(Shaw v. Reno

---

7) 한 비판자는 '만약 당신이 차의 양쪽 문을 다 열고 이 주간고속도로(the interstate)로 차를 몰아간다면, 선거구 안에 사는 대부분의 사람들을 치어 죽일 수 있을지도 모른다.'는 발언을 했다. 이것은 *Shaw v. Reno* 113 S. Ct. 2816 (1993), 2821에서 인용되었다. 선거구 재획정 계획은 법원들에서 도전을 받게 되었으며, 연방대법원은, 명백하게 그것은 평등한 보호 조항에 대한 비헌법적인 거부라고 판결했다. 나는 이 판결을 본 장의 뒷부분에서 논하겠다.

(1993)) 판례에서는 투표를 목적으로 인종 '분리(segregating)'를 수반하는 선거구 개편에 대해서 매우 경계하도록 판결을 내렸다. 그 이유는, 대법원은 이런 선거구가 인종적인 선입관을 강화시키고, 인종갈등을 부추길 수 있다는 점을 염려했기 때문이다.

그렇지만, '이해관계 공동체'에 상응하는 선거구 획정들 중에서 그리 논쟁적이지 않았던 다른 많은 예들이 존재한다는 점을 기억하는 것이 중요하다. 예를 들어 농부, 노동자, 이민자 집단, 종교 분파 등이 그렇다. '이해관계 공동체'에 상응하는 경계 긋기는 인종집단을 포함하게 될 때 주요한 논쟁의 근원이 되어 왔다. 그리고 이러한 경계획정이 미국에서 가장 과소 대표되는 집단 중의 하나인 흑인들을 제외한 다른 모든 이들에게 적용 가능하다는 것은 불공평해 보인다. 인종차별과 편견의 역사가 있기 때문에, 이러한 차별로 인해 가장 고통 받았던 집단이 선거구 개편을 통해서 혜택을 누릴 수 있는 가장 적은 기회를 부여 받아야 한다고 주장하는 것은 역설적인 것 같다.[8)]

캐나다에서, 이런 이해관계 공동체의 대표성을 증진시키는 관행은 널리 수용되고 있다. 그리고 선거구조정법(the Electoral Boundaries Readjustment Act 1964)과 대표법(Representation Act 1985)에

---

8) 이것은, 블랙먼(Blackmun) 판사가 반대 의견에서 언급했던 것처럼, 사실상 연방대법원의 Shaw v. Reno 판례의 결과라 할 수 있다. 이 판결이 선거구 재획정에 미친 영향은 분명치 않다. 연방대법원은 반복해서 노스캐롤라이나의 흑인 다수 선거구의 기묘한 모양을 강조했으며, 이 판결은 오직 그런 사례들에만 적용될 수 있을 것이다. 그러나 대법원이 선거구의 모양에 초점을 맞춘 주된 이유는, 그 이상한 모양이 흑인 다수 선거구를 만들어주려는 의도가 있었다는(아무도 부인하지 않는 사실이었다) 확실한 증거를 제공해줬기 때문이다. 그렇다면, 정상적으로 형성된 흑인 다수 선거구를 포함하는 선거구 재획정이라 하더라도, 만약 의도적으로 '인종을 의식했다'(race-conscious)는 증거가 있다면, 그것은 이제는 의심을 받을 수 있다는 것이다. (그리고 거의 항상 그런 증거는 존재하는데, 왜냐하면 그런 관행은 선거권법(Voting Rights Acts)하에서 상당히 공개되어 있는 문제이기 때문이다.)

의해서 법적으로 요구되고 있다. 또한 최근 선거개혁을 위한 왕립 위원회(Royal Commission on electoral reform)에 의해서도 인정되고 있다:

> 하나의 이해관계 공동체가 두 개 혹은 그 이상의 선거구에 걸쳐 분산되어 있을 경우, 그 공동체 내의 투표자들이 가지는 자신들의 집단적 이익을 증진시키는 능력은 자연히 약화된다. 이들 투표자들의 참여 동기 또한 감소된다. 그 이유는 투표의 결과가 자신들의 공동체의 이익과 상관성이 적어지기 때문이다. 특히 그것을 피할 수 있음에도, 그러한 경우가 발생하게 된다면, 선거 제도의 정당성은 약화된다. (RCERPF 1991: 149; cf. Spitz 1984: 48-50)

위 단락에서, 왕립위원회는 영토적으로 집중된 이해관계 공동체를 가정하고 있다. 그리고 내가 앞에서 지적했듯이, 경계 획정의 기술은 오직 이런 집단들을 위해서만 적용되고 있다. 하지만, 왕립위원회의 주장은 비영토적 이해관계 공동체에도 똑같이 적용되는 것으로 보인다. 만약 특별한 조치들이 두 개의 선거구에 걸쳐 분산된 공동체의 대표를 보장하기 위해서 취해져야 한다면, 여성, 장애인, 인종문화적 소수집단, 가난한 사람들과 같이 전 국토에 분산된 이해관계 공동체의 대표를 보장하기 위한 조치들을 취해서는 안 되는가? 만약 전자가 효과적인 대표, 참여, 선거의 정당성을 증진시킨다면, 왜 후자는 그렇지 않은가?[9)]

이해관계 공동체를 대표하는 것에 대한 공약은 미국과 캐나다의

9) 베인스(Baines)는 '이익 공동체'의 대표권을 보장하는 원칙이 여성에게로 확대되어야 한다고 주장한다(Baines 1992: 56). 이 위원회는 집단대표의 원칙을 비 영토적 이익 공동체로 확대할지를 고려했었지만, 그것을 거부했다(RCERPF 1991: 172). 나는 이 위원회의 논리를 Kymlicka 1993a: 84-5에서 논의한다.

정치가 순전히 개인주의적 선거권 또는 대표의 개념에만 기반해 온 것은 아니라는 점을 보여준다. 개인주의적 관점에 입각한다면, 오직 문제가 되는 것은 개인들이 동등한 선거구에서 동등한 투표를 가지고 있는가에 있다. 이것이 각 개인이 동등한 투표권을 가져야 한다는 원칙에 부합하기 위해 요구되는 전부이다. 선거구의 크기가 같다면, 선거구들의 경계가 어떻게 그어져야 하는가는 중요치 않은 문제이다. 하지만, 이것은 사람들이 자신이 속한 이해관계 공동체의 구성원으로서 투표하고, 이에 근거해서 대표되기를 원한다는 현실을 무시한다. 왕립 위원회가 말하듯이,

> 투표권(franchise)과 정치적 대표(representation) 모두 단지 개인주의적 현상만은 아니다. 둘 모두 집단적 또는 공동체적 기능들을 통해서 표출된다. 개인주의적 관점은 선거과정과 대표에 대한 부분적이고 불완전한 이해에 기반하고 있다. 동등한 비중의 투표권이라는 이상을 증진시키는데 있어서, 개인주의적 관점은 중요한 헌법적 권리를 향상시킨다. 하지만, 공동체 차원을 간과함으로써, 기껏해야 비현실적이거나, 최악의 경우, 소수자집단의 정당한 요구를 무시한다. (RCERPF 1991: 152-3)

이러한 관행들의 기초가 되는 논리는 (비영토적인) 집단대표의 원칙을 옹호하는 데까지 확장될 수 있다.

불리한 집단이 제기하는 집단대표에 대한 요구는 또한 크기가 보다 작은 지역들에 대해서 특별 상원 대표의 원리(the principle of special Senate representation)를 확대 적용 하는 것의 하나로 간주할 수도 있다. 호주 상원과 마찬가지로 미국 상원은 인구수에 관계없이 각 주에 같은 수의 상원의원을 배정한다. 캐나다 상원

은 최근 인구수에 따른 대표원칙에 따라 더 큰 주에 더 많은 의석을 배분하고 있긴 하지만, 많은 캐나다인들은 하원에서 경시될 수 있는 보다 작은 주들을 효과적으로 대표하기 위해서 미국식 모델을 캐나다가 채택하는 것을 추구해 왔다.

낙후되거나 소외된 지역들에 특별 상원 의석이 필요하다면, 소수 인종들, 여성, 또는 빈민들과 같이 불리하거나 소외된 집단들에게는 왜 필요하지 않다고 할 수 있는가? 상원에서의 특별 지역 대표에 관한 요구는, 지역간의 심대한 경제적·문화적 다양성이 상이한 이해관계는 물론 때로는 갈등적인 이해관계로 나아갈 수 있다는 점을 가정하고 있다. 즉, 작거나 가난한 지역의 이해가 순수한 다수결 시스템 하에서는 효과적으로 대표되지 못한다는 것이다. 그리고 다수결 원칙은 '소수자 관심의 집단들에 대한 적절한 반응을 보장하는 일련의 정부 구조 안에서만' 정당한 것이다.[10] 하지

10) Canada West Foundation 1981: 9. 소수자집단의 이익에 대한 민감성에 기초한 더 나은 지역 대표제를 위한 이러한 주장을, 연방체제에서 상원이 지방 정부의 이익을 대표하기 때문에 상원의원들은 해당 지방을 대표해야 한다는 상이한 주장과 구분하는 것은 중요하다. 이 주장은 미국과 캐나다 모두에서 고려되었었고 거부되었다. 상원의원들은 주 정부나 지방 정부의 권리와 권력을 옹호하기 위해 선택된 주·지방정부의 대리인이 아니며, 연방 정부에서의 인민의 대표자의 역할을 해야 한다. 이 두 가지 주장의 구별에 대해, Special Joint Committee 1992: 41-2를 참조하라. 어떤 집단들은 다수결에서 무시당할 수 있으며 그리하여 특별한 대표제가 필요하다는 생각은, 많은 나라들에 존재하는 상원 제도의 역사적 기초이다(예컨대 캐나다와 미국, 영국의 상원). 역사적으로, 이러한 상원제도는 **특권**을 가진 소수자집단의 대표권을 보장하기 위해 사용되었다. 예를 들면, 영국의 상원은 귀족계급과 영국 국교회의 대표권을 보장해 주었으며, 캐나다의 상원은 원래 자산가들을 보호하기 위해 정착되었다. 또한 상원은 작은 지역들을 위한 비례적이지 않은 대표권(disproportionate representation)을 보장하기 위해 사용되었다. 제인 젠슨(Jane Jenson)이 언급하듯이, 서구 민주주의국가에는 여러 가지 '대표권을 향한 경로'(routes to representation)가 존재하며, 이 경로들 중 많은 수는 그것이 지역·종교·계급 등 무엇이든 간에, 집단에 기초해왔다(Jenson 1995). 집단대표제에 대한 현대의 주창자들은 단순히 이 전략이 그것을 정말로 필요로 하는 이들 - 즉, 특권적 소수자집단이 아닌 불이익 받는 소수자집단들 -을 보호하기 위해 사용될 것을 요구하고 있다.

만, 이 주장들은 또한 다양한 사회집단들에게도 적용될 수 있다. 남자와 여자, 영어 사용주민과 히스패닉(스페인어 사용주민), 백인과 흑인, 이민자와 토착민, 비장애인과 장애인, 부자와 가난한 사람의 다양한 조건과 경험은 상이한 이해관계뿐만 아니라 때로는 갈등적인 이해관계를 발생시킨다. 그리고 작고 가난한 집단의 이해는 다수결 체제에서 대표되지 않을 것이다. 그렇다면 왜 이런 소수자집단들의 이해에 대한 적절한 반응을 보장하는 대표구조를 만들면 안 된다는 말인가?

그렇다면 미국과 캐나다에서는 집단대표의 이념을 부분적으로나마 지지하는 정치적 삶의 중요한 측면들이 존재한다고 할 수 있다. 물론 그것만으로는 문제가 해소되지는 않는다. 결국, 이해관계 공동체들을 대표하기 위한 경계구획의 실천은 논란이 되어 왔다. 특히 인종집단(racial groups)에 대해서 그랬고, 각 주에 동수의 상원의석을 배분하는 관행에서도 마찬가지였다.[11] 일부 사람들은, 이러한 관행들의 논리를 비영토적인 사회집단들의 대표를 포함할 수 있도록 확장시키기보다는, 현재의 관행을 축소하고, 어떤 수준에 있는 어떤 집단에 대한 수용도 하지 않는 보다 개인주의적 모델의 선거과정을 고수하기를 더 바라고 있다.

11) 사실, 미국 연방대법원은, 1인 1표의 투표에 상이한 비중을 두는 제도는 헌법 하에서 금지된다고 주장하면서(*Lucas v. 44th Attorney General of Colorado* 377 US 713 [1964]), 미국 상원 그 자체가 이 원칙을 위반한다는 사실에 직면했다. 연방대법원은 이것을 인정했고, 만약 그 자체가 헌법의 일부분이 아니라면, 상원은 비헌법적이기 때문에 폐지되어야 할 것임을 암시했다.

2. 왜 집단대표인가?

따라서 집단대표의 장점을 평가하기 위해서, 우리는 잠시 뒤로 물러서서 대표(representation)의 개념에 대해서 신중하게 검토할 필요가 있다. 현존하는 정치제도가 '대표성을 지니지 못하다(unrepresentative)'는 생각은 널리 알려진 것이지만, 그 근저에 깔려있는 대표의 개념은 좀처럼 심도 있게 연구되지 않았다. 서구민주주의사회에서 정치를 지배하는 중산계급 백인 남성들은 대체로 인구구성상으로는 전체 인구를 대표하지 않지만, 이들은 대체로 그 전체 인구 가운데에서 **선출된** 대표들(*elected* representatives)이다. 그리고 종종 소수자집단과 불리한 여건의 집단들에게 선거 때 폭넓은 지지를 받기도 한다. 따라서 소수자집단들이 의회에서 완전히 대표되지 않는다는 주장은 우리가 자신이 가진 성별, 계급, 직업, 인종문화성(ethnicity), 언어 등을 공유하는 누군가에 의해서만 완전히 '대표될 수 있다(represented)'는 것을 전제로 하고 있는 것 같다.

이것은 때때로 '거울식 반영 대표(mirror representation)'라고 불리는 개념이다 – 즉, 의회가 공중의 인종문화적, 성별, 또는 계급적 성격을 거울처럼 반영할 때, 공중 일반을 대표한다고 말할 수 있다는 것이다(Birch 1964: 16; Pitkin 1967:ch. 4). 혹은 다른 식으로 표현하자면, 의회에 한 명 또는 그 이상의 의원이 자신과 같은 부류의 사람들일 때, 그 집단의 시민들이 입법기구에서 대표된다고 할 수 있다. 이 개념은 민주주의 이론에서 보다 익숙한 개념, 즉 대표(representation)를 그들이 가진 개인적인 속성보다는 대표자들이 선출되는 과정의 측면에서 규정하는 개념과 대조된다.

이런 전통적인 관점에서는, 비록 선출된 대표가 자신과 개인적인 특성에서 매우 다르다 할지라도, 시민의 집단이 하나 혹은 그 이상의 의원의 선거에 참여했다면, 투표를 한 이 집단의 시민들은 의회에서 대표된다고 본다.

왜 대표에 있어서 개인적인 특성들이 그렇게 중요한가? 놀랍게도 최근의 집단대표에 대한 제안이 근거하고 있는 이러한 (전통적 대표 개념과) 경합하는 대표(the competing conceptions of representation)개념에 대한 글은 거의 없다. 그렇지만, 왜 개인적인 특성이 중요한가에 대한 수많은 이유들이 존재한다. 일부 논평자들은 사람들이 서로의 필요와 이익을 진정으로 이해하기 위해서는 일정한 경험과 특성을 공유해야만 한다고 주장한다. 이 관점에서는, 백인 남자는 여성이나 흑인 남자의 이익이 무엇인지를 알 수가 없다: '아무리 많은 배려 또는 공감으로라도, 그리고 아무리 신중하거나 정직한 사람일지라도, 경험의 벽을 뛰어넘을 수는 없다'(A. Phillips 1994: 76).

또 다른 이들은 백인남성이 여성과 흑인의 이익을 이해할 수 있다고 하더라도, 이들의 이익을 증진시킬 것이라고 기대할 수 없다고 주장한다. 예를 들어서, 크리스틴 보일(Christine Boyle)은, 수입, 안목, 법적 권리, 육아 등의 관점에서 남성의 이익이 여성의 이익과 다르기 때문에, '남성이 여성을 대표한다는 것은 불가능하다는 결론이 합당한 것으로 보인다'고 주장한다. 그런 이유는 남성이 반드시 여성의 이익을 이해할 수 없다는 데 있는 것이 아니라, '어느 순간에서 한 집단의 구성원들이, 다른 집단에 속한 누군가는 그들과 너무나 상충되는 이익을 가지고 있어서 대표가 불가능하거나 가능하더라도 거의 이루어지지 않을 것이라고 느낀다는 데 있다'(Boyle 1983: 797-8; cf. Minow 1991: 286).

의심할 바 없이 이 두 주장 모두 진실을 담고 있다 - 우리가 진지하게 노력한다고 할지라도, 다른 사람과 입장을 바꿀 수 있는 정도에는 한계가 있다. 우리가 그렇게 노력할 수 있는 정도에도 한계가 있다. 그럼에도 불구하고, 거울식 반영 대표(mirror representation)의 이념은 일반적이고 완전한 대표의 이론이 되기에는 수많은 결점을 지니고 있다. (나는 뒤에서, 일정한 정도의 거울식 반영대표가 어떤 구체적인 맥락에서는 일반적 대표이론보다 정당화될 수 있다는 좀 더 적용 가능한 생각을 다룰 것이다.)

첫째, 의회가 전체 인구를 반영해야 한다는 이념은, 그 논리적 귀결로, 선거정치에서 벗어나 추첨이나 무작위 추출을 통한 대표의 선출로 나아가게 된다. 피트킨(Pitkin)이 언급한 것처럼, '추첨에 의한 선출 또는 통제된 무작위 추출이 인민 전체의 축소판으로서의 의회를 만들어내기 위한 최선의 방안'이다(Pitkin 1967: 73, quoting Alfred DeGrazia). 그리고 사실상 일부 이론가들은 추첨을 통한 선출 방안을 제시해 왔다(Burnham 1985). 그렇지만 집단대표를 찬성하는 사람들을 포함해서 대부분의 사람들은 이 방법이 민주주의의 원리, 즉 대표들이 공중에 의해서 권위를 부여 받고, 또 공중에 대해서 책임을 져야 한다는 원리를 포기하는 것이라고 생각한다.

둘째, 백인이 흑인의 요구를 이해할 수 없다는 주장 또는 남성이 여성의 요구를 이해할 수 없다는 주장은 백인 남성이 다른 이들의 요구를 이해하거나 대표하기 위해 노력하지 않는 것에 대한 구실이 될 수 있다. 사실 일부 논평자들은 이런 일이, 마오리(Maori) 족이 의회에서 의석을 보장받고 있는 뉴질랜드에서 일어났다고 말한다. 마오리 족 외의 사람들은 이것을 마오리족 일에 관심을 가질 책임으로부터 자신들을 면제시키는 것으로 해석한다(Fleras 1985: 566; Gibbins 1991: 171; Mulgan 1989: 139-141). 미노우(Minow)에 따르면, 사람들이 '차이의 경계를 넘어서 감정이입을 할 수 없다'는 가정이 '자기실현적 예언'(a self-fulfilling prophesy)이 될 수 있다고 한다(Minow 1991: 293). 특히 이 가정이 법규와 제도적인 기대 속에 구현되어 있을 경우에 더욱 그렇다.

셋째, 남성이 여성의 이익을 이해할 수 없다는 주장은 양다리를 걸치는 셈이다. 이 주장은 여성이 남성을 이해할 수 없고 따라서 대표할 수 없다는 것을 시사한다. 물론 많은 남성들이 이렇게 믿을 수 있다. 그러나 이 주장의 매력적이지 못한 점은, 이것이 우리가 오직 자신의 집단만을 대변할 수 있다는 의미를 함축한다는 점이다. 집단대표의 일부 옹호자들은 이 결과를 받아들인다. 베인즈(Baines)에 따르면, '만약 진실을 말해야만 한다면, 여성은 특히 남성을 대변하는 데 관심이 [없다]'(Baines 1992: 56). 하지만, 대부분의 집단대표의 옹호자들은 '사람들이 자신의 집단 정체성이나 이익만을 대변하기 위해서 선출되는 정치'를 선호하지 않는다(A. Phillips 1992: 85).

이러한 반대들은 한 집단의 구성원들이 자신들과는 상당히 다른 경험과 특징을 가지는 다른 집단의 구성원이 가진 이익을 이해하고 따라서 대표할 수 있다는 것을 입증해 주지 못한다. 하지만, 한 집단의 구성원들이 다른 집단의 이익을 이해할 수 없다는 주장은,

만약 그것이 수용된다면, 집단대표의 가능성을 역시 손상시키는 것처럼 보인다. 왜냐하면 이 주장이 집단 간 뿐 아니라 집단 내에도 적용되기 때문이다. 각 집단은 독자적인 경험과 특징을 지닌 소집단들로 이루어져 있다. 만약 남성이 여성을 대표할 수 없다면, 백인 여성이 유색인 여성을 대표할 수 있겠는가? 유색인 여성의 범주 안에서도 아시아계 여성은 아프리카-카리브계 여성들을 대표할 수 있는가? 중산층 이성애 비장애인 아시아계 여성(middle-class heterosexual able-bodied Asian women)은 빈곤층, 장애인 또는 레즈비언 아시아계 여성을 대표할 수 있는가? 결론적으로 거울식 반영 대표(mirror representation)의 원리는 대표의 가능성 자체를 침해하는 것으로 보인다. 만약 '아무리 많이 생각하거나 공감하고, 또 아무리 신중하고 정직하다고 해도, 경험의 벽을 넘을 수 없다'면, 어떻게 누군가가 다른 누군가를 대표할 수 있겠는가?[12)]

이러한 난점들은 거울식 반영 대표의 개념이 대표에 대한 하나의 일반적 이론으로서는 거부될 수밖에 없음을 시사한다. 물론 사람들이 '경험의 벽을 뛰어'넘으려 하거나 넘을 수 있는 범위에는 한계가 있다. 그러나 그 해결책은 이런 한계들을 수용하는 것이 아니다. 오히려 우리는 이 한계들과 싸워야 한다. 그래야 사람들이 보다 다른 처지의 사람들과 입장을 바꿔 진실로 이해하려 하고, 이해할 수 있는 (그럼으로써 다른 이들의 필요와 이익을 대표할 수 있게 되는) 정치 문화를 창조할 수 있다. 이것은 물론 쉬운 일이 아니다 - 보다

12) A. Phillips 1992: 85-9. Jones 1993도 참고하라. 미국적 맥락에서, 이 쟁점은 중산층 흑인들이 '진실로 불이익 받고 있는' 도심의 흑인들을 대표할 수 있는 역량이 있는가와 관련 하여 제기되었다. 이것에 대하여 Reed 1988; Guinier 1991b를 참고하라.

나은 '심의민주주의'(deliberative democracy)의 체계를 만들어 나가기 위해서는, 우리의 교육체계, 다양한 집단들에 대한 미디어 표출 이미지, 그리고 정치과정의 변화가 필요할 것이다. 그렇다고 하더라도 여전히 한 집단의 구성원들이 다른 집단 구성원들의 요구를 이해하는 것을 보장할 수는 없을 것이다. 이것은 '감정이입의 도전(challenge of empathy)'을 의미한다.[13] 하지만, 집단간 교차 대표(cross-group representation)의 가능성을 포기하는 것은 시민들이 다른 이들의 요구를 고민하며 서로의 운명을 공유하는 데 헌신하는 사회에 대한 가능성을 져버리는 것이다.

사실, 집단대표의 주창자 중에서 거울식 반영 대표의 개념을 일반적인 대표이론의 하나로 지지하는 사람은 거의 없다. 대신에 집단대표는, 보다 맥락적인 토대 위에서, 어떤 조건에 처해진 특정한 집단을 대표하는 하나의 적절한 기제로서 옹호된다. 이런 집단대표에 대한 맥락적인 주장은 체계적 차별(systemic discrimination)과 자치정부(self-government), 두 개의 주요 진영으로 나누어진다.

집단대표 권리는 어떤 체계적인 불이익 또는 그 집단의 관점과 이익이 효과적으로 대표되는 것을 불가능하게 하는 정치과정 상의 장벽에 대한 하나의 대응으로서 종종 옹호된다. 예를 들어, 아이리

13) '감정이입의 도전(challenge of empathy)'이라는 용어는, 교차 집단대표제(cross-group representation)의 가능성에 대해 회의적인 '차이 비판자들(difference critics)'과 사람들이 차이의 경계를 넘어 공감할 수 있음을 주장하는 '감정이입 옹호자들(empathy advocates)' 간의 논쟁에 대한 미노우(Minow)의 논의로부터 끌어 온 것이다(Minow 1991: 284-9). '심의민주주의'(deliberative democracy)의 개념과 사회적으로 다양한 사회의 구성원들이 서로를 이해하는 것을 돕는 데 있어서의 심의민주주의 역할에 대해, Cohen 1989를 참고하라. 그러나 현존하는 '심의민주주의'의 개념들이 그 자체가 문화적으로 편향되었으며, 주류 사회를 특징짓는 담론과 논증들의 방식을 선호하고 있다고 주장하는 I. Young 1993b 역시 참고하라. 보다 더 심의적인 민주주의를 고취시키는 데 있어서의 집단대표제의 잠재적 역할에 대해서는, Abrams 1988; Sunstein 1991; A. Phillips 1995: ch. 4를 참조하라.

스 영(Iris Young)은 특별한 대표 권리가 '억압받는 집단들(oppressed groups)'에게까지 확장되어야 한다고 주장한다. 이유는 다음과 같다:

> 어떤 집단들은 특권을 가지고, 반대로 어떤 집단들은 억압받는 한 사회에서, 시민으로서 사람들은 자신의 특정한 소속이나 경험을 떠나서 하나의 일반적인 관점을 받아들여야 한다고 주장하는 것은 오직 특권의 강화에만 기여할 뿐이다. 왜냐하면, 특권집단의 이익과 관점이 이런 통합된 공중을 지배하면서 다른 집단들의 사람들을 소외시키거나 침묵시키는 경향이 있기 때문이다. (I. Young 1989: 257)

영(Young)에 따르면, 억압받는 집단들은 정치적 과정에서 불리한 입장에 처해 있고, '그 해결책은 최소한 부분적으로라도 억압받는 집단의 명시적 인정과 정치적 대표를 위한 제도적인 수단을 제공하는 것에 있다'(I. Young 1989: 259. Cf. I. Young 1990: 183-91; Boyle 1983: 791). 이러한 조치들에는 이익주창단체들(advocacy groups)에 대한 공적 기금 지원, 정치체 내에서의 대표 보장, 집단에 직접적으로 영향을 미치는 특정 정책들에 대한 거부권이 포함될 수 있을 것이다.

여기서 요점은 의회가 사회를 거울처럼 반영해야 한다는 것이 아니라, 일부 집단의 다른 집단에 대한 역사적인 지배가 만들어 놓은 편견과 장벽의 여파로, 역사적으로 불이익을 받았던 집단들이 현재의 정치적 과정에 효과적으로 참여하는 것이 어렵다는 점이다.

집단대표 권리들이 억압 또는 체계적인 불이익에 대한 반응으로 여겨지는 한, 이 권리들은 – 하나의 정치적 형태의 '적극적 배려 조치

(affirmative action)'로서 – 특별 대표에 대한 필요가 더 이상 존재하지 않는 사회로 나아가기 위해 가장 적절한 잠정적인 조치로 여겨진다. 사회는 억압과 불이익을 제거해야 하고, 그럼으로써 특별 권리들의 필요성을 없애야 한다. 흑인과 히스패닉에 대해서 선거구 재구획을 실시하도록 한 투표권리 법(The Voting Right Act)은 잠정적인 조치로서 특별히 만들어진 것이다. 이 법은 이런 종류의 적극적 배려조치를 위한 선거구 개편이 여전히 필요한지 확인하면서 정기적으로 개정되어야 한다.

다른 적극적 배려 조치의 프로그램들과 마찬가지로, 집단대표 프로그램은 그것이 실제로 작동할지, 보다 논란이 덜하면서도 실행 가능한 대안은 없는 것인지, 대상이 되는 집단의 사람들을 너무 과도하게 수용하거나 너무 적게 수용하지 않으면서, 실제로 불이익을 받는 사람들을 목표대상으로 정하는 것이 가능한 것인지에 대해서 의문들이 있다. 이런 쟁점들은 경제계와 학문 영역에서 있어 온 적극적 배려 조치에 대한 논쟁을 통해 볼 때 익숙한 문제들이다. 다른 영역에서 실시되어 온 적극적 배려 조치 프로그램의 경험에 비추어 본다면 위의 질문들에 대한 일반적인 답이 거의 존재하지 않는다는 것을 알 수 있다 – 모든 것은 실제 제안된 프로그램의 구체적인 사안들에 좌우된다.[14)]

그렇지만, 집단대표의 문제는 많은 나라들에서 복잡하게 얽혀

---

14) Rosenfeld 1991을 보라. 그러나 적극적 배려 정책 프로그램들이 좀처럼 이로운 적이 없었으며, 게다가 요구와 불만들의 급증을 낳았다고 주장하는 Sowell 1990 또한 참고하라. 투표권법(VRA)은 주요 관직의 구성에 있어서가 아닌 유권자 개개인의 구성에 초점을 맞춘다는 의미에서 적극적 배려정책과 차이가 있다. 흑인 다수 선거구에서도 백인이나 히스패닉 대표자를 선출할 수 있다. 나는 본 장의 후반부에서 이 문제로 다시 돌아올 것이다.

있다. 왜냐하면 어떤 대표권리들은 체계적인 차별을 극복하기 위해서 옹호되는 것이 아니라, 소수민족의 자치정부 권리의 논리적 귀결로서 옹호되기 때문이다.

2장에서 논의했듯이, 자치정부 권리(self-government rights)는 연방정부가 소수민족에 대해서 행사하는 권한에 한계를 설정한다. 더욱이 이런 한계들은 '비대칭적(asymmetrical)'일 수 있다. 예를 들어서, 푸에르토리코인들 또는 인디언 보호구역의 거주민들은 미국의 다른 지역에서 적용되는 미 연방 법의 일부 조항들에 대해서 면제될 수 있다. 똑같은 경우가 캐나다의 퀘벡인들과 인디언 집단들에게도 적용된다. 이런 종류의 연방 권한에 대한 한계는 언젠가는 없어져야 할 억압에 대한 치유책도 아니며, 또한 잠정적인 조치로도 여겨지지 않는다. 반대로, 소수민족들은 종종 자치정부의 권리를 '본질적(inherent)' 권리로서 주장한다. 소수민족들은 이 권리를 보다 큰 전체 국가(미국/캐나다)에 통합되기 이전에 이미 존재했고, 또 미래에 무한히 지속시켜야 할 것으로 생각한다.

자치정부와 집단대표의 관계는 복잡하며, 차별에 대한 시정조치로서의 집단대표에 대한 보다 익숙한 논쟁에 또 하나의 새로운 역동성을 추가한다. 한편, 자치정부가 연방정부의 소수민족에 대한 관할권을 축소시키는 만큼, 자치정부 역시 해당 소수민족 집단이 연방차원에서 (적어도 특정한 이슈에 대해서는) 축소된 영향력을 행사하게 만든다. 예를 들어서, 만일 퀘벡인(Quebecois)들의 자치정부가 오타와(Ottawa 연방정부 수도)로부터 퀘벡으로 비대칭적인 권력의 이전을 받아서, 연방정부가 퀘벡에는 적용되지 않는 법을 통과시켰다고 할 때, 퀘벡인들이 이 법안에 대해서 투표를 하지 않는 것이 공정하다(특히 퀘벡인들이 결정적인 표를 행사할 수 있을 경우에는 더욱 그러하다). 또 예를 들자면, 퀘벡의 의원들이 퀘벡에는 적용이 되지 않는 이민에 관한 연방 법안을 결정하는 것은 부당한 것으로 보인다. 마찬가지로 특별히 마련된 원주민(Aboriginal) 선거구에서 선출된 원주민 의원들이 자신들은 면제가 되는 법안에 투표를 하는 것 역시 부당해 보인다.

많은 소수민족들이 연방차원에서 이런 종류의 축소된 영향력을 가지고 있다. 예를 들어서, 푸에르토리코 주민들은 미국 대통령 후보자를 선출하는 것을 돕지만, 대통령 선거에는 투표를 하지 않는다. 또 그들은 의회에 '행정관(commissioner)'이라고 불리는 오직 한 명의 대표만을 보낼 수 있는데, 이 사람은 해당 위원회를 제외하고는 발언권만 있지 투표권이 없다. 일부는 이런 축소된 대표성을 푸에르토리코가 '식민지화된(colonized)' 것의 증거로 인식한다. 그러나 현존하는 제도의 세부사항들은 분명 여러 비판에 직면해야 하겠지만, 축소된 대표권의 존재자체는 단순히 식민지 종속의 문제가 아니라 푸에르토리코인 자치정부의 논리적 귀결의 문제로도 볼 수 있다.[15)]

다른 한편, 특정한 영역에서의 자치정부의 권리는 이 영역들에

15) 이러한 사례가 보여주듯이, 소수민족이 연방 정부의 권위에 덜 종속되어 있을 때 발생하는 잠재적인 불공정성을 어떻게 최선으로 없앨 수 있는지 알아내는 것은 어려운 일이다. 푸에르토리코는, 그들이 아직도 몇몇 지역에서는 의회의 권위에 상당히 종속되어 있음에도 불구하고, 아주 제한적인 연방 수준의 대표들을 갖고 있다. 그 영향을 좀 더 이슈별로 접근하는 방법으로 축소하는 것이 더 나은 것처럼 보일지도 모른다 - 예컨대, 그들의 의회대표들에게 푸에르토리코가 예외가 되는 입법을 제외하고는 완전한 선거권을 행사하는 것을 허용하는 방법 등이다. 불행히도, 많은 종류의 입법들은, 그들이 일부는 제외되고 일부는 종속되는 관할의 영역을 다루고 있다. 정부의 업무를 '자치정부' 관할과 '연방' 관할의 묶음으로 물샐틈없이 나눌 방법은 없다. 이것은 캐나다에서 실행가능할만한 비대칭적 연방제의 모델을 발전시키는 데 심각한 장애물이 되어 왔다. 퀘벡 의원들의 역할을 어떻게 최선으로 재정의할 수 있을지는 아무도 확신하지 못하고 있다.

대해 개입할 수 있는 모든 기구들에서 대표를 가질 권리를 수반하는 것으로 여겨진다. 따라서 예를 들어, 퀘벡이 자신의 자치정부권한을 해석할 수 있거나 수정할 수 있는 어떤 기구 또는 관할권의 충돌이나 중복이 일어나는 영역에 있어서 결정을 내릴 수 있는 어떤 기구(예를 들자면 연방대법원)에서 집단대표를 보장받는 것은 논리적인 귀결로 보인다. 그리고 사실 퀘벡은 연방대법원에서 9인의 대법관 중에 3인의 자리를 보장받는다.[16)]

과도하게 단순화해서 말하자면, 소수민족의 자치정부는 권력분점을 협상하고, 해석하고, 수정하는 **정부간 기구**(*intergovernmental* bodies)에서의 대표 보장을 포함하는 것으로 여겨진다. 하지만, 소수민족에게는 예외가 되는 순수한 연방 관할의 영역에서 입법을 하는 **연방** 기구에서는 축소된 대표를 수반하게 된다.[17)]

---

16) 이 대표제는 대법원 영구 의석이나, 아니면 직접적으로 영향을 주는 이슈들에 대해서만 의석을 보장하는 형태를 띨 수도 있다. 이것은 국제사법재판소에 의해 사용된 모델로서, 특정 분쟁의 당사자인 각 국가들에게, 해당 사건의 청문이 이루어질 때, 각 한 명씩 위원을 임명하도록 허용하고 있다.

17) 이러한 과도한 단순화의 일부로서, 미국과 캐나다의 인디언 자치정부가 연방정부로부터 인디언 부족이나 무리들에게 권력을 이전하는 것과 관계되어 연방의 입법과정에서 제외되고 있긴 하지만, 인디언들과 연방 정부 간에 연방 정부로 하여금 다른 시민들보다 인디언들에게 **더 많은** 권위를 갖도록 하는 독특한 신뢰 관계도 존재한다는 점을 들 수 있다. 예를 들면, 캐나다에서는, 영국령 북아메리카 법안 91조 4항(s. 91 (4) BNA Act)은 연방정부에게 인디언들과 인디언 영토에 관련된 문제에 있어 배타적인 권한을 부여했다. 그 결과로, 연방 정부는 원주민들에게 다른 캐나다인들이 지방 정부로부터 받았던 특정 서비스를 제공했다. 이것은 의회에서의 원주민 대표의 필요성을 축소시키려고 하는 원주민 자치정부의 경향을 상쇄시키는 데 도움이 되는, 의회에서의 원주민 대표의 증가를 지지하는 주장이다(RCERPF 1991: 181-2 참조). 이것은 집단대표를 위한 주장이 어느 정도로 맥락적인지 보여주며, 거울식 반영 대표제(mirror representation)의 어떠한 일반이론으로부터도 도출되는 것이 아님을 보여준다.

사실, '연방'과 '정부간(intergovernmental)'의 구분은 많은 곳에서 애매하다. 정부간 기구가 종종, 불이익 받는 집단들에 직접적인 관련이 있는 문제를 포함하는 순수하게 연방 관할의 문제에 영향을 주는 결정을 내리는 것과 같이, 연방 정부는 불가피하게 자치정부에 나쁜 영향을 주는 분야의 법률을 제정한다. 이러한 한에서, 우리는 자치정부 집단이 연방 수준에서도 특정 이슈에 기초한 대표를 가질 수 있도록 하고, 불이익 받는 집단들이 정부간 기구에서 특정 이슈에 기초한 대표를 가질 수 있도록 하기를 바

따라서 (캐나다에서 다양한 논평자들과 위원회에서 주장하듯이), 원주민들에게 연방 의회에서의 의석을 보장해주자는 제안이 '원주민 자치정부의 논리적인 연장'(a logical extension of aboriginal self-government)이라고 주장하는 것은 잘못된 것이다(Special Joint Committee 1992: 52). 만일 논리적인 연관이 있다면, 자치정부의 논리적인 귀결은 확장된 대표(increased representation)가 아니라 축소된 대표(reduced representation)이다. 자치정부의 권리는 기본적으로 연방정부의 권위에 맞서는 권리이지 그 권위의 행사를 공유하는 권리가 아니다. 많은 인디언들이 캐나다 하원(the House of Commons)에서의 보장된 대표(guaranteed representation)에 반대한 것은 이러한 이유에서이다. 이러한 견해에 입각한다면, 하원에서 보장된 대표를 통해 중앙정부는 인디언 공동체들을 정당하게 통치할 수 있다는 생각을 가지게 될 것이다.[18)]

물론, 인디언들은 그들이 받아온 체계적인 불이익에 근거해서 연방의회에서 특별대표(special representation)를 요구할 수도 있다. 천부의 권리로서의 자치정부(inherent self-government) 요구는 일시적인 불이익에 근거한 요구를 배제하지는 않는다. 그렇지만, 이런 요구들이 각기 다른 강도로, 다양한 정부 기구들에 대해 각기 다른 기간(time-frame)에 걸쳐서, 그리고 인디언 공동체 내의 다양한 소집단들에 대해서 적용되기 때문에, 어떤 요구들

랄 수 있다. 자치 정부와 불이익을 대표권을 가질 수 있는 기초로 인정하는 포괄적인 집단대표 이론은, 특정 제도나 특정 이슈 중심적으로 접근할 필요가 있다.

18) 사실, 1960년의 인디언들의 투표권에 대한 최초 보장은, 많은 부분 국제적 압력의 결과였지 인디언들 자신들의 어떤 요구로부터 나온 것이 아니었다. 인디언들은 그것을 자신들의 민족자치정부의 지위에 대한 위협으로 보았다(Cairns 1995).

이 구체적으로 발생하고 있는지를 아는 것이 중요하다.[19] 불이익에 근거한 주장들은 (원칙적으로) 일시적인 것인 반면에, 자치정부의 주장과 또 자치정부로부터 나오게 되는 대표의 보장(guarantees of representation)은 천부적이고 영원한 것으로 여겨진다. 두 주장 모두 '권한강화'(empowerment)에 대한 열망을 반영하지만, 여기서 요구되는 권한은 그 종류가 크게 다르다.

3. 집단대표의 평가

나는 집단대표가 자유 민주주의국가에서 현존하는 대표제도의 관행과 중요한 연속성을 가진다는 점을 보여주려 노력했다. 그리고 일반적 개념의 거울식 반영 대표(mirror representation)는 지지될 수 없긴 하지만, 특정한 상황 하에서 제한된 형태의 집단대표를 정당화할 수 있는 두 개의 맥락적인 주장(two contextual arguments)이 있다는 것을 밝혔다 - 즉, 체계적인 불이익을 극복하고, 자치정부를 보장하는 것이다.[20] 이 두 주장은 집단대표가

19) 불이익에 기초한 요구는 보호구역을 떠난(off-reserve) 도시 인디언들에게 적용될 수 있을 것이다, 이들은 의미 있는 자치정부 권력을 가질 수 없는 실정에 있다. 반면 자치정부에 기초한 요구는 가장 명확하게 보호 구역에 있는 인디언들에게 적용될 것이다(Gibbins 1991: 181-2). 기빈스(Gibbins)는 보호구역을 떠난 캐나다 원주민들은 원주민 선거구를 통해 하원에서 대표되어야만 하며, 반면 자치 정부 보호구역의 원주민들은 주로 정부간 기구에 그들의 부족 정부의 의석을 가짐으로써 오타와에서 대표되어야 한다고 주장한다. 유사하게, 퀘벡 바깥의 프랑스계 캐나다인들은 불이익에 기초하여 상원에서의 특별한 대표를 주장할 수 있고(앨버타 Alberta 주 프랑스계 연맹이 제안했던 것처럼), 반면 퀘벡의 프랑스계 캐나다인들은 자치정부에 기초하여 연방대법원에서의 특별 대표권을 주장할 수 있다.

20) 여성의 집단대표권을 위해 제기되어 왔던 세 번째 주장은, 여성이 구별되는 도덕적 관점 - '배려의 윤리'(ethic of care) - 을 가지고 있다는 것이며, 이것은 보통의 남성 중심적인 개인 이익의 정치보다 더 협력적이고 이타적이라는 것이다. 따라서 여성을 위한 개선된 대표권은 정치적 생활의 도덕적 의의를 제기하게 된다는 것이다. 나는 이 주장을

대의민주주의 체제 내에서 제한적이기는 하지만, 그래도 중요한 역할을 수행할 수 있다는 점에 대해 생각해볼 근거를 제공한다. 그렇지만, 집단에 근거한 대표(group-based representation)에 대한 모든 제안들은 수많은 어려운 질문들에 답을 해야만 한다. 이 장의 마지막 절인 여기에서는, 집단대표에 대한 어떤 제안들에 대해서 평가하고 발전시킬 때 역점을 두고 다루어야 할 몇 가지 종류의 이슈들을 지적하기 위해, 이런 어려운 질문들에 대한 판석을 깔아보고자 한다.

어떤 집단이 대표되어야 하는가? 그런 집단이 있다면, 우리는 어느 집단이 집단에 근거한 대표를 가질 자격이 있는지를 어떻게 결정하는가? 집단대표에 대해서 비판하는 많은 이들이 이 질문을 답할 수 없는 문제로 생각하거나, 이에 대한 어떠한 대답도 자의적이거나 비원칙적인 것이 될 거라고 생각해왔다. 그 결과로 정치적 인정과 지지에 대한 끊임없이 증폭되는 요구가 발생하게 될 것이며, 이런 요구들이 거부된 집단들 사이에 원한에 찬 분개가 나타나게 된다는 것이다. 이런 '과거 주변화되었던 집단들이 제기하는 새로운 요구들의 분출'을 중단시킬 방법은 아무것도 없기 때문에, 집단대표에 대한 모든 요구들을 거부하는 편이 더 낫다는 것이다(Galston 1991: 142; cf. Glazer 1983: 227-9).

하지만, 앞에서 검토한 주장들은 다양한 집단들을 일정한 원칙에 따라 구분 할 수 있는 방법을 제시해 준다. 다음의 둘 중에 한 가지 기준을 충족할 경우, 집단들은 대표(representation)를 주장

논하지 않을 것인데, 왜냐하면 나는 주로 인종문화적·민족 집단을 위한 집단대표에 관심이 있기 때문이다. 위의 주장에 대한 비판으로, Dietz 1992를 참조하라.

하게 된다: (1) 집단의 구성원들이 정치과정에서 체계적인 불이익(systemic disadvantage)을 당하고 있는가? 또는 (2) 집단의 구성원들이 자치정부를 요구할 권리를 가지고 있는가?

이 두 기준 가운데, 자치정부는 보다 적용하기 쉽다. 2장에서 이야기 했듯이, 자치정부 권리는 전형적으로 소수민족들이 주장해 왔다. 예를 들어, 캐나다에서는 원주민(Aboriginals)과 퀘벡인들이 자치정부의 권리를 가지는 것으로 여겨진다. 미국에서 자치정부 권리를 인정받는 가장 분명한 예는 푸에르토리코(Puerto Rico), 인디언 부족, 괌의 차모로인들과 기타 태평양 섬들이다.

체계적인 불이익의 기준은 보다 복잡하다. 많은 집단이 다른 집단에 대해서는 특권을 누리고 있으면서도 어떤 면에 있어서 또 다른 집단에 대해서는 불이익을 당한다고 주장한다. 또한 전반적인 불이익의 정도를 어떻게 측정해야 할지도 불분명하다. 아이리스 영(Iris Young)에 따르면, 다섯 가지 형태의 억압이 있다고 한다: 착취(exploitation), 주변화(marginalization), 무력화(powerlessness), 문화적 제국주의(cultural imperialism), 그리고 '집단 증오나 두려움에서 추동되는 임의적인 폭력과 괴롭힘'이 있다(I. Young 1989: 261; 1990: 40). 영은 '우리가 집단대표가 오직 억압받는 사회집단에게만 주어진다는 원칙을 분명히 할 수만 있다면, 집단대표가 걷잡을 수 없이 확산될 것이라는 공포는 사라질 것이다.'라고 덧붙인다(I. Young 1990:187).

그렇지만, 그녀의 미국 내의 '억압받는 집단들(oppressed groups)'의 명단에는 미국 인구의 80 퍼센트가 포함될 것으로 보인다. 영은 다음과 같이 말한다. '오늘날 미국에 최소한 다음의 집단들이 한 가지 이상의 측면에서 억압받고 있다 : 그들은 바로 여성, 흑인, 미국 원주민, 멕시코계 미국인(Chicanos), 푸에르토리코인과 그 외 스페인어 사용 미국인, 아시아계 미국인, 게이 남자, 레즈비언, 노동자, 빈곤층, 노인, 정신·육체적 장애인이다'(I. Young 1989: 261). 간단히 말해서, 상대적으로 잘 살고, 젊으면서, 장애가 없는, 이성애자 백인 남자를 제외하고는 모두가 해당된다.

그렇다면, 어떻게 이 기준으로 '실현 불가능한 확산'을 피할 수 있을 것인지 조차도 알 수가 없을 것이다. 왜냐하면, 이들 집단은 각기 자신의 권리를 주장하는 소집단을 가지고 있기 때문이다. 예를 들어서 영국의 경우에, '흑인'이라는 범주는 아시아 공동체와 아프리카 카리브해 공동체 사이의 심각한 차이(deep division)를 불분명하게 한다. 이들 각 집단은 다시 다양한 인종문화적(ethnic)집단으로 구성되어 있다. 필립스(Phillips)가 질문하듯이, 거의 무한한 파편화(fragmentation)의 가능성을 놓고 볼 때, '이런 맥락에서 무엇을 "적절한(adequate)" 인종문화적 대표(ethnic representation)로 간주해야 하는가?' (A. Phillips 1992: 89; cf. Minow1991:286).

한편, 영(Young)이 관찰하고 있듯이, 수많은 정당과 노조가 증가하는 요구와 분개의 급격한 소용돌이에 휘말리는 일 없이 여러 해 동안 집단대표를 허용해 왔다(I. Young 1989:187-9; A. Phillips 1991: 65). 그리고 앞에서 지적했듯이, 우리는 이미 적극적 배려조치 프로그램의 맥락에서 불이익을 받는 집단을 규정하는 문제에 대한 어느 정도의 경험을 가지고 있다.[21] 하지만, 여전히

21) 예컨대, 캐나다의 공무원 고용 평등 프로그램은 네 가지 범주의 불이익 받는 사람들을

문제는 만만치 않다 – 그리고 분명 집단대표에 대한 지금까지의 그 어떤 제안도 이 문제에 대해서 만족스럽게 답하지 못하고 있다. 이것이 바로 이용가능하고 효과적인 대안적인 개혁을 모색하는 것이 더 나은 이유이다. 하지만, 불이익을 받는 집단을 규정하는 문제는 정치적 대표(political representation)의 문제에만 존재하는 독특한 이슈가 아니다. 그것은 부정의(injustice)를 교정하려는 나라라면 어느 곳에서건 피할 수 없는 문제일 것이다.

역사적으로 불이익을 받은 집단들이 모두 집단대표의 전략을 선호하는 것은 아니라는 점을 주목하는 것이 중요하다. 많은 이민자 집단은 의회 내에서 할당 의석을 보장 받으려 노력하기보다는 현존하는 정당 내에서 활동하여 자신들이 보다 포용될 수 있도록 하는 것을 선호한다.[22] 집단대표의 권리를 거부할 선택권도 물론 각 집단에게 허용되어야만 한다. 집단대표를 통해 가지게 될 추가적인 가시성(additional visibility)은 이득뿐만 아니라 위험도 수반한다. 그리고 각 집단은 자신이 처한 상황에 비추어 이런 고려들을 자유롭게 평가할 수 있어야 한다.

규정하고 있다: 그들은 여성, 원주민, 가시적 소수집단, 장애를 가진 사람들 등이다. 캐나다 연방대법원은 캐나다 헌장(the Charter)에서의 평등 보장 개념을 해석하는 데 있어서 역사적으로 불이익 받은 집단들을 파악하기 위한 기준을 발전시키는 일을 시작했다. 이 헌장은 특별히 적극적 배려 조치를 불이익 받은 사람들을 위한 해결책으로 지지하고 있다. 사실상, 베인스(Baines)와 보일(Boyle)은 여성을 위한 대표의 보장은 이 헌장과 부합할 뿐 아니라 정말로 헌장에 의해 요구된다고 주장한다. 그들은 3조(투표권), 15조 1항(법의 평등한 시혜), 15조 2항(적극적 배려 조치)의 조합이, 여성들이 평등하게 대표되는 것을 보장하는 선거 메커니즘에 대한 법적 권한을 발생시킨다고 주장한다(Boyle 1983: 791; Baines 1992: 56).

22) 하지만, 캐나다 인종문화 자문위원회(Canadian Ethnocultural Council)는 연방대법원에서, '글로 남겨지든 그렇지 않든 간에, 오랫동안 몇몇 소수자집단의 존재를 보장하기 위한 전통이 세워져야만 함을 옹호'해왔다(Canadian Ethnocultural Council 1989: 342). 인종문화적이고 가시적인 소수자집단들의 대표권 확대 전략에 관해, Megyery 1991a에 수록된 논문모음을 참고하라.

한 집단은 얼마나 많은 의석을 가져야 하는가? 만일 특정 집단들이 집단대표를 필요로 한다면, 얼마나 많은 의석을 그들이 가져야 하는가? 이 질문에 대해서는 두 개의 일반적인 답이 존재한다. 이 둘은 종종 혼합되기도 하는데, 사실 서로 전혀 다른 방향으로 나아갈 수 있기 때문에, 명확히 구분되어야 한다.

첫 번째 관점에 따르면, 한 집단은 전체 인구에서 차지하는 자기 구성원의 비율에 따라 대표되어야 한다. 예를 들어서, 캐나다의 여성지위에 관한 전국 행동 위원회(National Action Committee on the Status of Women, NAC)는 상원의석에서 50 퍼센트를 여성에게 보장할 것을 제안했는데, 이것은 본질적으로 여성의 비례선거대표를 의미한다. 두 번째 관점에 따르면, 집단의 관점과 이익이 효과적으로 표현되는 것을 충분히 보장할 수 있도록 하는, 진입에 필요한 일정한 수의 대표자(a threshold number of representatives)가 있어야 한다는 것이다. 첫 번째 견해는 일반적인 거울식 반영 대표 원리로부터 자연적으로 도출된다. 그렇지만, 앞에서 언급했듯이, 대부분의 집단대표의 옹호자들은 거울식 반영 대표(mirror representation)의 원리를 피하기를 희망한다. 우리가 일단 이 거울식 반영 대표 원리를 포기한다면, 왜 일정 수준의 진입 대표(a threshold level of representation)보다 비례적 대표가 나은지 불분명해진다.

예를 들어서, 앤 필립스(Anne Phillips)는 거울식 반영 대표의 근저를 이루는 전제, 즉 해당 집단의 이익을 이해하거나 대표하기 위해서는 그 집단의 구성원이어야 한다는 전제를 거부한다. 하지만, 그녀는 이어서 '**오직** 불이익을 받는 특정 집단의 구성원들만이 자신들의 이익을 이해하거나 대표할 수 있다는 견해에 의문을 던짐에 있어, [우리는] 이 질문을 유용하게 되돌려서, 불이익을 받는 집단의 **어떤 구성원도** 현장에 직접 참여 하지 않고서도 우리가 그런 이해나 대표가 가능한 지'에 대해 질문할 수 있을 것이라고 말한다(Phillips 1994: 89 n.12). 필립스의 주장은 일정 수의 의석 없이는 다른 대표들이 이 불이익을 받는 집단의 이익을 이해할 수도 또 대표할 수도 없을 것이라는 데 있다.

이 진입 의석 수(a threshold number of seats)의 기준을 적용해 보면 비례선거대표(proportional electoral representation)의 기준을 적용할 때와는 다른 결과에 이르게 된다. 여성의 경우에, 여성의 관점을 효과적으로 전달하는 데 필요한 진입의석은 아마 틀림없이 비례적 의석수 보다는 적을 것이다. 여성 지위에 관한 국가 행동 위원회(NAC)의 의장은 여성이 '논의의 자리에 참석하는 것(place at the table)'을 확실히 하기 위해서 50 퍼센트의 상원의석을 여성에게 보장할 것을 주장했다(Rebick and Day 1992) - 즉, 그녀는 비례적 대표(proportional representation)를 요구했지만, 이 요구를 진입대표(threshold representation)의 필요성의 관점에서 옹호했다. 하지만, 논의의 자리에 참여하기 위해서 50 퍼센트의 자리를 가질 필요가 있을까?

그런데, 다른 경우에 있어서는 효과적인 대표를 위해서 필요한 진입대표의 수가 비례대표의 의석수보다 클 수도 있다. 연구 결과를 통해서 볼 때, 만약 주변화된 집단이나 불이익을 받는 집단에서 한두 명의 대표만이 의회나 위원회에 참여하고 있다면, 이들이 배제되거나 이들의 목소리가 무시될 가능성이 높다(Guinier 1991a:

1434-7). 소수 인종 또는 이민자 집단과 같은 어떤 불이익을 받는 집단의 비례대표는 오직 상징적인, 허울뿐인 대표가 될 것이다. 따라서 이들의 관점을 효과적으로 전달하는 데 필요한 의석의 수는 비례적 대표가 요구하는 의석수 보다 더 많을 수도 있다.

비례대표와 진입대표 사이에서의 선택은 의사결정과정의 성격에 따라 달라질 수 있다 - 즉 입법기구가, 단순다수표결 원칙(simple majority voting rules)에 반대하여, 합의제(consensual)나 협의제(consociational)를 택하느냐, 아니면 절대 다수제(super-majority)를 택하느냐, 아니면 다른 종류의 타협적 의사결정규칙(compromise decision-making rules)을 채택하느냐에 따라 다르다. 이 의사결정과정이 합의적이면 합의적일수록 진입대표는 더욱 그것만으로 충분해질 수 있다.[23)]

집단대표는 어떻게 책임성을 가지는가? 할당의석(reserved seats)을 받은 의원들이 자신들이 대표하기로 되어 있는 집단의 이익을 위해서 실제로 봉사하도록 보증하려면 어떤 책임성의 기제가 필요할까? 우리는 어떻게 그들의 '대표자'들이 실제로 자신의 집단에 책임을 지도록 보장할 수 있을까?

여기서 다시 우리는 두 개의 매우 다른 답을 구분할 필요가 있

---

23) Lijphart 1984: 23-30; Guinier 1991a를 참고하라. 관련된 문제는, 집단대표제가 (그들의 숫자가 얼마나 많든 간에) 집단에 직접적으로 영향을 미치는 분야에서 특별한 힘(거부권과 같은)을 가져야만 하는가에 있다. 이것은 자치 정부의 요구에 기초한 집단대표제에 가장 적실성이 있으며 정말 거의 본질적이라고 여겨진다. 이 경우의 집단대표제의 정당화는 연방 정부의 침해로부터 자치정부의 권력을 보호하는 것이기 때문에, 동시에 발생하거나 충돌하는 관할 영역에서의 거부권은 논리적 기제라고 여겨진다. 체계적 불이익에 기초한 집단대표제가 특수한 거부권(예컨대 아이리스 영이 제시한 것과 같이 출산 reproductive 권리와 관련된 결정에서의 여성 입법자들의 거부권)으로 연결될 수 있는 지의 여부는 좀 더 복잡하며, 그것은 불이익의 성격에 좌우될 수 있을 것이다.

다. 뉴질랜드의 마오리(Maori) 모델은 일부 의원들이 마오리 투표인들에 의해서만 선출되도록 마오리족을 위한 별도의 선거 명부를 설정하는 것을 포함하고 있다.[24] 마오리족의 집단대표의 모델은 후보자의 특성을 구체적으로 명시하지 않는다 – 사실상, 가능성이 낮기는 하지만, 마오리족 투표자들이 백인 의원을 선출하는 것도 가능하다. 이 모델에서 중요한 것은 누가 선출되는가가 아니라, 어떻게 대표자들이 선출 되는가에 있다 – 즉, 이들은 마오리족에 의해서 선출되고, 따라서 마오리족에 책임을 진다.

이것은 선거구의 경계를 '이해관계 공동체(community of interest)'와 대체로 겹치도록 긋는 것과 비슷하다. 이런 공동체들이 '자신들 중의 한 명'(one of their own)을 선출하기 위해서 자신들이 가진 선거역량을 행사하는 것을 가정하고 있다 하여도 괜찮을 것 같다. 하지만, 이들은 자기 집단의 구성원이 아닌 사람을 선출할 수 있고, 때때로 그렇게 한다. 이것이 이해관계 공동체를 수용하는 의미의 가치를 손상시키지는 않는다. 왜냐하면 이런 제도에 대한 정당화의 근거가 거울식 반영 대표가 아니기 때문이다(거울식 반영 대표는 추첨이나 무작위 표본을 통해서 확보할 수 있을 것이다). 이런 제도에 대한 정당화의 근거는 의원들이 해당 공동체에 보다 책임을 지도록 함으로써 집단 이익의 대표를 향상시키는 데 있다. 따라서 많은 미국의 선거구 개편의 옹호자들은, 그들이 거울식 반영 대표보다는 책임성에 더 관심을 가지고 있다고 주장한다:

24) 마오리 모델에 대한 논의에 관해, Fleras 1991; McLeay 1991을 참고하라. 마오리 모델에 기초하여 캐나다에서 원주민들의 의석을 보장하는 제안에 대해, RCERPF 1991: 170-85를 참고하라.

> 내 생각에, 적극적 배려를 위한 선거구 개편(affirmative gerry-mandering)을 흑인은 흑인에 의해서 대표되고, 히스패닉이 히스패닉에 의해서, 백인은 백인에 의해서 대표되도록 보장하는 기제로 생각한다면, 그것은 잘못된 인식이다. 오히려 적극적 배려를 위한 선거구 개편의 적절한 사용은 전체 인구에서 중요한 집단들이 자신들의 선택으로 대표자를 뽑는 능력에 있어서 본질적으로 손상을 입지 않도록 보장하는 데 있다. (Grofman 1982: 98)

마오리족 모델은 같은 종류의 책임성을 보다 작고, 보다 영토적으로 분산된 집단에 제공하려고 한다.

그렇지만, 집단대표에 관한 많은 제안들에서 별도의 선거명부나 개편 선거구에 관한 언급은 존재하지 않는다. 이들 제안들은 선거민의 특성보다는 후보자의 특성에 초점을 맞추고 있다. 예를 들어서, 여성 지위에 관한 국가 행동 위원회(NAC)의 제안은 캐나다 상원의 50 퍼센트를 여성으로 할 것을 요구한다. 하지만, 이들 여성 의원은 남성의 수가 여성의 수와 같은 전체 유권자에 의해서 선출되도록 하고 있다. NAC 제안이 비록 소수민족에 대해서도 비례의 석수를 보장할 수 있긴 하지만, 이 역시 백인인구가 지배적인 전체 유권자에 의해서 선출되도록 하고 있다.

NAC 모델에서 집단대표는, 비록 대표자가 자신의 집단에 의해 직접 선출되지는 않더라도, 자신의 집단에 속한 의원을 가지는 것을 의미한다. 하지만, 이것이 어떤 점에서 **대표**(*representation*)의 한 형태가 되는지 불분명 하다. 왜냐하면 이 모델에서는 각 집단이 원하는 것을 제정하도록 하는 기제, 또는 각 집단의 '대표자'들이 각 집단이 바라는 것에 근거해서 행동하도록 하는 기제가 없기 때문이다. 대표자는 각 집단에 책임을 지지 않는다. 어쩌면 해당 집단의 관점을 무시할지도 모른다. 사실 소수자집단의 '대표자'들이 일반 유권자에 의해서 선출된다면, 이 대표자들이 지배 집단 구성원들의 감정을 거스르는 방식으로 행동하는 것은 현명하지 않은 일일 것이다. 필립스(Phillips)가 지적하듯이, '책임성(accountability)은 항상 대표(representation)의 다른 한 면이고, 어떤 집단이 원하거나 생각하는 것을 제정하도록 하는 절차가 부재할 때, 우리는 정치적 대표에 관해서 유익한 논의를 할 수 없게 된다'(Phillips 1992: 86-8).

이것은 배제의 문제와 포용의 해결책 사이에 불균형이 존재한다는 것을 의미한다(Phillips 1995). 즉, 비례적 대표 의석수 보다 훨씬 적은 의석을 가지는 한 집단이 있다면, 이 집단은 '과소 대표(under-represented)'되고 있다고 결론을 내는 것이 합당할 것이다. 특히, 이 집단이 역사적 차별이나 불이익을 받았다면 더욱 그러하다. 그러나 할당의석을 통해서 그 동안의 배제를 뒤집는다고 해서 집단의 이익 또는 관점이 '대표(represented)'되는 것이 보장되지는 않는다. 예를 들어서, 어떠한 선거적 책임성(electoral accountability)이 부재하는 경우에서조차, 여성의원의 존재가 **그 자체로** 여성의 이해를 대표하는 것을 보장할 것이라는 발상은, '어떤 근본적인 유대(some fundamental unity)'가 여성들 사이에 존재하고 또 여성이면 누구에 의해서라도 대표될 수 있는 어떤 근본적인 경험과 이해의 범위가 존재하는 경우에만', 그 타당성이 인정될 수 있을 것이다(Phillips 1995). 그런데, 이런 비례적 대표가 여성의 경우에만 받아들이기 어려운 것이 아니라, 소수 인종문화집단, 소수민족, 소수 인종의 경우에 있어서도 각 집단 내의 이해와 관점의 이질성을 고려할 때 어렵기는 마찬가지이다.

그래서 우리는 여기서 다시 상충되는 이상에 근거하는 상반되는 모델들을 갖게 된다. 마오리족 모델은 비록 마오리족 출신이 대표자가 되는 것을 보장하지는 않지만, 일부의 대표자들이 전적으로 마오리족 유권자에게 책임을 지도록 보장한다 – 즉, 대표자가 유권자를 '거울처럼 반영'(mirror)하는 것을 보장하지는 않는다. NAC 모델은 대표자가 전체 유권자 가운데서 중요한 집단을 있는 그대로 거울처럼 반영하는 것을 보장한다. 그러나 대표자가 자신이 거울처럼 반영하는 집단에 대해서 책임을 지도록 보장하지는 않는다. 물론, 불이익 받은 집단에 대한 대표의 보장을 옹호하는 많은 사람들은 책임성의 필요에 대해서 믿고 있고, 대표자들이 자신이 대표하기로 한 집단에 대해서 책임을 지도록 만드는 방법을 모색하고자 한다. 하지만, 지금까지도 거울식 반영 대표의 이상과 민주적 책임성의 이상은 적절하게 통합이 되지 못하고 있다.

4. 결론

집단대표에 대한 요구는 대의민주주의의 몇몇 가장 기본적인 관행과 원칙들에 호소하고 있다. 그리고 집단대표의 일부 형태는 민주적 정치체제 내에서 비록 제한적이긴 하지만 중요한 역할을 할 수 있을 것이다. 그렇지만, 집단대표에 관한 모든 제안들은, 진정으로 불이익을 받는 집단을 규정하고, 이들의 '대표자'들에 대한 책임성을 확보하는 것과 관련된 수많은 난제들에 대해서 답을 해야

할 것이다.

비록 이런 문제들이 풀린다고 하더라도 일부 자유주의자들은, 집단대표가 집단 간 차이를 제도화하고, 다시 정치적인 특징을 이런 집단 간 차이로 돌림으로써 사회적 통합에 심각한 영향을 미칠 거라는 점에서 반대할 것이다. 집단에 이런 특성을 부여하는 것이 '금속에 있어 부식물처럼, 한 민족(국민)으로 우리를 서로 묶어 주는 결합의 끈을 침식시키는' 행동이라고 말하기도 한다(Ward 1991: 598). 사실 미국 연방대법원이 흑인다수 선거구 개편에 대해서 반대하는 주요 이유는 그 개편이 (미국의) '발칸화(balkanization)'를 촉진시킬 것이라는 데 있었다.[25] 내가 지적했듯이, 사회통합에 대한 이러한 우려는 어떤 형태의 집단 차별적 권리(group-differentiated rights)가 제안될 때면 언제나 대두되어 왔다. 그리고 9장에서 다시 이 문제를 다루게 될 것이다.

물론, 대표의 문제는 의회 구성의 차원으로 환원될 수 없다. 의회에서의 대표는 한 집단의 이해와 관점을 대표하는 다른 기제들과의 맥락 속에서 위치 지을 수 있다. 다른 기제들의 예로는 법원에서의 불리한 입법에 대한 법적 도전이나 이익집단 활동을 들 수 있다. 집단대표의 필요성에 대한 어떤 평가에서도 이러한 대안적인 대표의 경로들이 고려되어야만 한다.

하지만, 선거과정에서 불리한 집단들에게 영향을 주는 많은 어

---

25) 연방대법원의 Shaw v. Reno 판례는, 법의 평등한 보호를 다루고 있는 14차 수정 조항에 기초하고 있다. 그러나 (반대 판사들이 강조했듯이) 연방대법원은 백인들이 선거구를 재획정함으로써 불공정하게 불이익을 받았는지를 입증하려고 하는 어떤 시도도 하지 않았다. (백인들은 여전히, 흑인 다수 선거구의 도입에도 불구하고, 비례적인 선거대표보다 더 많은 의석을 갖고 있다.) 반대에 대한 진짜 이유가 불공정성이 아니라 그것이 '분열의 씨앗(balkanization)'이기 때문이라는 것은 분명해 보인다.

려움들은 이 집단들이 대안적인 대표 기제들에 접근하는 데 있어서도 영향을 미친다. 더욱이, 의회는 그 나라의 시민들을 대표하는 상징적인 역할을 가지고 있다. 시민들이 의회에서 자신들의 입장이 반영되지 않는다고 생각하면, 정치과정에서 소외감을 느끼고 정치과정의 정당성에 문제를 제기할 것이다. 의회에서의 대표는 비록 대표의 유일한 경로는 아닐지라도, 독보적으로 중요한 경로이고, 의회에서 적절하게 대표되기를 바라는 열망은 심각하게 고려되어야만 한다.

이것이 다소 모호한 결론은 아닐지 우려된다. 나는 어떤 특정한 집단대표의 모델을 정의하거나 옹호하려고 하지 않았다. 사실상, 나는 일반적인 수준에서 더 이야기하는 것이 가능하다고 생각하지 않는다. 민주주의는 정치적 평등원칙에 대한 신념을 포함한다. 하지만, 이 추상적인 원칙으로 부터 유일한 최상의 대표체계를 연역해낼 방법은 존재하지 않는다(Beitz 1989; Dworkin 1987; Dahl 1989: chs. 10-14). 정치적 평등을 성취하는 데에는 여러 가지 방법이 있는데, 특정한 선거 기제들이 보여주는 결과들은 잘 알려져 있듯이 맥락에 따라서 각기 다르다. 이 결과들은 정당이 조직된 방식, 시민들의 투표 양식 등과 같은 그 나라의 정치문화에 깊이 의존하고 있다. 비슷한 선거 개혁도 나라에 따라서 불이익 집단의 대표와 관련해 놀라울 정도로 다른 결과를 보여준다. (이태리와 노르웨이에서 정당명부와 관련된 비례 대표제의 영향을 비교해 보라.)

이 장에서 내가 보여주고자 했던 것은 집단대표가 본질적으로 비자유주의적이거나 비민주적인 것은 아니라는 사실이다.[26] 집단

26) 나는 어떤 특정 형태의 민주적 절차의 정당성은 적어도 부분적으로라도, 사람들의 이

대표는 현존하는 민주적 전통의 타당한 연장선일 뿐 아니라, 어떤 상황에서는 소수자집단의 이해와 관점에 대한 적절한 목소리를 보장하는 가장 적합한 방식일 수도 있다. 정치과정에서 소수자집단의 목소리에 대한 공정한 청취가 중요하다는 점에서, 집단대표에 대한 제안들은 충분히 귀를 기울일 가치가 있다.

익에 대한 공정한 보호의 결과 여부에 달려 있다는 것은 당연하다고 생각하고 있다. 나는 따라서 우리가 민주적 절차를 사람들의 복리의 실제적 결과들과는 독립적으로 판단할 수 있다는, 어떤 순수하게 '본질적인' 혹은 '절차중심적인' 민주주의 이론을 거부한다. 민주주의에 대한 '최고의 결과'(best-results)와 '절차중심주의'(proceduralist) 이론의 대결에 대한 논의(혹은 '도구적' instrumental 이론과 '본질적' intrinsic 이론의 대결)에 관해, Beitz 1989를 참고하라. 또한 Dworkin 1988의 '의존적'(dependent) 이론과 '분리된'(detached) 이론에 관한 드워킨의 논의 역시 참고하라.

제8장

관용과 그 한계

지금까지, 나는 자유주의자들이 인종문화적 집단과 소수민족에 적용되는 집단차별적 권리(group-differentiated rights)를 지지할 수 있고, 또 지지해야만 한다고 주장했다. 그러나 이러한 지지는 언제나 조건적이고 제한적인 것이다. 일부 집단의 요구는 자유주의자들이 수용할 수 있는 한도를 초과한다. 자유민주주의 국가들은 여러 가지 형태의 문화적 다양성을 수용하고 포용할 수 있지만, 모든 형태를 수용할 수 있는 것은 아니다. 이 장에서는 자유주의적 관용의 한계를 살펴보고, 이러한 한계들이 위반될 때 자유주의 국가가 어떻게 대응해야 하는지를 살펴볼 것이다.

자유주의 원칙들은 소수자집단권리에 대해 두 가지 근본적인 제한을 부과한다. 첫째로, 자유주의적 개념의 소수자집단권리는 '내부적 제재'(internal restrictions) – 즉 구성원 개인의 기본적인 시민적·정치적 권리를 제한하려는 소수집단 문화의 요구 – 를 (극단적 경우를 제외하고) 정당화하지 않는다.[1)] 자유주의자들은 자신들의 문화적 유산의 어떤 측면이 전수할 가치가 있는지를 스스로 결정할 수 있는 개인들의 권리를 지지한다. 자유주의는, 개인들이 자신들의 공동체의 전통적 관행들에 대해 의문을 제기할 수 있는 자유와 능력을 마땅히 가져야 하며, 만약 이 관행들이 이들이 보기에 더 이상 지지할 가치가 없는 것으로 여겨진다면, 그 관행들을 수정하는 것이 가능해야만 한다는 입장을 지지하고 있다(아마도 심지어 자유주의는 이러한 견해에 입각하여 정의되고 있다).

자유주의적 원칙은 보다 광범위한 전체사회의 결정에 대한 소수자집단의 취약성을 축소시키는 '외부적 보호'(external protection)에 대해 더 동정적이다. 그러나 여기에도 몇 가지 중요한 한계들이

1) 소수자집단 공동체 내의 개인적 자유에 대한 일부 제한들은, 문자 그대로 해당 사회를 붕괴로부터 보호하기 위해 요구될 경우에, 잠정적으로 정당화 될 수 있다. 소수자집단 문화 내에서 성 또는 종교적 차별(gender or religious discrimination)의 옹호자들은 이러한 제한들이 해당 사회가 붕괴되는 것을 방지하는 데 필요하다고 종종 주장한다. 그러나 이러한 주장은 어떠한 근거로도 뒷받침 되지 못한다. 이러한 종류의 주장은 다수자 집단 문화가 비전통적 관행에 대한 차별을 계속하지 않으면 붕괴하고 말 것이라고 주장하는 보다 광범위한 전체사회(the larger society)내의 보수주의자들의 주장과 매우 유사하다(예로 동성애에 대한 차별이 영국 사회의 붕괴를 막는데 필수적이라는 데블린 Lord Devlin의 주장을 들 수 있다). 다른 영역에서와 마찬가지로 이러한 영역에서, 시민들은 이러한 주장을 일반적 증거의 규범(usual canons of evidence)의 맥락에서 평가할 권리와 책임을 갖는다. 동성애를 합법화하는 것이 영국 사회를 붕괴시키는 위험을 가져온다는 데블린(Devlin)의 주장을 뒷받침하는 어떠한 근거도 없는 것과 마찬가지로, 소수자 문화 내에서의 동성애 혐오적, 가부장적, 혹은 신정적 지도자들의 주장을 뒷받침하는 근거도 없다. 한 예로 유엔 인권위원회(the United Nations Human Rights Committee)가 언급한 바와 같이, 인디언 부족의 생존이 그 구성원의 인권 침해를 요구한다는 어떠한 증거도 없는 것이다(*Lovelace v. Canada* UN Doc. A/36/40 (1981) 166; cf. Thornberry1991: 207-11을 참조하라). 물론, 일시적 상황에 한해서 특정한 기본적 권리에 대한 제한 없이는 사회고유문화가 말 그대로 붕괴하게 되는 경우도 있을 것이다. 만약 그렇다면, 이에 대한 부담은 가능한 한 모든 구성원들에게 골고루 분배되어야 하며, 어떤 경우에라도 개인들의 평등과 존엄을 존중하는 원칙에 부합해야 한다. 한 극단적인 예를 들자면, 어떤 공동체가 노예제를 통해서 스스로를 유지하여 간다면, 이것은 받아들여지기 힘들 것이다. 어떤 집단이 자신의 구성원들에게 부과하는 어떠한 종류의 내부적 제재들도 그 집단의 강한 구성원들이 약한 구성원들을 착취하는 것을 허용해서는 안 된다. 나는 이 문제를 Kymlicka 1989*a*: ch. 9에서 다루었다.

존재한다. 자유주의적 정의는, 인종차별정책(apartheid)의 경우에서와 같이, 한 집단이 다른 집단을 억압하거나 착취할 수 있게 하는 그러한 권리들을 받아들일 수 없다. 외부적 보호는 그것이 특정 집단 구성원들이 겪고 있는 불이익이나 취약성을 교정하여, 집단 간의 평등을 향상시키는 경우에 한해서 정당성을 지닐 수 있다.

간단히 말해, 자유주의적 관점은 소수자집단 **내의 자유**(*freedom within*)와 함께, 소수자집단과 다수자 집단 **사이의 평등**(*equality between*)을 요구한다. 나는 이러한 두 가지 제한을 반영하는 소수자집단권리의 체계가 흠잡을 데 없이 자유주의적이라고 믿는다. 이는 기본적 자유주의의 가치들과 모순되지 않으며, 나아가 이를 향상시킨다.

이러한 두 가지 제한 때문에, 자유주의적 개념의 소수자집단권리는 모든 소수자집단들의 모든 요구들을 수용할 수는 없게 된다. 예를 들어, 어떤 문화적 소수자집단들은 개인적 자유나 개인적 자율성의 증진과 결부된 소수자집단권리의 체계를 원치 않는다. 일부 집단들은 실제로, 이러한 체계가 민주주의와 개인의 자유라는 자유주의적 기준에 따라 그들 공동체의 내적 구조를 재구성해야 한다는 것을 의미하고 있다는 이유로, 이러한 체계를 거부할 수도 있다.

예를 들어, 푸에블로 인디언(Pueblo Indian) 부족 정부는 그 집단의 전통 종교를 거부하는 부족 구성원들을 차별한다. 이와 유사하게, 몇몇 소수자집단 문화들은 교육 조항에 있어 소녀들을 차별하거나, 여성의 투표권 혹은 공직을 가질 권리 자체를 거부한다. 이러한 방식들은 보다 광범위한 전체사회의 결정으로부터 해당 집단을 보호하지 못한다. 오히려, 그들은 자신들의 전통적 행위들을 개선할 수 있는 집단 내 개인 구성원들의 자유를 제한할 뿐이다. 이처럼, 그들은 개인적 자유 혹은 개인적 자율성에 호소하는 어떠한 종류의 소수자집단권리 체계와도 부합하지 않는다. 사실상, 종교적 자유를 제한하거나 소녀들에 대한 교육을 거부하는 것은 자유주의자들이 문화적 귀속성(cultural membership)을 보호하길 원하는 이유들 중 하나 - 즉 문화에의 귀속성이 개인이 어떤 삶을 살아갈 것인가를 결정하는데 있어 합리적 선택(informed choice)을 가능하게 해준다는 이유 - 를 훼손하는 것이다. 이러한 종류의 내부적 제재들은 자유주의적 개념의 소수자집단권리 내에서는 정당화되거나 방어될 수 없다.

이러한 제한들과 조건들을 전제한다면, 일부 소수자집단권리의 주창자들은 자유주의와 소수자집단권리를 조화시키는 것이 피러스의 승리(Pyrrhic victory: 희생이 너무 큰 승리)와 같은 것이라고 생각할 수 있다. 그들은 아마, 자유주의 이론 내에서 소수자집단권리의 공간을 찾으려는 것은, 결국 소수자집단권리의 진정한 목적에 더 이상 부합하지 않는 방식으로, 이러한 권리들에 대한 제한조건을 요구하게 될 것이라고 말할 수도 있을 것이다. 나는 이미, 자유주의적 원칙에 따라 그들 스스로를 운영할 경우에 한해서만, 문화적으로 독특한 사회를 유지하려는 소수민족들의 권리를 옹호했었다. 그렇지만, 일부 소수자집단들이 원하는 것이, 간단히 말해, 자유주의를 거부하고 자신들의 비자유주의적인 전통적 노선에 따라 그들 사회를 조직할 수 있는 능력이라고 확실히 말할 수 있을까? 이것이 그들을 문화적으로 독특하게 하여주는 그러한 부분은 아닌가? 만약 소수자집단의 구성원들이 종교적 정통주의(religious orthodoxy)와 전통적 성 역할을 강행할 수 있는 능력을 상실한다면, 그들의 독특한 사회를 유지하기 위한 원래의미(*raison dêtre*)의 일부분을 상실하는 것은 아닐까? 개인적 권리에 대한 존중을 주장하는 것이, 밀과 마르크스에게서 발견되는 것과 같이 (자유주의적) 다수자 집단 문화를 소수자집단들이 따라야만 하는 기준으로 설정하는, 오래된 자민족중심주의(ethnocentrism)의 새로운 형태는 아닐까?

만약 한 소수자집단이 다른 집단을 억압하려 한다면, 대부분의 사람들은 (이에 대해) 개입하는 것이 그러한 공격에 대한 자기 방어의 명분으로 정당화된다는 것에 동의할 것이다. 그러나 만약 그 집단이 다른 집단을 지배하거나, 자원을 박탈하는 것 등에는 관심을 가지지 않고, 대신 다만 자신들의 전통적인 비 자유주의적 규범에 따라 자신의 공동체를 독립적으로 운영하고자 할 뿐이라면 어떨까? 이러한 경우에, 자유주의적 가치를 부과하는 것은 잘못된 것으로 여겨질 수도 있다. 그렇다면 이러한 소수자집단이 다른 집단에 자신들의 가치를 강제하려고 하지 않는 한에서, 그것이 구성원의 자유를 제한하는 것과 관계되어 있다 할지라도, 그들 사회를 자신들이 원하는 방식대로 구성하는 것이 허락되어서는 안 되는 것일까? 사실상, '우리의' 개인적 자유라는 자유주의적 원칙에 따라 평화로운 소수민족 집단 혹은 종교적 종파 – 해당 집단의 외부에 있는 어느 누구에게도 어떠한 위협도 제기하지 않는 – 에게 그들의 공동체를 재구성하도록 강요하는 것은 근본적으로 **비관용적**(*intolerant*)인 것은 아닐까?

이러한 것들은 어려운 질문이며, 자유주의자와 비자유주의자들 간에서뿐만 아니라, 자유주의 내부에서도 중요한 갈등을 야기시킨다. 왜냐하면 관용은 그 자체로서 근본적인 자유주의적 가치이기 때문이다. 그렇지만, 개인적 자유 혹은 개인적 자율성을 향상시키는 것은 비자유주의적 집단에 대한 불관용을 포함하는 것처럼 여겨진다. 앞서 나는 내부적 제재를 배제하는 소수자집단권리 이론이, 개인의 자유라는 가치에 확고하게 기반해 있기 때문에, 흠 잡을 데 없이 자유주의적이라고 주장했다. 그렇지만 다른 사람들은, 다름아닌 나의 이론의 개인적 자율성에 대한 무차별적인 신뢰가 비자유주의적 집단에 대한 불관용으로 연결된다는 이유로, 그것을 비자유주의적인 것으로 간주할 수도 있는 것이다.

자유주의 이론 내에서 자율성과 관용 중 어느 쪽이 근본적인 가치인지에 대해 자유주의자들 사이에 커다란 논쟁이 진행되고 있다. 이러한 대조는 다른 방식으로도 묘사되고 있다 - 예를 들어, '계몽'(Enlightenment) 자유주의와 '개혁'(Reformation) 자유주의(Galston 1995), '포괄적' 자유주의와 '정치적' 자유주의(Rawls 1993a; Moon 1993), '칸트적'(Kantian) 자유주의와 잠정적 합의(*modus vivendi*)자유주의(Larmore 1987) 등이 그것이다. 이 모든 대조의 저변에는 비슷한 고민이 깔려있다 - 즉, 자유주의적 국가 경계 내에, 개인의 자율성에 가치를 부여하지 않고, 전통적 관행에 대해 의문을 갖고 이의를 제기할 수 있는 구성원들의 능력을 제한하는 많은 집단들이 존재한다는 것이다. 자유주의적 이론이 자율성에 기반하게 되면, 이러한 집단들(비자유주의적 집단들)을 소외시키고 이들의 자유주의적 제도에 대한 충성심을 훼손하게 될 것이다. 반면, 관용에 바탕한 자유주의(a tolerance-based liberalism)는 정부의 정당성(legitimacy)에 보다 안전하고 광범위한 기반을 제공할 수 있을 것이다.

관용을 강조하고 자율성을 덜 중시하는 자유주의자들은 종종 내가 옹호하는 것과 상당히 다른 형태의 소수자집단권리를 옹호하는 입장을 취한다. 예를 들어, 찬드란 쿠카타스(Chandran Kukathas)는 자유주의가 자율성의 가치에 신념을 두고 있지 않다고 생각하기 때문에, 그는 문화적 집단들이 구성원들에게 내부적 제재를 부과하고자 하는 요구에 대해 필자 보다 더 동감하는 편이다. 그렇지만 그는, 보다 광범위한 전체 공동체에 대항하여 소수자집단 문화들이 어떠한 종류의 외적 보호를 요구하는 것에는 훨씬 덜 동감한다. 그의 관점에 따르면, 자유주의적 관용은 비자유주의적 집단을 내버려둘 것을 요구하지만, 어떠한 방식으로든지 즉 학교에 대한 공적 자금 지원, 언어 권리, 거부권, 혹은 정치적 경계를 재설정하는 등을 통하여 국가가 그들을 도울 것이 요구되지는 않는다(Kukathas 1992a, 1992b).

이러한 관점에 입각하면 자유주의자들은, 비자유주의적 집단들이 보다 광범위한 전체사회로부터 어떠한 지원도 요구하지 않고, 자신들의 가치를 다른 집단에게 강제하지 않는 한도 내에서, 비자유주의적 집단들을 수용할 방법을 모색해야 할 것이다. 이것은 상호적 불간섭의 윤리(an ethic of reciprocal non- interference)라고 할 수 있는 '살던 대로 살게 두기'(live and let live)식 접근이다. 간단히 말해, 자유주의적 관용은 일부 내부적 제재를 허용하지만, 외적 보호는 제공하지 않는 것이다.

나는 이것이 (내가 6장에서 옹호했던) 외적 보호를 허용하지 않는다는 점에서뿐만 아니라, 내부적 제재의 정당성에 관해서도 실수를 범하고 있다고 생각한다. 내가 아래에서 논의하는 바와 같이, 자유주의 국가가 문화 집단, 특히 소수민족 집단에 자유주의적 가치를 부과하는데 있어 중요한 실천적 및 도덕적 제한의 범위가 분명히 존재한다. 그러나 자유주의적 원칙과 비자유주의적 집단의 요구 간의 실제적 갈등 또한 존재하기 때문에, 우리는 이러한 갈등을 공개적으로 다루어 볼 필요가 있다.

따라서 이 장에서 나는 자유주의가 비자유주의적 집단을 수용할 수 있는 방식과 수용할 수 없는 방식들을 분명히 밝혀 보고자 한다. 나는 관용의 개념에서 시작하여, 왜 전통적 자유주의의 관용 개념이, 자율성을 대체하기보다는, 자율성에 대한 신뢰에 의존하고 있는지를 보여줄 것이다(1절). 그 다음엔, 자유주의적 원칙을 증진하는 것이 '분파주의'(sectarian)로 비춰질 수 있는 범위의 문제를 다루어 볼 것이다(2절). 그런 후에, 어떻게 자유주의적 국가가 자기 국경 내의 비 자유주의적 집단에 대응해야 하는지에 대한 몇몇 제안들로 결론을 맺을 것이다(3절).

1. 자유주의와 관용

자유주의와 관용은 역사적, 그리고 개념적으로 긴밀하게 연관되어있다. 종교적 관용의 발전은 자유주의의 역사적 뿌리 중 하나이다. 서구에서 종교적 관용은 지루한 종교전쟁을 통해, 그리고 안정된 헌법적 질서는 하나의 공유된 종교적 믿음 위에 구축 될 수 없다는 점에 대한 가톨릭 교도과 신교도들의 깨달음을 통해 등장하게 되었다. 롤스에 따르면, 자유주의자들은 단순히 관용의 원칙을 '인간 삶의 의미, 가치 및 목적'에 대한 다른 논쟁적 문제들로 확장시켜온 것이다(Rawls 1987: 4; 1985: 249; 1993a: p. xxviii).

그러나 만약 자유주의가 진정 종교적 관용 원칙의 확장으로 간주 될 수 있다면, 서구에서 종교적 관용은 아주 특정한 형태 - 즉, 개인적 양심의 자유의 개념 - 를 가져왔다는 점에 주목할 필요가 있다. 그것은 오늘날 자유롭게 신앙을 선택하고, 이를 전파하고, 변경하거나 또는 완전히 종교를 포기할 수 있는 기본적 개인의 권리이다. 개인의 이러한 자유를 행사하는 것을 제한하는 것은 근본적 인권의 위반으로 간주된다.

자유주의적이지 않은 종교적 관용의 다른 형태들 또한 존재한다. 이들은 각 종교 집단이, 비자유주의적 노선을 따르는 것을 포함하여, 자신들이 적합하다고 간주하는 방식으로, 자신의 공동체를 자유롭게 조직할 수 있어야 한다는 발상에 기초하고 있다. 예를 들어, 오스만 제국의 '밀레 체제'(the 'millet system' of the Ottoman Empire) 하에서, 무슬림, 기독교인, 그리고 유대교도는 자치적인 집단(혹은 '밀레')으로 간주되었으며, 이들 집단들은 그 구성원들에게 종교법에 따른 제한을 부과하는 것이 허용되었다.

밀레 체제가 소수자집단권리의 중요한 선례이자 모델로 인용되어왔기 때문에(Sigler 1983; Van Dyke 1985: 74-5; Thornberry 1991: 29), 이에 대해 보다 자세히 살펴볼 가치가 있다. 오스만 투르크인들(Ottoman Turks)은 14, 15세기 동안 중동, 북아프리카,

그리스, 그리고 동부 유럽의 많은 부분을 정복함으로 인해, 많은 수의 유대교도와 기독교 신민을 거느리게 된 무슬림들이었다. 여러 신학적 및 전략적 이유로 오스만인들(the Ottomans)은 이러한 소수자집단들에게 자신들의 종교를 행할 자유뿐만 아니라, 순수하게 내부적인 문제의 경우, 자신들의 고유한 자체적인 법전과 법정을 통해 스스로 통치할 수 있도록 하는 보다 관대한 자유를 주었다. 1456년부터 제 1차 세계대전에서 오스만 제국이 멸망하기까지, 근 5세기 동안 3개의 비(非)무슬림 소수집단 - 그리스 정교, 아르메니아 정교, 그리고 유대교도 - 이 자치정부 공동체로 공식적으로 인정되었고, 이들 각각은 주로 인종문화성과 언어에 따라 다시 여러 개의 지역 행정 집단으로 나뉘어졌다. 각각의 밀레는 관련 종교 지도자(최고위 랍비 the Chief Rabbi 와 두 명의 정교회 주교 the two Orthodox Patriarchs)에 의해 대표되었다.

오스만 제국 당시, 각각의 종교집단의 법적 전통과 관행, 특히 가족 지위의 문제와 관련된 사항은 존중 및 강화되었다. 그러나 기독교인과 유대교도 밀레가 그들 내부의 문제를 관장하는데 자유로웠던 것에 반해, 그들과 지배 무슬림과의 관계는 엄격히 규제되었다. 예를 들어, 비 무슬림은 개종을 할 수 없었으며, 허가를 받아 새 교회를 지을 수 있을 뿐이었다. 다른 종교간의 결혼에 제한이 있었으며, 비 무슬림들은 군역을 대신하여 특별한 종류의 세금을 내야 했다. 그러나 이러한 제한들 내에서, '그들은 그들의 법과 관습을 따르며 완전한 자치를 누렸다.' 그들은 집단적인 신앙의 자유를 보장받았으며, 교회와 수도원을 소유함과 동시에, 학교를 운영할 수 있었다(Runciman 1970: 27-35; Braude와 Lewis 1982:

1-34를 참조하라).

이러한 체제는 일반적으로 자비롭고, 집단의 차이들에 관용적이고, 상당히 안정적이었다. 브로디(Braude)와 루이스(Lewis)가 언급한 바와 같이, '근 반세기 동안 오스만은 역사상 가장 다양성을 갖는 형태로 제국을 지배했다. 이러한 다인종문화적, 다종교적 사회는 훌륭하게 작동했다. 무슬림, 기독교도, 그리고 유대교도는 병열적으로 각각의 신앙을 갖고, 이를 연구하였으며, 자신들의 독특한 문화를 풍부하게 만들었다.'(Braude and Lewis 1982: 1)

그러나 이것은 자유주의적 사회는 아니었다. 왜냐하면, 이 체제는 어떠한 종류의 **개인적** 양심의 자유의 원칙(any principle of *individual* freedom of conscience)도 인정하지 않았기 때문이다. 각각의 종교 공동체가 자치를 했기 때문에, 종교적 정통주의(orthodoxy)의 강화를 포함하여, 이들의 자치정부를 종교적 원칙에 충실하게 하는 데 어떠한 외부적 장애도 존재하지 않았다. 따라서 각각의 종교 공동체 내에서, 개인적 불찬성(dissent)에 대한 허용의 범위는 아주 적거나 아예 없었으며, 신앙을 바꿀 자유 또한 거의 존재하지 않았다. 무슬림은 유대교도를 억압하려 하지 않았으며 또한 그 반대의 경우도 없었지만, 자신들 공동체 내의 이교도는 억압했다. 이단(무슬림 교리의 정통 해석에 대한 의문제기) 및 배교(종교적 믿음을 버리는 것)는 무슬림 공동체 내에서 처벌받을 만한 범죄였다. 개인적 양심의 자유에 대한 제한은 유대교도와 기독교도 공동체에서도 존재했다.

밀레 체제는 사실상 신정체제들의 연방(a federation of theocracies)이었다. 이는 매우 보수적이고 가부장적인 사회로, 로크(Locke)에서 칸트(Kant), 밀(Mill)에 이르는 자유주의자들이 지지했던 개인적 자유의 이상들에는 정 반대되는 것이었다. 다양한 밀레들은 그 종교적 정통주의를 강화하는 범위의 차원에서 차이를 보였다. 500년에 이르는 밀레의 역사 동안, 각각의 공동체 내에서 자유주의적 개혁가들이 밀레 지도자의 권위를 헌법적으로 제한하려 했던 시도가 상당 기간 존재했다. 19세기 후반기에, 몇몇 밀레는 자유주의적 헌법을 수용하였고, 사실상 제국 내의 다양한 민족 집단들이 종교적 신정 체제를 자유-민주주의적 자치 형태의 세속적 체제로 전환했다. 자유주의적 개혁가들은 소수민족들에게 외적보호를 제공했던 밀레를 연방체제의 기초로 활용하려 했는데 - 즉 이들 소수민족들에 대한 다른 외부집단의 권한을 제한하면서 - 동시에 헌법적으로 개인 구성원의 시민적·정치적 권리를 존중하는 방식을 통해서였다.[2)]

그러나 일반적으로, 오스만 제국에서 교회의 교리에 의문을 제기하거나 이를 거부할 수 있는 개인의 자유는 상당히 제한되었다. 오스만은 '지배적 종교가 다른 종교와 공존하려는 의지를 시사해 주는 것으로 이해될 수 있는' (Braude와 Lewis 1982: 3) 종교적 관용의 원칙(principle of religious tolerance)을 수용했지만, 아주 다른 원칙이라고 할 수 있는 개인 양심의 자유의 원칙(principle of individual freedom) of conscience)은 수용하지 않았던 것이다.[3)]

---

2) 서구 자유주의에 의해 고무되어, 밀레를 개혁하기 위한 시도에 관한 논의로, 다음을 참조하라. Davison 1982: 332; Braude and Lewis 1982: 18-23, 28-31; Karpat 1982: 159-63.

3) 이 관용의 체제는 그것이 교회와 국가를 분리시키기보다 결합시킨다는 점에서, 한편으로 서구의 관용의 체제와 반대되는 것이다. 두 체제가 유사한 역사적 기원을 갖는다는

오스만 밀레 체제는 아마도 비 자유주의적 종교적 관용의 가장 발전된 모델이라고 할 수 있지만, 이러한 모델의 여러 변형된 모습들은 여러 시대, 여러 장소에서 발견될 수 있다. 3장에서 언급한 바와 같이, 이것은 오늘날 몇몇 비 자유주의적 소수자집단들이 갈망하는 그러한 종류의 체제이다. 이것은 종종 '관용'의 이름으로 요구되고 있다. 그러나 이것은 자유주의자들이 역사적으로 지지해왔던 종류의 관용이 아니다. 이러한 집단들은 국가가 개별 개인이 자유롭게 그들의 종교적 믿음을 표현하고, 이에 대해 의문을 갖고, 나아가 이를 개정할 수 있는 개인의 권리를 보호해주는 것을 원하지 않는다. 반대로, 이것은 간단히 말해 그들이 반대하는 것이다. 그들이 원하는 것은 그들 구성원의 종교적 자유를 제한할 수 있는 권력이다.[4)]

그래서, 자유주의자들이 관용에 대한 믿음을 갖고 있다고 말하는 것만으로는 충분하지 않다. 문제는 어떤 종류의 관용이냐는 것이다. 역사적으로, 자유주의자들은 한 가지 매우 특정한 관용의 개념에 대한 믿음을 가져왔다 - 이는 집단적 신앙이 아니라, 개인적 양심의 자유와 관계된 관용이다. 자유주의적 관용은 국가로부터

것은 흥미로운 점이다. 비 무슬림 교회의 건축 및 배치에 대한 오스만의 제한은 낭트 칙령 (1958) 하의 '허가된 공존'체제 (the system of 'licensed coexistence')와 유사하다. 종교전쟁을 종식시킨 낭트 칙령에 따라, 프랑스의 신교도들은 국가의 허가가 있는 경우에 한해, 특정한 지역에 새 교회를 지을 수 있었다. 그렇지만, 서구에서 국가의 허가에 바탕한 신교도와 가톨릭 간의 공존은 점차 개인 양심의 자유 체제로 진화해갔다. 오스만 제국에서는 이러한 일이 일어나지 않았다.

4) 흥미롭게도, 롤스는 이러한 관용의 모델을 전혀 고려하지 않았다. 그는 '관용의 원칙'이 하나뿐인 것처럼 말하고, 그것이 양심의 자유의 개념과 같은 것으로 간주했다(예. Rawls 1987: 18, 23; 1989: 251; 1982*b*: 25-6, 1985: 225). 그렇지만, 밀레 모델이 보다 자연스러운 형태의 종교적 관용이라고 주장할 수 있다. 역사적 기록은 '실제로, 종교들은 다른 종교에 대해서가 아니라 자신들 집단 내의 반대론자들 (dissenters)에게 가장 폭력적으로 비관용성을 보여 왔다'는 사실을 시사해 준다(Elton 1984: p.xiii).

탄압받지 않을 집단의 권리와 마찬가지로, 개인이 자신의 집단과 의견을 달리할 수 있는 권리를 보호한다. 이 자유주의적 개념은 집단적 신앙의 자유를 제한하는 비자유주의적 국가의 권력을 제한할 뿐만 아니라, 자기 구성원의 자유를 제한할 수 있는 비자유주의적 집단의 권력 또한 제한한다.

나는 이것이 자유주의자들이 역사적으로 자율성과 관용을 동전의 양면과 같은 것으로 봐왔음을 나타낸다고 생각한다. **자유주의적** 관용의 특징을 명확히 해주는 것은 간단히 말해 자율성 - 즉, 개인이 자신의 현재 목적을 평가하고 잠재적으로 개정하는데 있어 자유로워야 한다는 개념 - 에 대한 자유주의의 신념에 있다 (Mendus 1989: 56).

2. 자유주의는 분파주의적인가?

자유주의의 자율성에 대한 신념이, 일부 집단들은 자율성의 가치를 인정하지 않는다는 것을 전제할 때, 근대 다원주의적 사회의 정부에게 받아들여질 수 있는 기초가 될 수 있을까? 자유주의자들은 그러한 집단을 수용할 수 있는 자유주의적 이론의 또 다른 대안적 기초 - 다시 말해, 비자유적 집단에 보다 관용적인 관용의 형태 - 를 찾으려 노력해야만 하는 것일까?

많은 자유주의자들이 그러한 대안을 모색하기 시작해왔다. 예를 들어, 보다 최근의 연구에서 롤스는, 일부 사람들은 자신들의 목적을 잠재적으로 수정 가능한 것으로 간주하지 않는다는 점을 근거로, 자율성에 대한 신념으로부터 거리를 두고 있으며, 그리고 그렇기 때문에 이에 근거한 자유주의적 제도를 옹호하는 것을 '분파주의적'(sectarian)이라고 한다(1987: 24, 1985: 246).[5] 이러한 반대는 다른 '정치적 자유주의자들'(political liberals)에 의해서도 되풀이 하여 나타났다(Larmore 1987; Galston 1991; Moon 1993). 이들은 사람들이 자신의 목적으로부터 한발 물러나서 그 목적을 평가할 수 있다는 발상을 거부하는 자들에게도 호소력을 지닐 수 있는 방법으로 자유주의적 제도를 옹호하고자 했다.

나는 롤스의 주장이 제대로 작동한다고 생각하지 않는다. 그러나 이는 중요한 쟁점이며, 보다 상세히 탐구할 가치가 있다. 그 이유는 자유주의적 원칙과 비자유주의적 소수자집단들의 요구 간의 갈등 지점을 분명히 밝혀 주는데 도움을 주기 때문이다. 롤스의 제안은 자율성의 개념을 완전히 거부하는 것이 아니라, 그 범위를 제한하는 것이다. 구체적으로, 그는 다른 맥락에서는 자율성 문제(에 관한 논의)를 회피하면서, **정치적** 맥락에서는 자율성에 지속적으로 호소하고자 한다. 그는 이제, 우리가 스스로의 가치관을 형성하고 또 개정할 수 있다는 발상은 엄격하게 말해 '정치적 인간관'(a 'political conception' of the person)이며, 이것은 순수하게 우리의 공적 권리와 책임을 결정하기 위한 목적으로 채택되는 것이라고 말한다. 그는 이것이 모든 삶의 영역에 적용될 수 있는 자아와 그 목적 간의 관계에 대한 일반적 설명(general account)이나, 우

5) 나는 롤스의 '최근'(recent) 저술을 그의 1985년 이후의 논문들을 의미하는데, 이러한 논문들에서 롤스는 '정치적인 것'(political)과 '형이상학적인 것'(metaphysical)의 구분, 또는 '정치적'개념의 자유주의(political conception of liberalism)와 '포괄적' 개념의 자유주의(comprehensive conception of liberalism)의 구분을 강조한다.

리의 가장 깊은 자기이해의 정확한 묘사를 의도하는 것이 아니라고 주장한다. 반대로 사적 삶의 영역에서, 우리의 개인적 정체성이 합리적 수정을 배제하는 것과 같은 형태로 특정한 목적과 결부되는 것은 충분히 가능하고, 또 그러할 가능성이 높다고 한다. 그는 이에 대해 다음과 같이 설명한다.

> 시민들이, 자신들의 개인적인 문제 혹은 자신들이 속한 단체의 내부적 생활의 문제에 있어서, 정치적 관점이 관여하는 방식과는 전혀 다른 방식으로, 자신들의 궁극적 목적과 애착을 가질 수 있다는 점을 강조하는 것은 중요하다. 시민들은, 어떠한 주어진 특정 시점에서, 특정한 애착(affections), 헌신(devotions) 및 충성심(loyalty)을 가질 수 있다. 그런데 이러한 것들은 자신들의 순수한 합리적 선(purely rational good)의 관점으로부터 (거리를 두고 약간) 떨어져서 자신들이 객관적으로 평가하지 않으려 하고, 또 할 수도 없고 또 하지 말아야 한다고 생각하는 그러한 종류의 것들이다. 그들은 자신들을 이러한 특정한 종교, 철학 및 도덕적 신념, 또는 특정한 지속적인 애착과 충성심으로부터 분리되어 있는 존재로 바라본다는 것을 단순히 생각조차 할 수 없는 것으로 간주할 것이다. 이러한 신념과 애착은 우리가 이들의 '비 공적 정체성'(non-public identity)이라고 부르는 것의 일부분이다. (Rawls 1985: 241).

그래서 롤스는 사람들의 종교적 신념이 수정 가능하다거나 자율적으로 믿게 된 것이라고 더 이상 가정하지 않는다. 그는 이러한 목적들이 우리가 그것으로부터 떨어져서 그것을 평가하고 수정 가능한 대상으로 삼을 수 없는, 우리의 정체성에 본질적인 것일 수 있음을 받아들인다. 그렇지만 정치적 맥락에서, 우리는 '자아구성적' 목적('constitutive' ends)과 같은 것의 존재 가능성을 무시한다. 비록 사적 개인(*private individuals*)으로서는 우리가 그러한 능력을 가지고 있거나 그것의 가치를 중시하는 존재가 아닐 수 있다고 하더라도, 시민(*citizens*)으로서 우리는 스스로의 자율성의 능력에 대한 '최고수준의 관심'(highest-order interest)을 가지고 있는 존재로 지속적으로 간주하고 있다. 롤스의 자율적 인간 개념은, 그것이 비록 '비 공적 정체성'을 묘사해 주지 못함에도 불구하고, 사람들이 시민으로서 그들의 권리와 책임을 토론한다는 점에서 공적 정당화의 언어를 지속적으로 제공하고 있다(Rawls 1980: 545).

따라서 롤스는 그의 '정치적 자유주의'(political liberalism)와 존 스튜어트 밀(John Stuart Mill)의 '포괄적 자유주의(comprehensive liberalism)'를 구분한다. 밀은 사람들이 정치적 생활의 영역에서뿐만 아니라, 인생의 모든 영역에서 그들이 물려받은 사회적 관행의 가치를 평가할 수 있어야 함을 강조한다. 사람들은 그것이 관습이라는 이유만으로 사회적 관습을 따라서는 안 되며, 고수할 만한 가치가 있을 경우에만 관습을 준수하는 것이다. 개인은 이러한 관습이 '그의 환경 및 개성에 적합하게 적용될 수 있는' 것인지에 관해 스스로 결정해야만 한다(Mill 1982: 122). 사회적 관행에 의문을 갖고 이를 수정할 수 있는 사람들의 권리에 대한 이와 같은 주장은 정치적 영역에 한정되지 않는다. 사실상, 밀은 사람들이 그들의 일상적 삶 속에서 대중적 풍조나 사회적 관습을 맹목적으로 따르는 방식에 관해 주로 우려를 하였던 것이다. 따라서 밀의 자유주의는 인간 행위 전반에 적용되는 합리적 성찰(rational reflection)의 이상에 바탕하고 있으며, '우리의 사상과 행위 전반을 관장하도록' 의도된 것이다(Ralws 1987: 6).

롤스는 많은 사람들이 인간의 사상과 행위 전반을 관장하는 원칙으로 밀(Mill)의 자율성 개념을 받아들이지 않는다는 점을 우려한다. 그럼에도 불구하고 롤스는, 만약 자율성 개념이 정치적 영역에 국한되고, 사람들로 하여금 자유롭게 그들의 비 공적 정체성을 전혀 다른 방식으로 간주할 수 있도록 내버려 둔다면, 그들은 자율성 개념을 받아들일 수 있을 것이라고 생각했다. 사람들이 그의 정치적 개념을, '그들 삶의 다른 부분들에서는 주로 자유주의와 결부된 포괄적 도덕적 이상, 예를 들어, 자율성과 개인성(individuality)의 이상들에 대한 신념에 얽매이지 않은 채', 받아들일 수 있다는 것이다(Rawls 1985: 245).

물론, 비 공적 정체성에 대한 롤스의 입장은 마이클 샌들(Michael Sandel)이 옹호한 '공동체주의적' 자아 개념과 매우 유사하다(5장, 4절을 보라). 그리고 사실상 롤스의 '정치적 자유주의'(political liberalism)를 이해하는 하나의 방식은, 롤스 자신에 의하면, 사람들은 사적 삶의 영역에서 공동체주의자이며, 정치적 삶의 영역에서 자유주의자임을 의미한다고 말하는 것이다. 그러나 이것이 일관성 있는 입장일까? 문제는 왜 누군가가 자율성의 이상을 보다 전반적으로 받아들이지 않으면서, 정치적 맥락에서 그것을 받아들이는지 설명하는 데 있다. 만약 종교 공동체의 구성원들이 그들의 종교적 목적이 자아구성적 성격(constitutive)을 지닌다고 간주하고, 그래서 그들이 이러한 목적으로부터 한 발 물러나 이를 평가할 능력을 가질 수 없다면, 왜 그들이 정치적 인간관 개념(a political conception of the person)을 받아들여야 하는가? 이 정치적 인간관 개념은 (종교적 목적들로부터 한발 물러나 이를 평가할 수 있는) 그러한 능력(그리고 그러한 능력을 행사하는데 '최상위의 관심' highest-order interest)을 가지고 있다고 가정하고 있다.

아마도 롤스는, 자율성의 능력에 전반적인 가치를 부여하지 않는 사람들이 단순히 자신들의 사적 삶의 영역에서 자율성의 능력을 행사하는 것을 자제할 수 있기 때문에, 모든 사람들이 자신의 정치적 개념을 받아들일 수 있다고 생각하고 있는 것 같다. 내가 5장에서 언급한 바와 같이, 자유주의적 사회는 개인의 목적에 대한 합리적 평가와 개정을 허용하지만, 그것을 강제하지는 않는다. 따라서 이러한 자율성의 관점은 종교적 소수자집단의 자기이해와 상충한다 할지라도, 정치적 목적으로 이를 받아들이는데 비용이 발생하지 않는다.

그러나 롤스의 정치적 인간관(political conception of the person)을 비 자유적 소수자집단이 받아들이는 데는 비용이 발생한다 – 즉, 그것은 집단 내의 개인이 그들의 가치관을 수정할 수 있는 권리를 제한하는 어떤 내부적 제재의 체계(any system of internal restrictions)도 배제하게 되는 것을 의미한다. 예를 들어, 이것은 종교적 소수집단이 배교나 개종, 또는 자신들의 어린이들이 다른 삶의 방식을 배우는 것을 금지하지 못하도록 한다. 그 소수자집단은 이러한 시민적 자유를 해로운 것으로 간주할 수 있다. 그러나 정치적 논의의 목적에서, 만약 그들이 가치관을 형성 및 수정할 수 있는 자신들의 능력을 행사하는 문제에 대해 최상위의 관심을 가지고 있다는 가정을 받아들인다면, 이들은 배교나 개종을 허용하는 것의 유해성에 대한 자신들의 신념을 표현할 어떠한 방법도 갖지 못하게 될 것이다.

후터파 교회가 자신들 구성원에 대해 갖는 권력을 다룬 캐나다의 **호퍼 대 호퍼** 판례(the Canadian case of *Hofer v. Hofer*)를 보자. 후터교도들은 콜로니(colonies)라고 불리는 거대 농경 공동체 속에 살고 있으며, 거기에는 사유재산은 존재하지 않는다. 일생동안 한 후터파 콜로니의 구성원이었던 두 사람이 배교를 이유로 공동체로부터 축출되었다. 그들은 수년간의 노동을 통해 자신들이 기여한 콜로니의 자산 중 자신들의 몫을 요구했다. 콜로니가 이를 거부하자, 두 명의 전 구성원은 이를 재판에 회부했다. 이들은 자신들이 '자신들 인생의 어느 때에도, 모든 것, 심지어 그들이 입고 있는 옷까지도 다 포기하지 않으면 콜로니를 떠날 수 있는 권리를 갖지 못한다'는 사실에 이의를 제기했다(Janzen 1990: 67). 후터파는, 설사 이러한 관행이 개인의 자유를 제한할지라도, 종교적 자유가 자신의 종교적 원칙에 따라 살 수 있는 신도집단의 능력(a congregation's ability)을 보호해 준다는 논거를 들어 이러한 행위를 옹호했다.

캐나다 연방 대법원은 이러한 후터파의 주장을 받아들였다. 그러나 후터파의 주장이 롤스의 '정치적 자유주의'의 언어 내에서 옹호될 수 있을지는 그렇게 분명하지 않다. 피전 판사(Justice Pigeon)가 반대 의견에서 언급한 바와 같이, 종교의 자유에 대한 통상적 자유주의의 관념은 '개인이 자신의 의지에 따라 종교를 바꿀 수 있는 권리를 포함하고 있다.' 따라서 교회는 '그들 구성원들의 이러한 근본적 자유를 박탈하는 효과를 갖는 규칙을 만들 수 없다.' 그렇기 때문에, 종교적 권위의 적절한 범위는 '적절하게 이해된 종교적 자유에 부합하는 것으로 한정되며, 이는 곧 개인이 자신의 의지에 따라 종교를 선택할 수 있을 뿐만 아니라, 버릴 수도 있는 자유를 말한다.' 피전 판사는 후터파 콜로니에 사는 사람들이 그들의 종교적 가르침을 거부하는 것이, 그들의 종교를 바꾸는데 드는 높은 비용 때문에 사실상 거의 불가능 하였으며, 따라서 그들은 사실상 종교의 자유가 박탈되었다고 생각했다.[6)]

내가 보기에, 피전 판사의 관점은 롤스의 '정치적 자유주의'에 가장 부합하는 것이다. 롤스가 정치적 주장과 법적 권리의 목적으로 그래야 한다고 말하는 것과 같이, 피전 판사는 사람들이 그들의 가치관을 형성하고 수정하는 자신들의 능력에 대한 기본적 관심을 가지고 있다고 가정하였다. 따라서 그는 그 구성원들에 대한 종교공동체의 권력은 그들 구성원들이 자유롭고 효과적으로 그와 같은 능력을 행사할 수 있도록 하는 것이어야 한다고 결론짓는다. 만약 후터파가 롤스의 인간관을 받아들인다면, 그들 역시 자신의 종교적 믿음을 형성하고 수정하는 개인의 능력이라는 입장에서 종교의 자유가 해석되어야 한다는 관점을 받아들여야 할 것이다.[7)]

미국 내 아미쉬파(Amish) 공동체가 그 구성원들에게 행사하는 권력을 다룬 **위스콘신 대 요더** 판례(the case of *Wisconsin v.*

---

6) *Hofer v. Hofer et al.* (1970) 13 DLR (3d) 1, Janzen 1990: 65-7에서 인용되고 있다.
7) 롤스는 시민적 권리(civil rights)를 보호하는 것의 요점이 가치관을 형성하고 수정하는 능력의 개발 및 행사를 극대화하는 것은 아니라는 점을 강조하고 있다. 그가 올바르게 언급하듯이, '가치관에 대한 고의적 긍정의 숫자'(the number of deliberate affirmations of a conception of the good)를 극대화 하려고 하는 것은 '우스꽝스러운'(absurd)일인 것 같다. 오히려, '이러한 자유들(가치관을 형성하고 수정하는 능력에 관한 시민적 권리)과 이러한 자유들이 강조하는 우선 사항은 이러한 능력(가치관 형성 및 수정 능력)의 적정한 개발 및 완전하고 합리적 행사를 위해 본질적인 사회적 조건들을 모든 시민에게 동등하게 보장하는 것을 의미한다'(1982*b*: 47-9). 그렇지만, 후터파는 자율성의 '완전하고 합리적' 행사('full and informed' exercise)를 위해 본질적인 사회적 조건들을 제시하지 않고 있다.

Yoder) 역시 이와 같은 문제를 다루고 있다. 다른 방식을 통해서이긴 하지만, 캐나다의 후터파와 마찬가지로, 아미쉬파 역시 그들 구성원들이 집단을 떠나는 것을 어렵게 하려 했다. 그들은 바깥 세상에 대해 그들 자녀들이 배울 기회를 심각하게 제한하기 위해, 16세 이전에 그들의 자녀를 학교 교육으로부터 철회하기를 원했다. 그리고 그들 역시, 이것이 어린이들의 개인의 자유를 제한하는 것일지라도, 종교의 자유가 자신들의 원칙에 따라 살아갈 수 있는 집단의 자유를 보호해 준다는 명목으로 이를 옹호했다. 미국 연방 대법원은 아미쉬파의 주장을 받아들였지만, 아미쉬파의 일관된 주장 역시, 우리의 목적을 형성하고 수정하는 능력을 강조한 롤스의 '정치적 인간관'(political conception of the person) 개념에 대한 그들의 명백한 거부에 의존하고 있었다.8)

---

8) *Wiconsin v. Yoder* 406 US 205. 롤스는 자신의 정치적 자유주의가 밀의 포괄적 자유주의보다 아미쉬파의 요구에 더 동정적이라고 주장한다. 포괄적 자유주의가 '삶의 모두는 아닐지라도 많은 부분을 관장하는 개념으로서 자율성과 개인성의 가치를 촉진할 수 있도록 고안된 요구들로 연결될 수 있지만', 반면에 '정치적 자유주의는 상이한 목적을 가짐은 물론 훨씬 적은 것을 요구하는 데 그 이유는 그것이 단지 **시민권**의 자유주의적 이상(a liberal ideal of *citizenship*)('[어린이들의] 교육에 관한 국가의 관심이 미래 시민으로서의 이들의 역할에 맞추어져 있다')을 증진시키는 것에만 관심있기 때문이다.' 결과적으로, 롤스는, 정치적 자유주의는 '그것이 할 수 있는 한, 사람들이 정치적 정의관의 원칙들을 받아들이고 이 정의관에 개인과 사회의 정치적 이상들을 존중하는 것만이 전제된다면, 자신의 종교의 명령에 따라 현대 세계로부터 철회하기를 원하는 사람들의 요구를 존중한다'고 말한다(Rawls 1988: 267-8). 그렇지만, 이것은 잘못된 것이다. 하나를 들자면, 정치적 자유주의와 포괄적 자유주의의 구분은 불안정하다. 그 이유는 정치적 목적으로 자율성의 가치를 받아들이는 것은 사적 생할에 불가피한 함의를 가지게 되기 때문이다(n. 9를 참조하라). 더욱이, 많은 종교적 공동체들은 그 자신의 용어에 입각하여 시민권 이론으로서의 정치적 자유주의를 반대할 것이다. 이들은 롤스의 시민권의 이상을 자신들의 개인과 사회의 종교적 이상들과 상충하는 것으로 간주할 것이다. 롤스는 교육자들이 어린이들을 시민권의 권리와 의무에 대해 준비되도록 가르치기를 원하겠지만, 종교적 종파들은 '자신들의 공동체내의 삶에 대해 어린이들을 교육하는 것이... 곧 교육의 목적이라는, 상이한 견해'를 가질 수 있다. 이들은 정치적 권리의 행사를 돕기 위해 사람들을 준비시키는데 관심이 있는 것이 아니라 '순종의 필요에 관심이 있다. 이들은 교육이라는 것은 개인들의 자기지향성(self-regard)을 재교육하여 공동체의 뜻을 따르려는 욕구를 배양해야만 한다고 주장한다.' 따라서 이러한 집단들은 바로 다름 아닌 롤스의 '정치적 자유주의'가 고집하는 그러한 종류의 교육으로부터 면제를 추구해 왔

따라서 일반적 가치(a general value)로서가 아니라, 정치적 맥락에서만 자율성을 인정하는 롤스의 전략은 성공하지 못한 것이다. 정치적 목적을 위한 자율성의 가치를 받아들이는 것은 사적 삶에서도 이것이 작용하는 것을 가능하게 하는데, 이는 자율성을 일반적 가치로 수용하는 사람들만이 이것(사적 영역에서 자율성 가치의 작동)을 선호할 것임을 의미한다.[9] 롤스는 왜 사적 삶의 영역에서 공동체주의자인 사람들이 정치적 영역에서 자유주의자가 되어야 하는지에 대해 설명하지 않았다. '상황이 요구할 때 이러한 관점들이 서로 모순되지 않고 일관성을 유지할 수 있다면, 상이한 맥락 내에서 우리는 우리의 개인에 대한 다양한 관점을 가정할 수

다.(Janzen 1990: 143, 97을 참조하라)

9) 사실상, 정치적인 것과 사적인 것의 관계는 우연적일뿐만 아니라, 개념적인 것이다. 롤스는 정치적 영역에서의 자율성 행사가 인과적으로(causally) 사적 생활에서의 자율성의 행사를 증진시킬 수 있다는 점을 인정한다. 그러나 그는 이것이 우발적이고 의도하지 않은 결과이며, 자신의 정치적 인간관은 단지 '〔자율성과 정의감의(autonomy and a sense of justice)〕 도덕적 능력이, 시민들이 공적 업무를 수행하기 위하여 이러한 능력들을 유지하고 행사하려고 할 때, 정치적 생활과 기본적 제도에서 행사되고 있는' 방식에 관계될 뿐이라고 주장한다(1988: 272 n. 28). 그러나 '정치적 생활에서' 우리의 자율성의 능력을 행사한다는 것은 무엇을 의미하는가? 비록 롤스가 이 문장에서 자율성의 능력과 정의감의 능력을 함께 다루고 있지만, 자율성의 능력은 이 점에서 정의감에 관한 능력과 아주 다르다. 정의감에 관한 능력은 '법과 사회정책들의 정의와 효과성을 평가함으로써' 행사되며, 따라서 이것은 우선적으로 정치적 생활과 관계되고 또 정치적 생활 내에서 행사된다. 반면에, 가치관을 형성하고 수정하는 능력은 롤스가 말하는 우리의 '비공적 정체성'(non-public identity) - 우리의 정치적 정체성이 아닌 우리의 포괄적 정체성 - 과 주로 관계된다. 롤스 자신이 직접 언급한 것처럼, '양심의 자유와 결사의 자유는, 우리의 포괄적 교리에 속하는 우리의 가치관을 형성, 수정, 그리고 합리적으로 추구하고 또 그러한 가치관들을 그대로 수용하는데 있어, 우리의 도덕적 능력을 개발하고 행사할 수 있도록 하여준다'(1989: 254). 따라서 정의감의 능력이 **공적** 정책과 제도를 평가하는 것과 관계된다면, 가치관을 형성/수정하는 능력은 우리의 **사적** 정체성(private identity)을 규정하는 포괄적인 종교적 및 도덕적 교리들을 평가하는 것과 관계된다. 그러나 그렇다면, 이러한 후자 능력(가치관의 능력)의 행사가, 우리의 사적 정체성에 영향을 미치지 않고, 정치적 생활에 국한될 수 있다고 말하는 것은 무엇을 의미하는가? 관계된 능력이 바로 우리의 포괄적 목적들을 형성하고 수정하는 능력이기 때문에, 이것의 행사는 어떤 경우라도 필연적으로 우리의 사적 정체성과 관계될 수밖에 없는 것으로 생각된다.

있다'는 롤스의 주장이 옳을 수 있다(Rawls 1980: 545). 그러나 그는 이러한 관점이 모순되지 않고 일관성이 있음을 보여주지 않았다. 이와 반대로, 그러한 관점들은 서로 개종, 배교 및 의무 교육과 같은 집단 내 이견 문제에 대해 분명하게 상충하는 입장을 보이게 된다.

왜 롤스는 이러한 갈등을 보지 못했는가? 어쩌면 그가 자신의 정치적 관점이 다수의 비관용으로부터 종교적 소수자집단을 보호할 수 있는 유일한 방법이라고 생각했기 때문일 수도 있다. 여러 곳에서 그는, 우리가 사회 내의 종교 집단들의 불가피한 다양성을 인식한다면, 소수자집단의 신앙에 대한 박해를 막을 수 있는 유일한 가능한 방법은 개인의 '평등한 양심의 자유'(equal liberty of conscience)를 보장하는 것 밖에 없다고 시사하고 있다(예, Rawls 1982b: 25-9; 1989: 251). 그러나 이것은 실수이다 - 이것은 집단 간의(*between* groups) 관용을 보장하지만 개별 집단 내의(*within* each group) 개인적 이견에 대한 관용을 보호하지 않을 수 있다. 밀레와 같은 체계는 후자를 보장하지 않으면서 전자를 보장한다. 따라서 만약 우리가 개인의 시민적 권리를 옹호하고 싶다면, 우리는 집단 관용(group tolerance)에 대한 필요 이상을 넘어서, 개인들에게 자신들의 최종적 목적을 형성하고 수정할 자유를 부여하는 것이 지니는 가치에 대해 설명 할 필요가 있다[10].

10) 우리가 우리의 목적들을 평가하고 수정할 수 있다는 가정이, 사람들은 '자신들의 목적들에 대한 책임을 질 수 있는 존재로 간주된다.'라는 롤스의 주장을 정당화하는데 필요하다고 나는 생각한다. 즉 사람들은 '자신들이 합당하게 제공할 수 있는 능력에 입각하여(1985: 243), 자신들의 목적과 열망을 조정할 수 있는 것으로 간주된다.'는 의미에서 자신의 목적들에 대한 책임을 질 수 있는 존재로 간주된다. 사람들이 자신들의 목적들을 조정할 수 있기 때문에, 과도한 비용의 생활방식을 지닌 자들을 보조해야 할 의무는 없다고 롤스는 주장한다. 나는 롤스 이론의 이러한 측면을 Kymlicka 1990: 73-7에서

따라서 시민적 권리의 우선성에 대한 자신의 주장을 손상하지 않고서도, 개인적 자율성의 일반적 가치에 호소하는 것을 피할 수 있을 것이라고 생각한 점은 롤스의 실수이다. **개인적 자율성**(individual autonomy)에 대한 어떠한 가정으로부터도 절연된 채, **사회적 다양성**(social pluralism)이라는 사실 자체만으로 자유주의적 자유의 모든 범위(the full range of liberal freedoms)를 옹호할 수는 없다.[11] 공동체주의자들이 주장하는 바와 같이, 만약 사람들의 개인적 정체성이 진정으로, 그것에 대해 의문을 갖거나 개정하는데 어떠한 관심이나 능력도 갖고 있지 않은 특정한 목적에 묶여 있다면, 개별 집단의 내부적 제재를 허용하는 밀레와 같은 체제가 다원주의에 대한 더 뛰어난 대답일 수 있다. 만약 개인들이 그들이 물려받은 종교적 신념을 수정할 능력을 가지고 있지 않거나, 개인

논의하고 있다.

11) 나는 Kymlicka 1992*b*에서 보다 심도있게 롤스의 최근 견해들을 논의한다. 롤스는 양심의 자유에 대해 두 가지 주장을 한다. 첫 번째 주장에서, '종교적 믿음은 **주어지고 확고한 뿌리를 지닌 것**(*given and firmly rooted*)으로 간주'되고 있으며, 우리는 사회가, '말하자면, 각각 타협 불가능한, 그러한 관점들의 다양성'을 함유하고 있기 때문에, 양심의 자유를 필요로 한다는 것이다. 두 번째 주장에서는, 종교적 신념들은 '숙고적 이성에 따라 **수정이 될 수 있는 것**(*subject to revision*)으로 간주되고' 있으며, 우리들은 '우리의 현재의 생활방식의 모든 측면들이 우리들에게 가장 합리적이고, 주요한 수정은 아니라 하더라도 적어도 조그만 수정도 필요하지 않다고 할 보장이 없기 때문에' 양심의 자유를 필요로 한다고 말한다(Rawls 1982*b*, 강조부분은 내가 한 것이다). 롤스는 이 두 주장이 '동일한 결론을 지지해준다'고 생각한다(1982*b*: 29) – 즉 고정되어 있어서 합리적 수정이 가능하지 않은 것으로 간주되고 있는 사회내의 가치관들의 **다양성**(*plurality*)을 인정하는 것은, 각 개인의 가치관의 수정가능성(revisability)을 인정하고 있는 개인적 자유에 대하여 동일한 함의를 지니는 것으로 생각한다. 그러나 이 두 주장은 개종과 같은 문제들에 관해서는 동일한 결론을 지지해 주지 않는다. 개종은 두 번째 주장에서 본질적 자유이지만, 첫 번째 주장에서는 무익하고 분열적인 성가신 일일뿐이다. 일반적으로 현대 민주국가들이 다원주의적이라는 사실은 국가가 하나의 생활방식을 모든 사람에게 부과하는 것은 잘못이라는 점을 의미한다. 그러나 바로 이점이 자신의 현존 가치관을 추구하고 또한 이에 의문을 제기하고 수정할 수 있는 자유를 정당화시켜주는 것은 아니다. 후자의 관점은 자율성의 가치에 대한 신뢰를 요구하는 것이지, 다원주의의 현실에 대한 인정은 아니다.

들이 그러한 능력을 행사할 수 있도록 하는 것이 중요하지 않다면, 밀레 시스템이야말로 그와 같은 자아구성적 목적(constitutive ends)을 보호하고 증진하는 최고의 체제일 것이다.

이는 새로운 결론이 아니다. 내부적 제재의 옹호자들은, 우리가 자율성이 일반적 가치라는 가정을 버린다면, 종교적 및 문화적 집단들이 특정한 개인의 권리를 제한하여 그들 구성원의 자아구성적 목적을 보호할 수 있도록 허용되어야 한다고 오랫동안 주장해왔다(예. Kukathas 1992a; McDonald 1991*b*; Karmis 1993; Mason 1993). 샌들(Sandel) 자신은, 양심의 자유가 자신의 종교를 선택할 자유가 아니라 자신의 구성적 목적을 추구하는 자유로 이해되어야 한다고 주장하면서, 자신들의 자녀들을 학교 교육으로부터 철회하는 아미쉬파의 권리를 옹호했다(Sandel 1990). 그는, 사람들의 종교적 결연(affiliation)이 자신이 누구인지에 관한 그러한 정체성을 심원하게 구성하게 되면, 이들의 주된 관심이 그러한 정체성을 보호하고 증진시키는데 있게 되며, 그리고 이들은 이러한 정체성으로부터 한 발 물러서서 이것을 평가할 수 있는 능력에 대해 어떠한 상대적 관심(comparable interest)도 없게 된다고 주장한다. 따라서 아미쉬파 어린이들에게 바깥세상을 가르치는 것은 가치가 거의 없거나 무가치한 (그리고 어쩌면 명백한 해가 될 수도 있는) 것이다.

여기에 진정한 갈등이 있으며, 우리는 이것에 솔직히 직면할 필요가 있다. 만약 우리가 단순한 집단 관용이 아니라, 개인적 양심의 자유를 옹호하기를 바란다면, 우리는 사람들의 목적이 고정되어 있으며 이성적 수정의 범위를 벗어나는 것이라는 공동체주의적 발상을 거부해야만 한다. 우리는 개인적 자율성에 대한 전통적 자유주의의 믿음을 지지해야만 한다.

3. 비 자유주의적 소수자집단에 대한 수용

왜 롤스는 일반적인 인간적 관심(a general human interest)으로서의 자율성을 지지하는 것을 꺼려했을까? 밀의 '포괄적' 자유주의가 잘못된 것은 무엇일까? 롤스는, 모든 사람이 이러한 자율성의 이상을 받아들이지 않기 때문에, 정치적 생활에서 이것(일반적인 인간적 관심으로서 자율성)에 호소하는 것이 '분파주의'(sectarian)일지도 모른다는 점이 바로 문제라고 말한다. 자율성에 바탕한 개인적 권리의 옹호는 '민주적 사회 내에서 일반적으로 공유되고 … 있지 않은 이상과 가치'에 호소하고 있으며, 때문에 '충분한 합의를 확보할 수 없기' 때문이다. 자유주의를 자율성과 같이 논란이 많은 가치에 기초하도록 하는 것은 자유주의가 '또 다른 분파주의적 원칙이 되는 것'(becomes but another sectarian doctrine)을 의미할 수 있다(Rawls 1987: 6, 24; 1985: 246).

이것은 정당한 지적이지만, 롤스는 이를 과장하고 있으며, 이로부터 잘못된 결론을 도출한다. 우리가 물려받은 가치관을 평가하고 수정할 수 있는데 관심을 가지고 있다는 발상은 서구 민주주의 사회들에서 광범위하게 공유되고 있다.[12] 이러한 이상을 거부하

12) Nickel 1990: 214를 참조하라. 밀적 자율성 개념(the Millian conception of autonomy)이 널리 공유되고 있지 않다는 롤스의 우려는, 이 자율성 개념을 5장 n. 7에서 논의하였던, 여타의 보다 논란이 많은 관점들과 혼동하는 데에 원인이 있다. 밀의 관점이 삶의 모든 영역에 적용된다는 점에서 '일반적'(general)이긴 하지만, 그것이 모든 개인이 추구하여야 할 일련의 최종적 목적들 또는 본질적 가치들을 규정하는 것은 아니기 때문에, '포괄적' (comprehensive)인 것은 아니라는 점에 유의하는 것이 중요하다. 오히려,

는 몇몇 고립된 소수자집단들이 있는데, 여기에는 몇몇 토착민 집단(푸에블로 the Pueblo)과 종교적 종파(아미쉬파와 메노파 the Amish and Mennonites))가 포함된다. 이러한 집단들은 종종 개인의 시민적 권리와 충돌하는 내부적 제재를 요구하기 때문에, 이들은 자유민주 사회들에 대해 도전을 제기한다. 우리는 이러한 요구를 단순히 무시하거나, 그들이 자율성의 사상을 거부한다는 사실을 간과해서는 안 된다.

그러나 롤스의 전략은 비 자유주의적(non-liberal) 소수자집단의 존재로 인해 발생한 질문들에 대한 해결책이 되지 못한다. 그의 전략은 개인적 권리를 계속해서 강화하는 것이지만, '포괄적' 자유주의('comprehensive' liberalism)가 아니라 '정치적' 자유주의('political' liberalism)에 입각하여 그렇게 하는 것이다. 이것은 분명히 비 자유주의적 소수자집단의 요구를 만족시키지 못한다. 그들은 개인의 권리에 대해 우선성을 지니는 내부적 제재를 원한다. 롤스의 정치적 자유주의는 밀의 포괄적 자유주의만큼이나 그러한 요구에 적대적이다. 롤스의 이론이 덜 포괄적이라는 사실이 그의 이론을 비 자유주의적 소수자집단들에게 더 동정적이 될 수 있도록 해주지는 않는다.

그렇다면 어떻게 자유주의적 국가가 비자유주의적 소수자집단을 다루어야 하는가? 나는 소수자 문화집단의 구성원들에게 실질적 시민적 권리를 부여하지 않는 어떠한 이론도 모두 자유주의적 관점에서 볼 때 심각하게 결함이 있음을 주장해왔다. 일부 비판자들은 때문에 내가 현존하는 수많은 소수자 문화집단에 대한 '간섭의 길로

그것은 우리가 우리들의 최종적 목적들에 대해 숙고해보고 평가하는 능력과 관계된다.

이끌려 들어가고 있다'(drawn down the path of interference)고 주장한다 - 예를 들어, 내가 푸에블로 인디언들에게 자유주의적 체제를 부과하여, 이들에게 이들의 보호구역에서 신교도적 입장의 종교적 자유를 존중하도록 강제해야 한다고 믿게 될 것이라고 주장한다.[13]

그러나 이것은 두 가지 구분되는 질문을 혼동하고 있다: (1) 소수자집단의 어떠한 종류의 주장이 자유주의적 원칙들에 부합하는가? (2) 자유주의자들이 이러한 자유주의적 원칙의 일부 혹은 전체를 받아들이기를 거부하는 소수자집단들에게 자신들의 관점을 강제해야 하는가? 첫 번째 질문은 옹호할 수 있는 자유주의적 소수자집단권리 이론(a defensible liberal theory of minority rights)을 **식별하는 것**(identifying)이 문제이며; 두 번째 질문은 그러한 자유주의적 이론을 **부과하는 것**(imposing)에 관계된 문제이다.

지금까지, 나는 첫 번째 질문 - 즉 옹호할 수 있는 자유주의적 소수자집단권리 이론 을 확인하는 것 - 에 초점을 맞추어 왔다. 그 질문에 관련하여, 나는 가장 옹호할 수 있는 자유주의적 이론은 자율성의 가치에 기반한 것이며, 집단 구성원의 시민적 권리를 제한하는 어떠한 형태의 집단차별적 권리(group-differentiated right)도 자유와 평등의 자유주의적 원칙에 부합하지 않는다고 믿는다. 따라서 밀레 체제나 푸에블로의 신정(theocracy)은 자유주의적 관점에서 보면 심각하게 불완전한 것이다.

그러나 그것은 자유주의자들이 그들의 원칙을 이러한 원칙을 공

---

13) 이 비판은 다른 사람들과 함께, Kukathas 1992*a*; Chaplin 1993; McDonald 1993; Williams 1994에 의해 제기된 바 있다. 인용문은 Kukathas 1992*a*: 121에서 가져 온 것이다.

유하지 않는 집단에 강제할 수 있다는 것을 의미하지는 않는다. 내 생각에, 비자유주의적(illiberal) 집단이 다른 국가일 경우, 이것은 매우 명백하다. 사우디아라비아 정부는 부당하게 여성 또는 비 무슬림의 정치적 권리를 부정하고 있다. 그러나 이것이 외부의 자유주의자들이 사우디아라비아가 모든 사람에게 투표권을 주도록 강제적으로 개입해야 한다는 결론으로 이어지지는 않는다. 마찬가지로, 독일 정부 역시, 독일 땅에서 태어나 독일을 자신의 고향으로 알고 있는 터키인 '이주노동자들'(guest-workers)의 자녀와 손주들에게 정치적 권리를 부당하게 거부하고 있다. 그러나 이것이 독일외부의 자유주의자들이 독일로 하여금 자신의 시민권 법을 변경하도록 무력을 사용해야 한다는 결론으로 이어지지는 않는다.

이러한 경우들에서, 최초의 도덕적 판단은 매우 명백하다. 자유주의적 관점에서 보면, 누군가의 권리가 그들의 정부에 의해 부당하게 거부되고 있는 것이다. 그러나 적당한 치유책은 분명하지 않다 - 즉, (만약 있다면) 어떤 제 3자가 해당 정부로 하여금 그와 같은 권리를 존중하도록 강제하기 위해 간섭할 권한을 갖는가?

비자유주의적 집단이 한 국가 내의 자치 소수민족 집단일 때 역시 똑같은 질문이 제기된다. 예를 들어, 푸에블로 부족 의회는 그 구성원의 양심의 자유를 제한하고 성 차별적 구성원자격 원칙을 적용하여 해당 구성원의 권리를 침해한다.[14] 그러나 (만약 있다면) 어떤 제 3자가 그 정부가 그와 같은 권리를 존중하도록 강제하

14) 만약 여성 구성원들이 부족 외부의 사람과 결혼을 하게 되면, 이들의 자녀들에게는 구성원지위(membership)가 거부된다. 그러나 만약 남성이 외부에 있는 사람과 결혼을 하게 되면, 그들의 자녀들은 구성원이 될 수 있다. 이러한 차별적 원칙은 *Santa Clara Pueblo v. Martinez* 436 US 49(1978)에서 지지되었다.

기 위해 간섭할 권한을 갖는가?

자유주의적 원칙은 우리에게, 개인의 양심의 자유와 같이, 그들의 정부가 존중해야만 하는 특정한 요구들을 개인들이 가지고 있다고 이야기한다. 그러나 그러한 주장을 확인하게 되면, 우리는 이제 자유주의를 강제하는 것과 관계된 아주 다른 질문에 직면하게 된다. 만약 특정한 정부가 그러한 주장을 존중하지 못할 경우, 누가 개입하여 이를 존중하도록 강제할 권리를 갖는가? ('강제적' 자유주의 'imposing' liberalism를, 나는 자유주의적 권리에 대한 존중을 강제하기 위한 제3자의 강제적 개입 forcible intervention으로 지칭하고 있다. 제3자에 의한 비 강제적 개입은 다른 문제이며, 뒤에서 논의할 것이다.)

해가 갈수록, 자유주의를 강제하는 것에 대한 자유주의자들의 태도는 변해왔다. 국제적 맥락에서, 자유주의자들은 외국으로 하여금 자유주의적 원칙을 따르도록 무력을 사용하여 강제하는 것에 관해 점차 회의적이 되어왔다. 존 스튜어트 밀을 비롯한 많은 19세기 자유주의자들은 자유주의적 국가들이 타국에 자유주의적 원칙들을 가르치기 위해 그들을 식민지화 하는 것이 정당화된다고 생각했다. 그렇지만, 현대 자유주의자들은 일반적으로 이러한 원칙을 경솔하고 부당한 것으로 여기고 이를 포기해왔고, 대신 교육, 설득 및 재정적 인센티브를 통해 자유주의적 가치를 증진시키고자 하였다.[15]

---

15) 일부 자유주의자들은 유엔이 언젠가는 인권을 위해 외국에 강제적으로 개입할 수 있는 권한을 행사하게 될 것을 희망한다. 그러나 현재로서는 국제적 개입은 크게 기본적 인권의 중대한 위반의 경우 - 예를 들어 노예제, 대량 인종학살, 인종청소 - 에만 국한되며, 그리고 대부분의 현대 자유주의자들은 이것을 인정해 왔다. 어떠한 경우에도, 사실상 오늘날 모든 사람은 유엔과 같은 국제적으로 인정된 기구만이 강제적으로 개입할

그렇지만, 소수민족 집단의 경우에, 자유주의자들은 강제적인 제 3자의 개입을 훨씬 더 기꺼이 지지해 왔다. 예를 들어, 많은 미국 자유주의자들은 미국 연방 대법원이 개인의 권리를 침해하는 푸에블로 부족 의회의 어떠한 결정이라도 번복할 수 있는 합법적 권한을 가지고 있다고 가정한다. 미국 자유주의자들은 종종, 권리를 가진다는 것이 입법자가 법안을 통과시킬 때 누군가의 요구를 존중해야 한다는 것을 의미할 뿐만 아니라, 입법과정이 누군가의 요구를 존중할 것을 보장 할 수 있게 하는 어떠한 사법심사(judicial review)의 체계가 존재해야 함을 의미한다고 가정한다. 나아가, 이와 같은 사법심사제는 국가 전체적 수준에서 이루어져야 한다. 즉, 주와 부족 정부의 법을 심리하는 다양한 주 및 부족 의회에 더해, 국가 내 모든 정부들이 궁극적으로 해명해야 할 연방 대법원이 있어야 한다. 많은 미국 자유주의자들은, 국가 내의 모든 정부들의 결정들이 자유주의적 권리들을 존중하도록 보장하기 위해, 이 모든 정부결정들을 재심리할 수 있는 권한을 가진 단 하나의 법원이 각 국가 내에 있어야 한다는 것이 '권리'의 특정한 의미의 한 부분인 것처럼 말한다.

이것은 권리에 대한 아주 특수적인 이해 방식이다. 몇몇 자유주의적 국가들(예, 영국)에서는, 개인적 권리를 존중하는 강한 전통이 있기는 하지만, 헌법적 권리 장전은 없으며, 법원이 개인의 자

권한을 가진다는 점에 동의한다. 예를 들어, 사적 시민들로 이루어진 집단은, 이들이 비록 그 동기가 전적으로 인권에 대한 관심에서 비롯되었다 할지라도, 사우디아라비아를 침범할 수 있는 어떠한 정당한 권위도 가질 수 없을 것이다. 마찬가지로, 인접한 국가들로 이루어진 집단이라 할지라도 그러한 권한을 가지지 못한다. 어떠한 개인이나 국가도 자신을, 이들이 어떤 정부가 그 시민들의 권리를 위반하는 것을 목격할 때마다 그리고 목격하는 경우 어디서나, 강제적으로 개입할 수 있는 권한을 지닌 인권의 수호자로서 간단히 선언할 수는 없다.

유를 침해하는 의회 결정을 번복할 수 있는 기반도 존재하지 않는다. (1982년까지 캐나다도 이와 같았다.) 다른 국가들의 경우, 사법심사제는 있지만, 이것이 분권화된 경우도 있다 - 즉, 정치적 하위단위(subunit)가 자체적인 사법심사체제를 갖고 있지만, 하나의 헌법적 권리 장전이 없으며, 모든 수준의 정부가 해명을 해야 할 단 하나의 법원이 존재하지도 않는다. 사실상, 이것은 상당한 기간 동안 미국에도 해당되는 것이었다. 14번째 수정조항 통과 전까지, 주 입법부는 주 법원에 주 헌법을 존중하였는지에 대한 해명책임이 있었지만, 연방 권리장전을 존중하는지 여부에 대해서 연방대법원에는 해명책임이 없었다.

왜 미국 자유주의자들이 주 정부의 행위에 대한 권한을 연방대법원에 부여하는 것에 대해 지지하는지를 알아보는 것은 쉽다. 역사적으로, 연방군(federal troops)이 지지하였던 이러한 종류의 연방의 사법심사제는, 남부 지역 주 법원이 지지하였던 해당 지역 내에서의 인종주의적 입법을 번복하기 위해 요구된 것이었다. 연방 법원이 인종주의에 대항한 투쟁에서 수행했던 중심적 역할을 감안하여, 미국 자유주의자들은 하나의 권리 장전에 기반하여 하나의 기관이 개별 국가 내의 모든 수준의 정부들의 행위를 검토하고 번복할 수 있는 권한을 가져야 한다는 생각에 따라, 중앙집권적 사법심사제의 원칙에 대한 깊은 신념을 발전시켜왔던 것이다.

그러나 주 정부들에게 적용되는 것과 동일한 중앙집권적 사법심사제와 같은 것이 인디언 부족정부들이나 푸에르토리코 자치령(the Commonwealth of Puerto Rico)과 같은 자치 소수민족 집단들에게도 적용되어야만 하는 것일까? 주 정부들과 마찬가지로, 부족

정부들 역시 역사적으로 연방 권리 장전에 예속되지 않았다. 그러나 많은 자유주의자들은 이를 변화시키려고 해왔고, 그래서 인디언 부족 정부들을 대부분의 연방 권리 장전의 측면에 예속시키는, 1968년 인디언 시민권법(the 1968 Indian civil Rights Act)을 통과시켰다. 그러나 여기에서조차, 부족 정부들은 (특별한 경우를 제외하고) 연방 법원이 아니라, 단지 부족 법원에 해명책임을 질뿐이다. 푸에르토리코 자치령 역시 최근 몇 년 내에 연방 권리 장전과 연방 법원에 의한 사법심사제에 예속되게 되었으나, 어떻게 그리고 왜 이러한 일이 발생했는지는 분명하지 않다.[16]

그렇다면, 현대 자유주의자들은 타 국가들에 자유주의를 강제하는 것을 점점 더 꺼려해 왔지만, 소수민족 집단에 대해서는 자유주의를 더 부과하려고 했던 것이다. 내 생각에, 이것은 일관성이 없는 것 같다. 우리가 타 국가들에 자유주의를 강제하는 것을 꺼려해야만 하는 이유 중 많은 것이 또한 한 국가 내에서 소수민족 집단에 자유주의를 강제하는 것을 회의적으로 만드는 이유이기도 하다. 타 국가들과 소수민족 집단 모두 그들의 자치정부를 요구하며, 독특한 정치적 공동체들을 형성하고 있다. 두 가지 경우 모두에서 강제적으로 자유주의적 원칙을 부과하려는 시도는 종종 침략 혹은 온정적 식민주의(paternalistic colonialism)의 형태로 인식된다. 그리고 이러한 시도에 따른 결과는 종종 맞불을 불러일으킨다. 아프리카의 많은 전 식민지들의 곤경은, 자유주의적 제도들이 내부의 정치적 개혁이 아니라 외부적 강제의 결과로 나타났을 때, 불안

16) 인디언 부족들에게의 연방 시민권 보장의 부과에 관해, Resnik 1989; Ball 1989; Tsosie 1994를 참조하라. 푸에르토리코에서의 연방시민권 보장의 시행 그리고 이들 시민권 보장에 대한 연방법원의 강행 이 양자에 관해, Aleinikoff 1994를 참조하라.

정하고 일시적인 것이 될 가능성이 높음을 보여준다. 결국, 자유주의적 제도들은 자유주의적 믿음들이, 독립 국가 혹은 소수민족 집단이든 간에, 자치적인 사회의 구성원들에 의해 내면화 되었을 때만 진정으로 작동할 수 있는 것이다.[17)]

물론, 외국 국가들과 소수민족 집단들 간에는 중요한 차이가 존재한다. 그렇지만, 나는 이 두 경우 모두에서 합법적인 강제적 개입의 범위가 비교적 매우 좁다고 생각한다. 다민족 국가 내에서 다수민족과 소수민족 간의 관계는 (국제 관계에서와 마찬가지로) 강제가 아니라 평화적 협상으로 결정되어야 한다. 이것은 합의의 어떤 기반을 모색하는 것을 의미한다. 가장 튼튼한 기반은 근본적 원칙들에 대한 합의일 것이다. 그러나 두 민족 집단들이 기본적 원칙을 공유하지 않으며, 다른 쪽의 원칙을 받아들이도록 설득될 수 없다면, 잠정적 합의(*modus vivendi*)와 같은 다른 조정의 기반에 의존해야 할 것이다.

이에 따른 결과로서의 합의는 소수민족 집단에게 연방 권리 장전과 사법심사를 면제해주는 것과 관계될 것이다. 그리고 내가 언급한 바와 같이, 현대 자유주의적 사회들은 사실 몇몇 소수민족 집단들에게 그와 같은 면제를 제공해 왔다. 더욱이, 이러한 면제들은 종종 소수민족 집단이 보다 광범위한 전체국가에 편입될 때에 맺어진 연방의 역사적 약정들에서 명시되고 있다. 소수민족 집단이 비자유주의적인 경우에, 이것은 다수자집단이 소수자집단 공동체

---

17) 다른 나라들에 자유주의를 강제적으로 부과하는 것에 반대하는 주장들의 검토에 관해, Walzer 1977; 1980을 참조하라. 나는 사실상 왈쩌의 모든 요점들은, 비록 왈쩌 자신이 항상 이러한 관계를 언급한 것은 아니지만, 소수민족집단들에게 자유주의를 부과하는 데 반대하는 주장을 하고 있다고 생각한다.

내에서의 개인 권리의 침해를 막을 수 없을 것임을 의미한다. 다수자집단 내의 자유주의자들은 타 국가들 내의 비자유적 법률들을 감내하는 것처럼 이것을 감내하면서 사는 법을 배워야만 한다.

이것은 자유주의자들이 가만히 서서 아무것도 하지 말아야 함을 의미하는 것은 아니다. 비자유주의적 방식으로 통치하는 소수민족 집단은 분명 정의롭지 못하게(unjustly) 행동하고 있는 것이다. 자유주의자들은 그러한 부정의에 대해 비판할 권리와 책임을 가진다. 따라서 그 문화 집단 내의 자유주의적 개혁가들은 논증 혹은 모범을 통해서 그들의 자유주의적 원칙들을 증진시킬 수 있는 방법을 모색해야 하며, 외부의 자유주의자들은 해당 집단이 자신들의 문화를 자유주의화하려는 어떠한 노력에 대해서도 지원을 아끼지 말아야 한다. 자유주의화의 가장 지속적인 형태들은 내부적 개혁의 결과로서 나타나는 것이기 때문에, 해당 집단 밖의 자유주의자들의 최우선적 초점은 이러한 종류의 지원을 제공하는 것이어야 한다.

게다가, 강제적으로 자유주의를 부과하는 것과 자유주의적 개혁에 다양한 인센티브들을 제공하는 것 사이에는 중요한 차이가 있다. 또한 이는 국제적 맥락에서도 분명한 것이다. 예를 들어, EC(유럽공동체 European Community: 유럽연합의 전신)에 가입하려는 구 공산 국가들의 갈망은 서구 민주주의 국가들이 동구권에서의 자유주의적 개혁을 밀어붙일 수 있는 지렛대를 제공해왔다. EC 내의 멤버십은 자유주의적 개혁을 위한 강력하지만, 강제적이지 않은 인센티브였다. 이와 유사하게, 많은 사람들은 NAFTA에 대한 협상들이 멕시코 정부가 그들의 인권 기록을 향상시키도록 압력을 넣을 수 있는 기회를 제공했다고 생각한다. 대륙 내 자유무역 협정에 대한 멕시코의 갈망은 미국과 캐나다가 멕시코 내의 자유주의적 개혁을 밀어붙이는데 얼마간의 지렛대를 제공했다. 분명하게, 다수민족이 소수민족 집단들이 그들의 내부적 정체를 자유화하도록 비 강제적으로 권장할 수 있는 이와 유사한 많은 기회들이 있다. 물론 적절한 압력의 형태에는 한계가 있다. 예를 들어, 무역 특권들의 확장을 거부하는 것과, 다른 한편 전면적 수출 금지 혹은 봉쇄는 전혀 다른 문제가 될 수 있다. 인센티브와 강제 사이의 선은 뚜렷한 것이 아니며, 어디에 정확히 선을 그릴 것인가의 문제는 국제적 맥락에서 많이 논의되어 왔다(Damrosch 1989를 보라).

결국, 자유주의자들은 인권을 보호하기 위한 국제적 메커니즘의 개발 및 강화를 추진할 수 있다. 많은 인디언 부족들은 국제 인권 선언을 준수하려는 의지는 물론, 그들 공동체 내에서의 인권 침해와 관련된 불평에 관해 국제사법 재판소(international tribunals)에 응답할 의지를 표명해 왔다. 사실상 이들은, 국내 문제에 있어 자신들의 주권을 용의주도하게 보호하려는 많은 주류다수 민족들보다 이러한 국제적 심사를 수용하는데 더 큰 의지를 보여 왔다. 대부분의 인디언 부족들은 모든 종류의 외부적 심사를 거부하지는 않는다. 그들이 거부하는 것은, 그들이 초안작성에 아무런 역할을 하지 못했고, 비 인디언 판사들로만 구성된 연방 법원에 해명책임을 지게 하는, 그들을 정복한 자들의 헌법에 예속되는 것이다.

내 생각에, 이는 각 국가 내에 인권의 궁극적인 보호자로서 하나의 법원이 있어야 한다는 미국 자유주의자들의 표준적 가정이, 최소한 다민족 국가들의 경우에서는 이중으로 잘못된 것임을 보여준다. 역사는 정부들에 인권 존중의 책임을 지도록 하는 것의 가치를 보여주었다. 그러나 다 민족 국가들에서, 자치 소수민족 집단들의 행위를 심의하는 적절한 포럼들은, 원래 그러했던 것처럼, 연방적 수준을 생략할 수 있다. 많은 소수민족 집단들은 자치 소수민족 집단들의 결정들이 1차적으로 자신들 자체의 법원에서 심의되고, 그리고 나서 국제적 법원에서 심의되는 것을 지지할 것이다. 다수민족 집단에 의해 주도되는 연방 법정들은 이러한 결정들을 심의하고 번복할 권한을 거의 혹은 전혀 가지지 못할 것이다.

이러한 국제적 메커니즘들은 국제적 수준뿐만 아니라 지역적 수준에서 등장할 수도 있다. 예를 들어, 유럽 국가들은 그들 자체의 다자적 인권 재판소 설립에 동의해왔다. 미국 정부와 인디언 부족들 역시, 양측을 공정하게 대표하는 이와 유사한 양자간 인권 재판소를 설립하는데 동의할 수도 있다. 자유주의적 가치들을 소수민족들에게 단순히 강제하지 않고, 합의적 방식을 통해 개인의 권리들을 존중하는 메커니즘들을 강화할 수 있는 많은 방법들이 있다.

이것은 자유주의적 권리들을 보호하기 위한 연방적 개입이 절대 정당화될 수 없다고 말하는 것은 아니다. 분명하게, 노예제 또는 학살 또는 대규모 고문 및 추방과 같이 심각하고 구조적인 인권 침해의 경우, 이것이 타 국가들에 대한 개입의 근거가 되는 것과 마찬가지로 개입이 정당화된다. 국제적 맥락에서 그러한 것과 마찬가지로, 한 소수민족 집단의 내부적 문제에서 개입이 보장되는 정확한 지점은 불분명하다. 내 생각에, 민족 공동체 내에서의 인권 침해의 심각성, 개인적 권리들의 제한의 정당성에 대한 공동체 내

합의의 정도, 의견을 달리하는 집단 구성원들이 그들이 원할 경우 공동체를 떠날 수 있는 능력, 그리고 소수민족 집단과의 역사적 합의의 존재 등을 포함한 다수의 요인들이 잠재적으로 여기에 관련되어 있다. 예를 들어, 양심의 자유를 제한하는 인디언 부족의 경우에 간섭이 정당화 될 수 있는지 여부는, 해당 부족이 대중적 지지를 결여하고 사람들이 공동체를 떠나는 것을 막는 전제적 독재자에 의해 통치되는지, 부족 정부가 광범위한 지지 기반을 갖고 있으며 종교적 반대자들이 자유롭게 떠날 수 있는지 여부에 분명히 의존하고 있다.[18)]

---

18) 구성원들이 떠날 수 있는 능력은 매우 중요한 조항이다. 그렇지만, 일부 논평자들(Svensson 1979: 437; Kukathas 1992*a*: 133)과는 달리, 나는 그것(떠날 수 있는 능력)이, (비록 일부 인종격리차별정책의 옹호자들이 실제로 이러한 주장을 하긴 하였지만) 미국남부에서의 인종 차별정책이 흑인들이 미국북부로 이동할 수 있다는 사실을 들어 정당화될 수 있다고 주장한 것처럼, 내부적 제재를 정당화하기에 충분한 조건이라고 생각하지 않는다. 예를 들어, 쿠카타스는 (자신들의 표현과 결사의 자유에 대하여 제약할 수 있는 권리, 또는 성 또는 종교적 신념에 근거하여 서비스 제공에서 차별하는 것을 포함하여) 자신들의 구성원들에 대한 대단히 강력한 권한을 문화적 집단들에게 부여한다. 사실상, 문화적 소수집단들은, 그 구성원들이 해당 공동체를 떠날 권리가 있는 한, 자신의 구성원들에 대한 무한정한 권한을 가진다(Kukathas 1992*a*: 133). 쿠카타스는 이것이 자유주의자들에게 충분한 조건이 되어야 한다고 생각한다. 왜냐하면, 이것이 비록 어떠한 자율성 존중의 원칙을 함유하고 있지 않긴 하지만, '어떤 개인을 문화적 공동체내에 강제적으로 끌어들이거나 감금하는 것을 허용하지 않는 한,' 그것은 자유주의적 이론이 된다고 그는 생각하기 때문이다(1992*a*: 125). 그러나 이것은 너무 약한 주장이어서 고유한 자유주의적 이론으로 간주할 수 없다. 보수주의자들, 사회주의자들, 또는 공동체주의자들 역시 공동체로의 강제적 유입을 인정하는 사람은 거의 없을 것이다.

쿠카타스는 후에 개인들은 '실질적' 이탈권('substantial' right of exit)을 가져야만 하며 (1992*a*: 133), 그러한 권리를 인정하는 것은 '개인과 집단간의 윤리적 균형이 회복불가능한 정도로 개인의 방향으로 기울어졌음'을 의미하게 될 것이라고 추가한다(1992a: 128, Mulgan 1989: 64에서 인용). 이탈의 위협은 개인들에게 해당 공동체 권위에 의문을 제기하는 **사실상의** 능력(*de facto* ability)을 제공해 줄 것이라고 그는 생각한다. 그러나 그는 무엇이 개인들에게 이탈할 수 있는 '실질적' 권리를 부여해 주는지에 관해 모호한 견해를 가지고 있다. 그는, **사람들이 자신들이 진입할 수 있는 공개적 시장 사회가 있는 한** (*so long as they have an open market society to enter into*), 비록 이들이 글을 이해할 수 있는 능력, 교육 또는 외부 세상에 관해 배울 자유가 없다 하더라도, 실질적인 이탈의 자유를 가진다고 말한다(1992*a*: 134). 다른 말로, 사람들의 이탈의 자유는, 자신이 속해 있는 공동체의 폐쇄성의 정도에 상관없이, 진입할 수 있는 새롭게 도착한 이민자 집단에 관한 경우는 매우 다르다. 이 경우에는, 5장에서 다루었던 몇 가지 이유들로 인해, 자유주의적 원칙을 존중하도록 강제하는 것이 더욱 정당성을 지닐 수 있다. 나는, 이민자들이 사전에 이러한 사실(자유주의 원칙들에 대한 국가의 강행)을 알고 있었고 자발적으로 이민을 선택했을 경우, 자유주의적 국가들이 이민자들에게 자유주의적 원칙들에 대한 국가의 강제의 정당성을 받아들일 것을 요구하는 것이 잘못되었다고 생각하지 않는다.

더욱 복잡한 경우들은, 수년간 혹은 심지어 수세대 간 특정한 비자유주의적 제도를 유지하도록 허용되어 온 오랜인종문화적 집단들 또는 종교 분파들과 관계된 것이다. 여기에는 뉴욕의 하사디즘 유대교(Hasadic Jews)와 같이, 20세기 초 미국과 캐나다로 이주해 온 아미쉬파와 메노파가 포함될 것이다. 이러한 이민 집단들이 도착했을 때, 다양한 이유로 이들에게 통합에 관련된 통상적인 요구사항들에 대한 예외가 허용되었으며, 특정한 내부적 제재들을 유지하는 것이 허용되었다. 우리가 이러한 역사적 예외를 후회할지도 모르지만, 그들은 보장받았고, 그것들이 비정하게 부정의하지(unconscionably unjust) 않은 이상 (가령, 그들이 노예를 유지할 수 있는 소수집단 권리를 보장받은 경우) 그것들을 완전히 기각

해당 사회의 개방성에 의해 결정된다. 그는, (아마도 자신이 여성이기 때문에) 교육을 거부당한 사람, 그리고 자신의 문화 외부의 누군가와 회합하거나 말할 수 있는 권리를 거부당한 사람들도, 그럼에도 불구하고 이들이 시장 사회에 진입할 수 있다고 가정하여, 실질적인 이탈의 자유를 가진다고 생각하는 것 같다. 내가 생각하기에, 대부분의 자유주의자들은 그러한 사람들은, 의미있는 선택을 할 수 있는 사전 조건들이 결여되어 있기 때문에, 실질적 이탈의 자유를 가지지 못한다고 주장할 것이다. 그리고 문화적 공동체들에게 자신의 개인적 구성원들에 대해 그러한 권한을 부여하는 소수자집단권리 체계는 어떠한 경우라도 자유주의적 관점에서 본다면 심각한 결함을 지닌다고 주장할 것이다. (L. Green 1994; Kymlicka 1992a도 참조하라.)

할 수는 없다. 독립적 제도들을 유지할 수 있는 그들의 권리에 대한 특정한 묵시적 혹은 명시적 보장에 의존하면서, 이 집단들은 현재 특정한 내부적 제재들에 의존하는 독립적인 특수 문화권(self-contained enclaves)을 형성 및 유지해오고 있다. 그러한 보장들이 주어지지 않았더라면, 이 집단들은 다른 국가로 옮겨갔을 것이다. 내가 6장에서 언급한 바와 같이, 도덕적으로, 이러한 종류의 역사적 논쟁에 얼마나 많은 비중을 두어야 하는지는 불분명하지만, 이러한 집단들이 새로 정착한 이민자들에 비해 내부적 제재들을 유지하기 위해 더 강한 주장을 하고 있는 것으로 여겨진다.[19)]

4. 결론

자유주의적 원칙들을 비자유주의적 민족 집단들에게 부과하는 것의 정당성은 여러 요소들에 의존하고 있다. 두 개의 문화들, 또는 두 개의 국가들이 어떻게 근본적 원칙의 차이를 해소해야만 하는가 하는 질문은 그 자체로 책 한권이 필요할 정도로 매우 복잡한 문제이다. 이 책에서 나의 구상은 우선적으로 자유주의의 근본적 원칙들이 무엇인지를 밝혀내는 것이다. 대부분의 현대 자유주의 이론가들은 자유주의적 정의의 원칙들에 경도된 자유주의적 사회의 시민들은 그들의 문화적 귀속성에 정치적 중요성을 부여하지 않을 것이라고 주장해왔다. 나는 이것이 실수이며, 자유주의적 정

19) 일부 자유주의자들은 이러한 비자유적 집단들을 관용하는 것은 보다 광범위한 자유주의적 사회에 특정한 부차적 이득 - 예를 들면, 현대 사회에서는 유지되기 어려운 도덕적 신념의 모델 - 을 제공할 수 있다고 주장해 왔다 (Macedo 1995; Galston 1995). 나 자신은 이것이 부정의를 관용하는 적절한 이유가 된다고 생각하지 않는다.

의의 원칙들이 특정 형태의 소수민족 집단들의 특별한 지위와 부합할 수 있으며, 그리고 사실상 이것을 요구한다고 주장해왔다. 물론, 일부 소수자집단 문화들의 구성원들은 자유주의를 거부한다. 이러한 경우에, 보다 자유주의적인 주류다수 집단의 구성원들은 소수민족 집단의 구성원들과 머리를 맞대고 함께 살아갈 방법을 찾아야만 한다. 자유주의자들은 그들의 관점을 비 자유주의적 소수민족 집단들에게 부여할 권리를 자동적으로 가지지는 않는다. 그러나 그들은 그러한 관점들이 실제로 어떠한 것인지를 식별해야 할 권리와 책임이 있다. 민족 집단들 간의 관계들은 대화를 통해 결정되어야 한다. 그러나 만약 자유주의적 이론이 그런 대화에 어떠한 것이라도 기여하고자 한다면, 그것은 분명 자유와 평등에 대한 자유주의적 원칙들의 함의를 밝혀내는 것을 통해서 이루어질 수 있다. 이것은 간섭으로 향하는 첫 단계가 아니다. 오히려, 이는 대화를 시작하는 첫 단계이다.

이 쟁점을 조명해 보는 것은 중요하다. 비자유주의적 문화들을 어떻게 다룰 것인가의 문제는 소수자집단 문화들의 맥락에서만 발생하는 것은 아니다. 일부 비자유주의적 소수민족 집단들이 있는 한편, 비자유주의적 다수자 집단 문화들과 비자유주의적 동질적 민족국가 또한 존재한다. (사실상, 아프리카 및 동부 유럽에 있는 일부 소수민족 집단들은 다수자 집단 문화들 보다 훨씬 더 자유주의적이다.) 이러한 모든 경우들에서, 비자유주의적 집단의 내·외에 있는 자유주의자들은 자신들의 자유주의적 이상들을 향상시키기 위해 어떠한 행동들이 정당화될 수 있는가라는 질문에 직면한다. 이러한 여타 경우들에서 적절한 대답들이 무엇이든지 간에, 이것들은 소수자집단 문화들에게도 적절성을 지닐 것 같다.

나아가, 특정한 소수자집단 문화의 비자유주의적 성격에 편견을 갖지 않는 것이 중요하다.[20] 문화의 자유주의성은 정도의 문제이다. 내가 3장에서 언급한 바와 같이, 개인적 자유를 완전하게 억압하는 문화가 거의 없듯이, 모든 문화는 비자유주의적 입장들을 갖고 있다. 세계가 완전히 자유주의적 사회들을 한쪽으로 하고, 완전히 비자유주의적 사회들을 다른 한쪽으로 해서 나뉘어져 있는 것처럼 말하는 것은 문화들 간의 건설적 대화를 방해할 뿐이다(Parekh 1994; Modood 1993).

소수자집단 지도자들이 자유주의에 적대감을 보일 때조차도, 그 정치적 맥락을 생각해 보는 것이 중요하다. 이러한 지도자들은 단순히 자유주의자들이 자치나 여타 외부적 보호들에 대한 소수자집단의 요구를 거부해왔다는 사실에 반응하는 것일 수도 있다. 만약 우리가 소수자집단 문화들이, 시민적 자유들과 반대자에 대한 관용을 존중하는 입장에서, 실제로 그들의 구성원을 다루는 방식을 검토해 본다면, 그들은 종종 주류다수 문화만큼이나 자유주의적인 것이다.

---

20) 예를 들어 조셉 라즈(Joseph Raz)는, 대부분의 토착민 문화들은 본질적으로 비자유주의적이며, 그래서 자유화가 될 수 없다고 가정하고 있는 것 같다. 특히, 자신의 구성원들에게 자율적인 선택의 조건들을 부여하지 않는 토착민 공동체들을 언급하면서, 그는 '해당 소수자집단을 동화하기 위한 조치를 취하는' 선택이나, 아니면 이들의 비자유주의적 방식을 수용해야 하는 선택의 기로에 직면한다고 그는 말한다. 그는 '이러한 공동체들의 해체는 이들의 제도들을 자유화시키는 시도들의 불가피한 부산물'이라고 말한다(Raz 1986: 423-4). 그러나 그는 토착민 문화들이 다른 문화들보다 자유화될 수 있는 능력이 더 적다고 생각하는데 대한 이유를 제시하지 않고 있다. 5장에서 언급하였듯이, 현존 자유주의적 민족들은 한때 모두 상당히 비자유주의적이었다는 점을 회상해 보는 것은 매우 중요하다. 지금 어떤 문화가 비자유주의적이라고 해서, 본질적으로 비자유주의적이며, 그래서 개혁이 가능하지 않다고 생각하는 것은 몰역사적(ahistorical)인 주장에 불과하다.

예를 들어, 일부 토착민 지도자들이 그들이 개인적 권리들보다 공동체 권리들에 더 가치를 부여한다고 말할 때, 그들이 의미하는 것은 때로 고유한 자치의 권리들을 지닌 독특한 문화 및 사회로서 자신들이 인정받는 것에 심대한 중요성을 부여하는 것이다.[21] 그들은 독특한 민족적 공동체로 인정되기를 원하며, 이러한 의미에서, 단순히 개인적 권리가 아닌 '공동체 권리'(community right)를 요구하는 것이다. 그들이 반드시 그들 공동체 내에서 개인적 자유에 거의 혹은 전혀 비중을 부여하지 않는다고 말하는 것은 아니다. 사실상, 많은 관찰자들은 토착민 문화들이 그들의 내부적 조직들 내에서는 종종 아주 개인주의적임을 언급해왔다. 많은 토착민 문화들은 한 사람이 다른 사람의 주인이 될 수 있다는 생각에 깊은 반감을 나타낸다(예, de Onis 1992: 39). 토착민들이 개인적 권리들보다 집단적 권리들을 선호한다는 주장은 종종 보다 광범위한 전체사회를 **상대로한**(*vis-à-vis*) 토착민 자치의 중요성에 대한 주장이지, 공동체 구성원들을 **상대로한** 자치의 행사방식에 대한 주장은 아니다.

나는 몇몇 문화들에서의 비자유주의적 관행들의 정도를 부인하려는 것은 아니다. 이것은 소수자집단권리의 자유주의적 이론에 대한 깊은 도전이다. 그러나 그 도전은 소수자집단 문화들에만 고유한 것은 아니다. 이는 다수자 집단 문화들 내에서, 그리고 인종문화적으로 동질적인 민족국가들 내에서의 비자유주의적 행위들

21) 예를 들어 제일 민족들의 조약 6과 7(the First Nations of Treaty 6and 7)의 진술은 캐나다 헌장(the Canadian Charter)을 원주민 자치정부에 적용하는 것은 개인적 권리에 기초하는 가치체계에 예속되는 것이다. 우리의 정부는 집단적 권리의 최고권(the paramountcy of collective rights)에 기초하고 있다.'고 명시하고 있다(Globe and Mail, 24 Sept. 1992, p. A5).

에 대해 자유주의자들이 대응하는데 있어서도 대두되는 문제이다. 자유주의자들은 어떻게 사회고유문화의 자유주의화를 진전시킬 것인지, 이 과정에서 제 3자에 의한 강제적 및 비강제적 개입의 역할에 대해 더 깊이 생각해 볼 필요가 있다. 소수민족 집단들에게 적용되는 자치정부의 발상을 일축하는 것은 문제를 비껴나가게 만들 수 있다.

제 9 장

함께 결속시키는 유대들

지금까지, 나는 집단차별적 소수자집단권리(group-differentiated minority rights)가 개인의 자유와 사회적 정의와 같은 자유주의의 기본적 원칙들과 모순되지 않으며, 이에 입각한 자유주의자들의 잘 알려진 반대들이 설득력이 없음을 보여주려 노력해왔다. 그러나 이러한 잘 알려진 반대들 뒤에 숨어있는 것은 이러한 집단차별적 권리가 공동체의식 또는 동포애(the sense of community or fraternity)에 미치는 충격에 대한 또 다른 우려라고 할 수 있다.

물론, 자유주의자들이 '공동체' 또는 '동포애'라는 용어를 매우 편안하게 받아들인 적은 없다. 결과적으로, 이러한 영역에서 자유주의자들의 공포는 종종 다른 용어, 특히 '시민권'(citizenship)이라는 용어로 바꾸어 말해진다. 용어야 어떻든지 간에, 그 공포는 집단차별적 권리가 자유주의적 사회를 하나로 묶어주는 공유된 시민적 공동체 의식을 훼손할 것이라는 데 있다. 이러한 권리는 국가의 분열을 초래할 수 있는 불화(disunity)의 원천이 될 수 있거나, 또는 덜 극단적으로, 민주주의가 기능하는데 필수적인 상호 희생과 포용의 의지를 감소시킬 수 있다. 많은 자유주의자들은 공유된 시민적 정체성을 계발하는 유일한 방법은 공통된 (무차별적인) 시민권의 지위를 갖는 것이라고 믿는다.

이러한 우려는 자유주의적 전통 내에서 반복적으로 나타났다. 사실상, 내가 4장에서 언급한 바와 같이, 아주 최근에 이르기 전까지 소수자집단권리에 대한 대부분의 자유주의적 반대는 자유 혹은 정의가 아니라 안정성(stability)의 언어로 상당히 노골적으로 표현되었다. 사회적 유대는 유효한 고려사항이다. 자유주의적 사회들은, 우리가 당연하게 생각할 수 없는, 시민들 간의 높은 수준의 상호 관심을 요구한다. 또한 인종문화적 및 민족적 정체성의 차이가, 만약 강조되고 정치화된다면, 보다 광범위한 연대(a wider solidarity)에 대한 장애가 될 수 있다는 것을 뒷받침하는 증거가 전 세계적으로 풍부하게 있다.

따라서 소수자집단권리가 자유와 정의에 원칙적으로 모순되지 않는다는 것을 보여주는 것만으로는 충분하지 않다. 우리는 그것들이 안정적 자유민주주의의 장기적 요구사항들에 모순되지 않는지를 알아볼 필요가 있으며, 이러한 요구사항들에는 민주주의가 요구하는 정도의 상호 관심, 수용 및 희생의 수준을 지탱시킬 수 있는 공유된 시민적 정체성에의 요구도 포함된다. 이 장에서, 나는 집단차별적 권리가 시민적 정체성과 상호 관심의 인식에 미치는 영향을 고려할 것이다. 먼저 나는 왜 자유주의적 사회들이 연대감(a sense of solidarity)을 요구하는 지를 살펴볼 것이다(1절). 그리고 나는 다인종문화 권리와 대표 권리 모두 이러한 연대감을 뒷받침하는 것으로 간주될 수 있다는 점을 주장하려 한다(2절). 민족적 자치권의 경우는 더 복잡하다(3절). 자치권을 받아들이거나 거부하는 것 모두 불안정을 야기할 수 있기 때문에, 다민족 국가들 내에서 연대의 안전한 토대를 식별하는 것은 어려운 일이다. 사실상, 다민족 국가들의 경우는 우리가 왜 '함께 결속시키는 유대들'(ties that bind)에 대해 이야기할 필요가 있는지를 설명하는데 도움을 준다(4절).

1. 시민권의 중요성

집단차별적 권리를 인정하는 사회에서, 특정한 집단들의 구성원들은 개인들로서뿐만 아니라, 집단을 통해서 정치적 공동체로 편입되며, 그들의 권리는 부분적으로 그들의 집단적 귀속성(group membership)에 좌우된다. 나는 때때로 이러한 권리를 '차별적 시민권'(differentiated citizenship)의 형태로 묘사해왔다. 그러나 권리가 집단 귀속성에 입각하여 분배되는 사회에서도 여전히 '시민권'에 대해 말할 수 있을까?

때때로 일부 자유주의자들은 이러한 생각을 명사 모순(a contradiction in terms)으로 간주하는 것 같다. 그들에게는, 시민권은 정의상 사람들을 법 아래 동등한 권리를 갖는 개인들로 간주하는 의미를 지니는 문제이다. 이것이 민주적 시민권을, 그들의 종교, 인종문화적 또는 계급적 귀속성(class membership)에 따라 사람들의 정치적 지위를 결정하는 봉건적 및 여타 전근대적 관점들로부터 구분시켜

주는 것이다. 따라서 존 포터(John Porter)는 집단 귀속성으로부터 도출된 권리나 주장에 입각한 사회 조직은 시민권에 입각한 사회의 개념과 첨예하게 대립된다고 주장한다(Porter 1987: 128). 우리는 존 롤스의 저작들을 비롯해 시민권에 대한 최근의 자유주의적 논의들에서도 유사한 진술들을 찾을 수 있다.[1)]

차별적 시민권이 명사 모순이라는 주장은 과장된 것이다. 만약 차별적 시민권이 집단특수적인 다인종문화적, 대표 또는 자치정부의 권리를 채택하는 것을 말하는 것이라면, 실질적으로 모든 현대 민주주의는 이와 같은 형태를 어느 정도 인정하고 있다. 파레크(Parekh)가 언급한 바와 같이, 오늘날의 시민권은 '정치적 이론가들에 의해 상정 되어온 것에 비해 훨씬 더 차별적이고 동시에 훨씬 더 동질성이 적은 개념'이다(Parekh 1990: 702).

그렇지만, 차별적 시민권에 대한 비판자들은, 만약 집단들이 내부로 고개를 돌려 자신들의 차이에 초점을 맞추도록 하는 그러한 시민권에 의해 경도된다면, 네이든 글레이저(Nathan Glazer)가 미국의 맥락에서 언급한 바와 같이, '모든 미국인들의 보다 광범위한 형제애의 희망은 포기되어야만 할 것'이라고 우려한다(Glazer 1983: 227). 시민권은, 만약 그것이 집단차별적인 성격을 띤다면, 핵심적인 통합적 기능을 수행할 수 없게 될 것이다 - 그것은 '공동체 의식과 공통의 목적의식을 배양하는 것'을 중단하게 된다(Heater 1990: 295). 어떠한 것도 사회 내의 다양한 집단들을 함

---

1) 롤스에 따르면, 권리와 요구들(rights and claims)이 '종교적 결연(affiliation), 사회적 계급 등에 의존하고 있는 사회는... 시민권의 개념을 전혀 가지고 있지 않을 수 있다. 왜냐하면, 우리가 사용하는 이 개념은 자유롭고 동등한 개인들 간의 상호 이익을 위한 공평한 협력 체계로서의 사회 개념과 함께하는 것이기 때문이다'(Rawls 1989: 241; cf. Heater 1990: 285).

께 묶어낼 수 없을 것이며, 상호 불신 또는 갈등의 확산을 막을 수 없을 것이다. 만약 시민권이 차별적이라면, 이는 더 이상 공유된 경험 또는 공통의 지위를 제공하지 못한다. 그러한 시민권은 증대되는 사회적 다양성에 직면하여 화합을 배양하는 방법이 아니라 불화를 야기하는 또 다른 요인일 뿐이다. 시민권은 사람들이 그들의 차이들을 뛰어넘고 모든 시민들의 공동선(the common good)을 생각하는 포럼이어야만 한다(예를 들어 다음을 보라. Kukathas 1993: 156; Kristeva 1993: 7; Cairns 1993; 1995).

이것은 심각한 우려이며, 대부분의 현대 자유주의적 이론에서의 중요한 간극을 지적한다. 최근의 세계적인 정치적 사건들과 경향들 - 미국 내에서의 증대되는 투표에 대한 무관심과 장기적인 복지 의존성, 동유럽에서의 민족주의 운동의 재부상, 서유럽에서 점차 증대된 다문화 및 다인종적 인구(multicultural and multiracial population)에 의해 형성된 긴장들, 대처(Thatcher) 정부의 복지 국가에 대한 반발, 자발적인 시민들의 협조에 의존한 환경 정책들의 실패 등 - 은 근대 민주주의의 건강과 안정성이 그것의 기본적 제도들의 정의로움뿐만 아니라 그 시민들의 수준과 태도에 좌우된다는 사실을 명백히 보여준다: (시민들의 수준과 태도의) 예로, 그들의 정체성 의식; 잠재적으로 경쟁하는 민족, 지역, 종족, 또는 종교적 정체성의 형태들에 대한 그들의 시각; 그들과 다른 사람들을 관용하고 그들과 함께하는 능력; 공공선(public good)을 증진시키고 정치적 권력들을 책임감 있게 하기 위해서 정치적 절차에 참여하고자 하는 그들의 욕구; 그들의 경제적 요구와 그들의 건강 및 환경에 영향을 미치는 개인적 선택들에 대해 자기 억제(self

-restraint)를 보이며 개인적 책임을 행사하려는 그들의 의지; 그리고 그들의 정의감(sense of justice)과 자원의 공정한 분배에 대한 신념을 들 수 있다. 이러한 자질을 지닌 시민들 없이는 '성공적이고 진보적으로 작동하는 자유주의 사회들의 능력은 사라지게 된다'(Galston 1991: 220).

많은 전통적인 자유주의자들은 자유민주주의가, 심지어 특별히 덕성이 높은 시민집단(virtuous citizenry)의 부재 속에서도, 견제와 균형(checks and balances)을 창출함으로써 안정적으로 운영될 수 있다고 믿었다. 권력의 분립, 양원제의 입법부, 그리고 연방주의와 같은 제도적이고 절차적인 장치들이 가능한 억압자들에 대한 방어막이 되어줄 것으로 생각하였다. 심지어 각각의 개인들이 공공선에 대한 고려 없이, 그들 자신의 이해만을 추구한다고 하더라도, 일련의 사적 이해들이 다른 사적 이해들을 견제할 것이라고 생각하였다. 이러한 방식으로 칸트는, 좋은 정부의 문제는 '악마들의 무리에서도 해결될 수 있다'고 생각했다. 그러나 자기 이익 간의 균형을 맞추는 절차적-제도적 매커니즘들만으로는 불충분하며, 일정 수준의 시민적 덕성(virtue)과 공적 정신(public-spiritedness)이 요구된다는 것이 점차 분명해졌다. 이것 없이 민주주의는 운영되기 힘들 것이며, 심지어 불안정할 것이다.[2)]

현재 자유민주주의 내 시민들의 공적 정신(public-spiritedness)이 심각한 하향세에 있다는 우려가 증대되고 있다.[3)] 집단에 근거

2) Galston 1991: 215-17, 244; Macedo 1990: 138-9. 이것은 시민권(시민정신) 증진에 관한 정부들의 최근의 관심을 설명해 줄 수 있을 것이다(Britain's Commission on Citizenship, *Encouraging Citizenship*(1990); Senate of Australia, *Active Citizenship Revisited*(1991); Senate of Canada, *Canadian Citizenship: Sharing the Responsibility*(1993)을 참조하라). 이 외의 참고문헌들과 논의들은 Kymlicka and Norman 1994를 보라.

한 요구들의 등장이 공유된 시민적 목적과 연대의 인식을 더 좀먹을 것인가? 이 질문에 답하는데 있어, 우리는 세 가지 형태의 차별적 시민권(differentiated citizenship)의 차이를 염두에 둘 필요가 있다. 특히, 우리는 다인종문화적 및 대표 권리(2절)를 자치정부의 권리(3절)와 구별할 필요가 있다.

2. 다인종문화성과 포용

집단대표 권리부터 시작해보자. 일반적으로 말해서, 불리한 집단들에 의한 대표 권리에 대한 요구는 포용(inclusion)에 대한 요구이다. 배척되었다고 느끼는 집단들은 보다 광범위한 전체사회에 포함되기를 원하며, 그들의 '차이'에 대한 인정과 수용은 이를 촉진시키려는 의도를 지닌다. 사실상, 내가 7장에서 논의한 바와 같이, 이러한 대표 권리는 자유민주주의 내에서 오랜 기간 동안 광범위하게 인정되어 온 관행들의 연장선으로 간주될 수 있다. 다수결 민주주의가 구조적으로 소수자집단의 목소리를 경시할 수 있다는 점은 항상 인식되어온 바이다. 소수자집단들이 지역적으로 집중되어 있는 경우에, 민주적 체제는, 소수자들이 다수자들 내에 있는 곳에서 의석(seats)을 확보할 수 있도록 하기 위해, 연방적 단위 또는 개별 선거구의 경계를 의도적으로 획정함으로써 이에 대응해왔다.

---

3) 최근의 설문조사에 따르면, 오직 12%의 미국 청소년들만이 투표가 좋은 시민이 되기 위해 중요한 것이라고 말한다. 나아가, 이러한 무관심(apathy)은 청년층이기 때문에 나타나는 문제(a function of youth)가 아니다 – 지난 50년 간의 유사한 설문조사는 '최근의 동시출생 집단(cohort)이 이전의 50년 간의 젊은 사람들에 비해, 덜 알고, 덜 고민하고, 덜 투표하며, 지도자와 제도들에 덜 비판적'임을 보여준다(Glendon 1991: 129; cf. Walzer 1992a: 90). 영국의 사례 역시 유사하다(Heater 1990: 215).

특별 대표의 옹호자들은 단순히 이러한 논리를, 동등하게 대표의 필요성을 갖는 비 영토적 집단들에게 확장시킨 것이다(예. 인종문화적 소수자집단들, 여성, 장애인). '이해관계 공동체'(communities of interest)의 대표를 보장하기 위해 이와 같은 방식으로 지리적 선거구를 규정하는 익숙한 행태는 민족적 화합(national unity)을 위협하는 것으로 간주되지 않는다 – 반대로, 이것은 시민적 참여와 정치적 정당성을 향상시키는 것으로 올바로 이해되고 있다(RCERPF 1991: 149). 그렇다면 왜 비 영토적 이해관계 공동체들의 대표를 보장해주는 것이, 통합에 대한 갈망의 증거로서가 아니라 유대를 위협하는 것으로 이해되어야 하는가? 그러한 제안에 수많은 실천적 장애물들이 존재한다는 점은 분명하다(7장, 3절을 보라). 그러나 대표 권리의 기저에 깔려 있는 기본적 충동은 분리가 아니라 통합이다.[4)]

이와 유사하게, 대부분의 다인종문화적 요구들은 소수자집단들의 구성원들이 주류 사회 내에 참여하기를 원한다는 증거이다. 왕립 캐나다 기마경찰(the Royal Canadian Mounted Police)이 되기를 원하지만, 그들의 종교가 터번을 쓸 것을 요구하기 때문

4) 루이스 프라가(Luis Fraga)가 언급한 바와 같이, '투표권법(the Voting Rights Act)을 알고 있는 학생이라면 … 소수자 정책들의 중요한 진상(crucial fact) – 미국의 흑인, 라틴계를 비롯한 여타 집단이든 관계없이 – 은 이들이 완전한 참여를 원하고 있음에도 불구하고, 미국 정치적 문제(American political affairs)의 주류에서 배제되어 있다는 점을 알고 있을 것이다... 그들의 목표는 기본적 정치체(the body politic)에 동화되는 것이며, 투표권법은 이러한 목적을 위해 가장 효과적인 수단이 되어왔다'(Fraga 1992: 278). 몇몇 비판자들은 집단대표가 국민 전체(general public)의 공동 연대 의식을 침해하지 않는다 하더라도, 교조주의적이고(doctrinaire), 더 큰 선(greater good)에 대한 보통의 타협 절차를 따르려 하지 않는 입법가들을 만들어낼 수 있다고 우려한다. 이러한 우려의 기반은 불분명하다. 보일(Boyle)이 언급한 바와 같이, '분명히 정치적 절차는, 유능하게(be effective) 이를 달성하기 위해 다른 집단과 함께 협력하는 능력에 높은 프리미엄이 유지되면서, 지금과 마찬가지로 잘 작동할 것이다.'(Boyle 1983: 805; cf. Cain 1992: 272).

에, 예모(ceremonial headgear)와 같은 통상적 요구사항들에 대한 면제 없이는 기마경찰이 될 수 없었던 시크교도(Sikh)들의 사례를 생각해보라. 혹은 미군에 입대하고 싶었지만, 야르물카(yarmulke)를 쓸 수 있도록 통상적 제한들에 대한 면제를 필요로 했던 유대교 정통파(Orthodox Jew)들의 사례를 보라. 이러한 면제들은 그것들을 우리의 '국가적 상징들'(national symbols) 중의 하나에 대한 경시(disrespect)의 의미로 보는 많은 사람들에 의해 반대되었다. 그러나 이 남자들이 국가 경찰(the national police force) 또는 국군(the national military)의 일원이 되고 싶어 했다는 사실은 보다 광범위한 전체공동체에 참여하고 기여하고자 하는 그들의 욕구의 분명한 증거이다. 그들이 요구한 특별한 권리는 그들의 통합을 저해하는 것이 아니라 증진하는 것으로 이해될 수 있을 뿐이다.[5)]

다인종문화적 권리에 대한 일부 요구들은 보다 광범위한 전체사회로부터 벗어나려는 형태를 취하지만, 이는 본질적으로 인종문화적 공동체보다는 종교 분파들에게 더 해당되는 것이다. 아미쉬파를 비롯한 다른 기독교 분파들은 통합에 관한 일반적인 요구사항들(예. 군대, 아동의 의무교육)로부터 면제되어왔다. 그러나 나는 이것이 전형적인 형태라고 생각한다. 또한 종교 집단들에 대한 이러한 예외들이 오늘날의 '다문화주의' 정책의 기원 및 동기와는 상당히 다르다는 점을 주지할 필요가 있다.

특정한 집단들이 보다 광범위한 전체사회로부터 벗어나는 것을

5) 캐나다의 왕립 캐나다 기마경찰(RCMP)에 들어가려는 시크교도들의 갈망은, 자신들의 자치의 일부로, 자신들의 보호구역에서 RCMP를 제거하고 토착 경찰력으로 이를 대체하려고 노력해온 많은 원주민(Aboriginal) 공동체들과 대조되는 것이다.

허용하는 결정은 수십 년 전 - 주로 세기의 전환기에 - 에 아미쉬파, 후터파, 퀘이커교도 및 하시디즘과 같은 기독교 및 유대교 분파들의 요구에 대한 반응으로 내려진 것이다. 이에 반해 공식적인 정부 정책으로서 '다문화주의'는 1960년대 초와 1970년대에 비 기독교 국가들로부터 오는 비 백인 이민자들의 증가를 맥락으로 하여 시작되었다. 이러한 새로운 인종문화적/종교적 집단들을 수용하기 위해 '다문화주의'의 우산 아래 탄생한 집단차별적 권리의 대부분은 보다 광범위한 전체사회로부터 이탈하는 것에 관한 것은 아니었다. 캐나다 기마경찰의 시크교도들의 사례는 좋은 예이다 - 해당 정책은 시크교도들이 보다 광범위한 전체사회로부터 벗어나는 것을 허용한 것이 아니라, 분명히 주류 사회의 제도들을 수정하여 시크교도들이 가능한 한 완전하게 그들에게 통합될 수 있도록 하는 것이었다.

최근의 몇몇 이민 집단들은 예전 기독교 분파들의 주장들과 유사한 요구를 했다. 예를 들어, 몇몇 영국 무슬림 집단들은 아미쉬파에게 보장된 것과 같은 자유주의적 교육에 대한 면제를 요구해왔다. 그러나 이 역시 전형적인 형태가 아니다. 게다가, 그러한 요구들은 캐나다, 미국 또는 호주에서 받아들여지지 않아왔으며, 이는 이러한 종류의 요구들이 새로운 다인종문화성 정책(the new policy of polyethnicity)의 의도에 부합하지 않기 때문이다. 다인종문화성의 기저에 깔린 철학은 통합주의적인 것으로 대부분의 새로운 이민 집단들이 원하는 것이다. 따라서 다인종문화적 권리를 '고립지역화'(ghettoization)나 '분열화'(balkanization)를 조장하는 것으로 묘사하는 것은 잘못된 것이다.

일부 사람들은 다인종문화적 권리가 이민자들에게 그들의 이전 국가와 새로운 시민권 사이에 하나의 혼란스러운 중간적인 공간(a half-way house)을 만들어 주어, 그들의 (새로운) 공유된 상징, 사회, 그리고 미래가 아니라 그들의 (옛날의) 상이한 기원들을 회상케 함으로써, 그들의 통합을 방해할 것을 우려한다(Citizen's Forum 1991: 128). 그러나 이러한 걱정은 경험적으로 근거가 없는 것이다. 지금까지 경험에 따르면, 자신들의 유산을 자랑스럽게 생각하는 이민 1세와 2세들은 그들의 새로운 국가에 대한 가장 애국적 시민들이기도 하다(Whitaker 1992: 255). 또한 그들의 새 국가에 대한 강한 애착은 많은 부분 단순히 문화적 차이를 관용하려는 것이 아니라, 이를 환영하려는 의지에 바탕하고 있는 것 같다.

사실상, 이민자들이 국가의 화합이나 안정성을 위협하는 종류의 행위를 한다는 증거는 거의 없다. 미국, 캐나다 및 호주가 비 영어권 이민자들의 물결을 받아들이기 시작한 150년 전에는 이러한 공포가 이해될 수 있는 것이었다. 4장(4절)에서 언급한 바와 같이, 다인종문화적 이민을 통해 국가를 건립한다는 생각은 역사적으로 매우 독특한 것이었으며, 많은 사람들은 이것이 지속될 수 없을 것이라고 생각했다. 그러나 그것은 150년 전의 이야기이며, 더 이상 그와 같은 우려가 지속되어야 할 이유는 존재하지 않는다. 압도적 다수의 이민자들이 심지어 대규모 유입의 기간 동안에도, 통합을 원하며, 또 실제로 통합되었다는 것이 점차 분명해지고 있다. 또한 그들은 그들의 새로운 국가의 화합에 깊은 관심을 보인다(Harles 1993). 분명히, 그들은 그들 사회 내의 주류 제도들이 변화되어 그들의 문화적 차이를 수용하고 그들의 문화적 유산의 가치를 인정해주기를 바란다. 그러나 이와 같은 다인종문화적 권리에 대한 갈망은 사회적 화합의 기반이 되는 주류 제도에 대한 참여와 헌신과 일치하는, 포용에 대한 갈망이라고 할 수 있다.[6)]

사실상 다인종문화적 권리를 모색하는 그러한 인종문화적 집단들은 종종 국가적 화합의 기초를 분명히 하는 것에 특히 관심을 갖고 있다. 타리크 모두드(Tariq Modood)는 다음과 같이 말한다.

> 공통의 구조(common framework)와 국가적 상징(national symbol)들의 명확성(clarity)에 대한 가장 큰 심리적, 정치적 필요성은 소수자집단들로부터 유래한다. 왜냐하면 우리를 하나의 국가에 자발적으로 결속시키게 만드는 것에 관해 명확히 하는 것은 소수자집단들 특히 새로운 소수자집단들에 대한 압력을 완화시켜 주기 때문이다. 이 소수자집단들의 해당 국가 내에서의 입장은 완전히 인정되지 않았기 때문에, 자신들의 불충의 혐의(charge of disloyalty)를 반박하기 위해, 모든 사회생활의 영역 또는 심지어는 임의로 정해진 영역에서 순응해야만 하는 상황에 있다 (Modood 1994: 64; 1993a).

왜 그렇게 많은 해설자들이 다인종문화적 권리 안에 있는 통합을 향한 충동(integrative impulse)의 측면을 보지 못하였을까? 부분적으로, 그것은 대부분이 비 백인이며 비 기독교도인 새로운 이민자들에 대한 편견 때문이다. 내가 언급한 바와 같이, 실제로

6) 나아가 그러한 요구들의 확산은 성공할 것 같지 않은 데, 왜냐하면 그것들이 주로 다수의 지배와 소수자집단의 종교적 관습들 사이의 의도하지 않은 갈등의 분명하고 구체적인 사례에 관계되기 때문이다. 역사적 억압의 증거는 다인종문화적 권리들을 주장하는데 필요조건도 충분조건도 아니기 때문에, 집단 지도자들이 집단 특수적 권리에 대한 그들의 주장을 고수하기 위해, 그들의 정치적 에너지를 – 불리한 여건을 극복하기 보다 – 불리한 여건에 대한 인식(perception)을 확립하는데 사용하여 불만의 정치(politics of grievance)를 증진시킬 위험은 적다.

다인종문화적 권리에 대한 많은 비판들은 이중 잣대(double standard)를 사용하고 있는 것 같다. 백인 유대교도와 기독교도 집단들에게 부여된 보다 광범위한 전체사회로부터 벗어날 수 있는 특별한 권리들은 때때로 논쟁을 불러일으키긴 하였지만, 이것을 사회적 화합 또는 안정성에 대한 심각한 위협으로 간주하는 사람은 거의 없었으며, 이러한 것은 수십 년 동안 우리 정치 문화의 일부가 되어 왔다. 그러나 비 백인, 비 기독교 집단들에 대한 수용이 이루어졌을 때, 사람들은 – 이러한 신규 다인종문화적 권리가 사실 통합을 증진시키는 것을 최우선적으로 의도하고 있음에도 불구하고 – 사회의 '부족집단화'(tribalization)와 공통의 정체성 상실에 대해 불평하기 시작했다. '다문화주의'에 대한 반발의 많은 부분이 이러한 새로운 이민자 집단들에 대한 인종주의적 또는 외국인혐오주의적 공포로부터 발생하게 되었다는 결론을 피하기는 힘들다.

나아가, 정착하여 뿌리를 내려 오래 지속된(entrenched and long-standing) 민족 또는 인종적 집단들 간의 위태위태한 관계들(volatile relations)에 대한 우려가 새로운 이민자들에게 옮겨갈 수 있다. 예를 들어 캐나다의 경우, '다문화주의와 관계된 다양성'은 퀘벡인들(Quebecois) 또는 원주민들(Aboriginals)의 자치정부에 대한 요구에 비해 보다 "비난하기" 쉬운 것이었다(Abu-Laban and Stasiulus 1992: 378). 이와 유사하게, 나는 미국에서의 백인과 흑인 간의 관계에 대한 우려들이 종종 '인종문화성의 부활'(ethnic revival)의 문제로 옮겨간다고 생각한다. 각각의 경우에서, 이민자들의 조심스러운 요구들이 거대하고 보다 오랫동안

정착한 소수자집단들의 요구들보다 – 실제로 전자가 국가의 화합 또는 안정성에 아주 적은 위협이 됨에도 불구하고 – 쉬운 표적의 대상이 된다.

마지막으로, 시민권과 통합의 관계에 대한 자유주의적 가정들은, 특히 영국의 맥락에서, 노동자 계층의 경험에 많은 영향을 받으며 형성되어왔다. 노동자 계층은 이전에 배제되었던 집단이 공통의 국가적 문화 속으로 통합될 수 있도록 하는 공통적 시민권에 대한 상대적으로 분명하고 성공적인 예를 제공한다. 많은 자유주의자들 (그리고 사회주의자들)은 이 모델이 역사적으로 배제된 다른 집단들에게도, 그들의 매우 다른 상황을 무시한 채, 적용될 수 있을 것이라고 가정해왔다.

가장 영향력 있는 전후 시민권 이론가들 중 한명인 T. H. 마샬(T. H. Marshall)의 저작을 고려해보자. 그는 영국의 노동 계층이 '공통의 문화'(common culture)로부터 차단되었으며, '공통의 재산 및 유산'으로 간주되어야만 하는 '공통의 문명'(common civilization)에의 접근을 거부당했다고 생각했다(Marshall 1965: 101–2). 영국은 계층노선을 따라 심각하게 분열되었으며, 서로 다른 계층의 구성원들 간에 아주 적은 상호교류가 있었을 뿐이었다. 그리고 이것이 물질적 자원의 부족과 결합하여, 노동자들이 국가의 보다 넓은 문화적 삶에 참여하는 것을 힘들게 했다. 물론, 그들은 종종 고도로 발달된 자신들만의 하위문화를 가지고 있었지만, 국가적 문화에의 접근은 차단되었다.

마샬은 노동 계층에 대한 문화적 배제의 측면을 심각하게 고려했다. 사실상 그는 물질적 불평등 그 자체 보다 문화적 배제에 더 관심이 있었다. 그렇지만, 노동 계층의 문화적 배제가 그들의 사회·경제적 처지에서 비롯되었기 때문에, 국가적 통합을 증진시킬 수 있는 가장 효과적인 방법은 복지 국가를 통해 물질적 이익을 보장해주는 것이었다. 따라서 마샬의 초점은 교육, 의료 및 사회보장 프로그램들에 대한 보편적 '사회적 권리'(social rights)를 포함시킴으로써 시민권을 확장하는 것에 있었다. 또한 이러한 사회적 권리들이 다양한 국가들에서 노동 계층이 국가적 문화 속으로 통합되는 것을 증진시키는데 기여해왔다는 충분한 증거들 또한 존재한다.

이러한 영국 노동 계층의 예에 바탕하여, 마샬은 시민권 권리의 통합적 기능에 관한 이론을 개발하였다. 그는 평등한 시민권이 이전에 배제되었던 집단들을 위한 국가적 통합을 증진시키는데 도움이 될 것이라고 믿었다. 이러한 권리들이 '공통의 소유인 문명에 대한 충성심에 기초한 직접적인 공동체 소속감(a direct sense of community membership based on loyalty to a civilization which is a common possession)'을 창출해 낼 수 있으리라 생각하였다.[7)]

그러나 노동 계층의 통합이 이러한 방식으로 일반화될 수 없다는 것이 점차 명백해지게 되었다. 수많은 형태의 문화적 배제가 존재하며, 그것들은 공통적 시민권과 서로 다른 방식으로 상호작용하고 있다(Barbalet 1988: 93). 특히, 마샬의 통합 이론은 문화적

7) Marshall 1965: 101-2; cf. Parry 1991: 167. 인용문에서, 마셜(Marshall)은 시민권 권리들이 공동체 의식을 양육한다고 했지만, 동시에 그것을 전제로 하고 있다. 이러한 관점에서 보면 공통적 시민권을 제공하는 것 그 자체로는, 정체성이 현존하는 국가정체성 개념으로부터 완전히 벗어나 있는, 배제된 집단들의 통합(integration)을 보장해주지 못한다.

으로 독특한 이민자들 또는 국가적 문화에의 완전한 참여가 역사적으로 배제되어온 다양한 여타 집단들 – 흑인, 여성, 종교적 소수자집단들, 게이, 그리고 레즈비언들과 같은 집단들 – 에게까지 반드시 적용되는 것은 아니다. 이러한 집단들의 일부 구성원들은, 그들이 공통적 시민권의 권리들을 가지고 있음에도 불구하고, 여전히 '공통의 문화'로부터 배제되었다는 느낌을 갖고 있다.

이러한 사례들 각각의 경우에, 집단들은 그들의 사회–경제적 지위 때문이 아니라, 그들의 사회·문화적 정체성 – 즉, 그들의 '차이' – 때문에 완전한 참여로부터 배제되어왔다. 물론, 이러한 집단들의 구성원들은 물질적으로도 혜택을 받지 못하는 경우도 흔하다. 그러나 그것이 그들의 문화적 배제의 유일한 원인은 아니며, 따라서 물질적 이익을 보장해 주는 것이 그들이 공통의 문화에 통합되거나 공통의 문명에 대한 공유된 충성심(sense of shared loyalty)을 계발하는 것을 반드시 보장하지는 않는다.

노동 계층과 마찬가지로 (그러나 소수민족들과는 다르게), 이러한 집단들은 지배적 민족 문화에의 통합을 요구하고 있다. 그러나 노동 계층과 다르게, 공동체에 의해 받아들여졌다고 느끼게 하거나 '공통 소유로서의 문명에 대한 충성심에 바탕한 직접적인 공동체 소속감'을 경험하기 위해서라면, 그들에게는 집단차별적 권리가 필요한 것이다. 마샬은 공통 소유로서의 문명에 대한 충성을 시민권의 기초로 간주했다. 본래 백인, 비장애인 기독교도 남자에 의해, 그리고 그들을 위해 정의된 공통적 시민권은 이러한 집단들의 특별한 요구들을 수용하지 못한다.[8] 대신, 완전한 통합적 시민권

8) 어떻게 시민권이 '남자(men)의 속성(attributes), 능력 및 활동으로부터 구성'되어 왔으

은 이러한 차이들을 고려해야만 한다.

3. 자치와 분리주의

다인종문화적 및 대표의 권리가 사회적 통합과 정치적 화합을 증진시킬 수 있긴 하지만, 자치권은 시민권의 통합적 기능에 더 심각한 도전을 제기하고 있다. 불이익 받아온 집단들(disadvantaged groups)에 대한 대표 권리와 이민자 집단들에 대한 다인종문화적 권리 모두 보다 광범위한 전체 정치공동체의 존재를 당연한 것으로 인정하고, 그 속에 더욱 포용되기를 바란다. 그렇지만, 자치에 대한 요구들은 보다 광범위한 전체 정치공동체와의 유대를 약화시키려는 갈망을 반영하고 있으며, 그것의 권위와 영속성에 의문을 던진다.

이 점을 조금 깊게 살펴볼 필요가 있다. 불이익 받아온 집단들이 특별한 대표를 요구할 때, 그들은 일반적으로 보다 광범위한 전체 정치공동체를 받아들인다. 그들은, 존 롤스가 언급한 것과 같이, 시민들은 '영속적인 하나의 협력적 체계'(one co-operative scheme in perpetuity)의 구성원이지만, 그러한 협력적 체계 내에서 완전한 구성원지위를 획득하기 위해서 억압된 집단들에 대한 일시적인 특별한 권리가 필요하다고 가정한다. 대부분의 다인종문화적 권리는 유사하게 보다 광범위한 전체 정체(the larger polity)를 받아들인다. 그들은 이민자들이 보다 광범위한 전체사회의 경제, 정치적 제도들 내에서 일할 것이라고 가정하지만, 이러한 제도들은 이

며, 그래서 시민권은 '남성에 못 미치는 존재'(as lesser men)로서 여성들에게 확대될 수밖에 없었는지에 대한 논의로, Pateman 1988: 252-3; James 1992: 52-5를 보라.

들 제도가 봉사하게 되는 인구에서 나타나는 점차 증가하는 문화적 다양성을 반영할 수 있도록 수정되어야만 한다.

자치권의 경우, 보다 광범위한 전체 정치공동체는 더욱 제한적인 지위를 갖는다. 소수민족들은 자신들이 고유한 자치권을 가진, 독특한 '인민집단들'(distinct 'peoples')이라고 주장한다. 그들이 현재 보다 광범위한 전체 국가의 일부분이긴 하지만, 이 사실은 자신들이 본래 가지고 있던 자치의 권리에 대한 포기가 아니라고 한다. 오히려 그것은, 다른 권력들은 자신들의 손에 남겨두는 조건에서, 그들의 자치 권력의 **일부 측면**(*some aspects* of their powers of self-government)을 보다 광범위한 전체 정체에 이전하는 것과 관계된 문제라는 것이다.

이러한 조건은, 자치 권력이 안전하고 영속적으로 보호되기를 원하는 소수민족 집단들을 위해, 종종 조약 또는 다른 연방 협정에 명시되었다. 이러한 의미에서, 보다 광범위한 전체 정치공동체의 권위는 이차적인 것이다. 2개 이상의 민족들의 연방으로 형성된 국가들에서, 중앙 정부의 권력은 개별 연방구성 민족들(constituent nation)이 이양하는데 동의한 권한들에만 국한된다. 또한 이러한 민족 집단들은 자신들이 보다 광범위한 전체 공동체로부터 위협을 느낄 경우, 그러한 권력을 다시 회수하여 연방으로부터 탈퇴할 수 있는 권리를 가지고 있는 것으로 생각한다.

다시 말해, 자치권의 기저에 깔려있는 기본적 요구는 단순히 정치적 공동체 내에서 몇몇 집단들이 불이익을 받고 있다(대표 권리)거나, 정치 공동체가 문화적으로 다양하다(다인종문화적 권리)는 그러한 문제가 아니다. 오히려, 그 요구는 하나 이상의 정치 공동체가 존재하며, 보다 광범위한 전체 국가의 권위가 그것을 구성하고 있는 민족 공동체들의 권위에 우선한다고 가정할 수 없다는 것이다. 민주주의가 '인민'(the people)에 의한 지배라고 했을 때, 소수민족들은 한 가지 종류 이상의 인민집단이 있으며, 각각은 그들 스스로를 지배할 권리를 가진다고 주장한다.

따라서 자치권은 차별적 시민권(differentiated citizenship)의 완결판(the most complete case)이라 할 수 있는데, 그 이유는 자치권은 인민(the people)을, 자신들만의 역사적 권리, 영토, 자치권을 가지며, 결과적으로 자신들만의 정치 공동체를 가지는 '인민집단들'(peoples)로 분리해버리기 때문이다. 이들은 자신들의 정치 공동체를 최우선적인 것으로 보고, 거대 연방(the larger federation)의 가치와 권력을 이차적인 것으로 간주할 것이다.[9)]

자치권을 소수민족에게 부여하는 것이 통합적 기능을 수행할 것으로 생각하기는 힘들 것 같다.[10)] 시민권이 정치 공동체 내의 귀속성을 의미한다면, 중첩적 정치 공동체를 만들어낸다는 점에서 자치권은 일종의 이중적 시민권을 만들어내게 되고, 어떤 공동체에 시민들이 가장 근본적인 정체성을 가져야 하는지에 대한 잠재적

9) 2장에서 내가 논의한 바와 같이, 이 정치 공동체는, 어떻게 그 경계가 그려지느냐에 따라, 직, 간접적으로 소수민족에 의해 통제될 것이다. 푸에르토리코인, 이뉴이트족, 그리고 퀘벡인들은 연방 체제의 한 부분의 영토 단위 내에서 다수를 형성함으로써, 간접적으로 정치 공동체를 형성했다. 그러나 대부분의 인디언 부족/집단 (band)들은 인디언 보호구역 (Indian reserves) 체제와 결부되어, 직접적으로 정치 공동체를 형성한다.

10) 이것은 자치권의 요구들에 근거하고 있는 대부분의 주장들에서는 사실이다. 그러나 자치의 한 가지 특별한 측면 - 연방 또는 정부간 수준에서 대표의 보장 - 은 분명히 통합적 기능을 수행한다. 그러한 집단대표의 존재는, 자치 공동체들을 거대 연방에 다시 연결시킴으로써 (reconnecting), 자치의 위험을 감소시키는 데 도움이 된다. 이것은 다른 연결고리들이 약해졌을 때에도 유지되고, 그려질 수 있는 하나의 연결 형태이다. 나는 이것이 연방대법원(the Supreme Court)에서의 퀘벡의 대표와 의회의 상원에서의 원주민을 위한 대표 제안에도 해당된다고 생각한다.

갈등을 불러일으킬 것이다. 나아가, 점점 증가하는 자치권에 대한 요구가 자연적으로 멈추게 되는 지점은 없는 것처럼 보인다. 만약 제한된 자율성이 보장되면, 이는 자신들만의 민족국가가 아니면 만족하지 못하는 민족주의 지도자들의 야망에 불을 지피게 될 수도 있다.

자치권을 인정하는 민주주의적 다민족 국가들은 이러한 이유로 본질적으로 불안정해 보인다. 하나의 민족 집단의 구성원들이 다른 집단의 구성원들을 위해 희생하게 할 수 있는 본질적 유대(intrinsic bond)가 존재하지 않는, 분리된 공동체들 간의 잠정적 타협(a *modus vivendi*) 정도가 최선일 것이다. 내가 전에 언급한 바와 같이, 자유주의적 정의는 국가 내에서 이러한 공통된 목적과 상호 연대의 인식을 요구한다.

따라서 소수민족들의 요구를 무시하고, 헌법상에 그러한 집단들에 대한 어떠한 언급도 피하고, 시민권은 집단 귀속성과 관계없이 모든 개인들에게 공유되는 공통된 정체성이라고 주장하고 싶을 수도 있다. 이것은 주로 문화적 다양성을 다루는 미국적 전략(the American strategy)으로 묘사된다.

그러나 사실 미국인들은 이러한 전략을 개인 또는 가족 단위로 미국에 도착한 자발적 이민자들과 비자발적 노예들을 통합하는 맥락에서만 적용해왔다. 일반적으로 말해서, 아메리칸 인디언(American Indian), 알래스카의 에스키모(Alaskan Eskimo), 푸에르토리코인(Puerto Rican), 하와이 원주민(native Hawaiian)과 같이, 그들의 고향이 거대 전체 공동체(the larger community)의 부분이 되어버린, 역사적으로 형성된 자치 집단들에 대해서는 전혀 다른 전략이 적용되어왔다. 이러한 소수민족들의 대부분은 미 연방 내에서 어느 정도 수준의 자치가 부여되었다. 공통적 시민권 전략이 소수민족들에게 적용되는 경우는 주로 극적인 실패로 나타났다. 예를 들어, '종결 정책'(termination policy)으로 알려진, 미국 인디언 부족들에게 그들의 독특한 정치적 지위(distinct political status)를 포기하도록 압력을 행사한 정책은 처참한 결과를 낳은 채, 1950년대에 철회되었다.

사실상, 엄격한 '공통적 시민권' 전략을 준수하는 민주주의적 다민족 국가는 아주 드물다. 자치권에 대한 요구를 거부하는 것은 단순히 소수민족들의 소외를 심화시키며, 분리에 대한 갈망을 증가시킬 것이기 때문에, 이는 놀라운 것이 아니다. 6장에서 우리가 살펴본 바와 같이, 다민족 국가에서 '공통적 시민권'이라고 불리는 것은 사실상 주류다수 민족 집단의 문화를 지원하는 것과 관계되어 있다 - 예를 들어, 이들의 언어가 학교, 법원 및 입법기관에서의 공식 언어로 채택되고; 이들의 명절이 공식적 명절이 되는 것이다. 게다가, 공통적 시민권의 체제는 다수의 경제, 정치적 결정들에 대한 소수자집단의 취약성을 제한시킬 방법이 없다는 것을 의미한다. 그 이유는 내부 정치 단위들(internal political units)의 경계와 권력이 소수자집단의 자치권에의 요구가 아니라, 다수 주류 집단의 행정적 편의에 부합하도록 규정되어 있기 때문이다.

따라서 소수민족들이 공통적 시민권을 자신들에게 부여하려는 시도에 저항해왔다는 점은 놀라운 일이 아니다. 롤스는 공통적 시민권이 '합당성과 공정성, 타협의 정신과 타인을 인정하는 마음가짐'(reasonableness and a sense of fairness, a spirit of compromise and a readiness to meet others halfway)과 같은 정치적 미덕을 향상시킨다고 제안한다(Rawls 1987: 21). 그러나 다민족 국가에서 공통적 시민권을 부과하는 것은 사실상 이러한 미덕들을 위협할 수 있다.

예를 들어, 오스만 제국에서 집단들 간의 타협은 개별 '밀레'의 자치 체제에 의해, 상호 간섭을 제한함으로써, 전통적으로 보장되어왔다(8장 1절을 보라). 그러나 18세기 중반에 오스만은 밀레들이 가지고 있던 대부분의 자치권을 박탈하며, 종교 및 인종문화적 경계를 가로지르는 공통적 시민권을 증진시키려고 노력하였고, 이에 따라 모든 사람들의 정치적 권리와 정체성이, 특정한 밀레의 구성원입장이 아니라 오스만 국가에 대한 공통적 관계에 기초하게 되었다. 카르파(Karpat)가 언급한 바와 같이 그 결과는 처참했는데, 왜냐하면 한 번에 밀레의 자치 지위는 종결되었으며,

> 오스만 제국 내의 종교 및 인종문화적 집단들의 다른 집단에 대한 상대적 지위가 그들의 수적 힘(numerical strength)에 의해 결정되기 시작했다. 결국 그들의 관계는 소수자와 다수자로 전환되었다. 조만간에 다수자의 관점이 우위를 점하고, 그들의 문화적 특징들과 열망들이 정부 그 자체의 양태가 되도록 될 것이라는 것은 분명했다(Karpat 1982: 163).

북 아메리카의 토착민들에게 (주로 그들의 의지에 반해서) 시민권이 부여되었을 때도 유사한 과정이 발생했으며, 결국 그들은 독립적인, 자치적 인민집단이 아니라, 다수 시민들 속의 수적 소수자가 되었다. 롤스는 다수자가 소수자를 불공평하게 다룰 수 있는 위험을 제어하기 위해서 공통적 시민권에 대한 강한 인식(a strong sense of common citizenship)이 필요하다고 제안했다. 그러나 다민족 국가 내에서 공통적 시민권은 자치 집단들을 수적 다수와 소수자들로 전환시킴으로써, 무엇보다 그러한 위험이 탄생하는 것을 도와준다.

이러한 역동성(dynamic)을 고려하면, 스스로를 독특한 민족들 또는 인민집단들로 간주하는 소수자집단들에게 공통적 시민권을 부여하는 것은 다민족 국가에서의 갈등을 증대시킬 것이다. 그렇다면 해당 국가는 그러한 민족의식(national consciousness)을 수정하여, 독특한 민족 사회를 형성하려는 해당 소수자집단의 열망을 감소 또는 제거하기 위해 노력해야만 하는가? 이 해결책은 데이비드 밀러(David Miller)에 의해 지지되었다. 그는 우리가 '문화적 정체성을 주어진 것이거나, 적어도 정치시스템 외부에서 만들어진 것으로 간주해서는 안 되며, 오히려 '그러한 정체성의 유연성(malleability)에 대한 더 강한 인식, 즉 그것들이 의식적으로 만들어지거나 수정될 수 있는 여지를 가져야 한다고' 말한다. 하위문화가 복지 국가가 필요로 하는 전체적 정체성 인식 (overarching sense of identity)의 기저를 위협하기 때문에, 국가는 '인종문화적 집단을 비롯한 여타 분파 집단들의 구성원으로서 그들이 갖는 독립된 정체성 보다 강력한, 시민으로서의 공통적 정체성(common identity as citizens)을 증진시켜야만' 한다고 주장한다 (Miller 1989: 237, 279, 286-7).

그러나 최근의 역사는 민족적 정체성이 **어느 정도는** 주어진 것으로 받아들여져야 됨을 시사한다. 민족적 정체성의 특징은, 퀘벡에서의 조용한 혁명(the Quiet Revolution)이 보여주는 바와 같이,

극적으로 변화될 수 있다. 최근 이와 동등한 극적 변화들이 토착민 공동체들에서 일어나고 있다. 그러나 정체성 그 자체 – 독특한 민족 문화가 존재한다는 인식(the sense of being a distinct national culture) – 는 훨씬 더 안정적이다. 캐나다와 미국의 정부는 때때로 그들의 소수민족들 사이에서 독립된 정체성 인식(the sense of separate identity)을 파괴하기 위해 자신들이 사용할 수 있는 가능한 방법들을 동원했다. 그 방법들은 인디언 아이들의 기숙사 제도의 학교(residential schools)와 부족 의상 금지에서부터 프랑스어 또는 스페인어 사용 학교를 금지하는 데까지 이른다. 그러나 수 세기 동안에 걸친 법적 차별, 사회적 편견, 또는 냉담한 무관심이 지속되었음에도 불구하고, 이러한 소수민족들은 자신들이 민족적 정체성을 가지고 있다는 인식을 유지해왔다. 이와 유사하게, 쿠르드(Kurds), 바스크(Basques)를 비롯한 여타 소수민족들의 언어와 민족 정체성을 억압하기 위한 유럽 정부들의 노력은 거의 혹은 전혀 효과를 거두지 못해왔다. 그리고 민족적 충성심을 박멸하려던 공산주의 정부들의 노력도 실패했다. 교육과 미디어에 대한 완전한 독점에도 불구하고, 공산주의 정권들은 크로아티아인(Croats), 슬로바키아인(Slovaks)와 우크라이나인(Ukrainians)들로 하여금 이들을 우선적으로 '유고슬라비아인'(Yugoslavs), '체코슬로바키아인'(Czechoslovaks) 또는 '소련인'(Soviets)으로 생각하도록 만들 수 없었다. 민족적 정체성을 대신할 수 있는 '범민족운동'(pan-movements)을 증진시키려는 시도 – 예컨데 범 슬라브(pan-Slavic) 또는 범 아랍(pan- Arabic) 국가들 – 역시 이와 유사하게 무의미한 시도였음이 밝혀져 왔다(Fishman 1989: 147).

자신들의 민족 사회를 형성하려는 이러한 집단들의 욕구의 근저에 깔려있는 독특한 정체성의 의식을 제거하는 것은(만약 지금까지 가능한 적이 있었다 하더라도) 더 이상 가능하지 않다. 이러한 독립적 정체성들을 공통의 정체성에 예속시키려는 어떠한 시도도 반발을 불러왔는데, 이는 이러한 시도가 소수자집단들에게 그들의 존재 자체를 위협하는 것으로 인식되어, 더 심한 냉담 또는 분개로 귀결되었기 때문이다(Whitaker 1992: 152-3; Taylor 1992a: 64).

민족 정체성의 사회적 구성(the social construction of national identity)과 '전통의 발명'(invention of tradition)에 관한 최근의 문헌들에서 많은 연구들이 진척되었다(Hobsbawm 1990). 물론, 민족적 정체성을 동반하는 대다수의 신화(mythology)는 단지 그것 - 신화일 뿐이다. 그러나 영웅들, 역사, 또는 오늘날의 민족적 정체성의 특징들을 민족적 정체성 그 자체의 기반과 혼동하지 않는 것이 중요하다. 전자는 후자에 비해 훨씬 유연성이 있는 것이다. 게다가, 내가 5장에서 언급한 바와 같이, 동화를 위한 상당한 경제적 인센티브나 법적 압력에도 불구하고, 지난 100여년간 자발적으로 동화된 민족 집단은 있다 하더라도 아주 드물다. 앤서니 스미스(Anthony Smith)가 지적했듯이, '언제, 어떻게든 민족 정체성이 주조되어 한번 세워지면, 이를 박멸하는 것은, (완전한 민족말살 total genocide을 제외하고) 불가능 하지 않다 하더라도, 엄청나게 힘들어질 것'이다(A. Smith 1993: 131; cf. Connor 1972: 350-1).

자치에 대한 요구들은 항상 남아있을 수밖에 없기 때문에, 우리는 그것들을 수용하려고 노력하는 수밖에 다른 선택이 없다. 공통적 시민권의 이름으로 이러한 요구들을 거부하는 것은 단순히 고립과 분리주의적 운동을 증진시키게 될 것이다. 사실상, 전 세계적으로 인종문화적인 민족주의 갈등(ethnonationalist conflict)에 관한 최신 연구들에 따르면, 자치권에 대한 거부 또는 취소가 갈등의 수준을 증가시키는 경향이 있는 것에 반해, 자치 협정(self-government arrangement)이 폭력적 갈등의 가능성을 감소시킨다는 것을 명백히 보여준다(Gurr 1993; Hannum 1990; Horowitz 1985).

그렇지만, 내가 앞에서 언급한 바와 같이, 자치 요구를 수용하는 것은 자율성의 계속적 증대, 심지어는 독립에 대한 욕구로 이어질 수 있다. 지역적 자율성을 제공하는 것은 폭력적 갈등을 감소시킬 수 있지만, 그 결과로 나타난 협정들이 민족 집단들 간의 조화로운 협력의 예가 되는 경우는 매우 드물다. 그것들은 주로 말썽 많은 집단들(quarrelsome groups)이 '만약 그들이 협력할 수 있다손 치더라도, 아주 제한된 안건들에 대해서만 협력하기로 합의한 단순한 협력 조약(mere treaties of cooperation)에 불과하게 된다(Ordeshook 1993: 223). 공공선을 향상시키고 시급한 정의의 안건들을 다루는데 필요한 연대감(the sense of solidarity)이 결여되어 있는 것이다. 이는 벨기에와 캐나다에서의 예를 볼 때 점차 사실이 되어가는 것 같다.

우리는 고디우스의 매듭(Gordian knot : 풀기 어려운 난제)에 갇힌 것 같다. 이러한 역동성을 고려했을 때, 일부 비평가들은 다민족 국가의 문제에 대한 유일한 해결책은 분리(secession)라고 결론짓는다. 밀러(Miller)에 따르면, 민족 정체성이 '이미 너무 강해져서 실제로 두 개의 분리된 민족들이 옆에서 나란히 살아가고 있는 상황에 우리가 처해있을 경우, 최선의 해결책은 궁극적으로 한 공동체가 분리되는 것'이다(Miller 1989: 288). 이와 유사하게 왈쩌(Walzer)는 '만약 공동체가 단일 시민권이 불가능할 정도로 극단적으로 나뉘어져 있다면, 그 영토 역시 나눠져야 한다'고 주장한다(Walzer 1983a: 62).

안정적인 자유주의적 민주주의가 단일한 민족 문화를 가진 하나의 민족국가여야 한다는 존 스튜어트 밀의 주장으로 다시 돌아가 보자(4장 1절을 보라). 만약 소수민족들이 동화되기를 원하지 않는다면, 그들은 분리되어 그들만의 국가를 세워야 한다.

어쩌면 우리가 분리를 더 고려해야할 마음의 태세를 가져야 할지도 모른다. 우리는 분리를 도덕적, 정치적 재난으로 가정하는 경향이 있다. 그러나 오늘날 얼마나 많은 사람들이 1905년 스웨덴에서 노르웨이가 분리된 것을 비난할지 의심스럽다. 노르웨이의 경우에, 분리 과정은 (상대적으로) 평화로웠으며, 결과적으로, 이전에는 하나였던 곳에서 두 개의 건강한 자유민주주의가 탄생하게 되었다. 장차 캐나다의 나머지 부분으로부터의 퀘벡의 분리가 이와 유사하게 될 것이라고 생각할 수 있는 이유는 충분하다. 왜 자유주의자들이 자동적으로 그러한 평화적, 자유주의적 분리를 거부해야하는지를 알아보기는 어렵다.[11] 무엇보다도, 자유주의는 근

11) 분리에 의해 제기된 도덕적 문제들에 대한 포괄적 검토를 위해 Buchanan 1991을 보라. 체코슬로바키아의 해체 역시 평화로웠지만, 얼마나 그 결과로서 나타나는 민주주의가 건강하게 될 것인지를 말하기에는 너무 이르다. 전 체코슬로바키아에서, 체코인과 슬로바키아인들 간이 아니라, 슬로바키아인들과 헝가리인 사이에서 폭력이 발생할 상당한 잠재성이 존재한다. 내가 4장에서 언급한 바와 같이, 폭력의 잠재성은 고토회복주의 소수자들(irredentist minorities)의 존재 여부에 깊이 영향을 받는다.

본적으로, 국가들의 운명(fate)이 아니라, 개인들의 자유와 안녕(well-being)을 고려하며, 분리가 개인적 권리들을 반드시 해칠 필요는 없다.

그렇지만, 분리가 항상 가능하거나 바람직한 것은 아니다. 일부 소수민족들, 특히 토착민 집단들은 생존 가능한 독립 국가를 형성하는 데 어려움을 겪을 수 있다. 다른 경우에, 땅과 자원에 대한 경쟁적 요구들이 평화로운 분리를 실제로 불가능하게 만들 수 있다. 일반적으로, 지구상에는 가능한 국가들보다 더 많은 수의 민족들이 있으며, 우리는 단순히 민족의식(national consciousness)이 사라질 것을 바랄 수 없기 때문에, 다민족 국가들을 한데 묶어낼 수 있는 방법을 찾을 필요가 있다.

4. 다민족 국가에서 사회적 유대감의 기초

그렇다면 그들의 민족적 차이를 거부하기보다 수용할 수 있는, 다민족 국가에서 화합의 가능한 원천들은 무엇일까? 나는 이 질문에 대해 분명한 답을 갖고 있지 않다. 사실상, 가용한 분명하고 쉬운 어떤 답이 있는지도 의심스럽다.

스위스(Switzerland)와 같은 안정적 다민족 국가들은 중요한 예이다. 스위스는 소수민족의 구성원들이 왜 강한 민족의식을 가지면서 동시에 보다 큰 전체 정체에 대한 애국심과 헌신을 가질 수 없는 지에 대한 어떠한 필연적 이유도 없음을 보여준다(Sigler 1983: 188-92). 내가 2장에서 언급한 바와 같이, 이러한 애국심은

'스위스인'이라는 것이 인민들의 연합(a federation of peoples)이면서 동시에, 어떤 면에서는, 단일한 '인민'(a people)이라고 할 수 있을 정도로 강하다.

그러나 민족 정체성과 권리들의 제도화가 시민 투쟁을 막지 못한 많은 사례들 역시 존재한다(예, 레바논; 유고슬라비아). 게다가, 장기적 안정성이 보장되어왔던 몇몇 다민족 국가들이 지금은 불안정한 모습을 보이기도 한다(예, 벨기에).

그렇다면 다민족 국가들의 안정화를 돕는 조건들은 무엇인가? 이 문제에 대한 논의들은 거의 없다. 지금까지 민족 자치의 옹호자들은, 동화가 유대감의 실행 가능한 원천이 아님을 논하는데 초점을 맞추면서, 무엇이 그 자리를 대신해서 차지해야 하는지에 대해서는 덜 관심을 기울였다.

하나의 제안은 사회적 화합이 '공유된 가치들'(shared values)에 의존한다는 점이다. 분명히, 어떤 근대 민주국가의 시민들도 좋은 삶의 특정한 개념을 공유하고 있지 않지만, 그들은 특정한 정치적 가치들을 공유하고 있을 수 있다. 예를 들어, 캐나다의 한 정부 위원회는 캐나다인들이 공유하는 그러한 7가지 가치의 목록을 만들었다: (1) 평등과 공평성에 대한 믿음; (2) 협의와 대화에 대한 믿음; (3) 조정과 관용의 중요성; (4) 다양성에 대한 지지; (5) 동정심과 관대함; (6) 자연 환경에 대한 애정; (7) 자유, 평화 및 비폭력적 변화에 대한 지지 (Citizen's Forum 1991: 34-44). 이것은 공유된 가치들에 초점을 맞추는 것이 캐나다의 사회적 화합의 기반을 제공할 것이라는 희망을 준다.

이 생각은, 보다 철학적인 형태로, 많은 현대 자유주의 이론가들에게서도 찾아볼 수 있다. 예를 들어, 롤스는 현대 사회들에서 화합의 원천은 공유된 정의 개념이라고 주장했다. 롤스에 따르면, '질서정연한(well-ordered) 사회가 분열되고 다원화되어 있음에도 불구하고 … 정치, 사회적 정의의 문제들에 대한 공적 합의(public agreement)가 시민적 우애(ties of civic friendship)를 지탱케 하고 사회적 결속(the bonds of association)을 보장해 준다'(Rawls 1980: 540).

다민족 국가들에서, 자유주의적 정의에 대한 공유된 개념을 포함하여, 종종 공유된 정치적 가치들이 존재했다는 것은 사실이다. 그렇지만 이러한 가치들이, 그 자체로서 두개 이상의 민족 집단들이 하나의 국가 내에 함께해야하는 이유를 제공해주는지는 불분명하다. 예를 들어, (아마도) 노르웨이와 스웨덴 시민들 간에 상당한 가치들의 수렴이 존재할 수 있지만, 이것이 그들이 다시 하나로 합쳐야 한다는 어떠한 이유가 될 수 있을까? 나는 그렇게 생각하지 않는다. 그들이 동일한 가치들을 공유하고 있다는 사실 그 자체는, 이 세계의 해당 지역에서 하나의 국가 또는 두 개의 국가가 존재해야 할지의 여부에 대해 설명해 주지 못한다.

이와 유사하게, 내가 5장에서 논의한 바와 같이, 지난 30여 년간 영어 사용 캐나다인들과 프랑스어 사용 캐나다인들 사이에 가치들의 수렴이 공표되어 왔다(Dion 1992: 99; 1991: 301; Taylor 1991: 54). 만약 공유된 가치로 접근하는 방식이 옳다면, 이 기간 동안 퀘벡 분리에 대한 지지 하락을 목격해왔어야 하지만, 사실 민족주의적 감정은 지속적으로 성장해왔다. 따라서 다시금, 캐나다의 영어사용자와 프랑스어사용자들이 동일한 정의의 원칙들을 공유하고 있다는 사실이 이들이 계속적으로 함께 해야 할 강한 이유가 되지는 못한다. 왜냐하면 퀘벡인들이 자신들만의 민족 국가도 동일한 원칙들을 존중할 수 있다고 정당하게 가정하고 있기 때문이다. 이는 벨기에의 플랑드르인(Flemish)에게도 동일한 사실이다.

사실상, 이것은 매우 일반적인 경향을 반영하는 것이다. 주류다수 민족들과 소수민족들 모두를 포함하여, 서구 세계 전반에 걸쳐 정치적 가치의 수렴이 이루어져 왔다. 그들의 정치적 가치들의 측면에서, 덴마크인, 독일인, 프랑스인과 영국인이 지금보다 더 유사했던 적은 아마 없었을 것이다. 그러나 이것은 이러한 주류다수 민족들이 그들의 민족적 독립을 고수하려는 욕구에 어떤 별다른 영향을 주지 못해왔다. 그렇다면 정치적 가치의 수렴이 소수민족들의 자치욕구를 축소시킬 이유가 되겠는가?

이는 공유된 가치들이 사회적 화합에 충분하지 않음을 보여준다. 두 민족 집단들이 동일한 가치들 또는 정의의 원칙들을 공유하고 있다는 사실은, 그들이 두 개의 분리된 국가로 남아있기(또는 나눠지기)보다, 그들이 함께 해야 (또는 현 상태에 머물러 있어야) 하는 어떤 강한 이유도 제공해주지 않는다. 사회적 화합을 위해서는 어떤 것이 더 요구되는 것일까? 우리가 놓치고 있는 요소는 **공유된 정체성**의 개념(the idea of *shared identity*)인 것 같다. 경쟁적 관계의 민족 정체성들을 대체할 공유된 시민적 정체성(a shared civic identity)은 말할 것도 없이, 정치 공동체 전반에 걸쳐 공유된 정의의 개념이 공유된 정체성을 만들어낸다는 필연성은 없다.12) 사람들은 자신을 누구와 동일시 할 것인지, 누구에게 연

12) 여기에서 나의 주장은, "공유된 가치의 이념"(The Ideology of Shared Values)이라는

대감을 느끼는지를 질문함으로써, 누구와 국가를 공유하기를 원하는지를 결정한다. 그들이 공통의 가치들을 결여하고 있음에도 불구하고, 미국인들을 함께 결속시켜 주는 것은 그들이 미국인으로서의 정체성을 공유하고 있다는 사실이다. 역으로, 공유된 가치들의 존재에도 불구하고, 스웨덴인과 노르웨이인들을 분리시켜놓는 것은 공유된 정체성의 결여이다.

이러한 공유된 정체성은 어디서 온 것일까? 민족국가들에서, 이에 대한 대답은 간단하다. 공유된 정체성은 역사, 언어, 그리고 어쩌면 종교의 공통성에서 도출된다. 그러나 이것들은 간단히 말해 다민족 국가에서 공유되지 않는 것들이다. 우리가 미국 또는 스위스와 같이 강한 애국주의와 문화적 다양성을 함께 가지고 있는 경우를 살펴보면, 공유된 정체성의 기초가 종종 특정한 역사적 성취(historical achievements)에 대한 자부심에 있는 것 같다(예, 미합중국의 설립). 이러한 공유된 자부심은 미국인의 강한 정치적 정체성 인식의 기초 중 하나로, 그들의 시민권 문헌들과 학교 교육(citizenship literature and school curriculum)을 통해 지속적으로 강화된다.

그러나 많은 다민족 국가들에서, 역사는 공유된 자부심의 원천이 아니라, 민족 집단들 간의 분노와 분리의 원천이다. 주류다수민족들에게 자부심을 발생시키는 사람들과 사건들은 종종 소수민

제목의, 내 동료 웨인 노먼(Wayne Norman)의 미발표 논문에 크게 의존하고 있다. 또한 Nickel 1990: 205-16을 보라. 이와 연관된 논의로, Paris 1991을 보라. 그는, 설사 정치적 원칙들에 대한 합의(consensus)가 있다 할지라도, 이렇듯 막연한(vague) 원칙들의 해석 또는 적용에 있어 심각한 갈등이 발생할 수 있기 때문에, 이 역시 사회적 화합을 위해서는 너무 '얇은'(thin) 기초라고 주장한다. 그는 사회적 화합이, 아주 구체적이고 국지적 관행들에 적합한 '두터운'(thick) 미덕들에의 공유된 믿음에 바탕하고 있다고 말한다.

족들에게 배신감(a sense of betrayal)을 야기시킨다.[13] 게다가, 역사에 대한 의존은 종종 아주 선택적이고, 심지어 조작적이며(manipulative), 그 역사를 다시 말하는 것(retelling)을 요구한다. 에르네스트 르낭(Ernst Renan)은 민족적 정체성이 과거를 기억하게 하는 것만큼이나 과거를 잊어버리게 하는데 관계된다고 주장한 바 있다. 다민족 국가에서 공통의 정체성 의식을 확립하기 위해서는 아마도 과거에 대한 더욱 더 선택적인 기억이 요구될 것이다.[14]

---

13) 예를 들어, 존 A. 맥도널드경 (Sir John A. MacDonald)은 대부분의 영국계 캐나다인들에 의해 연방 (Confederation)의 아버지 중 한 명으로 존경 받고 있지만, 프랑스계 캐나다인들은 루이 리엘 (Louis Riel)의 사형에 관련된 그의 역할 때문에 그를 욕한다. 이와 유사하게, 대부분의 영국계 캐나다인들은 세계 대전에서 그들의 역할을 자랑스러워하지만, 각각의 전쟁 마다 프랑스인과 영국인의 사이를 갈라놓는 모병위기(conscription crisis)를 야기시켰다. 사실상, 어디에나 존재하는 미 건국의 아버지(Founding Fathers)와 필라델피아 정신을 논한 미국의 참고자료들에 비교했을 때, 캐나다에서 역사에 호소하여 사회적 화합을 논의하는 것이 얼마나 적은지 인상적이다(예. AASA 1987: 85; Glendon 1991: 12). 다민족 국가들에서 역사의 분열적 역할에 대해서는 Cairns 1993: 205; Brilmayer 1992를 보라.

14) 이것은 시민권 교육의 본질에 대한 중요한 질문을 불러일으킨다. 만약 정부들이 공유된 역사에 기초해서 공유된 정체성을 만들기를 원한다면, 그들은 시민권/정신(citizenship)을 정의 원칙들에 대한 수용뿐만 아니라, 공유된 상징들 또는 역사적 신화들에 대한 숭배(veneration)에 바탕하는 정서적-감수성 개념의 정체성(an emotional-affective sense of identity)으로 파악하게 될 것이다. 그러나 어떤 점에서 역사에 대한 숭배가 조작되고, 때문에 정당하지 못하게 되는 것일까?

예를 들어, 미국인들이 그들의 역사로부터 획득하는 자부심과 정체성 인식은 부분적으로 그 역사에 대한 고의적인 잘못된 설명(a deliberate misrepresentation)을 통해 고취된 것(inculcated)이라는 점은 분명하다. 윌리엄 갈스턴(William Galston)이 언급한 바와 같이, '엄격한 역사 연구는 미국 역사의 핵심적 인물들에 대한 복잡한(complex) "수정주의적" 설명을 거의 확실하게 옹호할 수 있을 것이다. 그러나 시민교육은 보다 숭고하고 도덕적인 역사를 필요로 한다: 중앙 기관들에게 정당성을 수여하고 본받을 만한 가치가 있는(worthy of emulation) 영웅들의 신전(a pantheon of heroes)과 같은 것들이 필요한 것이다(Galston 1991: 244). 이와 유사하게, 앤드류 올든퀴스트(Andrew Oldenquist)는 미국 역사에 대한 정보는 '자부심과 애정(affection)을 개발하기 위한 기반을 제공할 수 있도록 가르쳐져야 한다'고 주장하고, 나아가 어린이들은 '우리들이 인디언을 말살했고, 흑인들에게 린치를 가했으며, 베트남인들을 학살했다는 말을 들음으로써 우리나라에 대한 애정을 획득하지는 않는다'고 말한다(AASA 1987: 26에서 재인용).

이것은 다수의 난처한 질문들을 불러일으킨다. 첫째, 국가 정체성을 증진시키는 이 공유된 가치들과 고무적인 역사가 다민족 국가에서 연대감을 유지하는데 도움이 된다는 점은 의심할 여지가 없지만, 어느 쪽이든 둘 중 하나만으로 충분한지에 대해서는 의문스럽다. 그렇다면, 스스로를 자치 민족으로 보는 두 개 이상의 공동체들로 구성된 한 국가 내에서 어떻게 하나의 공통적 정체성을 구축할 수 있을까? 다민족 국가들에서의 역사, 문화, 정치적 상황의 커다란 편차는 이 질문에 대한 어떠한 일반화된 대답도 아마 과장된 것일 수 있음을 암시한다.15)

내 생각에, 분명한 것은 다민족 국가에서 연대감과 공통의 목적을 증진시키는 가능한 방법이 있다면, 그것은 민족적 정체성들을 종속시키는 것이 아니라, 수용하는 것과 관계될 것이다. 서로 다른 민족 집단들로부터 온 사람들이, 자신들의 민족적 정체성이 종속되는 것이 아니라, 배양되는 맥락으로 보다 광범위한 전체 정체(the larger polity)를 간주할 때, 그 정체에 대한 충성심(allegiance)을

러한 방식은 시민권 교육의 다른 목표, 즉 사회와 그 문제에 대한 독립적이고 비판적인 생각을 할 수 있는 능력의 계발을 침해할 수 있다(Norman 1994). 둘째, 갈스턴과 올든퀴스트가 옹호한 역사의 삭제된(sanitized) 버전은 그 자체로 점차 불화(disunity)의 원인이 될 것이다. '영웅들의 신전'에 초점을 맞추고 있는 역사 기술은, 여성, 흑인, 인디언에 대한 역사적인 학대(mistreatment)를 무시하고 있는 반면, 본질적으로 상위계층 백인 남성의 역사 기술이라고 할 수 있다. 이것은 많은 소수자집단들이 대단히 공격적이라고 생각할 역사 관점이다. 그들은 자신들의 투쟁을 교과서에서 볼 수 없게 됨으로써 모욕감을 느끼게 되는 것이다.

15) 유럽 이론가들은 그들이 유럽 공동체(European Community)의 본질과 그것이 요구하는 시민권의 형태를 이해하고자 할 때, 이러한 딜레마에 봉착하게 된다. 하버마스(Habermas)는 유럽인들의 화합이 성공적인 민족국가들의 특성을 반영하는 공유된 전통, 문화, 언어들에 기초할 수 없다고 주장한다. 대신, 유럽적 시민권은 공유된 정의와 민주주의의 원칙들에 입각한 '탈민족적' 헌법애국주의('postnational' constitutional patriotism)에 기초하여 세워져야 한다고 주장한다(Harbermas 1992; Berten 1992; Ferry 1992). 그렇지만, 다른 사람들은 공유된 가치들이 화합의 기초로 충분하지 않으며, 정체성 문제에 또한 관심을 기울여야 한다고 주장한다(Taylor 1992b: 61-5; A. Smith 1993; cf. Lenoble 1992).

공유하게 될 것이다.[16)]

단순히 두 민족을 포함하고 있는 한 국가에게는 이는 매우 어려운 문제이다(예, 벨기에). 종종 상당히 불균등한 크기의 많은 민족 집단들과 토착민 집단, 그리고 세계 각지에서 온 이민자들을 포함하는 다민족이면서 다인종문화적 국가들의 경우는 이보다 훨씬 더 복잡하다. 이러한 맥락에서, 우리가 문화 집단들의 다양성을 수용해야 할 뿐만 아니라, 이러한 집단들의 구성원들이 보다 광범위한 전체 정체에 소속되는 방식의 다양성 또한 수용해야 하기 때문에, 우리에게 찰스 테일러(Charles Taylor)가 '심원한 다양성'(deep diversity) 이론이라고 부르는 것이 필요하게 된다 (Taylor 1991: 75). 예를 들어, 미국의 이민자 집단의 구성원들은 그들의 시민권 지위가 헌법에 의해 보장되는 보편적 개인의 권리들을 중심에 두고 있다고 볼 것이다. 그들의 인종문화적 정체성은, 다양한 측면에서 중요하지만, 그들의 시민권 의식 또는 미국인(혹은 캐나다인이나 호주인)이 된다는 것이 무엇을 의미하는지에 대한 의식에는 영향을 미치지 않을 것이다. 그들에게 미국은 서로의 문화적 차이를 관용하는 평등한 시민들로 구성된 나라일 것이다.

그러나 이러한 소속 모델(model of belonging)은 푸에르토리코인 또는 나바호족(Navaho)과 같은 소수민족들은 수용하지 못할 것이다. 그들은 보다 광범위한 전체 국가에 연방을 맺고 있는 민족 집단에 소속됨으로써 미국에 소속되고 있다. 최근의 여론조사에

16) 테일러가 캐나다의 사례에서 언급한 바와 같이, 퀘벡인들(Quebecois)은 캐나다를 최우선으로 해야 한다고 주장하는 것은, '퀘벡 연방주의자들에게는 말도 안 되는 것(make no sense)이다... 우리는 퀘벡에 소속됨으로써 캐나다에 소속된다. 만약 이러한 충성심이 최우선적인 것으로 해야 하는 지점으로 쏠려 버린다면, **우리의** 캐나다(*our* Canada)는 이미 사라진 것이다.'(Taylor 1991)

따르면, 91퍼센트의 푸에르토리코 거주자들은 먼저 스스로를 푸에르토리코인들이라고 생각하고, 두 번째로 미국인이라고 생각한다(Rubinstein 1993: 88). 그들은 분명 스스로를 미국인으로 생각하지만, 오직 그것이 자신들만의 독립된 정치적 공동체를 갖고 스페인어 사용의 독특한 인민집단으로서의 최우선적 정체성에 대한 포기를 요구하지 않는 한에서만 그렇다. 그들에게 미국은 각각 자치의 권리를 지닌 - 영국계, 스페인계, 인디언 - 인민들의 연방(a federation of peoples)인 것이다.

이와 유사하게, 이민자의 소속 모델 역시 캐나다의 프랑스어 사용인과 토착민들을 수용하지 못할 것이다. 이들에게는 '(여전히 캐나다인이 되기를 원하는 사람들에게는) 캐나다인이 되는 방법은', 퀘벡인이나 크리족(Cree)과 같이, '캐나다를 형성하는 하나의 구성적 요소에 소속되는 것'이다(Taylor 1991: 75). 이러한 집단들에게, 캐나다는 그 안에서 독특한 사회고유문화로 존립할 수 있는 각자의 권리를 존중하는 민족 집단들의 연방(a federation of national groups)인 것이다.

다인종문화적이면서 다민족적인 국가들에서, 문화적 집단들은 다양할 뿐만 아니라, 그들 스스로 다양한 전체적인 국가 이미지를 갖고 있다. 사람들은 독립적인 정치공동체에 소속되어 있을 뿐만 아니라 또한 상이한 방식으로 소속되어 있다. 이것은 다인종문화적이면서 다민족적인 국가의 구성원들이 다양성을 존중해야 할 뿐만 아니라, 다양성에 대한 다양한 접근방식들 또한 존중해야만 한다는 것을 의미한다. 테일러가 언급한 바와 같이, 이민자들은 그들 스스로를 '다문화적 모자이크 속에서 개인적 권리들을 가진 사람'

으로 볼 수 있을 것이다. 그러나 그럼에도 불구하고 그들은 푸에르토리코인, 나바호족, 퀘벡인들이 '그들의 민족 공동체들의 구성원들이 됨으로써 … 아주 상이한 방식으로 소속되어 있음을 받아들여야만 한다. 상호 호혜적으로, 푸에르토리코인, 나바호족, 퀘벡인들 역시 ' "모자이크" 정체성(mosaic identity)의 완전한 정체성을 받아들일 것이다'. 이러한 종류의 '심원한 다양성'이 통합된 다인종문화적이면서 다민족적 국가가 세워질 수 있는 '유일한 공식'(the only formula)이다 (Taylor 1991: 76).[17)]

무엇이 그러한 다민족 국가를 하나로 결속시킬 수 있을까? 테일러는 이것이 열린 질문임을 인정하지만, 시민들이 심원한 다양성에 기초한 사회를 함께 만듦으로써 함께하기 위해 기꺼이 희생하는 것이 '신나는 일 (exciting)'이면서 동시에 자부심의 대상(an object of pride)이라는 것을 알게 될 것이라고 제안한다(Taylor 1991: 76). 이는 대답을 애원하는 것 같다. 왜 시민들이 이것에 포함된 끝이 없는 협상과 복잡성을 전제할 때, 짜증나는 일이 아니라 신나는 일로 여겨야 하는 것일까?

그러나 테일러는 바람직한 방향을 가리키고 있다. '심원한 다양성'에 바탕한 사회는, 사람들이 심원한 다양성 그 자체에 가치를

17) 다인종문화적 및 다민족적 차이를 모두 수용하는 것이 상황을 복잡하게 만들긴 하겠지만, 나는 이민자 집단들의 존재가, 다민족 국가가 민족적 차이들을 성공적으로 다룰 수 있는 가능성에 실질적으로 영향을 미칠 것이라고 생각하지 않는다. 내 생각에, 캐나다가 벨기에나 체코슬로바키아에 비해 더 많은 이민자들을 포함하고 있다는 사실이 퀘벡의 분리 가능성을 높여주는 것은 아니다. 따라서 나는 국가들이 그들 스스로를 다인종문화적 또는 아니면 다민족적인 것으로 간주할 수 있지만, 둘 다에 해당하는 것으로 볼 수 없다는 왈쩌의 의견에 동의하지 않는다(4장 4절을 보라). 다민족 국가가 직면한 근본적 도전은 민족 집단들 간의 관계를 해결하는 것이며, 이 도전의 윤곽은 이민자 비율이 높은지 낮은지와 관계없이 유사하다. 나는 다민족적 차이들의 맨 위에 다인종문화성을 추가하는 것으로부터 유래하는 일종의 '심원한 다양성'(deep diversity)이 사회적 화합에 대한 진정한 위협은 아니라고 생각한다.

부여하고, 다양한 형태의 문화적 및 정치적 소속감을 갖고 한 국가 내에서 살기를 원하지 않는다면, 함께 할 수 없는 것이다. 이것마저도 언제나 충분한 것은 아니다. 예를 들어, 주권을 가진 (독립적) 퀘벡 역시 여전히 세계 각지에서 온 이민자들, 역사적으로 정착한 영어사용자 공동체, 그리고 크리족, 모호크족 (Mohawk), 이뉴이트족(Inuit)과 같은 다양한 토착민들이 포함된, 문화적으로 아주 다양한 국가가 될 것이다. 분리는 단일한 동질적 민족국가를 만들어내는 것이라기보다, 집단들의 패턴과 크기를 재배치하는 것에 지나지 않는다. 따라서 다민족 국가를 함께 유지하기를 원하는 시민들은 일반적으로 '심원한 다양성'을 받아들일 뿐만 아니라, 현재 국가를 공유하고 있는 특정한 인종문화적 집단들과 민족적 문화들을 역시 받아들여야만 한다.[18)]

물론, 문제는 이러한 종류의 충성심(allegiance)이 상호 연대의식(mutual solidarity)의 결과물이지, 이 연대의식을 위한 가능한 기초가 아니라는 점이다. 만약 시민들이 이미 국가 내 다른 인종문화적 및 민족적 집단들에 대해 제법 강한 정체성 의식을 가지고 있다면, 그들은 그들의 심원한 다양성을 유지시킬 수 있는 가능성을 고무적이고 신나는 것으로 보게 될 것이다. 그러나 문화적 다양성에 대한 애매한 지지 그 자체로는 현존 국가 또는 그 국가에서 함께 생활하는 특정 집단들과 더불어 강한 정체성 의식을 만들어내지 못할 것이다.

내가 전에 언급한 바와 같이, 일부 다민족 국가들은 이러한 강한

18) 내가 6장 3절에서 언급한 바와 같이, 일반적 의미에서 다양성의 가치를 받아들이는 것과 그것을 둘러싼 특정한 집단들의 정치적 요구들을 받아들이는 것 사이에는 긴밀한 연관성이 없다.

상호적 정체성 의식을 가지고 있다. 스위스에서 이는 분명한 사실이다. 캐나다인들 역시 상당히 강한 연대 의식을 갖고 있다. 예를 들어, 30퍼센트의 퀘벡인들이 캐나다 시민권에 우선순위를 두는 데 반해, 반 이상의 퀘벡인들이 그들의 자기 정체성을 퀘벡 시민으로서의 지위에 두고 있지만, 70 퍼센트의 퀘벡인들이 퀘벡 밖의 캐나다인들에게만 이익이 되더라도 기꺼이 개인적 희생을 할 것이라고 말하고 있다(L'Actualite1992). 이는 다른 다민족 국가들에서 나타나지 않는 선의의 수준(level of goodwill)을 보여주는 것이다. 공유된 가치들, 신화적 역사, 또는 심원한 다양성의 기쁨이 그러한 연대의 수준을 유지시키는 데 도움이 될 수 있다. 그러나 다른 다민족 국가들이 그러한 연대의 수준이 아직 존재하지 않는 곳에서 어떻게 새롭게 연대감을 창조할 수 있을지는 불분명하다. 두 개 이상의 민족 집단들이 단순히 함께 살고 싶어 하지 않는다면, 애초부터 연대를 만들어내는 것은 불가능할 것이다(Miller 1993 : 16 n. 14).

5. 결론

일부 비판자들은 공통적 시민권에 대한 자유주의적 믿음을, 구성원지위(membership)의 보다 넓은 사회, 문화적 측면을 무시한, 시민권에 대한 지나치게 법리적인 이해(an excessively legalistic understanding of citizenship)의 증거로 본다. 그러나 사실 대부분의 자유주의 이론가들은 시민권이, 일련의 권리와 책임들로 정의되는 단순한 법적 지위일 뿐만 아니라, 정치 공동체 내에서 한 사람의 소속감의 표현인 정체성이기도 하다는 점을 인정해왔다. 그리고 많은 자유주의자들이 바로 강화된 시민적 정체성의 미명하에 공통적 시민권 원칙에 집착해 왔던 것이다.

즉, 인종문화적 및 소수민족의 요구에 대한 대부분의 자유주의적 반대는 자유주의 국가들의 안정성에 대한 아주 실질적인 고려에 있다. 자유 민주주의 국가들은 시민들에게 상당히 높은 수준의 자기 억제와 상호 연대를 요구한다. 그리고 인종문화적 및 민족적 차이의 정치화가 이러한 요구사항들과 양립할 수 있는지 여부에 관한 문제 제기는 정당한 질문이 될 수 있다.

그렇지만, 나는 이 영역에서의 우려가 종종 과장되었다고 생각한다. 다인종문화적 권리와 대표권을 요구하는 이민자들과 불리한 수혜자 집단들의 요구는 우선적으로 보다 광범위한 전체사회에서의 완전한 구성원 지위를 획득하기 위한 수용에 대한 요구이다. 이것을 안정성 또는 연대를 위협하는 것으로 보는 것은 받아들이기 힘든 것이며, 종종 그것은 이러한 집단들에 대한 근원적인 무시 또는 불관용을 반영한다.

그렇지만, 자치권은 사회적 화합에 위협을 제기한다. 보다 광범위한 전체 국가 내에서 독특한 민족으로 존재하려는 의식은 잠재적으로 불안정을 야기한다. 다른 한편으로 자치권에 대한 거부 역시, 이것이 분노, 심지어 분리를 조장하기 때문에, 불안정을 야기한다. 사회적 화합에 대한 우려는, 우리가 자치 요구에 어떻게 응답하더라도 나타나게 된다.

그렇기 때문에, 자유주의 이론가들이 직면하고 있는 근본적 도전은 민주주의적 다민족 국가에서 화합의 원천을 찾아내는 것이다. 19세기 영국 이론가인 다이시(A. V. Dicey)는 안정적 다민족 연방은 시민들이 '화합(unity)이 아니라 결합(union)을 원해야' 하기 때문에, 그 시민들 간의 '매우 독특한 감정 상태'(very peculiar state of sentiment)를 요구한다고 말한 바 있다. 앙리 부라사(Henri Bourassa) 역시 프랑스계 캐나다인 민족의 '특별한 발전'(special development)은 '우리를 융합하지(fuse) 않고 우리를 하나로 화합하게 만드는(unify) 보다 일반적인 애국심(a more general patriotism)의 발전과 함께 이루어져야 한다'며 비슷하게 지적한 바 있다(Cook 1969: 149). 자유주의 이론은 아직까지 이러한 '독특한 감정'(peculiar sentiment)의 본질을 밝혀내는데 성공하지 못했다.

제 10 장

결 론

20세기 후반은 '이주의 시대'(the age of migration)라고 묘사되어 왔다. 대대적 숫자의 사람들이 국경을 넘어 이동하고 있으며, 사실상 모든 국가를 그 구성에 있어 보다 다인종문화화 시키고 있다. 이것은 또한, 전 세계적으로 점점 더 많은 민족집단들이 일어나서 자신들의 정체성을 주장함에 따라, '민족주의의 시대'(the age of nationalism)로도 묘사되고 있다. 그 결과로, 많은 국가들에서 정착된 정치적 생활의 규칙들이 새로운 '문화적 차이의 정치'(politics of cultural difference)에 의해 도전을 받고 있다. 사실상 냉전의 종식과 함께, 인종문화적 및 민족적 집단들의 요구들이 국내적으로나 국제적으로 정치적 생활에서 중심적 위치를 차지하게 되었다.[1)]

1) 이주의 시대에 관해, Castles and Miller 1993을 참조하라. 민족주의의 시대에 관해, Pfaff 1993; Ignatieff 1993을 참조하라. '문화적 차이의 정치'에 관해, I. Young 1990; West 1990; Minow 1990*a*를 참조하라.

많은 사람들은 이 새로운 '차이의 정치'(politics of difference)를 자유민주주의에 대한 위협으로 간주한다. 나는 이 책에서 보다 낙관적인 견해를 피력하였다. 나는 인종문화적 및 민족적 집단들의 요구 중 많은 것들(그러나 모두는 아닌)이 개인적 자유와 사회적 정의라는 자유주의적 원칙들과 양립할 수 있다는 점을 입증하려고 하였다. 나는 이러한 문제들이 어떤 궁극적 의미에서 '해결될'(resolved) 수 있다고 말하고자 하는 것은 아니다. 이 문제들은 그러기에는 너무 복잡하다. 그렇지만, 이러한 문제들은 일정 수준의 선의를 가정한다면, 평화적으로 그리고 공정하게 '관리될 (managed) 수 있을 것이다.[2)]

물론, 세계 곳곳에서는, 집단들이 정의가 아닌 증오와 불관용에 의해 움직여지고, 타자를 선의로 대하는 데에는 관심도 없는 것이 현실이다. 이러한 상황 하에서, 인종문화적 및 민족적 집단들이 자신들의 권리를 남용할 수 있는 가능성은 매우 높다. 유고슬라비아(Yugoslavia)와 르완다(Rwanda)는 그러한 부정의를 기억하게 해주는 단지 가장 최근의 예일 뿐이다. 그 부정의들은, 인종문화적 및 민족적 차이를 명분으로 하여 저질러졌는데, 그 종류는 인종차별(racial segregation) 및 종교적 학살(religious pogroms)로부터 인종청소(ethnic cleansing)와 인종대량학살(genocide)에 이른다.

이러한 잠재적 남용들을 염두에 두고, 많은 사람들은 소수자집단권리의 문제를 옆으로 제쳐 놓고 싶은 강한 유혹을 느낀다. 이들은 다음과 같이 의문을 제기한다. 왜 우리는 사람들의 인종문화적

2) 인종문화적 및 민족적 갈등들을 제거하는 것(eliminating)과 관리하는 것(managing) 간의 구분에 관해, McGarry and O'Leary 1994를 참조하라.

또는 민족적 정체성을 고려하지 않고 단순히 '사람들을 개인들로서 처우할 수'는 없는가? 왜 우리는 우리를 구별해 주는 그 무엇보다도, 우리가 인간으로서 공유하고 있는 그 무엇에 초점을 맞출 수는 없는가? 나는 우리의 대부분은 이 새롭고 복잡한 '차이의 정치'를 다룸에 있어 어떤 점에서는 그러한 반응을 보여 왔다고 어렴풋이 생각해 본다.

그렇지만, 그 반응은 잘못된 것이라고 생각한다. 문제는 그것이 너무 '개인주의적'(individualistic)이라는 점에 있는 것은 아니다. 이 세계의 많은 부분에서, 건강한 개인주의의 복용은 집단근거적 갈등으로부터 환영할만한 휴식을 제공해 준다. 오히려, 문제는 그러한 반응이 단순히 말해 일관성이 없다는 데에 있다. 내가 이 책 전체를 통하여 보여주려 하였던 것처럼, 정치적 생활은, 그것이 영토경계를 설정하고 권력을 분할하거나, 아니면 학교교육, 법정 및 관료제도의 언어에 관한 결정이거나, 또는 공휴일을 선정하는데 관계되든지간에, 불가피하게 국가적 차원을 지닌다. 더욱이, 정치적 생활의 이러한 불가피한 측면들은 주류다수 민족들의 구성원들에게 심대한 이익을 가져다 준다.

우리는 이점과, 그리고 이것(다수자 집단에게 이익을 주는 것)이 다른 집단들을 소원화시키고 이들에게 불이익을 줄 수 있는 방식에 유의할 필요가 있으며, 또한 이로 인해 발생하는 불평등을 방지할 수 있는 조치들을 취할 필요가 있다. 이러한 조치들은 각각의 민족집단 내부의 인종문화적 및 여타의 불이익을 받는 집단들을 수용하기 위한 다인종문화적 및 대표 권리(representation rights), 그리고 주류다수 민족과 함께 소수민족을 위한 자치를 가능하게 해주는 자치정부 권리를 포함할 수 있을 것이다. 이러한 조치들이 없다면, '사람들을 개인들로 처우하라'(treating people as individuals)는 담론은 그 자체로 인종문화적 및 민족적 부정의를 은폐하는 것에 불과하다.

그러한 권리들에 대한 제한을 강조하는 것 역시 마찬가지로 중요하다. 특히, 나는 이 권리들이 두 가지 제약점을 존중해야 한다고 강조한 바 있다: 소수자집단권리는 한 집단이 다른 집단들을 지배하는 것을 허용해서는 안 되며, 또한 이 권리들은 어떤 집단이 자신의 구성원들을 억압하는 것을 허용해서는 안 된다. 다른 말로, 자유주의자들은 집단간 평등(equality *between* groups)과 집단내부의 자유와 평등(freedom and equality *within* groups)을 보장하는 것을 추구해야만 한다. 이러한 제한 내에서, 소수자집단권리들은 보다 광범위한 자유주의적 정의 이론 내에서 가치있는 역할을 수행할 수 있을 것이다. 사실상, 만약 자유주의가 이 세계의 많은 부분에서 적실성을 지니지 못한다고 비난받지 않으려 한다면, 소수자집단권리는 역할을 해야만 한다.

자유주의 이론의 전통적 탄생지 – 영국, 프랑스, 그리고 미국 – 에서, 소수자집단권리들은 무시되어 왔거나, 단순한 호기심의 대상이나 변형적인 것 정도로 간주되어 왔다. 이것은 특히 토착민 집단들의 요구들에 대해서는 사실이다. 그러나 소수자집단권리가 자유주의적 전통의 미래에 있어 핵심이 될 것이라는 점은 전세계적으로 점점 더 명백해져가고 있다. 이 세계의 많은 나라들에서 – 동구 유럽, 아프리카, 아시아의 신흥 민주주의 국가들을 포함하여 – 소수민족들과 토착민 집단들의 지위는 아마도 가장 긴급한 쟁점이라고 할 수 있다.

이러한 나라들의 사람들은 다민족 국가에서 자유주의적 헌법주의(liberal constitutionalism)의 원칙들과 관계된 지침을 모색하기 위한 서구 자유주의자들의 작업을 예의 주시하고 있다. 그러나 자유주의적 전통은 이러한 문제에 대해 혼돈되고 모순적인 충고들만을 제시하고 있다. 소수자집단권리에 관한 자유주의적 사고는 너무나 자주, 인종중심적 가정이나, 특수한 사례를 과도하게 단순화하는 것, 또는 임시적 정치전략을 지속적인 도덕적 원칙과 혼동하는 것과 같은 오류를 범하고 있다. 이러한 것은 자유주의적 국가들이 역사적으로 인종문화적 및 민족적 집단들과 관계하여 채택해 온 광범위한 영역의 정책에서 반영되어 나타났다. 이러한 정책들은 강제적 동화로부터 강제적 격리, 정복과 식민화로부터 연방주의와 자치정부의 범위에 이른다.

그 결과는 많은 서구 민주주의 국가들에서 인종문화적 및 소수민족 집단들에 대한 심대한 부정의를 초래하는 것으로 나타났다. 그러나 소수자집단권리에 대한 일관성 있고 체계적인 접근을 개발하는 데 실패한다면, 신흥 민주주의 국가들에서는 심지어 더 큰 비용을 야기시킬 것이다. 현재로서, 전 세계의 인종문화적 및 민족적 집단의 운명은 외국인 혐오적 민족주의자, 종교적 극단주의자 및 군사독재자들의 수중에 있다. 만약 자유주의가 이러한 나라들에서 이러한 현상을 제어할 수 있는 어떤 기회를 가지려 한다면, 자유주의는 반드시 인종문화적 소수집단 및 소수민족들의 요구와 열망을 명시적으로 표명해야만 한다.

참고문헌

AASA (1987)—see American Association of School Administrators

ABRAMS, KATHRYN (1988), '"Raising Politics up": Minority Political Participation and Section 2 of the Voting Rights Act', *New York University Law Review*, 63/3: 449–531.

ABU-LABAN, YASMEEN, and STASIULUS, DAIVA (1992), 'Ethnic Pluralism under Siege: Popular and Partisan Opposition to Multiculturalism', *Canadian Public Policy*, 18/4: 365–86.

ACKERMAN, BRUCE (1980), *Social Justice in the Liberal State* (Yale University Press, New Haven, Conn.).

—— (1992), *The Future of Liberal Revolution* (Yale University Press, New Haven, Conn.).

ACTON, Lord (1922), 'Nationalism', in J. Figgis and R. Laurence (eds.), *The History of Freedom and Other Essays* (Macmillan, London), 270–300.

ADAM, HERIBERT (1979), 'The Failure of Political Liberalism', in H. Adam and H. Giliomee (eds.), *Ethnic Power Mobilized: Can South Africa Change?* (Yale University Press, New Haven, Conn.), 258–85.

ADDIS, ADENO (1991), 'Individualism, Communitarianism and the Rights of Ethnic Minorities', *Notre Dame Law Review*, 67/3: 615–76.

AHMED, AFTAB (1993), 'Ethnicity and Insurgency in the Chittagong Hill Tracts Region: A Study of the Crisis of Political Integration in Bangladesh', *Journal of Commonwealth and Comparative Studies*, 31/3: 32–66.

AJZENSTAT, JANET (1984), 'Liberalism and Assimilation: Lord Durham Revisited', in S. Brooks (ed.), *Political Thought in Canada: Contemporary Perspectives* (Irwin, Toronto), 239–57.

—— (1988), *The Political Thought of Lord Durham* (McGill-Queen's University Press, Kingston).

ALEINIKOFF, ALEXANDER (1994), 'Puerto Rico and the Constitution: Conundrums and Prospects', *Constitutional Commentary*, 11: 15–43.

American Association of School Administrators (1987), *Citizenship: Goal of Education* (AASA Publications, Arlington, Va.).

ANDERSON, BENEDICT (1983), *Imagined Communities: Reflections on the Origin and Spread of Nationalism* (New Left Books, London).

ASCH, MICHAEL (1984), *Home and Native Land: Aboriginal Rights and the Canadian Constitution* (Methuen, Toronto).

—— (1990), 'Consociation and the Resolution of Aboriginal Political Rights', *Culture*, 10/1: 93–102.

BADER, VEIT (1995), 'Citizenship and Exclusion: Radical Democracy, Community and Justice', *Political Theory*, 23/2: 211–46.

BAINES, BEVERLEY (1992), '"Consider Sir . . . on What Does your Constitution Rest?" Representational and Institutional Reform', in

Conversations among Friends: Proceedings of an Interdisciplinary Conference on Women and Constitutional Reform (Centre for Constitutional Studies, University of Alberta), 54–7.

BALL, MILNER (1989), 'Stories of Origin and Constitutional Possibilities', *Michigan Law Review*, 87: 2280–2319.

BARBALET, J. M. (1988), *Citizenship: Rights, Struggle and Class Inequality* (University of Minnesota Press, Minneapolis).

BARKER, ERNEST (1948), *National Character and the Factors in its Formation* (Methuen, London).

BARRY, BRIAN (1991), 'Self-Government Revisited', in *Democracy and Power: Essays in Political Theory*, i (Oxford University Press, Oxford), 156–86.

BARSH, RUSSEL (1983), 'Indigenous North America and Contemporary International Law', *Oregon Law Review*, 62: 73–125.

—— and HENDERSON, J. (1980), *The Road: Indian Tribes and Political Liberty* (University of California Press, Berkeley, Calif.).

—— —— (1982), 'Aboriginal Rights, Treaty Rights and Human Rights: Indian Tribes and Constitutional Renewal', *Journal of Canadian Studies*, 17: 55–81.

BEITZ, CHARLES (1989), *Political Equality* (Princeton University Press, Princeton, NJ).

BELL, DANIEL (1993), *Communitarianism and its Critics* (Oxford University Press, Oxford).

BERGER, THOMAS (1984), 'Towards the Regime of Tolerance', in S. Brooks (ed.), *Political Thought in Canada: Contemporary Perspectives* (Irwin, Toronto), 83–96.

BERTEN, ANDRÉ (1992), 'Identité européenne: une ou multiple?', in Lenoble and Dewandre (1992), 81–97.

BINDER, GUYORA (1993), 'The Case for Self-Determination', *Stanford Journal of International Law*, 29: 223–70.

BIRCH, A. H. (1964), *Representative and Responsible Government* (University of Toronto Press, Toronto).

BLACK, SAMUEL (1991), 'Individualism at an Impasse', *Canadian Journal of Philosophy*, 21/3: 347–77.

—— (1992), 'Revisionist Liberalism and the Decline of Culture', *Ethics*, 102/2: 244–67.

BLOED, ARIE (1994), 'The CSCE and the Protection of National Minorities', *CSCE ODHIR Bulletin*, 1/3: 1–4.

BOLDT, MENNO (1993), *Surviving as Indians: The Challenge of Self-Government* (University of Toronto Press, Toronto).

—— and LONG, J. A. (1984), 'Tribal Philosophies and the Canadian Charter of Rights and Freedoms', *Racial and Ethnic Studies*, 4/4: 479–95.

BOURNE, RANDOLPH (1964), 'Transnational America', in C. Resek (ed.), *War and the Intellectuals: Essays by Randolph S. Bourne, 1915–1919* (Harper & Row, New York), 107–23.

Bowles, S., *et al.* (eds.), (1972), *The Indian: Assimilation, Integration or Separation?* (Prentice-Hall, Scarborough).

Boyle, Christine (1983), 'Home-Rule for Women: Power-Sharing between Men and Women', *Dalhousie Law Journal*, 7: 790–809.

Braude, Benjamin, and Lewis, Bernard (1982), 'Introduction', in B. Braude and B. Lewis (eds.), *Christians and Jews in the Ottoman Empire: The Functioning of a Plural Society* (Holmes & Meir, New York), 1–34.

Brilmayer, Lea (1992), 'Groups, Histories, and International Law', *Cornell International Law Journal*, 25/3: 555–63.

Brotz, H. (1980), 'Multiculturalism in Canada: A Muddle', *Canadian Public Policy*, 6/1: 41–6.

Brown-Scott, Wendy (1994), 'Justice Thurgood Marshall and the Integrative Ideal', *Arizona State Law Journal*, 26/2: 535–60.

Brubaker, W. R. (1989), *Immigration and the Politics of Citizenship in Europe and North America* (University Press of America, Lanham, Md.).

Buchanan, Allen (1975), 'Revisability and Rational Choice', *Canadian Journal of Philosophy*, 5: 395–408.

—— (1989), 'Assessing the Communitarian Critique of Liberalism', *Ethics*, 99/4: 852–82.

—— (1991), *Secession: The Legitimacy of Political Divorce* (Westview Press, Boulder, Col.).

—— (1993), 'The Role of Collective Rights in the Theory of Indigenous Peoples' Rights', *Transnational Law and Contemporary Problems*, 3/1: 89–108.

Burnet, Jean (1975), 'Multiculturalism, Immigration, and Racism', *Canadian Ethnic Studies*, 7/1: 35–9.

Burnham, John (1985), *Is Democracy Possible? The Alternative to Electoral Politics* (University of California Press, Berkeley, Calif.).

Cain, Bruce (1992), 'Voting Rights and Democratic Theory: Toward a Colour-Blind Society?', in B. Grofman and C. Davidson (eds.), *Controversies in Minority Voting: The Voting Rights Act in Perspective* (Brookings Institution, Washington, DC), 261–77.

Cairns, Alan (1991), 'Constitutional Change and the Three Equalities', in Ronald Watts and Douglas Brown (eds.), *Options for a New Canada* (University of Toronto Press, Toronto), 77–110.

—— (1993), 'The Fragmentation of Canadian Citizenship', in William Kaplan (ed.), *Belonging: The Meaning and Future of Canadian Citizenship* (McGill-Queen's Press, Montreal), 181–220.

—— (1994), 'The Charlottetown Accord: Multinational Canada vs Federalism', in C. Cook (ed.), *Constitutional Predicament: Canada after the Referendum of 1992* (McGill-Queen's Press, Montreal), 25–63.

—— (1995), 'Aboriginal Canadians, Citizenship, and the Constitution', in *Reconfigurations: Canadian Citizenship and Constitutional Change* (McClelland & Stewart, Toronto).

Campbell, Gordon (1994), 'Language, Equality and the Charter: Collective versus Individual Rights in Canada and Beyond', *National Journal of Constitutional Law*, 4/1: 29–73.

Canada West Foundation (1981), *Regional Representation: The Canadian Partnership* (Canada West Foundation, Calgary).

Canadian Ethnocultural Council (1989), 'A Dream Deferred: Collective Equality for Canada's Ethnocultural Communities', in Michael Behiels (ed.), *The Meech Lake Primer: Conflicting Views of the 1987 Constitutional Accord* (University of Ottawa Press, Ottawa), 335–48.

CANEY, SIMON (1991), 'Consequentialist Defenses of Liberal Neutrality', *Philosophical Quarterly*, 41/165: 457–77.

CAPOTORTI, F. (1979), *Study on the Rights of Persons Belonging to Ethnic, Religious and Linguistic Minorities*. UN Doc. E/CN. 4/Sub.2/384 Rev. 1 (United Nations, New York).

CARENS, JOSEPH (1987), 'Aliens and Citizens: The Case for Open Borders', *Review of Politics*, 49/3: 251–73.

—— (1992), 'Democracy and Respect for Difference: The Case of Fiji', *University of Michigan Journal of Law Reform*, 25/3: 547–631.

—— (1994), 'Citizenship and Aboriginal Self-Government' (paper prepared for the Royal Commission on Aboriginal Peoples, Ottawa).

CARLSON, ROBERT (1975), *The Quest for Conformity: Americanization through Education* (Wiley, New York).

CASSIDY, FRANK, and BISH, ROBERT (1989), *Indian Government: Its Meaning in Practice* (Institute for Research on Public Policy, Halifax).

CASTLES, STEPHEN, and MILLER, MARK (1993), *The Age of Migration: International Population Movements in the Modern Age* (Macmillan, Basingstoke).

CHAPLIN, JONATHAN (1993), 'How Much Cultural and Religious Pluralism Can Liberalism Tolerate?', in John Horton (ed.), *Liberalism, Multiculturalism and Toleration* (St Martin's Press, New York), 32–49.

CHARTRAND, PAUL (1991), *Manitoba's Métis Settlement Scheme of 1870* (University of Saskatchewan Native Law Centre, Saskatoon).

—— (1993), 'Aboriginal Self-Government: The Two Sides of Legitimacy', in Susan Phillips (ed.), *How Ottawa Spends: 1993–1994* (Carleton University Press, Ottawa), 231–56.

—— (1995), 'The Aboriginal Peoples in Canada and Renewal of the Federation', in Karen Knop *et al.* (eds.), *Rethinking Federalism* (University of British Columbia Press, Vancouver), 119–31

CHAVEZ, LINDA (1991), *Out of the Barrio: Toward a New Politics of Hispanic Assimilation* (Basic Books, New York).

CHRISTOFFERSON, CARLA (1991), 'Tribal Courts' Failure to Protect Native American Women: A Reappraisal of the Indian Civil Rights Act', *Yale Law Journal*, 101/1: 169–85.

Citizen's Forum on Canada's Future (1991), *Report to the People and Government of Canada* (Supply and Services, Ottawa).

CLARKE, F. (1934), *Quebec and South Africa: A Study in Cultural Adjustment* (Oxford University Press, London).
CLAUDE, INIS (1955), *National Minorities: An International Problem* (Harvard University Press, Cambridge, Mass.).
CLAY, JASON (1989), 'Epilogue: The Ethnic Future of Nations', *Third World Quarterly*, 11/4: 223–33.
CLINTON, ROBERT (1990), 'The Rights of Indigenous Peoples as Collective Group Rights', *Arizona Law Review*, 32/4: 739–47.
COHEN, JOSHUA (1989), 'Deliberation and Democratic Legitimacy', in A. Hamlin (ed.), *The Good Polity* (Blackwell, New York), 18–27.
COLAS, DOMINIQUE, EMERI, CLAUDE, and ZYLBERBERG, JACQUES, (eds.) (1991), *Citoyenneté et nationalité: perspectives en France et au Québec* (Presses Universitaires de France, Paris).
CONNOR, WALKER (1972), 'Nation-Building or Nation-Destroying', *World Politics*, 24: 319–55.
—— (1973), 'The Politics of Ethnonationalism', *Journal of International Affairs*, 27/1: 1–21.
—— (1978), 'A Nation is a Nation, is a State, is an Ethnic Group, is a . . .', *Ethnic and Racial Studies*, 1: 377–400.
—— (1984), *The National Question in Marxist-Leninist Theory and Strategy* (Princeton University Press, Princeton, NJ).
COOK, RAMSAY (1969), *French-Canadian Nationalism: An Anthology* (Macmillan, Toronto).
COPP, DAVID (1992), 'The Concept of a Society', *Dialogue*, 31/2: 183–212.
CRAIG, GERALD (1963), *Lord Durham's Report: An Abridgement of* Report on the Affairs of British North America (McClelland & Stewart, Toronto).
CRAWFORD, JAMES (1988), 'The Rights of Peoples', in James Crawford (ed.), *The Rights of Peoples* (Oxford University Press, Oxford), 159–75.
CRÊTE, JEAN, and ZYLBERBERG, JACQUES (1991), 'Une problématique floue: l'autoreprésentation du citoyen au Québec', in Colas *et al.* (1991), 423–33.
CROWE, KEITH (1974), *A History of the Original Peoples of Northern Canada* (McGill-Queen's University Press, Montreal).
CUMMINGS, IAN (1980), *Marx, Engels and National Movements* (Croom Helm, London).
DA CUNHA, MANUELA (1992), 'Custom is not a Thing, it is a Path: Reflections on the Brazilian Indian Case', in Abdullah Ahmed An-Na'aim (ed.), *Human Rights in Cross-Cultural Perspective* (University of Pennsylvania Press, Philadelphia).
DAHL, ROBERT (1989), *Democracy and its Critics* (Yale University Press, New Haven, Conn.).
DAMROSCH, LORI (1989), 'Politics across Borders: Nonintervention and Nonforcible Influence over Domestic Affairs', *American Journal of International Law*, 83/1: 1–50.
DANLEY, JOHN (1991), 'Liberalism, Aboriginal Rights and Cultural Minorities', *Philosophy and Public Affairs*, 20/2: 168–85.

DAVIDSON, BASIL (1992), *The Black Man's Burden: Africa and the Curse of the Nation-State* (Times Books, New York).

DAVIDSON, CHANDLER (1992), 'The Voting Rights Act: A Brief History', in B. Grofman and C. Davidson (eds.), *Controversies in Minority Voting: The Voting Rights Act in Perspective* (Brookings Institute, Washington, DC), 7–51.

DAVISON, RODERIC (1982), 'The Millets as Agents of Change in the Nineteenth-Century Ottoman Empire', in Braude and Lewis (1982), 319–37.

DEGANAAR, J. (1987), 'Nationalism, Liberalism, and Pluralism', in J. Butler (ed.), *Democratic Liberalism in South Africa: Its History and Prospect* (Wesleyan University Press, Middletown, Conn.), 236–398.

DE LA GARZA, R., and TRUJILLO, A. (1991), 'Latinos and the Official English Debate in the United States', in D. Schneiderman (ed.), *Language and the State: The Law and Politics of Identity* (Les Éditions Yvon Blais, Cowansville), 209–26.

DE ONIS, JUAN (1992), *The Green Cathedral: Sustainable Development of Amazonia* (Oxford University Press, New York).

DIETZ, MARY (1992), 'Context is All: Feminism and Theories of Citizenship', in Mouffe (1992), 63–85.

DION, STÉPHANE (1991), 'Le Nationalisme dans la convergence culturelle', in R. Hudon and R. Pelletier (eds.), *L'Engagement intellectuel: mélanges en l'honneur de Léon Dion* (Les Presses de l'Université Laval, Sainte-Foy), 291–311.

—— (1992), 'Explaining Quebec Nationalism', in R. Kent Weaver (ed.), *The Collapse of Canada?* (Brookings Institute, Washington, DC).

DREYER, JUNE (1979), *China's Forty Millions: Minority Nationalities and National Integration in the People's Republic of China* (Harvard University Press, Cambridge, Mass.).

DUCHACEK, I. D. (1977), 'Federalist Responses to Ethnic Demands: An Overview', in Daniel Elazar (ed.), *Federalism and Political Integration* (Turtledove Publishing, Ramat Gan), 59–71.

DWORKIN, RONALD (1981), 'What is Equality? Part II: Equality of Resources', *Philosophy and Public Affairs*, 10/4: 283–345.

—— (1983), 'In Defense of Equality', *Social Philosophy and Policy*, 1/1: 24–40.

—— (1985), *A Matter of Principle* (Harvard University Press, London).

—— (1987), 'What is Equality? Part III: The Place of Liberty', *Iowa Law Review*, 73/1: 1–54.

—— (1988), 'What is Equality: Part IV: Political Equality', *University of San Francisco Law Review*, 22/1: 1–30.

—— (1989), 'Liberal Community', *California Law Review*, 77/3: 479–504.

—— (1990), 'Foundations of Liberal Equality', in Grethe Petersen (ed.), *The Tanner Lectures on Human Values*, 11 (University of Utah Press, Salt Lake City): 1–119.

EDWARDS, JOHN (1985), *Language, Society and Identity* (Blackwell, Oxford).
EISENBERG, AVIGAIL (1994), 'The Politics of Individual and Group Difference in Canadian Jurisprudence', *Canadian Journal of Political Science*, 27/1: 3–21.
ELAZAR, DANIEL (1987), *Exploring Federalism* (University of Alabama, Tuscaloosa, Ala.).
ELKINS, DAVID (1992), *Where Should the Majority Rule? Reflections on Non-territorial Provinces and Other Constitutional Proposals* (Centre for Constitutional Studies, University of Alberta, Edmonton).
ELTON, G. R. (1984), 'Introduction', in W. J. Shiels (ed.), *Persecution and Toleration*, Studies in Church History 21 (published for the Ecclesiastical History Society by Basil Blackwell, Oxford), pp. xiii–xv.
FALK, RICHARD (1988), 'The Rights of Peoples (in Particular Indigenous Peoples)', in James Crawford (ed.), *The Rights of Peoples* (Oxford University Press, Oxford), 17–37.
FERRY, JEAN-MARC (1992), 'Identité et citoyenneté européennes', in Lenoble and Dewandre (1992), 177–88.
FISHMAN, JOSHUA (1989), *Language and Ethnicity in Minority Sociolinguistic Perspective* (Multilingual Matters Ltd., Clevedon).
FITZGERALD, FRANCES (1986), *Cities on a Hill* (Simon & Schuster, New York).
FLERAS, AUGIE (1985), 'From Social Control towards Political Self-Determination: Maori Seats and the Politics of Separate Maori Representation in New Zealand', *Canadian Journal of Political Science*, 18/3: 551–76.
—— (1991), 'Aboriginal Electoral Districts for Canada: Lessons from New Zealand', in Robert A. Milen (ed.), *Aboriginal Peoples and Electoral Reform in Canada*, vol. 9 of the research studies of the Royal Commission on Electoral Reform and Party Financing (Dundurn Press, Toronto), 67–103.
—— and ELLIOT, JEAN LEONARD (1992), *The Nations within: Aboriginal–State Relations in Canada, the United States and New Zealand* (Oxford University Press, Toronto).
FRAGA, LUIS (1992), 'Latino Political Incorporation and the Voting Rights Act', in B. Grofman and C. Davidson (eds.), *Controversies in Minority Voting: The Voting Rights Act in Perspective* (Brookings Institution, Washington, DC), 278–82.
FRIEDMAN, L. (1969), *Argument: The Oral Argument before the Supreme Court in* Brown v Board of Education (Chelsea House, New York).
GAGNON, ALAIN-G. (1993), 'The Political Uses of Federalism', in Michael Burgess and Alain-G. Gagnon (eds.), *Comparative Federalism and Federation: Competing Traditions and Future Directions* (University of Toronto Press, Toronto), 15–44.
—— and GARCEA, JOSEPH (1988), 'Quebec and the Pursuit of Special Status', in R. D. Olling and M. W. Westmacott (eds.), *Perspectives on Canadian Federalism* (Prentice-Hall, Scarborough), 304–25.

GALENKAMP, MARLIES (1993), *Individualism and Collectivism: The Concept of Collective Rights* (Rotterdamse Filosofische Studies, Rotterdam).
GALEOTTI, ANNA (1993), 'Citizenship and Equality: The Place for Toleration', *Political Theory*, 21/4: 585–605.
GALSTON, WILLIAM (1989), 'Community, Democracy, Philosophy: The Political Thought of Michael Walzer', *Political Theory*, 17/1: 119–30.
—— (1991), *Liberal Purposes: Goods, Virtues, and Duties in the Liberal State* (Cambridge University Press, Cambridge).
—— (1995), 'Two Concepts of Liberalism', forthcoming in *Ethics*, 105/3.
GANS, HERBERT (1979), 'Symbolic Ethnicity: The Future of Ethnic Groups and Cultures in America', *Ethnic and Racial Studies*, 2/1: 1–20.
GARET, RONALD (1983), 'Communality and Existence: The Rights of Groups', *Southern California Law Review*, 56/5: 1001–75.
GELLNER, ERNEST (1983), *Nations and Nationalism* (Blackwell, Oxford).
GIBBINS, ROGER (1986), 'Citizenship, Political and Intergovernmental Problems with Indian Self-Government', in J. Rick Ponting (ed.), *Arduous Journey: Canadian Indians and Decolonization*, (McClelland & Stewart, Toronto), 369–77.
—— (1991), 'Electoral Reform and Canada's Aboriginal Population: An Assessment of Aboriginal Electoral Districts', in Robert A. Milen (ed.), *Aboriginal Peoples and Electoral Reform in Canada*, vol. 9 of the research studies of the Royal Commission on Electoral Reform and Party Financing (Dundurn Press, Toronto).
GLAZER, NATHAN (1975), *Affirmative Discrimination: Ethnic Inequality and Public Policy* (Basic Books, New York).
—— (1978), 'Individual Rights against Group Rights', in A. Tay and E. Kamenka (eds.), *Human Rights* (Edward Arnold, London), 87–103.
—— (1983), *Ethnic Dilemmas: 1964–1982* (Harvard University Press, Cambridge, Mass.).
GLEASON, PHILLIP (1982), 'American Identity and Americanization', in William Peterson, M. Novack, and P. Gleason (eds.), *Concepts of Ethnicity* (Harvard University Press, Cambridge, Mass.), 57–143.
GLENDON, MARY ANN (1991), *Rights Talk: The Impoverishment of Political Discourse* (Free Press, New York).
GOCHNAUER, MYRON (1991), 'Philosophical Musings on Persons, Groups, and Rights', *University of New Brunswick Law Journal*, 40/1: 1–20.
GORDON, MILTON (1964), *Assimilation in American Life: The Role of Race, Religion, and National Origin* (Oxford University Press, New York).
—— (1975), 'Toward a General Theory of Racial and Ethnic Group Relations', in N. Glazer and D. Moynihan (eds.), *Ethnicity, Theory and Experience* (Harvard University Press, Cambridge, Mass.).
—— (1978), *Human Nature, Class, and Ethnicity* (Oxford University Press, New York).
—— (1981), 'Models of Pluralism: The New American Dilemma', *Annals of the Academy of Political and Social Science*, 454: 178–88.

Government of Canada (1991*a*), *Shaping Canada's Future Together: Proposals* (Supply and Services, Ottawa).

—— (1991*b*), *Shared Values: The Canadian Identity* (Supply and Services, Ottawa).

Grand Council of the Crees of Quebec (1992), *Status and Rights of the James Bay Crees in the Context of Quebec's Secession from Canada* (submission to the United Nations Commission on Human Rights, 48th Session).

GREEN, LESLIE (1994), 'Internal Minorities and their Rights', in Judith Baker (ed.), *Group Rights* (University of Toronto Press, Toronto), 100–17.

GREEN, T. H. (1941), *Lectures on the Principles of Political Obligation* (Longman's, Green, & Co., London).

GROFMAN, BERNARD (1982), 'Should Representatives Be Typical of their Constituents?', in B. Grofman *et al.* (eds.), *Representation and Redistricting Issues* (D. C. Heath & Co., Lexington, Mass.).

GROSS, M. (1973), 'Indian Control for Quality Indian Education', *North Dakota Law Review*, 49/2: 237–65.

GUINIER, LANI (1991*a*), 'No Two Seats: The Elusive Quest for Political Equality', *Virginia Law Review*, 77/8: 1413–514.

—— (1991*b*), 'The Triumph of Tokenism: The Voting Rights Act and the Theory of Black Electoral Success', *Michigan Law Review*, 89/5: 1077–154

GURR, TED (1993), *Minorities at Risk: A Global View of Ethnopolitical Conflict* (Institute of Peace Press, Washington, DC).

GUTMANN, AMY (1993), 'The Challenge of Multiculturalism to Political Ethics', *Philosophy and Public Affairs*, 22/3: 171–206.

HABERMAS, JÜRGEN (1992), 'Citizenship and National Identity: Some Reflections on the Future of Europe', *Praxis International* 12/1: 1–19.

—— (1993), 'Struggles for Recognition in Constitutional States', *European Journal of Philosophy*, 1/2: 128–55.

HANCOCK, W. K. (1937), *Survey of British Commonwealth Affairs*, i: *Problems of Nationality 1900–1936* (Oxford University Press, London).

HANNUM, HURST (1989), 'The Limits of Sovereignty and Majority Rule: Minorities, Indigenous Peoples, and the Right to Autonomy', in Ellen Lutz, Hurst Hannum, and Kathryn Burke (eds.), *New Directions in Human Rights* (University of Pennsylvania Press, Philadelphia), 3–24.

—— (1990), *Autonomy, Sovereignty, and Self-Determination: The Adjudication of Conflicting Rights* (University of Pennsylvania Press, Philadelphia).

—— (ed.) (1993), *Basic Documents on Autonomy and Minority Rights* (Martinus Nijhoff, Boston).

HARLES, JOHN (1993), *Politics in the Lifeboat: Immigrants and the American Democratic Order* (Westview Press, Boulder, Col.).

HARTNEY, MICHAEL (1991), 'Some Confusions Concerning Collective Rights', *Canadian Journal of Law and Jurisprudence*, 4/2: 293–314.

HEATER, DEREK (1990), *Citizenship: The Civic Ideal in World History, Politics and Education* (Longman, London).
HIGHAM, JOHN (1976), *Send These to Me* (Atheneum, New York).
HINDESS, BARRY (1993), 'Multiculturalism and Citizenship', in Chandran Kukathas (ed.), *Multicultural Citizens: The Philosophy and Politics of Identity* (Centre for Independent Studies, St Leonards), 33–45.
HOBHOUSE, L. T. (1928), *Social Evolution and Political Theory* (Columbia University Press, New York).
—— (1966), *Social Development: Its Nature and Conditions* (George Allen & Unwin, London).
HOBSBAWM, E. J. (1990), *Nations and Nationalism since 1780: Programme, Myth and Reality* (Cambridge University Press, Cambridge).
HOERNLÉ, R. F. A. (1939), *South African Native Policy and the Liberal Spirit* (Lovedale Press, Cape Town).
HOROWITZ, D. L. (1985), *Ethnic Groups in Conflict* (University of California Press, Berkeley, Calif.).
HOWSE, ROBERT, and KNOP, KAREN (1993), 'Federalism, Secession, and the Limits of Ethnic Accommodation: A Canadian Perspective', *New Europe Law Review*, 1/2: 269–320.
HUDSON, JAMES (1986), 'The Philosophy of Immigration', *Journal of Libertarian Studies*, 8/1: 51–62.
HUMBOLDT, WILHELM VON (1988), *On Language: The Diversity of Human Language-Structure and its Influence on the Mental Development of Mankind* (Cambridge University Press, Cambridge, 1st pub. 1836).
HURKA, THOMAS (1994), 'Indirect Perfectionism: Kymlicka on Liberal Neutrality', *Journal of Political Philosophy*, forthcoming.
IGNATIEFF, MICHAEL (1993), *Blood and Belonging: Journeys into the New Nationalism* (Farrar, Straus & Giroux, New York).
ISAAC, THOMAS (1992), 'Individual versus Collective Rights: Aboriginal People and the Significance of *Thomas v Norris*', *Manitoba Law Journal*, 21/3: 618–30.
JAMES, SUSAN (1992), 'The Good-Enough Citizen: Citizenship and Independence', in Gisela Bock and Susan James (eds.), *Beyond Equality and Difference: Citizenship, Feminist Politics and Female Subjectivity* (Routledge, London), 48–65.
JANZEN, WILLIAM (1990), *Limits of Liberty: The Experiences of Mennonite, Hutterite, and Doukhobour Communities in Canada* (University of Toronto Press, Toronto).
JENSEN, ERIK (1993), 'American Indian Tribes and Secession', *Tulsa Law Review*, 29: 385–96.
JENSON, JANE (1993), 'Naming Nations: Making Nationalist Claims in Canadian Public Discourse', *Canadian Review of Sociology and Anthropology*, 30/3: 337–58.
—— (1995), 'Citizenship Claims: Routes to Representation in a Federal

System' in Karen Knop *et al.* (eds.), *Rethinking Federalism* (University of British Columbia Press, Vancouver), 99–118.

JOHNSON, GERALD (1973), *Our English Heritage* (Greenwood Press, Westport, Conn.).

JOHNSTON, DARLENE (1989), 'Native Rights as Collective Rights: A Question of Group Self-Preservation', *Canadian Journal of Law and Jurisprudence*, 2/1: 19–34.

JONES, KATHLEEN (1993), *Compassionate Authority: Democracy and the Representation of Women* (Routledge, London).

KALLEN, EVELYN (1987), 'Ethnicity and Collective Rights in Canada', in L. Driedger (ed.), *Ethnic Canada* (Copp Clark, Toronto), 318–36.

KALLEN, HORACE (1924), *Culture and Democracy in the United States* (Boni & Liveright, New York).

KARMIS, DIMITRIOS (1993), 'Cultures autochtones et libéralisme au Canada: les vertus médiatrices du communautarisme libéral de Charles Taylor', *Canadian Journal of Political Science*, 26/1: 69–96.

KARPAT, KEMAL (1982), 'Millets and Nationality: The Roots of the Incongruity of Nation and State in the Post-Ottoman Era', in Braude and Lewis (1982), 141–69.

KING, TIMOTHY (1983), 'Immigration from Developing Countries: Some Philosophical Issues', *Ethics*, 93/3: 525–36.

KLOSS, HEINZ (1977), *The American Bilingual Tradition* (Newbury House, Rowley, Mass.).

KNOPFF, RAINER (1979), 'Language and Culture in the Canadian Debate: The Battle of the White Papers', *Canadian Review of Studies in Nationalism*, 6/1: 66–82.

—— (1982), 'Liberal Democracy and the Challenge of Nationalism in Canadian Politics', *Canadian Review of Studies in Nationalism*, 9/1: 23–39.

KRISTEVA, JULIA (1993), *Nations without Nationalism*, trans. Leon S. Roudiez (Columbia University Press, New York).

KUKATHAS, CHANDRAN (1991), *The Fraternal Conceit: Individualist versus Collectivist Ideas of Community* (Centre for Independent Studies, St Leonard's).

—— (1992*a*), 'Are There any Cultural Rights?', *Political Theory*, 20/1: 105–39.

—— (1992*b*), 'Cultural Rights Again: A Rejoinder to Kymlicka', *Political Theory*, 20/4: 674–80.

—— (1993), 'The Idea of a Multicultural Society' and 'Multiculturalism and the Idea of an Australian Identity', in Chandran Kukathas (ed.), *Multicultural Citizens: The Philosophy and Politics of Identity* (Centre for Independent Studies, St Leonard's), 19–30, 145–57.

KYMLICKA, WILL (1989*a*), *Liberalism, Community, and Culture* (Oxford University Press, Oxford).

—— (1989*b*), 'Liberal Individualism and Liberal Neutrality', *Ethics*, 99/4; 883–905.

—— (1990), *Contemporary Political Philosophy: An Introduction* (Oxford University Press, Oxford).
—— (1991), 'Liberalism and the Politicization of Ethnicity', *Canadian Journal of Law and Jurisprudence*, 4/2: 239–56.
—— (1992*a*), 'The Rights of Minority Cultures: Reply to Kukathas', *Political Theory*, 20/1: 140–6.
—— (1992*b*), 'Two Models of Pluralism and Tolerance', *Analyse und Kritik*, 14/1: 33–56.
—— (1993*a*), 'Group Representation in Canadian Politics', in Leslie Seidle (ed.), *Equity and Community: The Charter, Interest Advocacy, and Representation* (Institute for Research on Public Policy, Montreal), 61–89.
—— (1993*b*), 'Reply to Modood', *Analyse und Kritik*, 15/1: 92–6.
—— (1995*a*), 'Misunderstanding Nationalism', *Dissent*, Winter 1995: 130–7.
—— (1995*b*), 'Dworkin on Freedom and Culture', in Justine Burley (ed.), *Reading Dworkin* (Blackwell, Oxford), forthcoming.
—— (1995*c*), 'Concepts of Community and Social Justice', in Fen Hampson and Judith Reppy (eds.), *Global Environmental Change and Social Justice*, forthcoming.
—— and NORMAN, W. J. (1994), 'Return of the Citizen', *Ethics*, 104/2: 352–81.
LACZKO, LESLIE (1994), 'Canada's Pluralism in Comparative Perspective', *Ethnic and Racial Studies*, 17/1: 20–41.
LAFOREST, GUY (1991), 'Libéralisme et nationalisme au Canada à l'heure de l'accord du Lac Meech', *Carrefour*, 13/2: 68–90.
LAMOUREUX, DIANE (1991), 'La Citoyenneté: de l'exclusion à l'inclusion', in Colas *et al.* (1991), 53–67.
LAPONCE, J. A. (1987), *Languages and their Territories* (University of Toronto Press, Toronto).
LARMORE, CHARLES (1987), *Patterns of Moral Complexity* (Cambridge University Press, Cambridge).
LAYTON-HENRY, ZIG (1990), *The Political Rights of Migrant Workers in Western Europe* (Sage, London).
LECA, JEAN (1992), 'Questions on Citizenship', in Mouffe (1992), 17–32.
LENIHAN, DONALD (1991), 'Liberalism and the Problem of Cultural Membership', *Canadian Journal of Law and Jurisprudence*, 4/2: 401–19.
LENOBLE, JACQUES (1992), 'Penser l'identité et la démocratie en Europe', in Lenoble and Dewandre (1992), 293–315.
—— and DEWANDRE, NICOLE (eds.) (1992), *L'Europe au soir du siècle: identité et démocratie* (Éditions Esprit, Paris).
LERNER, NATAN (1991), *Group Rights and Discrimination in International Law* (Martinus Nijhoff, Dordrecht).
LIJPHART, AREND (1984), *Democracies: Patterns of Majoritarian and Consensus Government in Twenty-One Countries* (Yale University Press, New Haven, Conn.).

LIJPHART, AREND (1991), 'Self-Determination versus Pre-determination of Ethnic Minorities in Power-Sharing Systems', in D. Schneiderman (ed.), *Language and the State: The Law and Politics of Identity* (Les Éditions Yvon Blais, Cowansville), 153–65.

LONG, DAVID (1992), 'Culture, Ideology and Militancy: Movement of Native Indians in Canada', in W. E. Carroll (ed.), *Organising Dissent: Contemporary Social Movements in Theory and Practice* (Garamond, Toronto), 118–34.

LONG, J. A. (1991), 'Federalism and Ethnic Self-Determination: Native Indians in Canada', *Journal of Commonwealth and Comparative Politics*, 29/2: 192–211.

LYON, NOEL (1984), *Aboriginal Self-Government: Rights of Citizenship and Access to Government Services* (Institute of Intergovernmental Relations, Kingston).

LYONS, DAVID (1981), 'The New Indian Claims and Original Rights to Land', in J. Paul (ed.), *Reading Nozick: Essays on* Anarchy, State and Utopia (Rowman & Littlefield, Totowa, NJ).

MACDONALD, IAN (1989), 'Group Rights', *Philosophical Papers*, 28/2: 117–36.

MCDONALD, MICHAEL (1991*a*), 'Question about Collective Rights', in D. Schneiderman (ed.), *Language and the State: The Law and Politics of Identity* (Les Éditions Yvon Blais, Cowansville).

—— (1991*b*), 'Should Communities Have Rights? Reflections on Liberal Individualism', *Canadian Journal of Law and Jurisprudence*, 4/2: 217–37.

—— (1992), 'Liberalism, Community, and Culture', *University of Toronto Law Journal*, 42: 113–31.

MACEDO, STEPHEN (1990), *Liberal Virtues: Citizenship, Virtue and Community* (Oxford University Press, Oxford).

—— (1995), 'Liberal Civic Education and Religious Fundamentalism', forthcoming in *Ethics*, 105/3.

MCGARRY, JOHN, and O'LEARY, BRENDAN (1994), 'The Political Regulation of National and Ethnic Conflict', *Parliamentary Affairs*, 47/1: 94–115.

MACINTYRE, ALASDAIR (1981), *After Virtue: A Study in Moral Theory* (Duckworth, London).

MCKEAN, W. (1983), *Equality and Discrimination under International Law* (Oxford University Press, Oxford).

MACKLEM, PATRICK (1993), 'Distributing Sovereignty: Indian Nations and Equality of Peoples', *Stanford Law Review*, 45/5: 1311–67.

MCLEAY, E. M. (1991), 'Two Steps Forward, Two Steps Back: Maori Devolution, Maori Advisory Committees, and Maori Representation', *Political Science*, 43/1: 30–46.

MCNEILL, WILLIAM (1986), *Polyethnicity and National Unity in World History* (University of Toronto Press, Toronto).

MCRAE, KENNETH (1979), 'The Plural Society and the Western Political Tradition', *Canadian Journal of Political Science*, 12/4: 675–88.

McRoberts, Kenneth (1988), *Quebec: Social Change and Political Crisis*, 3rd edn. (McClelland & Stewart, Toronto).

Majone, Giandomenico (1990), 'Preservation of Cultural Diversity in a Federal System: The Role of the Regions', in Mark Tushnet (ed.), *Comparative Constitutional Federalism* (Greenwood Press, New York), 67–76.

Makinson, David (1988), 'Rights of Peoples: Point of View of a Logician', in James Crawford (ed.), *The Rights of Peoples* (Oxford University Press, Oxford), 69–92.

Maré, Gerhard (1992), *Brothers Born of Warrior Blood: Politics and Ethnicity and South Africa* (Raven Press, Johannesburg).

Margalit, Avishai, and Halbertal, Moshe (1994) 'Liberalism and the Right to Culture', *Social Research*, 61/3: 491–510.

—— and Raz, Joseph (1990), 'National Self-Determination', *Journal of Philosophy*, 87/9: 439–61.

Marshall, T. H. (1965), *Class, Citizenship and Social Development* (Anchor, New York).

Mason, Andrew (1990), 'Autonomy, Liberalism and State Neutrality', *Philosophical Quarterly*, 40/160: 433–52.

—— (1993), 'Liberalism and the Value of Community', *Canadian Journal of Philosophy*, 23/2: 215–40.

Maybury-Lewis, David (1984), 'Living in Leviathan: Ethnic Groups and the State', in D. Maybury-Lewis (ed.), *The Prospects for Plural Societies* (American Ethnological Society, Washington, DC), 222–7.

Mazzini, Joseph (1907), *The Duties of Man and Other Essays* (J. M. Dent, London).

Megyery, Kathy (1991*a*), *Women in Canadian Politics: Toward Equity in Representation*, vol. 6 of the research studies of the Royal Commission on Electoral Reform and Party Financing (Dundurn Press, Toronto).

—— (1991*b*), *Ethno-Cultural Groups and Visible Minorities in Canadian Politics: The Question of Access*, vol. 7 of the research studies of the Royal Commission on Electoral Reform and Party Financing (Dundurn Press, Toronto).

Mendes, Errol (1991), 'Two Solitudes: Freedom of Expression and Collective Linguistic Rights in Canada: A Case Study of the *Ford* Decision', *National Journal of Constitutional Law*, 1: 283–313.

Mendus, Susan (1989), *Toleration and the Limits of Liberalism* (Humanities Press, Atlantic Highlands, NJ).

Mill, J. S. (1972), *Considerations on Representative Government*, in *Utilitarianism, Liberty, Representative Government*, ed. H. Acton (J. M. Dent, London).

—— (1982), *On Liberty*, ed. G. Himmelfarb (Penguin, Harmondsworth).

Miller, David (1988–9), 'In What Sense Must Socialism Be Communitarian?', *Social Philosophy and Policy*, 6/2: 51–73.

MILLER, DAVID (1989), *Market, State and Community: The Foundations of Market Socialism* (Oxford University Press, Oxford).
—— (1993), 'In Defense of Nationality', *Journal of Applied Philosophy*, 10/1 3–16.
MILLS, RICHARD (1974), *The Colonization of Australia 1829–42: The Wakefield Experiment in Empire Building* (Sydney University Press, Sydney).
Minority Rights Group (1991), *Minorities and Autonomy in Western Europe* (Minority Rights Group, London).
MINOW, MARTHA (1990*a*), *Making all the Difference: Inclusion, Exclusion and American Law* (Cornell University Press, Ithaca, NY).
—— (1990*b*), 'Putting up and Putting down: Tolerance Reconsidered', in Mark Tushnet (ed.), *Comparative Constitutional Federalism* (Greenwood Press, New York), 77–113.
—— (1991), 'From Class Action to Miss Saigon: The Concept of Representation in the Law', *Cleveland State Law Review*, 39: 269–300.
MODOOD, TARIQ (1992), *Not Easy Being British: Colour, Culture and Citizenship* (Trentham Books, Stoke-on-Trent).
—— (1993), 'Kymlicka on British Muslims' and 'A Rejoinder', *Analyse und Kritik*, 15/1: 87–91; 97–9.
—— (1994), 'Establishment, Multiculturalism, and British Citizenship', *Political Quarterly*, 65/1: 53–73.
MOON, DONALD (1993), *Constructing Community: Moral Pluralism and Tragic Conflicts* (Princeton University Press, Princeton, NJ).
MOORE, MARGARET (1993), *Foundations of Liberalism* (Oxford University Press, Oxford).
MORTON, DESMOND (1986), *The New Democrats, 1961–1986: The Politics of Change* (Copp Clark, Toronto).
MORTON, F. L. (1985), 'Group Rights versus Individual Rights in the Charter: The Special Cases of Natives and the Québécois', in N. Nevitte and A. Kornberg (eds.), *Minorities and the Canadian State* (Mosaic Press, Oakville): 71–85.
MOSS, WENDY (1990), 'Indigenous Self-Government and Sexual Equality under the Indian Act: Resolving Conflicts between Collective and Individual Rights', *Queen's Law Journal*, 15/2: 279–305.
MOUFFE, CHANTAL (ed.) (1992), *Dimensions of Radical Democracy: Pluralism, Citizenship and Community* (Routledge, London).
MULGAN, RICHARD (1989), *Maori, Pākehā and Democracy* (Oxford University Press, Auckland).
MUNCK, RONNIE (1985), 'Otto Bauer: Towards a Marxist Theory of Nationalism', *Capital and Class*, 25: 84–97.
MURRAY, STEPHEN (1979), 'Institutional Elaboration of a Quasi-ethnic Community', *International Review of Modern Sociology*, 9/2: 165–77.
NARVESON, JAN (1991), 'Collective Rights?', *Canadian Journal of Law and Jurisprudence*, 4/2: 329–45.

NETTHEIM, GARTH (1988), '"Peoples" and "Populations": Indigenous Peoples and the Rights of Peoples', in James Crawford (ed.), *The Rights of Peoples* (Oxford University Press, Oxford), 107–26.

NICKEL, JAMES (1990), 'Rawls on Political Community and Principles of Justice', *Law and Philosophy*, 9: 205–16.

—— (1994), 'Ethnocide and Indigenous Peoples', *Journal of Social Philosophy*, 25: 84–98.

—— (1995), 'The Value of Cultural Belonging: Expanding Kymlicka's Theory', *Dialogue*, 33/4: 635–42.

NIELSSON, GUNNAR (1985), 'States and "Nation-Groups": A Global Taxonomy', in Edward Tiryakian and Ronald Rogowski (eds.), *New Nationalisms of the Developed West* (Allen & Unwin, Boston), 27–56.

NIETSCHMANN, BERNARD (1987), 'The Third World War', *Cultural Survival Quarterly*, 11/3: 1–16.

NIMNI, EHPRAIM (1989), 'Marx, Engels and the National Question', *Science and Society*, 53/3: 297–326.

—— (1994), *Marxism and Nationalism: Theoretical Origins of a Political Crisis* (Pluto Press, London).

NORMAN, W. J. (1994), 'Towards a Normative Theory of Federalism', in Judith Baker (ed.), *Group Rights* (University of Toronto Press, Toronto), 79–99.

O'BRIEN, SHARON (1987), 'Cultural Rights in the United States: A Conflict of Values', *Law and Inequality Journal*, 5: 267–358.

OGBU, JOHN (1988), 'Diversity and Equity in Public Education: Community Forces and Minority School Adjustment and Performance', in R. Haskins and D. MacRae (eds.), *Policies for America's Public Schools: Teachers, Equity and Indicators* (Ablex Publishers, Norwood, NJ), 127–70.

OLIVER, MICHAEL (1992), 'Laurendeau et Trudeau: leurs opinions sur le Canada', in R. Hudon and R. Pelletier (eds.), *L'Engagement intellectuel: mélanges en l'honneur de Léon Dion* (Les Presses de l'Université Laval, Sainte-Foy).

ORDESHOOK, PETER (1993), 'Some Rules of Constitutional Design', *Social Philosophy and Policy*, 10/2: 198–232.

PALMER, HOWARD (1976), 'Mosaic versus Melting Pot? Immigration and Ethnicity in Canada and the United States', *International Journal*, 31/3: 488–528.

PAREKH, BHIKHU (1990), 'The Rushdie Affair: Research Agenda for Political Philosophy', *Political Studies*, 38: 695–709.

—— (1991), 'British Citizenship and Cultural Difference', in Geoff Andrews (ed.), *Citizenship* (Lawrence & Wishart, London), 183–204.

—— (1994), 'Decolonizing Liberalism', in Aleksandras Shtromas (ed.), *The End of 'Isms'? Reflections on the Fate of Ideological Politics after Communism's Collapse* (Blackwell, Oxford), 85–103.

PARIS, DAVID (1991), 'Moral Education and the "Tie that Binds" in Liberal Political Theory', *American Political Science Review*, 85/3: 875–901.

PARRY, GERAINT (1991), 'Paths to Citizenship', in Ursula Vogel and Michael Moran (eds.), *The Frontiers of Citizenship* (St Martin's Press, New York), 167–96.

PATEMAN, CAROLE (1988), 'The Patriarchal Welfare State', in Amy Gutmann (ed.), *Democracy and the Welfare State* (Princeton University Press, Princeton, NJ), 231–60.

PENZ, PETER (1992), 'Development Refugees and Distributive Justice: Indigenous Peoples, Land and the Developmentalist State', *Public Affairs Quarterly*, 6/1: 105–31.

—— (1993), 'Colonization of Tribal Lands in Bangladesh and Indonesia: State Rationales, Rights to Land, and Environmental Justice', in Michael Howard (ed.), *Asia's Environmental Crisis* (Westview Press, Boulder, Col.), 37–72.

PETERS, R., and DE VRIES, G. (1976), 'Apostasy in Islam', *Die Welt des Islams*, 17: 1–25.

PETERSON, WILLIAM (1975), 'On the Subnations of Europe', in N. Glazer and D. Moynihan (eds.), *Ethnicity: Theory and Experience* (Harvard University Press, Cambridge, Mass.), 117–208.

PFAFF, WILLIAM (1993), *The Wrath of Nations: Civilization and the Furies of Nationalism* (Simon & Schuster, New York).

PHILLIPS, ANNE (1991), *Engendering Democracy* (Pennsylvania State University Press, University Park. Pa.).

—— (1992), 'Democracy and Difference: Some Problems for Feminist Theory', *Political Quarterly*, 63/1: 79–90.

—— (1993), *Democracy and Difference* (Pennsylvania State University Press, Philadelphia).

—— (1994), 'Dealing with Difference: A Politics of Ideas or a Politics of Presence?', *Constellations*, 1/1: 74–91.

—— (1995), *The Politics of Presence: Issues in Democracy and Group Representation* (Oxford University Press, Oxford), forthcoming.

PHILLIPS, D. Z. (1993), *Looking Backward: A Critical Appraisal of Communitarian Thought* (Princeton University Press, Princeton, NJ).

PINKNEY, ALPHONSO (1976), *Red, Black and Green: Black Nationalism in the United States* (Cambridge University Press, Cambridge).

PITKIN, HANNA (1967), *The Concept of Representation* (University of California Press, Berkeley, Calif.).

POMERANCE, MICHLA (1982), *Self-Determination in Law and Practice: The New Doctrine in the United Nations* (Martinus Nijhoff Publishers, The Hague).

POOLE, ROSS (1993), 'Nationalism and the Nation State in Late Modernity', *European Studies Journal*, 10/1: 161–74.

PORTER, JOHN (1975), 'Ethnic Pluralism in Canadian Perspective', in N. Glazer and D. Moynihan (eds.), *Ethnicity, Theory and Experience* (Harvard University Press, Cambridge, Mass.), 267–304.

—— (1987), *The Measure of Canadian Society* (Carleton University Press, Ottawa).

POULTER, SEBASTIAN (1987), 'Ethnic Minority Customs, English Law, and Human Rights', *International and Comparative Law Quarterly*, 36/3: 589–615.

RAWLS, JOHN (1971), *A Theory of Justice* (Oxford University Press, London).

—— (1974), 'Reply to Alexander and Musgrave', *Quarterly Journal of Economics*, 88/4: 633–55.

—— (1975), 'Fairness to Goodness', *Philosophical Review*, 84: 536–54.

—— (1978), 'The Basic Structure as Subject', in A. Goldman and J. Kim (eds.), *Values and Morals* (Reidel, Dordrecht).

—— (1980), 'Kantian Constructivism in Moral Theory', *Journal of Philosophy*, 77/9: 515–72.

—— (1982*a*), 'Social Unity and Primary Goods', in A. Sen and B. Williams (eds.), *Utilitarianism and Beyond* (Cambridge University Press, Cambridge), 159–85.

—— (1982*b*), 'The Basic Liberties and their Priority', in S. McMurrin (ed.), *The Tanner Lectures on Human Values*, iii (University of Utah Press, Salt Lake City), 1–87.

—— (1985), 'Justice as Fairness: Political not Metaphysical', *Philosophy and Public Affairs*, 14/3: 223–51.

—— (1987), 'The Idea of an Overlapping Consensus', *Oxford Journal of Legal Studies*, 7/1: 1–25.

—— (1988), 'The Priority of Right and Ideas of the Good', *Philosophy and Public Affairs*, 17/4: 251–76.

—— (1989), 'The Domain of the Political and Overlapping Consensus', *New York University Law Review*, 64/2: 233–55.

—— (1993*a*), *Political Liberalism* (Columbia University Press, New York).

—— (1993*b*), 'The Law of Peoples', in S. Shute and S. Hurley (eds.), *On Human Rights: The Oxford Amnesty Lectures 1993* (Basic Books, New York), 41–82.

RAZ, JOSEPH (1986), *The Morality of Freedom* (Oxford University Press, Oxford).

—— (1994), 'Multiculturalism: A Liberal Perspective', *Dissent*, Winter: 67–79.

RCERPF—see Royal Commission on Electoral Reform and Party Financing.

RÉAUME, DENISE (1991), 'The Constitutional Protection of Language: Security or Survival?', in D. Schneiderman (ed.), *Language and the State: The Law and Politics of Identity* (Les Éditions Yvon Blais, Cowansville), 37–57.

REBICK, JUDY, and DAY, SHELAGH (1992), 'A Place at the Table: The New Senate Needs Gender Equality, Minority Representation', *Ottawa Citizen*, 11 September: A11.

REED, ADOLPH (1988), 'The Black Urban Regime: Structural Origins and Constraints', *Comparative Urban and Community Research*, 1: 138–89.

REITZ, JEFFREY, and BRETON, RAYMOND (1994), *The Illusion of Difference: Realities of Ethnicity in Canada and the United States* (C. D. Howe Institute, Ottawa).

RESNIK, JUDITH (1989), 'Dependent Sovereigns: Indian Tribes, States, and the Federal Courts', *University of Chicago Law Review*, 56: 671–759.

RICH, P. (1987), 'T. H. Green, Lord Scarman and the Issue of Ethnic Minority Rights in English Liberal Thought', *Ethnic and Racial Studies*, 10: 149–68.

RORTY, RICHARD (1991), *Objectivity, Relativism, and Truth: Philosophical Papers I* (Cambridge University Press, Cambridge).

ROSENBLUM, NANCY (1984), 'Moral Membership in a Postliberal State', *World Politics*, 36/4: 581–96.

ROSENFELD, MICHEL (1991), *Affirmative Action and Justice: A Philosophical and Constitutional Inquiry* (Yale University Press, New Haven, Conn.).

ROTHCHILD, DONALD, and OLORUNSOLA, VICTOR (eds.) (1983), *State versus Ethnic Claims: African Policy Dilemmas* (Westview Press, Boulder, Col.).

Royal Commission on Electoral Reform and Party Financing (1991). *Reforming Electoral Democracy: Final Report*, vols. i and ii (Supply and Services, Ottawa).

RUBINSTEIN, ALVIN (1993), 'Is Statehood for Puerto Rico in the National Interest?', *In Depth: A Journal for Values and Public Policy*, Spring: 87–99.

RUIZ, RICHARD (1983), 'Ethnic Group Interests and the Social Good: Law and Language', in Winston van Horne and Thomas Tonneson (eds.), *Ethnicity, Law and the Social Good* (University of Wisconsin System American Ethnic Studies Coordinating Committee, Madison, Wis.), 49–73.

RUNCIMAN, STEVEN (1970), *The Orthodox Churches and the Secular State* (Auckland University Press, Auckland).

RUSSELL, JOHN (1993), 'Nationalistic Minorities and Liberal Traditions', in Philip Bryden *et al.* (eds.), *Protecting Rights and Liberties: Essays on the Charter and Canada's Political, Legal and Intellectual Life* (University of Toronto Press, Toronto), 205–41.

SAID, EDWARD (1993), 'Nationalism, Human Rights and Interpretation', in Barbara Johnson (ed.), *Freedom and Interpretation: The Oxford Amnesty Lectures 1992* (Basic Books, New York), 175–205.

SANDEL, MICHAEL (1982), *Liberalism and the Limits of Justice* (Cambridge University Press, Cambridge).

—— (1984), 'The Procedural Republic and the Unencumbered Self', *Political Theory*, 12/1: 81–96.

—— (1990), 'Freedom of Conscience or Freedom of Choice', in James Hunter and O. Guinness (eds.), *Articles of Faith, Articles of Peace* (Brookings Institute, Washington, DC), 74–92.

SCHWARTZ, BRIAN (1986), *First Principles, Second Thoughts: Aboriginal Peoples, Constitutional Reform and Canadian Statecraft* (Institute for Research on Public Policy, Montreal).

SELASSIE, ALEMANTE (1993), 'Ethnic Identity and Constitutional Design for Africa', *Stanford Journal of International Law*, 29/1: 1–56.

SHARP, ANDREW (1990), *Justice and the Maori: Maori Claims in New Zealand Political Argument in the 1980s* (Oxford University Press, Auckland).

SIEGAN, BERNARD (1992), *Drafting a Constitution for a Nation or Republic Emerging into Freedom* (Locke Institute).

SIGLER, JAY (1983), *Minority Rights: A Comparative Analysis* (Greenwood, Westport, Conn.).

SKUTNABB-KANGAS, TOVE (1988), 'Multilingualism and the Education of Minority Children', in T. Skutnabb-Kangas and J. Cummings (eds.), *Minority Education: From Shame to Struggle* (Multilingual Matters Ltd., Clevedon), 9–44.

SMITH, ANTHONY (1986), *The Ethnic Origins of Nations* (Blackwell, Oxford).

—— (1993), 'A Europe of Nations—or the Nation of Europe?', *Journal of Peace Research*, 30/2: 129–35.

SMITH, JENNIFER (1993), 'Canadian Confederation and the Influence of American Federalism', in Marian McKenna (ed.), *The Canadian and American Constitutions in Comparative Perspective* (University of Calgary Press, Calgary), 65–85.

SOHN, L. (1981), 'The Rights of Minorities', in L. Henkin (ed.), *The International Bill of Rights: The Covenant on Civil and Political Rights* (Columbia University Press, New York), 270–89.

SOWELL, THOMAS (1990), *Preferential Policies: An International Perspective* (Morrow, New York).

Special Joint Committee on a Renewed Canada (1992), *Report of the Special Joint Committee on a Renewed Canada* (Supply and Services, Ottawa).

SPITZ, ELAINE (1984), *Majority Rule* (Chatham House Publishers, Chatham, NJ).

STARK, ANDREW (1992), 'English-Canadian Opposition to Quebec Nationalism', in R. Kent Weaver (ed.), *The Collapse of Canada?* (Brookings Institute, Washington, DC), 123–58.

STEINBERG, STEPHEN (1981), *The Ethnic Myth: Race, Ethnicity, and Class in America* (Atheneum, New York).

STEVENSON, GARTH (1986), 'A Critique of Provincialism', in John Richards and Don Kerr (eds.), *Canada: What's Left?* (NeWest Press, Edmonton), 141–6.

STONE, JOHN (1976), 'Black Nationalism and Apartheid: Two Variations on a Separatist Theme', *Social Dynamics*, 2/1: 19–30.

—— (1985), *Racial Conflict in Contemporary Society* (Harvard University Press, Cambridge, Mass.).

SUNSTEIN, CASS (1991), 'Preferences and Politics', *Philosophy and Public Affairs*, 20/1: 3–34.

SVENSSON, FRANCES (1979), 'Liberal Democracy and Group Rights: The Legacy of Individualism and its Impact on American Indian Tribes', *Political Studies*, 27/3: 421–39.
TAMIR, YAEL (1993), *Liberal Nationalism* (Princeton University Press, Princeton, NJ).
TAYLOR, CHARLES (1985), *Philosophy and the Human Sciences: Philosophical Papers 2* (Cambridge University Press, Cambridge).
—— (1991), 'Shared and Divergent Values', in Ronald Watts and D. Brown (eds.), *Options for a New Canada* (University of Toronto Press, Toronto), 53–76.
—— (1992*a*), 'The Politics of Recognition', in Amy Gutmann (ed.), *Multiculturalism and the 'Politics of Recognition'* (Princeton University Press, Princeton, NJ), 25–73.
—— (1992*b*), 'Quel principe d'identité collective', in Lenoble and Dewandre (1992), 59–66.
THERNSTROM, STEPHEN (1983), 'Ethnic Pluralism: the U.S. Model', in C. Fried (ed.), *Minorities: Community and Identity* (Springer-Verlag, Berlin), 247–54.
THORNBERRY, PATRICK (1980), 'Is There a Phoenix in the Ashes? International Law and Minority Rights', *Texas International Law Journal*, 15: 421–58.
—— (1991), *International Law and the Rights of Minorities* (Oxford University Press, Oxford).
TODOROV, TZVETAN (1993), *On Human Diversity: Nationalism, Racism and Exoticism in French Thought* (Harvard University Press, Cambridge, Mass.).
TOLLEFSON, JAMES (1989), *Alien Winds: The Reeducation of America's Indochinese Refugees* (Praeger, New York).
TOMASI, JOHN (1991), 'Individual Rights and Community Virtues', *Ethics*, 101/3: 521–36.
—— (1995), 'Kymlicka, Liberalism, and Respect for Cultural Minorities', *Ethics*, 105/3: 580–603.
TOMUSCHAT, C. (1983), 'Protection of Minorities under Article 27 of International Covenant on Civil and Political Rights', in R. Bernhardt *et al.* (eds.), *Volkerrecht als Rechtsordnung Internationale Gerichtsbarkeit Menschenrechte* (Springer, Berlin), 950–79.
TORRES, GERALD (1991), 'Critical Race Theory: The Decline of the Universalist Ideal and the Hope of Plural Justice', *Minnesota Law Review*, 75: 993–1007.
TRAKMAN, LEON (1992), 'Group Rights: A Canadian Perspective', *New York University Journal of International Law and Politics*, 24/4: 1579–650.
TRUDEAU, P. E. (1969), speech of 8 Aug. 1969, repr. as 'Justice in our Time', in Eldon Soifer (ed.), *Ethical Issues: Perspectives for Canadians* (Broadview Press, Peterborough, 1992), 295–7.
—— (1990), 'The Values of a Just Society', in Thomas Axworthy (ed.), *Towards a Just Society* (Viking Press, Toronto), 357–404.

Tsosie, Rebecca (1994), 'Separate Sovereigns, Civil Rights and the Sacred Text: The Legacy of Thurgood Marshall's Indian Law Jurisprudence', *Arizona State Law Journal*, 26/2: 495–533.
Tully, James (1994), 'Aboriginal Property and Western Theory: Recovering a Middle Ground', *Social Philosophy and Policy*, 11/2: 153–80.
Turpel, M. E. (1989–90), 'Aboriginal Peoples and the Canadian Charter: Interpretive Monopolies, Cultural Differences', *Canadian Human Rights Yearbook*, 6: 3–45.
—— (1993), 'The Charlottetown Discord and Aboriginal People's Struggle for Fundamental Political Change', in K. McRoberts and P. Monahan (eds.), *The Charlottetown Accord, the Referendum, and the Future of Canada* (University of Toronto Press, Toronto), 117–51.
van den Berghe, Pierre (1981*a*), *The Ethnic Phenomenon* (Elsevier, New York).
—— (1981*b*), 'Protection of Ethnic Minorities: A Critical Appraisal', in R. Wirsing (ed.), *Protection of Ethnic Minorities: Comparative Perspectives* (Pergamon, New York), 343–55.
Van Dyke, Vernon (1977), 'The Individual, the State, and Ethnic Communities in Political Theory', *World Politics*, 29/3: 343–69.
—— (1982), 'Collective Entities and Moral Rights: Problems in Liberal-Democratic Thought', *Journal of Politics*, 44: 21–40.
—— (1985), *Human Rights, Ethnicity and Discrimination* (Greenwood, Westport, Conn.).
Waldron, Jeremy (1989), 'Autonomy and Perfectionism in Raz's *Morality of Freedom*', *Southern California Law Review*, 62/3–4: 1097–152.
—— (1992*a*), 'Minority Cultures and the Cosmopolitan Alternative', *University of Michigan Journal of Law Reform*, 25/3: 751–93.
—— (1992*b*), 'Superseding Historic Injustice', *Ethics*, 103/1: 4–28.
Walker, Graham (1994), 'The New Mixed Constitution', *Polity*, 26/3: 503–15.
Walzer, Michael (1977), *Just and Unjust Wars* (Basic Books, New York).
—— (1980), 'The Moral Standing of States', *Philosophy and Public Affairs*, 9/2: 209–29.
—— (1982), 'Pluralism in Political Perspective', in M. Walzer (ed.), *The Politics of Ethnicity* (Harvard University Press, Cambridge. Mass.), 1–28.
—— (1983*a*), *Spheres of Justice: A Defence of Pluralism and Equality* (Blackwell, Oxford).
—— (1983*b*), 'States and Minorities', in C. Fried (ed.), *Minorities: Community and Identity* (Springer-Verlag, Berlin), 219–27.
—— (1990), 'The Communitarian Critique of Liberalism', *Political Theory*, 18/1: 6–23.
—— (1992*a*), 'The Civil Society Argument', in Mouffe (1992), 89–107.
—— (1992*b*), *What it Means to Be an American* (Marsilio, New York).
—— (1992*c*), 'The New Tribalism', *Dissent*, Spring: 164–71.

WALZER, MICHAEL (1992*d*), 'Comment', in Amy Gutmann (ed.), *Multiculturalism and the 'Politics of Recognition'* (Princeton University Press, Princeton, NJ), 99–103.
WARD, CYNTHIA (1991), 'The Limits of "Liberal Republicanism": Why Group-Based Remedies and Republican Citizenship Don't Mix', *Columbia Law Review*, 91/3: 581–607
WEAVER, SALLY (1985), 'Federal Difficulties with Aboriginal Rights in Canada', in M. Boldt and J. Long (eds.), *The Quest for Justice: Aboriginal Peoples and Aboriginal Rights* (University of Toronto Press, Toronto), 139–47.
WEINSTEIN, BRIAN (1983), *The Civic Tongue: Political Consequences of Language Choices* (Longman, New York).
WEINSTEIN, J. (1986), *Aboriginal Self-Determination off a Land Base* (Institute for Intergovernmental Relations, Kingston).
WEST, CORNEL (1990), 'The New Cultural Politics of Difference', in R. Ferguson *et al.* (eds.), *Out There: Marginalization and Contemporary Cultures* (MIT Press, Boston), 19–36.
WESTON, WILLIAM (1981), 'Freedom of Religion and the American Indian', in R. Nichols (ed.), *The American Indian: Past and Present*, 2nd edn. (John Wiley & Sons, New York).
WHITAKER, REG (1992), *A Sovereign Idea: Essays on Canada as a Democratic Community* (McGill-Queen's University Press, Montreal).
WILLIAMS, MELISSA (1994), 'Group Inequality and the Public Culture of Justice', in Judith Baker (ed.), *Group Rights* (University of Toronto Press, Toronto), 34–65.
WILSON, V. SEYMOUR (1993), 'The Tapestry Vision of Canadian Multiculturalism', *Canadian Journal of Political Science*, 26/4: 645–69.
WOODSWORTH, J. S. (1972), *Stranger within our Gates* (University of Toronto Press, Toronto).
YALDEN, ROBERT (1989), 'Liberalism and Language in Quebec: Bill 101, the Courts and Bill 178', *University of Toronto Faculty of Law Review*, 47 (Supplement), 973–94.
YOUNG, IRIS MARION (1989), 'Polity and Group Difference: A Critique of the Ideal of Universal Citizenship', *Ethics*, 99/2: 250–74.
—— (1990), *Justice and the Politics of Difference* (Princeton University Press, Princeton, NJ).
—— (1993*a*), 'Together in Difference: Transforming the Logic of Group Political Conflict', in Judith Squires (ed.), *Principled Positions: Postmodernism and the Rediscovery of Value* (Lawrence and Wishart, London), 121–50.
—— (1993*b*), 'Justice and Communicative Democracy', in Roger Gottlieb (ed.), *Radical Philosophy: Tradition, Counter-tradition, Politics* (Temple University Press, Philadelphia), 123–43.
—— (1995), 'Communication and the Other: Beyond Deliberative Democracy', in Seyla Benhabib (ed.), *Democracy and Difference:*

Changing Boundaries of the Political (Princeton University Press, Princeton, NJ), forthcoming.

YOUNG, LISA (1994), *Electoral Systems and Representative Legislatures: Consideration of Alternative Electoral Systems* (Canadian Advisory Council on the Status of Women, Ottawa).

YUVAL-DAVIS, NIRA (1993), 'Gender and Nation', *Ethnic and Racial Studies*, 16/4: 621–32.

ZIMMERN, ALFRED (1918), *Nationality and Government* (Chatto & Windus, London).

색인

[ㄱ]

[ㄴ]

[ㄷ]

[ㄹ]

[ㅁ]

[ㅂ]

[ㅅ]

[ㅇ]

[ㅈ]

[ㅊ]

[ㅋ]

[ㅌ]

[ㅍ]

[ㅎ]

[1]

[N]

[T]